Roberto epure

Cristina Banfi - Cristina Peraboni

MOSAICO SCIENZE

TERRA E UNIVERSO

CORSO DI SCIENZE
PER LA SCUOLA SECONDARIA
DI PRIMO GRADO

- Studio con metodo
- Compiti di realtà
- CLIL
- Scienze per tutti

R EDUCATION
FABBRI EDITORI
in collaborazione con
Erickson

INSIEME

INCLUSIONE Ogni studente è unico, perché uniche sono le sue esigenze, la sua personalità, il suo stile di apprendimento. Promuovere i princìpi della didattica inclusiva e cooperativa significa valorizzare le differenze, esprimere i talenti, sviluppare le potenzialità di tutti. Nessuno escluso.

SUCCESSO FORMATIVO Il compito della scuola è "insegnare a imparare", accompagnando gli studenti nel percorso di apprendimento e di sviluppo di abilità e competenze che ne formeranno la personalità, la consapevolezza critica e la professionalità. "Imparare a imparare": il primo passo del cittadino di domani.

INNOVAZIONE Prevedere i cambiamenti della scuola e rispondere proattivamente ai suoi bisogni tramite lo studio, la ricerca continua e la sperimentazione. Innovare: uno degli obiettivi della proposta didattica di Rizzoli Education.

EMOZIONI Lo sviluppo delle competenze emotive è parte integrante della crescita cognitiva e relazionale degli studenti. Un approccio didattico completo deve essere attento anche alle dinamiche delle emozioni nel gruppo classe e alla formazione dell'autoconsapevolezza negli individui.

MULTIMEDIALITÀ L'approccio alla progettazione didattica di Rizzoli Education "nasce" multimediale, per offrire alla scuola strumenti semplici e personalizzabili, sia cartacei che digitali, che potenzino le dinamiche di apprendimento collaborativo e propongano nuove opportunità di interazione docente-studente.

ECCELLENZA La storia dei marchi Rizzoli Education è da sempre tesa all'eccellenza, per proporre un'offerta editoriale completa ed efficace che si sposa con la ricerca didattica, pedagogica e formativa di partner quali Erickson, Oxford University Press e Università Ca' Foscari.

Progettare il futuro costruendo il presente. Insieme.

Rizzoli
EDUCATION

hub

HUB scuola, l'ambiente digitale interattivo di Rizzoli Education. Innovativo, facile, gratuito.

HUB scuola è il sistema digitale polifunzionale per lo studio e l'insegnamento che integra i prodotti e gli strumenti di Rizzoli Education sviluppati per la didattica digitale e cooperativa.
La piattaforma HUB scuola permette a docenti e studenti di condividere i materiali, monitorare i risultati, realizzare oggetti digitali e aggregare contenuti multimediali integrati ai propri testi, reperiti in rete o autoprodotti in classe.
Per accedere a HUB scuola è sufficiente essere registrati a rizzolieducation.it; effettuato il login, dalla propria area personale è possibile accedere ai libri, ai contenuti digitali e a tutti gli strumenti didattici gratuiti.

I prodotti e gli ambienti di HUB scuola sono inclusivi e multimediali; i **libri digitali** sono personalizzabili e interattivi: è possibile evidenziare i contenuti, integrarli con note vocali, testuali e con link diretti al web, e condividere i materiali realizzati in autonomia.
Pratici e intuitivi, sono pensati per stimolare le dinamiche di apprendimento degli studenti e favorire l'inclusione: le pagine accessibili permettono di impostare la dimensione e il tipo di carattere, fra cui il font ad alta leggibilità, e attivare la lettura automatica del testo.
I **libri digitali**, fruibili anche offline, sono utilizzabili su computer (PC, Mac e Linux) e tablet (Android e iOS) e sono ottimizzati per LIM e videoproiettori.

Con HUB scuola è possibile accedere ai **contenuti digitali integrativi** che espandono e arricchiscono l'offerta del corso. Sono disponibili video, animazioni, audio, mediagallery, mappe concettuali, laboratori multimediali e verifiche interattive, oltre ad approfondimenti e materiali didattici accompagnati da eventuali aggiornamenti effettuati lungo il corso dell'anno scolastico.
I **contenuti digitali integrativi** permettono di impostare percorsi didattici innovativi e personalizzati ad alto coefficiente di collaborazione, come la flipped classroom (classe capovolta), grazie all'ampio assortimento di materiali dedicati al potenziamento delle dinamiche inclusive in classe.

hub SCUOLA

Rizzoli EDUCATION

Coordinamento redazionale: Nadia Berti, Elisabetta Rolla, Simone Bellini
Coordinamento editoriale: Barbara Speziali
Progetto grafico: Studio Mizar, Bergamo
Redazione: puntoacapo s.r.l., Torino
Traduzioni: Brenda Dionisi
Elaborazione digitale testo e immagini e impaginazione: Studio Mizar, Bergamo
Copertina: apotema+ s.r.l., Cologno Monzese (Mi)
Ricerca iconografica: Nadia Berti, Elisabetta Rolla, Cristina Gatelli
Referenze iconografiche: Getty Images, Science Photo Library, 123RF, Foto Massimiliano e Gianfranco Valentini (Bologna), Diego Mattarelli, Enrica Soroldoni, Marco Soroldoni
Disegni: Valentina Bolco; Ka Communication; Claudia Ciuffetti, Studio 2C, Bologna; puntoacapo s.r.l., Torino
Foto di copertina: Getty Images

Coautori: Nadia Cornetti, Diego Mattarelli, Emanuela Pagliari, Rino Serio, Enrica Soroldoni
Si ringraziano per la collaborazione: Paolo De Piazzi, Angela Ildos, Stefano Papi
Un particolare ringraziamento allo staff di Associazione Didattica Museale e ADMaiora – www.assodidatticamuseale.it, www.admaiora.education

Diego Mattarelli desidera ricordare il papà Gianni, scomparso improvvisamente durante la stesura dell'opera, cui dedica il proprio lavoro, reso possibile anche grazie agli insegnamenti da lui ricevuti.

Si ringraziano inoltre Nicoletta Milani e Marco Bortoluzzi, per la stesura degli esercizi in itinere, delle verifiche di fine unità, degli spunti per i docenti e la revisione del testo; Rosa D'Imperio per la stesura della rubrica *CLIL for science* ed Ada Ali, per la stesura dei *Compiti di realtà*.
L'Editore desidera ringraziare infine tutti i docenti che hanno gentilmente contribuito allo sviluppo del progetto editoriale: Fiorenzo Barbaro, Maria Chiara Bordonaro, Daniele D'Eletto, Anna Maria Lusso, Simonetta Nicolussi, Federica Patanè, Benedetto Savona, Cecilia Sighinolfi

---

I contenuti Erickson presenti nelle pagine *Mi preparo all'interrogazione* sono stati realizzati a cura del gruppo di esperti della Ricerca e Sviluppo Erickson, con la supervisione scientifica del Prof. Dario Ianes e Sofia Cramerotti.
Contenuti: Veronica Cavicchi, Rosa d'Imperio
Coordinamento editoriale: Francesco Zambotti, Marina Aglieri
Coordinamento redazionale: Niccolò Lucchetti

Via del Pioppeto 24
38121 Trento
www.erickson.it

L'Editore è presente su Internet all'indirizzo: http://www.rizzolieducation.it

ISBN 978-88-915-2758-5

Prima edizione: febbraio 2017

Ristampe:

2018	2019	2020	2021	2022
2 3	4 5	6 7	8 9	10 11

Stampato presso L.E.G.O. S.p.A., Lavis (TN)

Indice

hub YOUNG Digi Scienze

Classe capovolta: Video, Contenuto integrativo | Allegato scaricabile | Audio | Video | Contenuto integrativo | Verifica interattiva

Terra e Universo

Unità 1

Unità 2

Unità 3

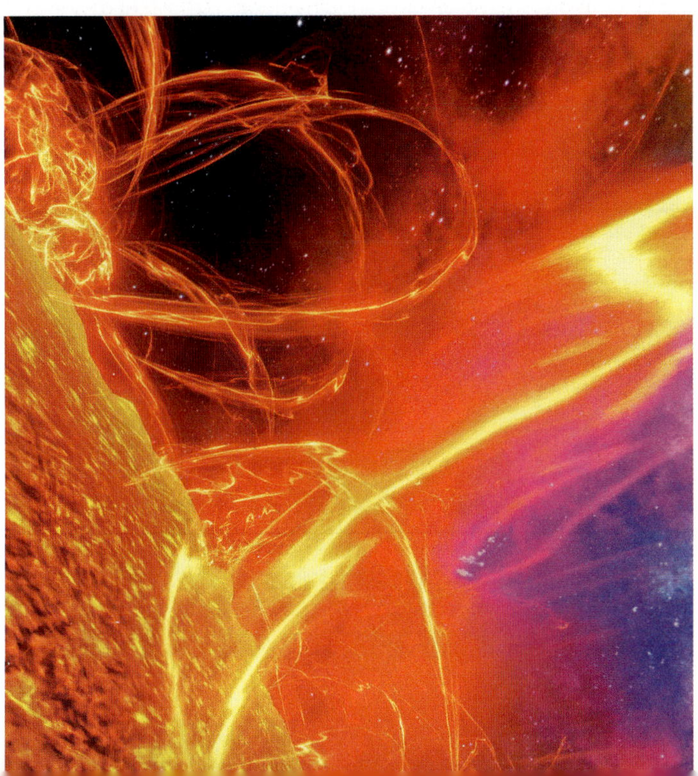

Indice

hub YOUNG Digi Scienze

Unità 7

Il suolo

Unità 8

La litosfera: minerali e rocce

Unità 9

Vulcani e terremoti

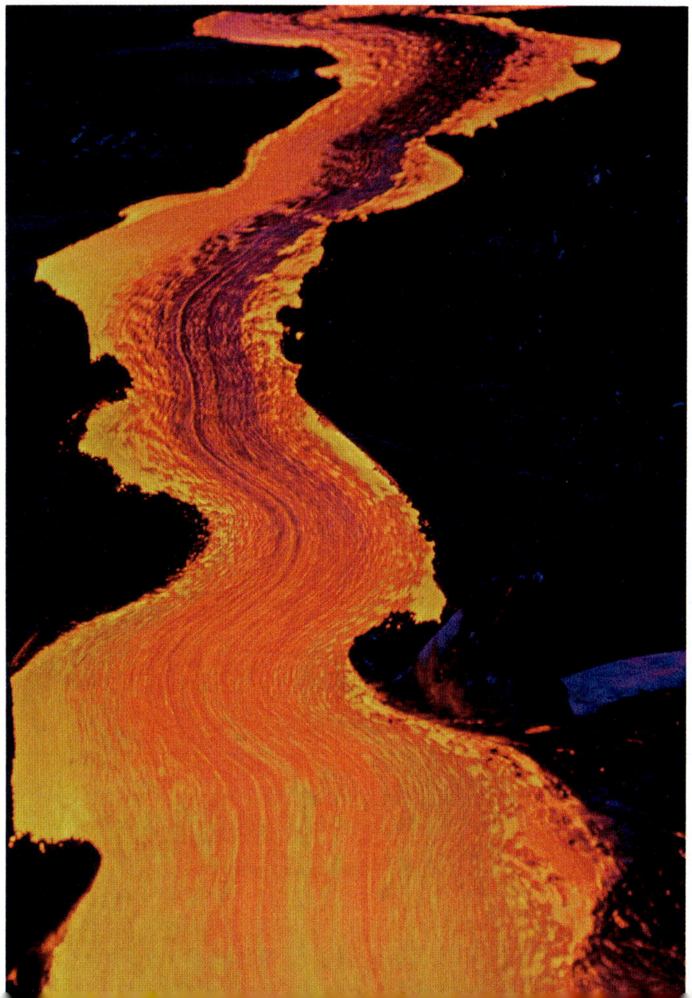

Indice

hub YOUNG Digi Scienze

CLASSE CAPOVOLTA — Video — Contenuto integrativo | Allegato scaricabile — Contenuto integrativo | Audio — Verifica interattiva | Video

Unità 10

Unità 11

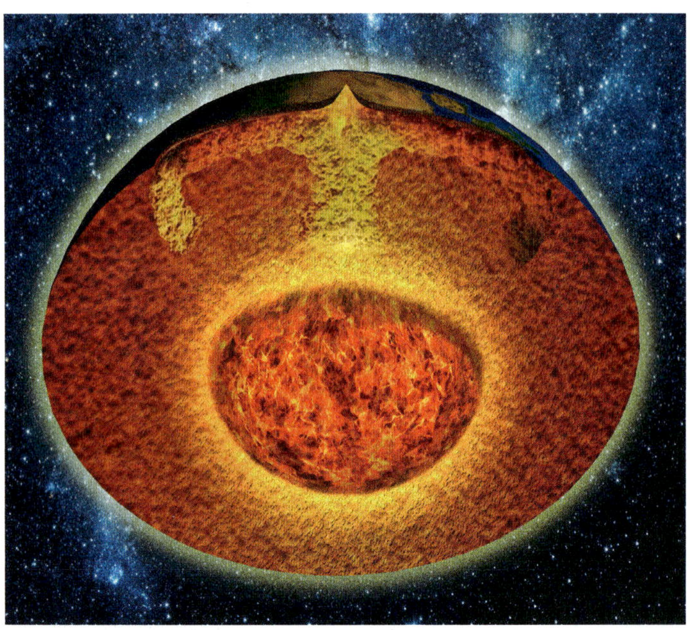

Unità 12

1 L'Universo: stelle, galassie, pianeti

Digi Scienze

Contenuto integrativo

Preparati per la lezione:
- guarda la presentazione multimediale
- compila la scheda

Nelle prossime pagine troverai altri contenuti digitali

- Allegato scaricabile
- Contenuto integrativo
- Audio
- Verifica interattiva

Il blu sconfinato del cielo, il Sole, la Luna e le stelle ci fanno sperimentare la presenza di uno spazio immenso attorno a noi. La vastità non misurabile dell'Universo contiene miliardi di stelle e di pianeti, ma anche energia sotto forma di luce e calore.

1 L'astronomia

Audio

L'astronomia è la scienza che studia l'Universo

Che cosa osserviamo quando guardiamo il cielo?
Di giorno vediamo il Sole, l'azzurro e le nuvole; le stelle e la Luna punteggiano il nero della notte e, se scrutiamo bene, possiamo vedere anche qualche pianeta.
Tutto quello che stiamo osservando fa parte dell'**Universo**, cioè l'insieme dello spazio con tutto ciò che contiene: l'energia e la materia, le stelle, i pianeti e ciò che si trova fra di essi.

L'**astronomia** è la scienza che studia l'origine e le caratteristiche chimiche e fisiche degli oggetti che costituiscono l'Universo.

L'Universo contiene miliardi di galassie e ciascuna galassia milioni o miliardi di stelle, mentre lo spazio fra le galassie è in gran parte vuoto. Oltre alla materia, nell'Universo è presente anche l'energia, come la luce e il calore.

Solo il 15% della materia che costituisce l'Universo è formata da atomi, il restante 85% è costituito da **materia oscura**. I cosmologi non sanno ancora di che cosa sia fatta esattamente questa materia, dato che nessuno strumento riesce a rilevarla direttamente.
Inizialmente veniva definita come massa mancante: in realtà ciò che manca è la luce, non la massa. Infatti, la materia oscura non emette radiazioni luminose e quindi non è individuabile.
La sua presenza è dimostrata indirettamente, poiché devia la luce emessa dagli ammassi stellari posti dietro a essa ■1. Gli scienziati possono sfruttare questo fenomeno per cercare di capire la distribuzione della materia oscura nell'Universo.

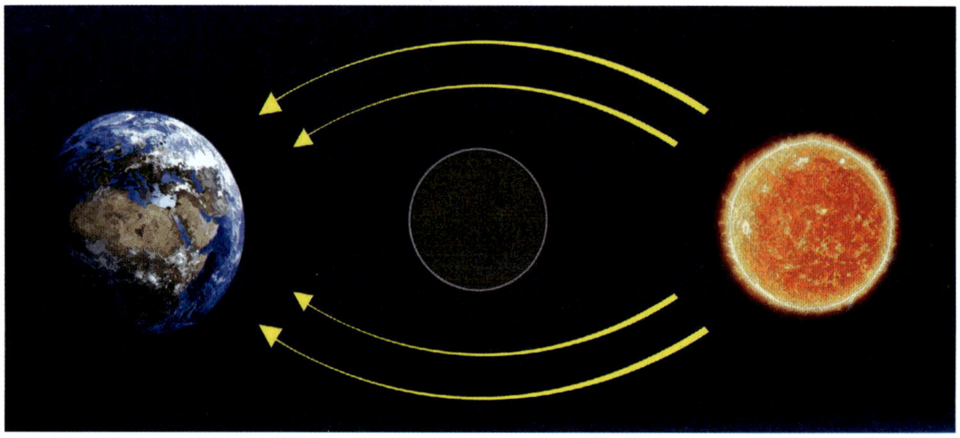

■1 La luce di una stella viene deviata dalla presenza della materia oscura.

L'Universo, data la sua vastità, non è misurabile. Non si conoscono, infatti, i suoi limiti: le dimensioni della parte visibile sono 93 miliardi di anni luce (un anno luce corrisponde circa a 9500 miliardi di kilometri).

Parole di scienze

astronomia: dal greco *astron* = stella + *nomos* = legge.

Non sbagliare anche tu...

Non confondere l'astronomia con l'*astrologia*, disciplina nata con le prime osservazioni dei pianeti e delle stelle fatte dai Babilonesi addirittura nel II millennio a.C. A partire dal V secolo a.C. nelle tavolette cuneiformi compaiono le dodici costellazioni corrispondenti ai segni dello zodiaco, in base al percorso apparente del Sole nel cielo durante l'anno e i primi "oroscopi", che legano i pianeti al futuro di una persona. Oggi l'astrologia non è considerata una scienza. La scienza moderna, infatti, si fonda sul metodo scientifico, basato su osservazioni e ipotesi verificate tramite esperimenti. L'astrologia non fa niente di tutto ciò: infatti non ha nessun significato collegare i tratti caratteriali dell'individuo al fatto che il Sole appaia in una costellazione zodiacale piuttosto che in un'altra.

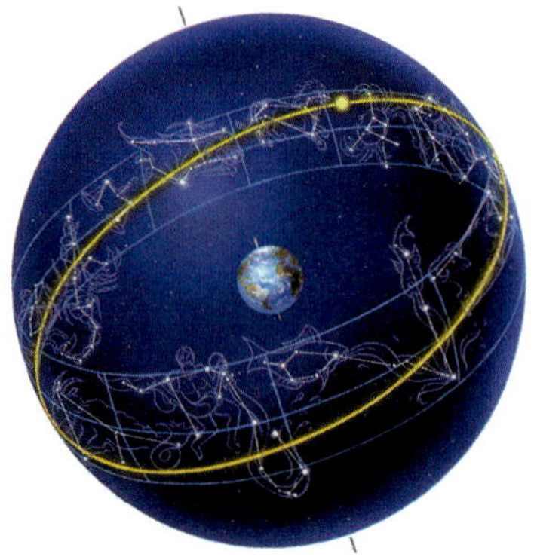

L'origine dell'Universo

Audio

2

La teoria del Big Bang spiega l'origine dell'Universo

Una delle teorie sulla nascita dell'Universo, oggi accettata dalla maggior parte della comunità scientifica, è il **Big Bang** ("grande scoppio"). Secondo questa teoria, tutto ha avuto inizio 13 miliardi e 800 milioni di anni fa, quando l'intero Universo era racchiuso in uno spazio piccolissimo, più piccolo della dimensione di un atomo, ma molto denso e caldo. Improvvisamente questa entità dal volume ridottissimo iniziò a espandersi molto velocemente. Tutto ha avuto origine da lì: tempo, spazio e materia. Ciò che è successo nei primi istanti di vita dell'Universo non è chiaro e gli scienziati possono formulare solo ipotesi.

Mentre l'Universo si raffreddava, partendo da una temperatura iniziale di 1 miliardo di °C, l'energia si trasformò in materia: nei primissimi secondi della sua esistenza si formarono i neutroni e poi i protoni; cento secondi dopo il Big Bang, iniziarono a formarsi i primi nuclei (*nucleosintesi*) di elio e di idrogeno.

1 Ipotesi sulla formazione dell'Universo.

Contenuto integrativo

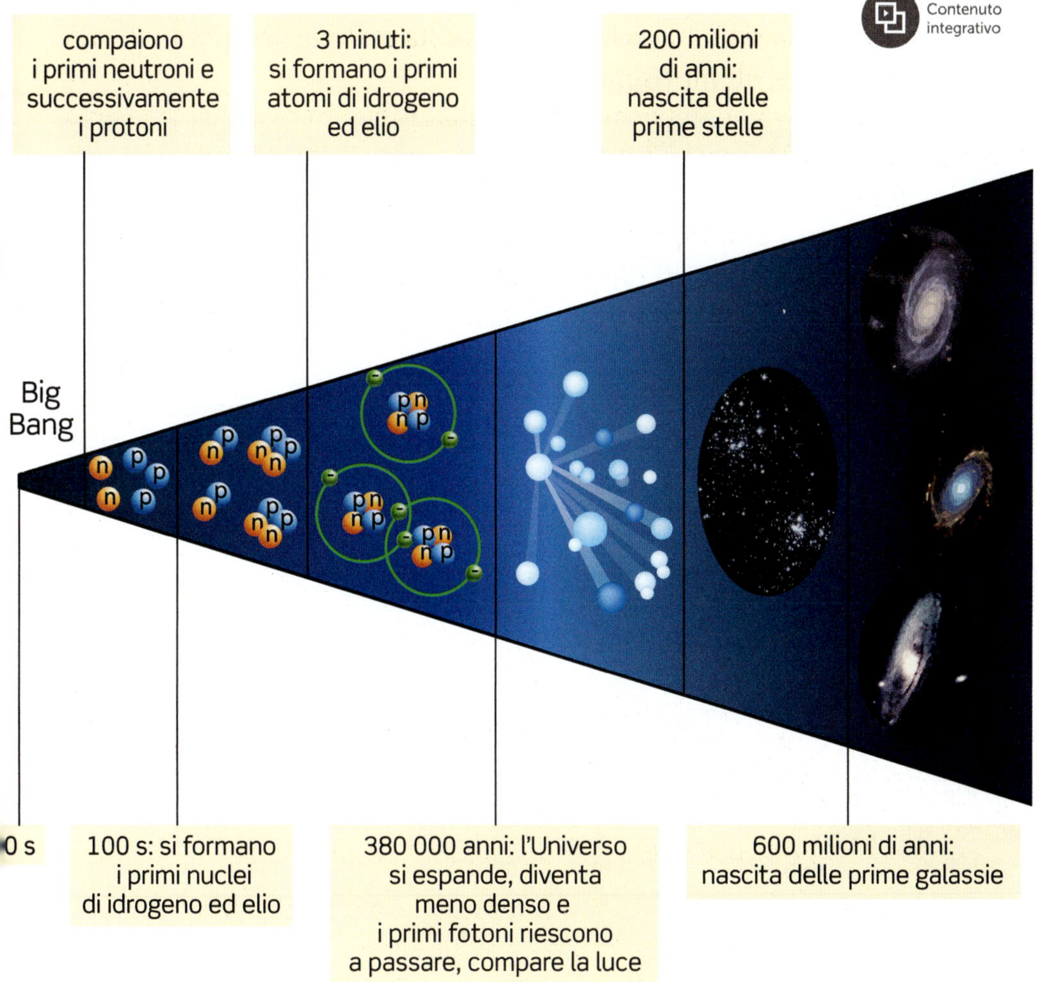

Non sbagliare anche tu...

Big Bang significa "grande scoppio", "esplosione", ma si tratta di un modo di dire figurato, per far comprendere più facilmente il concetto. La nascita dell'Universo è avvenuta in modo silenzioso: non c'è stato nessuno scoppio! È più giusto quindi parlare di *improvvisa espansione*.

Con metodo

Analizzo il testo (par. 1-2)

1. Che cos'è l'Universo? Sottolinea nel testo la risposta a questa domanda.
2. Cerchia il nome della teoria che spiega la nascita dell'Universo.
3. Completa.
   L'........................ è la scienza che studia l'origine e le caratteristiche .... e .... degli oggetti che costituiscono l'........................

Comprendo il testo (par. 1-2)

4. Rispondi.
   a Che cosa contiene l'Universo?
   b Che cos'è la materia oscura?
5. Secondo la teoria del Big Bang l'Universo ha avuto inizio:
   - ☐ 4 miliardi di anni fa
   - ☐ più di 13 miliardi di anni fa
6. Nell'Universo è presente:
   - ☐ energia e materia
   - ☐ materia
7. I primi atomi che si formarono nell'Universo furono:
   - ☐ elio e idrogeno
   - ☐ ossigeno e idrogeno

Schematizzo (par. 1-2)

8. Sintetizza con uno schema i passaggi che hanno portato alla formazione dell'Universo secondo la teoria del Big Bang.

A questo punto l'Universo era grande quanto il Colosseo. Dai primi tre minuti fino a 380 000 anni di esistenza, la temperatura dell'Universo arrivò a 3000 °C: i nuclei riuscirono a catturare gli elettroni, si formarono così i primi atomi (elio e idrogeno).
Le dimensioni dell'Universo allora erano simili a quelle della Via Lattea, la galassia che contiene il Sole e il nostro pianeta.
Nell'Universo, però, ancora non c'era luce, tutto era buio: la prima luce visibile fu emessa 380 000 anni dopo il Big Bang, ma le prime stelle si formarono circa 200 milioni di anni più tardi, grazie al materiale presente all'interno di grandi nubi di gas.

Contenuto integrativo

Fu **Edwin Hubble**, nel 1924, a scoprire grazie al potente telescopio Hooker che le galassie si stavano allontanando l'una dall'altra e quindi che l'Universo si stava espandendo.
In suo onore è stato chiamato con il suo nome il telescopio spaziale Hubble, lanciato in orbita nel 1990 per avere un'osservazione dello spazio al di fuori dell'atmosfera terrestre.
Le fotografie scattate dal telescopio sono tra le più dettagliate di sempre e hanno permesso di determinare con precisione la velocità di espansione dell'Universo.

L'Universo si sta tuttora espandendo: questo si può ipotizzare poiché le galassie che possiamo osservare si stanno allontanando le une dalle altre.
Ma quale sarà il suo destino? Le ipotesi oggi sono tre **2**:

- se la forza di gravità fosse abbastanza grande, potrebbe invertire l'espansione dell'Universo, facendolo collassare. Questo, infatti, si contrarrebbe tornando a una situazione simile a quella che ha preceduto il Big Bang (**Big Crunch**);
- l'espansione potrebbe rallentare, ma continuare all'infinito: la formazione delle stelle non ci sarebbe più, in quanto tutto il gas interstellare (le nubi di gas ancora presenti tra una stella e l'altra) sarà terminato. Ciò porterebbe a una diminuzione tale della temperatura che sarebbe incompatibile con la vita (**Big Freeze**);
- l'espansione potrebbe accelerare violentemente portando alla distruzione di tutti gli atomi (**Big Rip**).

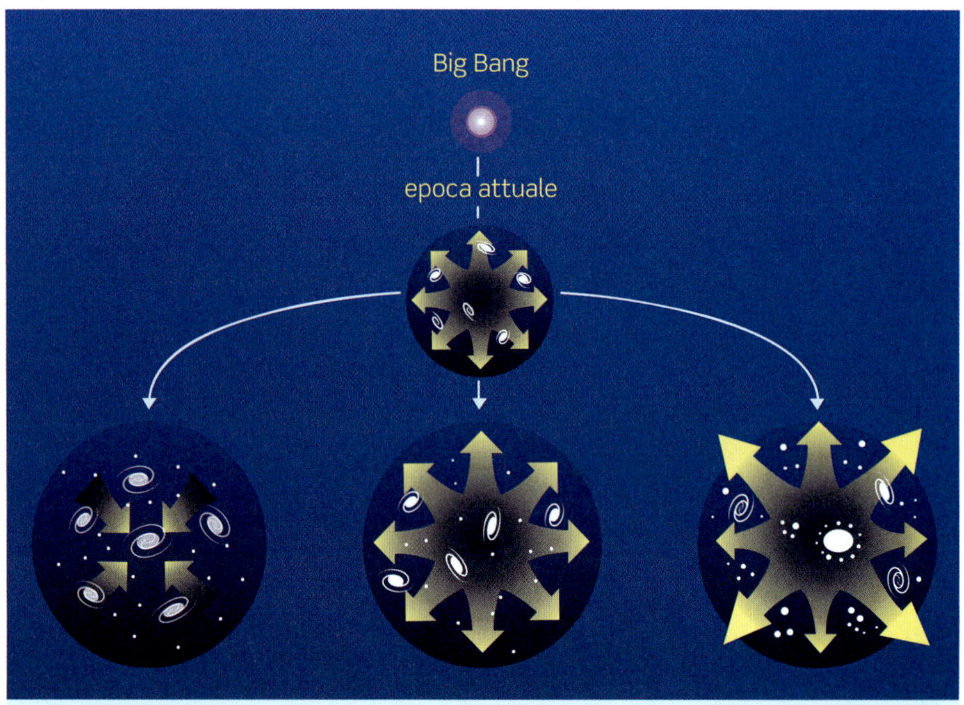

2 Le tre ipotesi sul futuro dell'Universo.

CLIL for SCIENCE Audio

Universo: ***Universe***
stella: ***star***
anno luce: ***light year***

Complete.

The .... continues to expand and its size cannot be calculated. The nearest .... to the Earth is still very far away – about 4,24 .... away!

Audio

La misura delle distanze astronomiche

3

Le distanze astronomiche richiedono speciali unità di misura

In astronomia la misura delle distanze è una delle cose più difficili da effettuare.
Se sulla Terra la distanza tra due oggetti si può misurare in modo diretto, non si può fare altrettanto nello spazio: non è possibile prendere un metro e calcolare la distanza tra la Terra e il Sole, né tantomeno tra la Terra e le altre stelle. Le distanze, in astronomia, sono molto elevate e richiedono particolari unità di misura: non si possono, infatti, utilizzare i metri o i kilometri.
Pertanto, una delle unità di misura che è stata adottata è la **distanza media fra la Terra e il Sole**; questa unità è chiamata **unità astronomica** (UA) 1.

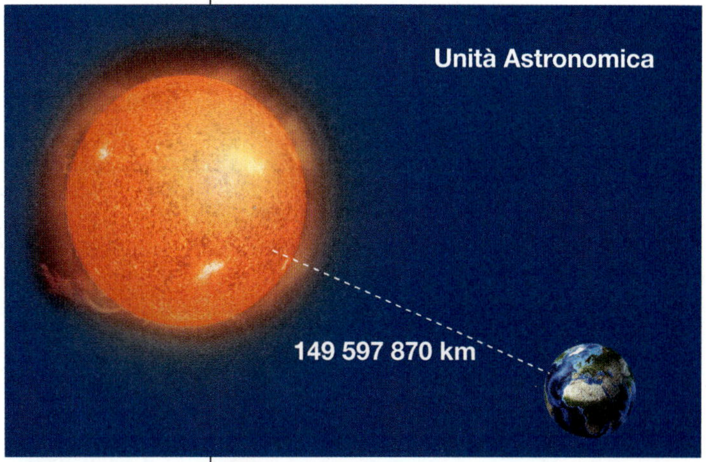

1

La Terra, durante la sua orbita intorno al Sole, raggiunge una distanza minima da esso di circa 147 milioni di km e una distanza massima di circa 152 milioni di km. Durante l'assemblea generale dell'Unione Astronomica Internazionale, tenutasi a Pechino nel 2012, è stato assegnato all'UA **il valore fisso di 149 597 870,700 km**.

L'UA non è un'unità di misura del Sistema Internazionale, ma è spesso usata dagli astronomi soprattutto per misurare le distanze all'interno del Sistema Solare.
Per distanze superiori si utilizzano l'**anno luce** e il **parsec**.

- L'**anno luce** (**a.l.**) è la distanza che percorre in un anno la luce nel vuoto. La velocità della luce è di circa 300 000 km/s. Questa, moltiplicata per i secondi che ci sono in un anno (circa 31 536 000) ci dà il valore di **1 anno luce = 9,461 × 10^{12} km.**
  L'anno luce è quindi una distanza enorme e viene usata per oggetti celesti al di fuori del Sistema Solare. Spesso si utilizzano anche il **minuto luce** o il **secondo luce**, cioè la distanza in kilometri percorsa dalla luce in 1 minuto (circa 18 × 10^6 km) o in 1 secondo (circa 3 × 10^5 km).
- Il **parsec,** la cui definizione è molto complessa, è un'altra unità impiegata in astronomia per oggetti molto lontani: 1 parsec corrisponde a **3,26 anni luce.**

Contenuto integrativo

1,28 secondi luce	distanza tra la Terra e la Luna
8,33 minuti luce	distanza tra la Terra e il Sole
4,24 anni luce	distanza di Proxima Centauri (la stella più vicina alla Terra escluso il Sole)
100 000 anni luce	diametro della Via Lattea (la nostra galassia)
2 300 000 anni luce	distanza della galassia di Andromeda (il corpo celeste più lontano osservabile senza strumenti) dalla Terra

Non sbagliare anche tu

L'anno luce non è un'unità di misura del tempo, ma dello spazio.
Quando osserviamo un corpo celeste distante 200 anni luce, vuol dire che la sua luce ha impiegato 200 anni per arrivare fino a noi. Vediamo, quindi, l'immagine di quel corpo com'era 200 anni fa: oggi quell'oggetto potrebbe essere diverso o addirittura non esserci più. La luce proveniente dal Sole impiega circa 8 minuti per giungere a noi: la luce che ci illumina è quella emessa 8 minuti fa.

Con metodo

Analizzo il testo

1. Sottolinea con colori diversi i nomi delle unità di misura utilizzate in astronomia.

Comprendo il testo

2. Rispondi.
   a Che cos'è l'unità astronomica?
   b A che cosa corrisponde l'anno luce? Quali sono i suoi sottomultipli?
   c Per quali distanze viene usato il parsec?

4 Le stelle

Audio

Le stelle sono costituite da gas ed emettono energia

Se alziamo gli occhi al cielo durante una notte senza nuvole possiamo osservare migliaia di puntini luminosi: le **stelle**. In realtà anche durante il giorno è possibile vedere una stella che, con la sua luce, maschera tutte le altre: il Sole.

Le stelle sono sfere di gas molto caldo (**plasma**) che emettono luce propria; al loro interno avvengono le reazioni di **fusione nucleare** che producono energia, emessa sotto forma di **radiazione luminosa**, **vento stellare** e **calore**.

Per fare un confronto con concetti familiari, come gli organismi viventi, così anche le stelle "nascono", "crescono" e "muoiono".

La loro *nascita* avviene all'interno di grandi nubi di gas fredde, chiamate **nebulose**, costituite principalmente da **idrogeno** ed **elio**.

La formazione della stella ■2 inizia quando la nebulosa viene perturbata da onde d'urto provenienti, per esempio, dalla collisione di due galassie vicine. Tale perturbazione provoca instabilità all'interno della nebulosa che collassa su se stessa, diventa più piccola e si divide in diversi ammassi.

Se questi raggiungono una temperatura sufficientemente elevata (10 milioni di °C), al loro interno si innescano le reazioni di fusione nucleare dell'idrogeno: si forma una **protostella**.

La protostella è al centro di un disco di polveri e gas che ne accrescono la massa: l'evoluzione della protostella dipende proprio dalla massa che riuscirà a raggiungere.

Le polveri e i gas che non concorrono alla formazione della stella vengono solitamente espulsi dalle radiazioni stellari, ma in alcuni casi possono formare dei pianeti.

Le stelle trascorrono la maggior parte della loro *vita* nelle stesse condizioni presenti al momento della loro formazione. Le reazioni nucleari che avvengono al loro interno hanno come carburante iniziale l'idrogeno. Tali reazioni contrastano la forza di gravità e mantengono in vita la stella, che altrimenti collasserebbe su se stessa ■1.

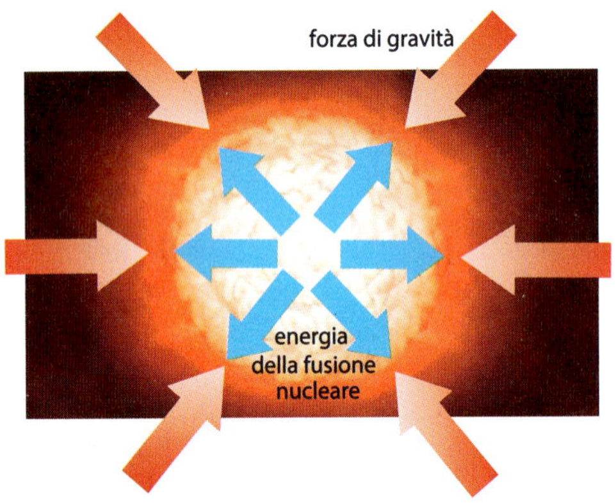

■1 Durante la sua vita una stella è in equilibrio: la forza di gravità è bilanciata dall'energia della fusione nucleare.

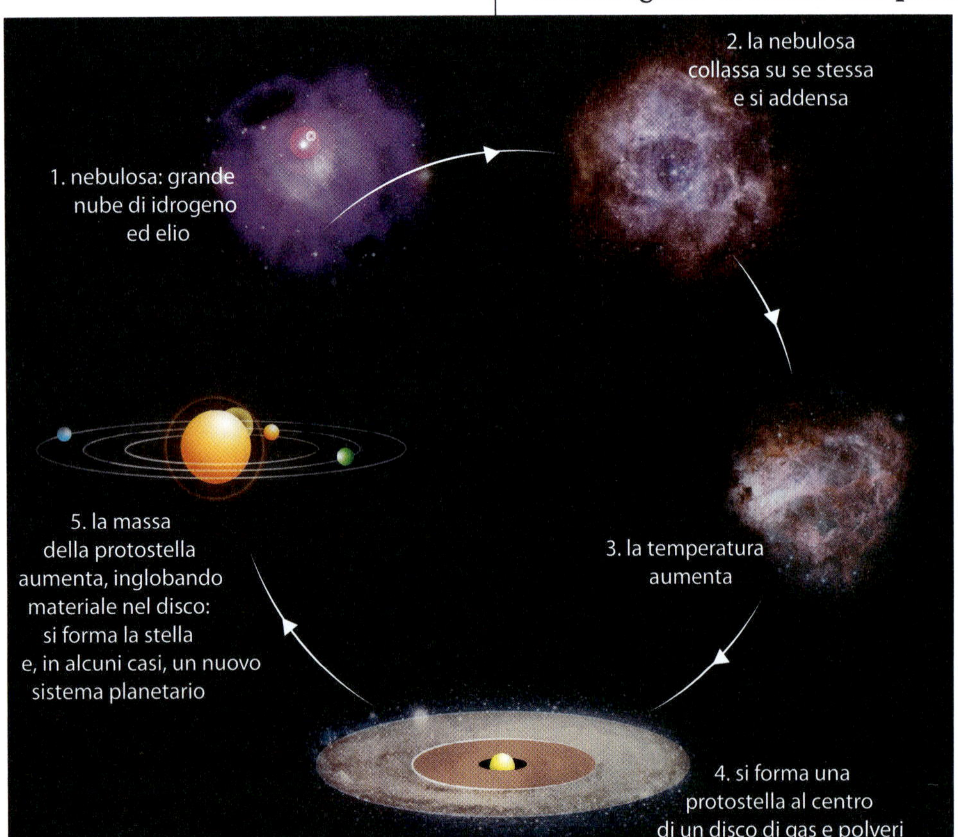

■2 La formazione di una stella.

La **classificazione** delle stelle si basa su tre elementi:

- il **colore**: dipende dalla temperatura superficiale della stella. Le stelle **blu** (classificate con la lettera **O**) sono le più calde e raggiungono una temperatura maggiore di 33 000 °C; quelle **azzurre** (**B**) fra i 10 000 e i 33 000 °C; quelle **bianche** (**A**), quelle **giallo-bianche** (**F**) e **gialle** (**G**, come il Sole) sono giovani e la loro temperatura si trova tra i 5000 e i 10 000 °C; quelle **arancioni** (**K**) tra i 5000 e i 3500 °C; infine quelle **rosse** (**M**) hanno una temperatura inferiore a 3500 °C e sono considerate relativamente fredde.
- la **dimensione**: le stelle molto grandi sono definite **giganti** o addirittura **supergiganti**; le stelle di media grandezza, con dimensioni simili a quelle del Sole, sono chiamate **nane** 3. In realtà, nell'insieme dell'Universo il Sole non è certo una stella piccola: sono state, infatti, scoperte stelle molto più piccole che vengono comunque considerate nane.
- la **luminosità:** è valutata in rapporto alla luminosità del Sole, presa come unità di misura.

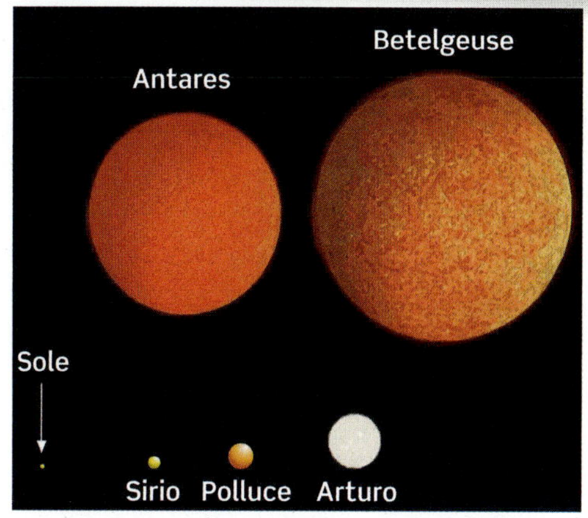

3 Nonostante il Sole abbia un diametro di 1,4 milioni di km, appare come un puntino confrontato con le stelle definite supergiganti. Il Sole è una stella gialla di media grandezza.

Il diagramma H-R

Il **diagramma Hertzsprung-Russell** (abbreviato in *diagramma H-R*) fu ideato da due astronomi, Ejnar Hertzsprung e Henry Norris Russell, nel 1910. È un diagramma che ordina su un piano cartesiano le stelle, mettendo in relazione la loro **temperatura** e la loro **luminosità**; tali caratteristiche sono legate alla loro **massa**, **età** e **composizione chimica.** Osservando il diagramma, si nota che le stelle si dispongono in zone ben precise: la maggior parte si trova nella diagonale che parte dall'angolo in alto a sinistra e viene chiamata **sequenza principale.** In basso a sinistra (sotto la sequenza principale) si trovano le nane bianche mentre in alto a destra (sopra la sequenza principale) ci sono le giganti rosse e le supergiganti. Il diagramma H-R è utile per comprendere il ciclo vitale di una stella. Una stella, infatti, si colloca nella sequenza principale quando sta consumando l'idrogeno: tutte le stelle della sequenza principale sono in equilibrio e la posizione che occupano dipende dalla loro massa. Quando tutto l'idrogeno è stato utilizzato la stella esce dalla sequenza principale: le stelle con massa inferiore a 0,23 M diventano direttamente nane bianche, mentre quelle con masse maggiori passano alla fase di gigante rossa o supergigante.

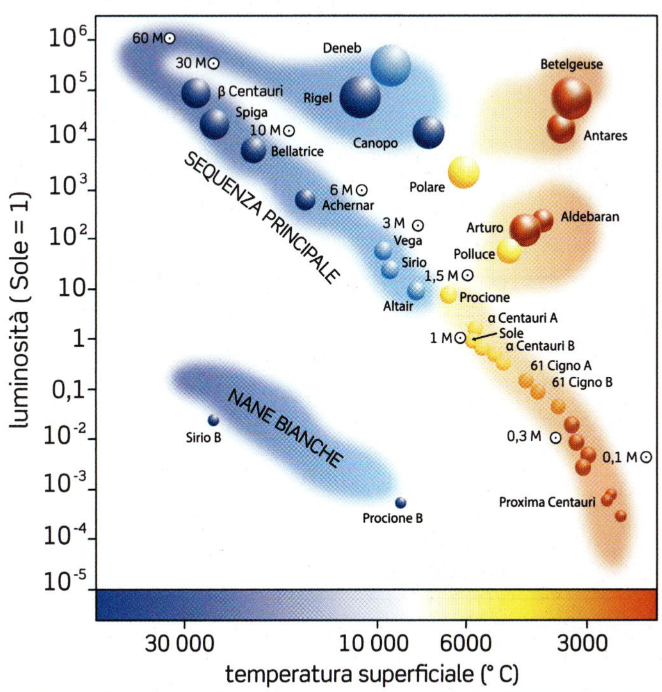

Con metodo

Analizzo il testo

1. Che cos'è una stella? Sottolinea la risposta nel testo.
2. Cerchia nel testo il nome dei principali elementi chimici che compongono una stella.
3. La classificazione di una stella si basa sul ...., la .... e la ....

Comprendo il testo

4. Completa.
   Una stella si origina all'interno di una .... che, se perturbata da onde d'........................, diventa instabile e .... su se stessa dando origine ad .... stellari. Se gli ammassi raggiungono una .... sufficientemente elevata, si innescano le reazioni di .... nucleare che portano alla formazione di una ....
5. Rispondi.
   a Da che cosa dipende l'evoluzione di una protostella?
   b Di che colore sono le stelle più calde?
   c Nel diagramma H-R dove sono posizionate le giganti rosse?
6. Scrivi accanto a ogni termine la definizione corretta.
   a Nebulosa
   b Protostella
   c Sequenza principale

Quando l'idrogeno che alimenta la fusione nucleare è stato completamente consumato, la stella si avvicina alla sua *fine*. Il suo destino dipende dalla sua massa iniziale 4:

- una **stella di massa piccola**, delle dimensioni del Sole, brucia l'idrogeno molto lentamente: servono circa 10 miliardi di anni perché lo consumi totalmente. Quando ciò avviene, si espande diventando una **gigante rossa**. Alla fine, a causa di un forte vento stellare, perde gli strati più esterni, che vanno a formare una **nebulosa planetaria**. Al suo centro resta il residuo della stella: una **nana bianca**, molto densa, che in qualche miliardo di anni si raffredda e diventa invisibile.
- le **stelle con massa circa dieci volte maggiore rispetto al Sole** consumano l'idrogeno molto velocemente. Una volta terminato, avviene un'esplosione che porta alla loro dilatazione: diventano così **supergiganti rosse**. Queste stelle si mantengono in vita bruciando altri elementi (come l'elio), ma questa fase dura solo alcuni milioni di anni, dopo di che esplodono, originando una **supernova**. La luminosità di una supernova dura poche settimane, poi si oscura: ciò che resta è una stella piccolissima e molto densa, una **stella di neutroni**, che contiene molti più neutroni che protoni. Queste stelle hanno massa simile a quella del Sole, ma il loro raggio è solo di qualche decina di kilometri. All'interno delle supergiganti si formano elementi come ossigeno e carbonio che vengono dispersi nello spazio al momento dell'esplosione.

  Le stelle molto più grandi del Sole alla fine della loro vita danno origine a una supernova che si evolve in un **buco nero**, una regione dello spazio al cui centro si trova un corpo con elevatissima densità.

  Qui la forza di gravità è talmente elevata che nulla può uscire, nemmeno la luce.

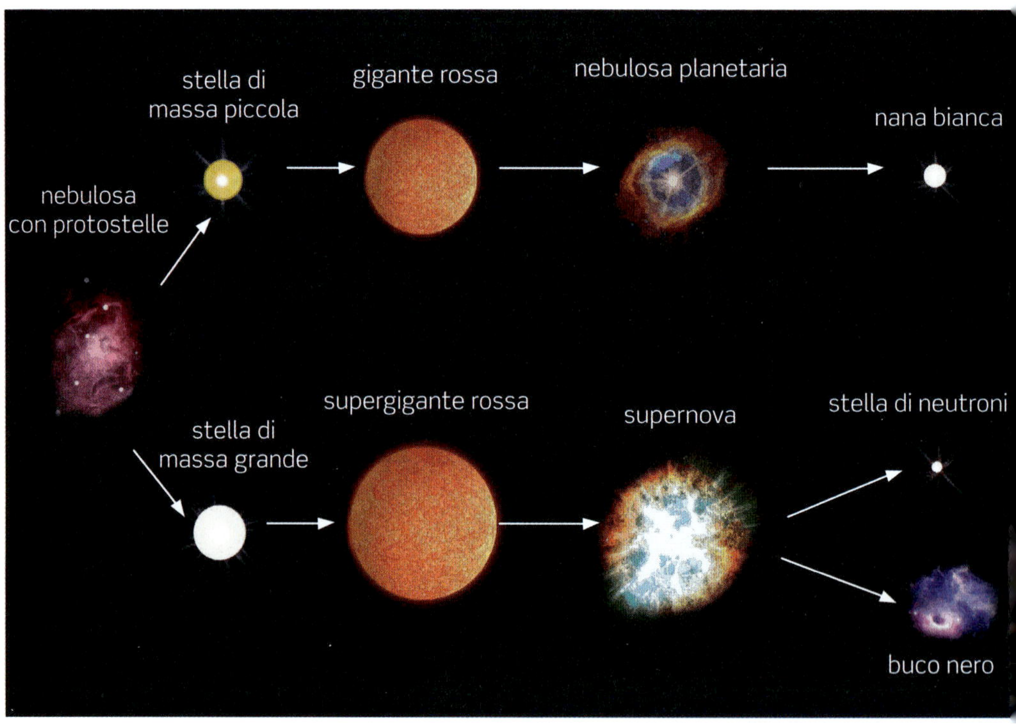

4 Evoluzione di una stella.

Curiosità

I buchi neri sono classificati in base alle loro dimensioni:

- **stellari:** da 1 a 10 masse solari, derivati da una supernova;
- **massivi:** 20-30 volte la massa del Sole, nati forse da stelle primordiali molto grandi;
- **supermassivi:** 100 volte la massa solare, si trovano al centro delle galassie.

Con metodo

Comprendo il testo

1. Rispondi.
- **a** Da dove si origina una nana bianca?
- **b** Che cos'è una supernova?

Comprendo le parole

2. Scrivi accanto a ogni termine la definizione corretta.
- **a** Nana bianca
- **b** Supergigante
- **c** Stella di neutroni
- **d** Buco nero

Collaboro

3. A **coppie** fate una piccola ricerca in Internet e scegliete una stella. Create una "carta di identità" dell'astro scelto, inserendo informazioni relative all'età, al colore, alla dimensione, alla luminosità e alla sua posizione. Provate a ipotizzare quale sarà il destino della stella studiata. Condividete il vostro lavoro con quello degli altri gruppi.

Audio

Le galassie 5

Le galassie sono insiemi di stelle

Le stelle appartengono a gruppi o ad ammassi più grandi denominati **galassie**. Le **galassie** sono quindi costituite da stelle, ma non solo: contengono anche gas e polveri. Le loro dimensioni variano da molto piccole, le **galassie nane**, che contengono decine di milioni di stelle, a **galassie giganti** che hanno anche mille miliardi di stelle.

In base alla loro forma, le galassie si distinguono in:
- **ellittiche**, che appaiono con una forma da sferica ad allungata;
- **a spirale**, con un nucleo centrale luminoso, detto *disco galattico* da cui si dipartono bracci curvi avvolti a spirale. Molte galassie sono *a spirale barrata*: presentano una barra che attraversa il nucleo cui si attaccano i bracci;
- **ad anello**, che possiedono una struttura anulare di stelle blu, con al centro un ammasso di stelle più antiche e meno luminose;
- **lenticolari**, simili a una lente; sono una via di mezzo fra quelle ellittiche e quelle spirali.

Parole di scienze

galassia: dal greco *galaxìas*, da *gala* = latte. Per l'astrologia greca, le stelle della nostra galassia apparivano come una traccia del latte perso dalla capra Amaltea, che aveva allattato Zeus.

Contenuto integrativo

1 Galassia ellittica.

2 Galassia a spirale barrata.

3 Galassia ad anello.

4 Galassia lenticolare a fuso.

Insieme a tutto il Sistema Solare, la Terra si trova in uno dei bracci di una grande galassia chiamata **Via Lattea**: una galassia a spirale barrata con un diametro di circa 100 000 anni luce.
Il suo nome deriva dal fatto che, guardando in cielo durante la notte, si può osservare una fascia luminosa e biancastra (*lattea*, appunto) formata dalle moltissime stelle del disco galattico.
La nostra galassia contiene miliardi di stelle ed enormi quantità di gas e polvere interstellare; le stelle che la costituiscono ruotano attorno al centro galattico in tempi diversi, in base alla loro posizione.
È più luminosa verso il centro, che però non è osservabile a causa della presenza di polveri: gli astronomi pensano che sia occupato da un gigantesco buco nero. La Via Lattea costituisce, insieme ad altre 40 galassie, il **Gruppo Locale**, in cui si trova un'altra grande galassia a spirale visibile a occhio nudo: la **galassia di Andromeda**.
Le altre galassie che appartengono al Gruppo Locale sono molto più piccole, ma due di esse sono visibili a occhio nudo: le **Nubi di Magellano**.

5 La Via Lattea sopra le Dolomiti.

6 Pianeti, satelliti, asteroidi, meteore

Audio

I corpi celesti che non emettono energia sono pianeti, satelliti, asteroidi e meteore

Non sbagliare anche tu...

Perché pianeti e satelliti emettono luce se non avvengono reazioni nucleari al loro interno?
In realtà non emettono luce propria, ma brillano perché riflettono la luce della stella più vicina. Anche la Terra quindi appare luminosa vista da un altro pianeta: riflette la luce del Sole. Per lo stesso motivo la Luna illumina le nostre notti.

Nelle notti serene e stellate, in cielo si possono osservare anche alcuni corpi celesti caratterizzati da una luce ferma, non tremolante come quella delle stelle: i **pianeti**. I pianeti sono corpi celesti che orbitano, cioè ruotano, intorno a una stella, ma che non producono energia, poiché al loro interno non avvengono reazioni di fusione nucleare. La loro massa è sufficiente da conferire loro una forma sferoidale. Questa definizione è stata approvata nel 2006 dall'Unione Astronomica Internazionale.
I pianeti e la stella attorno alla quale orbitano costituiscono un **sistema planetario**. La Terra e gli altri pianeti che ruotano attorno al Sole danno origine a un sistema planetario chiamato **Sistema Solare**. Noi conosciamo bene i pianeti del Sistema Solare, ma non sono gli unici: nel 1992 è stato scoperto il primo pianeta extrasolare che orbita attorno a una stella chiamata 51 Pegasi. Da allora al dicembre 2016 sono stati individuati 3570 pianeti di questo tipo.
Oltre ai pianeti, in cielo si vedono altri oggetti luminosi: i **satelliti**, corpi celesti che orbitano attorno a un corpo che non è una stella: i satelliti ruotano, per esempio, attorno ai pianeti. Anche nei satelliti non avvengono reazioni nucleari, quindi non producono energia: per questo vengono definiti *corpi oscuri*.
Spesso i satelliti vengono chiamati **lune**, per analogia con il satellite naturale della Terra, la Luna appunto.

1 Nel cielo, all'alba, è talvolta possibile vedere contemporaneamente la Luna (al centro) con Giove (a sinistra) e Venere (a destra), due dei pianeti del Sistema Solare.

2 I pianeti e i satelliti non producono energia. I pianeti orbitano intorno a una stella e i satelliti orbitano intorno al pianeta. Un pianeta può avere anche numerosi satelliti: Giove, qui nell'immagine, ne ha 67, di cui i 4 maggiori (Io, Ganimede, Europa e Callisto) furono scoperti da Galileo.

Nello spazio però si muovono altri corpi oscuri, che non emettono energia: gli **asteroidi** e le **meteore**.

Gli asteroidi sono piccoli corpi celesti rocciosi, chiamati anche *pianetini*, residui delle polveri che costituivano la nebulosa stellare e che non sono stati utilizzati per costituire i pianeti. Generalmente sono di forma irregolare e con un diametro compreso tra alcune centinaia di metri fino a 900 km. La maggior parte di essi (milioni) ha un diametro inferiore a 1 km e solo 200 hanno un diametro superiore a 100 km. In alcuni casi gli asteroidi possono presentare anche dei satelliti propri ■3.

■3 243 Ida è il primo asteroide con satellite scoperto dagli astronomi.

Viene chiamato **meteoroide** qualsiasi frammento di corpo celeste che vaga nello spazio.

Se un meteoroide entra nell'atmosfera terrestre, per attrito con essa s'incendia: in questo caso prende il nome di **meteora**, e lascia nel cielo una scia luminosa. I residui di asteroidi (ma anche di pianeti o satelliti) che attraversano tutti gli strati dell'atmosfera e arrivano sulla superficie terrestre sono definiti **meteoriti**.

I meteoriti più grossi in genere hanno le dimensioni di una palla da tennis o poco più, e colpiscono la superficie terrestre con notevole forza, dando origine a depressioni circolari chiamate *crateri meteorici* o *crateri da impatto*. La maggior parte dei meteoroidi, tuttavia, si disintegra in aria e l'impatto con il suolo in realtà è raro.

I meteoriti, naturalmente, possono colpire tutti i corpi celesti: nel Sistema Solare tracce di impatti sono visibili anche sulla superficie della Luna, di Marte, di Venere, di Mercurio.

Parole di scienze

asteroide: "simile a una stella"; questi corpi, osservati con i primi telescopi, apparivano come puntini luminosi.

Non sbagliare anche tu...

Meteoroide: piccolo frammento roccioso (le dimensioni variano da un granello di sabbia a un masso) che vaga nello spazio.
Meteora: meteoroide che entra nell'atmosfera terrestre incendiandosi a causa dell'attrito.
Meteorite: frammento che raggiunge la superficie della Terra o di altri corpi celesti.

■ Meteor Crater, in Arizona (USA): fu generato circa 50 000 anni fa dall'impatto di un meteorite del diametro di 46 m.

■ Meteorite.

Con metodo

Analizzo il testo (par. 5-6)

1. Quali sono le forme delle galassie? Cerchia con colori diversi il loro nome nel testo.
2. Sottolinea nel testo la definizione di pianeta.

Comprendo il testo (par. 5-6)

3. Rispondi.
   - **a** Quante stelle sono contenute in una galassia nana? E in una gigante?
   - **b** Perché un pianeta non emette energia?
   - **c** Attorno a quale corpo celeste ruota un satellite?
   - **d** Che cos'è un asteroide?
4. La Via Lattea è:
   - ☐ una galassia ellittica
   - ☐ una galassia a spirale barrata
5. Le Nubi di Magellano:
   - ☐ appartengono alla Via lattea
   - ☐ appartengono al Gruppo Locale
6. Gli astronomi hanno individuato:
   - ☐ pianeti extrasolari
   - ☐ solo pianeti del Sistema Solare
7. I residui delle polveri di una nebulosa che non hanno dato vita a un pianeta sono diventati:
   - ☐ lune ☐ asteroidi

Collaboro

8. Formate delle **coppie**. Ciascuna coppia scriva su una decina di foglietti alcune caratteristiche relative alle galassie, ai pianeti, agli asteroidi e ai satelliti. Scambiate i foglietti con quelli della coppia vicina e attribuite ogni descrizione al corpo celeste corretto.

Siamo soli nell'Universo?

Audio

Parlare di vita extraterrestre è molto complicato, visto che ancora non è stata scoperta.
Proprio per questo alcuni scienziati ne escludono la presenza; altri invece, data la vastità dell'Universo, pensano sia impossibile che la vita su un altro pianeta non si sia mai sviluppata.

I film, i libri e i fumetti abbondano di *extraterrestri*. Nella maggior parte dei casi questi *alieni* (dal latino *alienus* = altro, estraneo) sono immaginati come esseri antropomorfi (dal greco *ànthropos* = uomo + *morphé* = forma).
Gli extraterrestri fanno la loro apparizione molto presto nella letteratura: *Una storia vera* del filosofo greco **Luciano** di Samosata (120-190 d.C.) è un vero "racconto fantascientifico" in cui si narra di viaggi nello spazio e "guerre stellari" per la conquista di pianeti; il *Somnium* di **Keplero** (1634) racconta di strani abitanti della Luna e *Micromega* di **Voltaire** (1752) segue i viaggi spaziali di un filosofo che abita sulla stella Sirio.

Dopo l'invenzione dei primi telescopi l'interesse per altri mondi crebbe, così come l'immaginazione umana.
Nell'800 c'era la ferma convinzione che la Luna e i pianeti del Sistema Solare fossero abitati e quest'ipotesi non era scartata neanche dagli astronomi.
Nel 1835 il quotidiano *New York Sun* diffuse la notizia che la Luna era popolata e descrisse in modo preciso l'ambiente e i suoi abitanti: uomini alati simili a pipistrelli 1.
La storia era stata inventata per ridicolizzare le stravaganti teorie di quell'epoca, ma fu presa sul serio e tradotta in diverse lingue, diventando famosa come "La grande beffa della Luna".

1 Rappresentazione di un abitante della Luna dopo il racconto del *New York Sun*.

Nel 1877 l'astronomo italiano **Giovanni Schiaparelli** credette di vedere su Marte dei canali: si diffuse così l'idea che il pianeta fosse abitato da una specie intelligente, in grado di realizzare opere ingegneristiche. Oggi sappiamo che ciò che vide l'astronomo fu solo un'illusione ottica.

2 Invasione aliena raccontata nel libro *La Guerra dei Mondi*.

Il romanzo *La Guerra dei Mondi* (1898) di **H.G. Wells** racconta la prima invasione della Terra da parte dei marziani: è considerato il romanzo che ha ispirato tutte le successive storie di occupazione aliena 2.
Il 30 ottobre 1938 la CBS, uno dei network radiofonici più importanti degli Stati Uniti, trasmise uno sceneggiato tratto dal libro di Wells in cui si raccontava, sotto forma di notiziario, l'invasione della Terra da parte degli alieni. L'interpretazione dell'attore Orson Welles fu così convincente che i radioascoltatori non si accorsero della finzione e furono presi dal panico.
Sempre nel 1938 fece la sua prima apparizione l'extraterrestre più famoso, Superman, che continua ad appassionarci con le sue avventure.

E nonostante le scoperte e le conoscenze astronomiche oggi siano molto avanzate, gli alieni sono sempre fra noi: campioni d'incassi sono stati, infatti, **due film** dedicati proprio alla vita extraterrestre, *Guerre stellari* (1977) con la saga che da esso è derivata, ed *E.T. l'extraterrestre* (1982).
Nella nota **serie televisiva di fantascienza** *Star Trek* (che ha avuto inizio nel 1966 e continua tutt'oggi con una serie di film) compaiono addirittura più di 400 civiltà aliene.
Nella letteratura e nel cinema, nella maggior parte dei casi, gli alieni hanno sembianze umanoidi, ma se consideriamo la questione dal punto di vista "scientifico", non è certo che le eventuali forme di vita sviluppate su altri pianeti assomiglino alla nostra specie.
Quando ci chiediamo se su altri pianeti possa esistere la vita dobbiamo, prima di tutto, chiederci: **che tipo di vita?**

L'**esobiologia** è la scienza che si occupa di cercare vita su altri pianeti. Secondo questi studi, la vita extraterrestre dovrà avere **come base l'atomo di carbonio**, proprio come quella che si è sviluppata sulla Terra.
L'indagine si svolge in due direzioni: una ricerca indiretta e una diretta. La ricerca indiretta indaga su pianeti simili alla Terra, per massa e distanza dalla propria stella. Ne sono stati trovati una decina con queste caratteristiche, ma non è sicuro che su di essi sia presente acqua liquida, ritenuta indispensabile per lo sviluppo della vita.

La ricerca diretta, invece, si muove in tre direzioni:

1. cercare, attraverso le sonde, tracce di vita fossile su Marte: in particolare batteri nel sottosuolo del pianeta. Oppure si cercano tracce di vita nel materiale che cade sulla Terra, come i meteoriti;
2. mandare in orbita nel prossimo futuro un nuovo telescopio, che analizzi l'atmosfera dei pianeti extrasolari alla ricerca di ossigeno. La presenza di questo elemento in elevate quantità è un forte indizio della presenza della vita: se la quantità in atmosfera è consistente, significa che viene prodotto da qualche essere vivente;
3. inviare messaggi radio nello spazio come quello di Arecibo ■3, nella speranza che vengano intercettati da un'eventuale civiltà aliena, che abbia la nostra tecnologia e sia in grado di interpretarli.

Una teoria sull'origine della vita è che questa sia stata portata sul nostro pianeta dalle **comete**, piccoli corpi simili ad asteroidi, ma ricoperti di ghiaccio e formati da materiale che risale all'epoca della formazione del Sistema Solare.

Che cos'è stato realmente trovato sulle comete?
La sonda spaziale Rosetta, dopo dieci anni di viaggio, nel 2014, ha raggiunto e studiato la cometa 67P/Churyumov-Gerasimenko ■4. Nella sua coda sono stati individuati glicina (un amminoacido) e fosforo (l'elemento base del DNA e delle membrane cellulari). La glicina era già stata trovata in un campione di polvere di cometa portato sulla Terra dalla NASA nel 2009, ma in quel caso si temeva una contaminazione.
Rosetta invece ha analizzato la cometa senza toccarla: i dati sulla **presenza di materia organica** sono quindi attendibili. Ovviamente, però, questi sono solo i mattoni della vita e non vita vera e propria.

■4 La cometa 67P/Churyumov-Gerasimenko dalla sonda Rosetta.

Il 16 novembre 1974, dal **radiotelescopio di Arecibo** (isola di Porto Rico) è stato inviato un **radiomessaggio indirizzato verso la nebulosa M13**, nella costellazione di Ercole, a 25 000 anni luce di distanza dalla Terra.
Il messaggio contiene le seguenti informazioni:

- i numeri da 1 a 10;
- i numeri atomici dell'idrogeno, del carbonio, dell'azoto, dell'ossigeno e del fosforo: i costituenti principali delle molecole organiche;
- il numero dei nucleotidi del DNA e una rappresentazione della doppia elica;
- lo schema di un corpo umano e il numero degli abitanti della Terra;
- lo schema del Sistema Solare;
- lo schema del radiotelescopio di Arecibo.

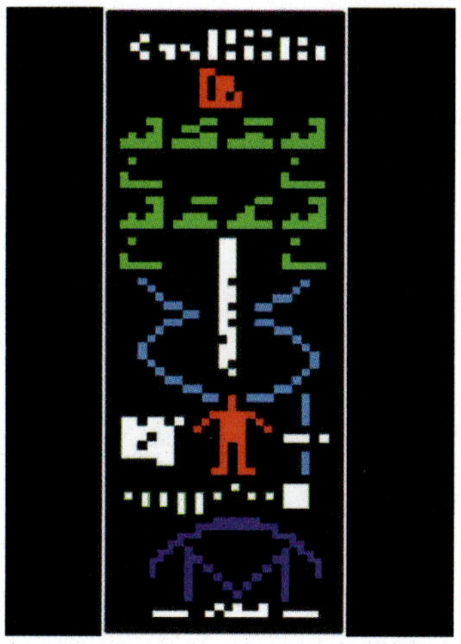

■3 Messaggio inviato dal radiotelescopio di Arecibo.

Mi preparo all'interrogazione

Erickson

L'Universo e l'astronomia

Di che cosa si occupa l'astronomia? Che cosa si intende per Universo?

Paragrafo 1

Leggi con attenzione il paragrafo: sottolinea con colori diversi le definizioni di astronomia e di Universo e memorizza da che cosa è formato quest'ultimo. Completa poi le frasi e usale come scaletta per preparare l'esposizione orale.

- L'astronomia è la scienza che studia ....
- L'Universo è ....
- L'Universo contiene ....
- Ogni galassia contiene ....
- Lo spazio fra le galassie è ....
- L'Universo è formato dal 15% di .... e dall'85% di ....
- L'Universo non è ....

L'origine dell'Universo

Com'è nato l'Universo? Come si è evoluto e come si evolverà?

Paragrafo 2

Nella prima pagina del paragrafo 2 viene spiegata una teoria sull'origine dell'Universo, il Big Bang. Leggine la spiegazione e le fasi più importanti, seguendole sull'immagine 1. Dopo completa le didascalie della figura a sinistra. Leggi poi nella seconda pagina le teorie riguardo al futuro dell'Universo. Sottolinea le tre ipotesi formulate e poi completa la figura a destra.

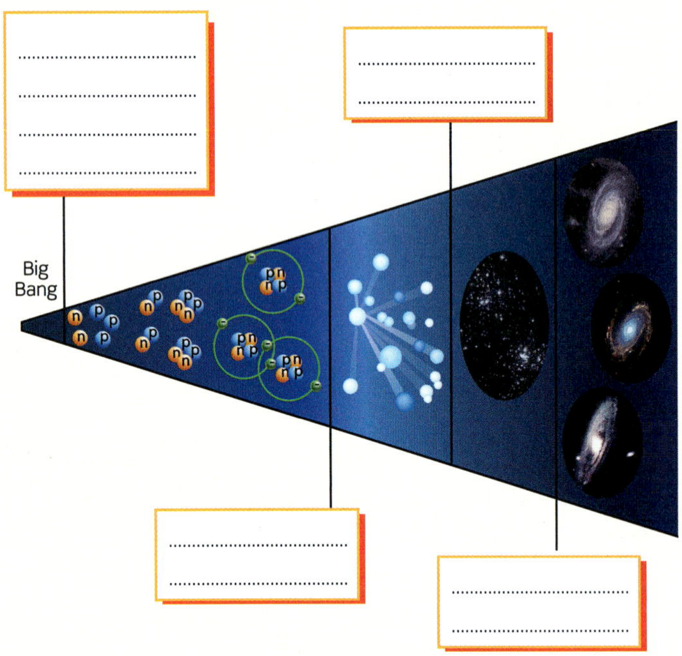

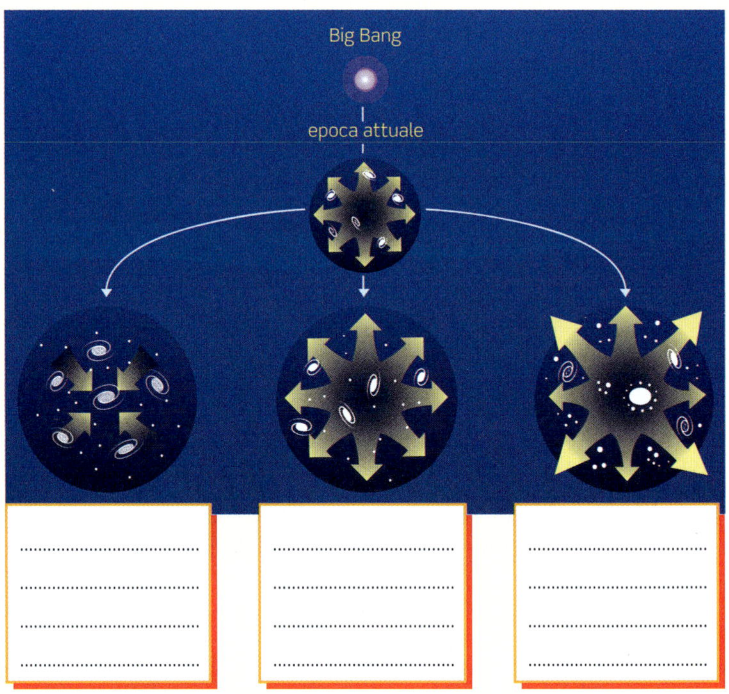

Le stelle e il loro ciclo di vita

Che cosa sono le stelle?

Paragrafo 4

All'inizio del paragrafo trova la definizione di stella e le principali caratteristiche che la descrivono. Leggi con attenzione il testo e scrivi qui sotto una breve sintesi delle informazioni.

Una stella è ....

....

....

Come sono classificate le stelle?

Paragrafo 4

Prosegui nella lettura del paragrafo 4: nella seconda pagina scopri come vengono classificate le stelle. Evidenzia i criteri di classificazione e organizza le informazioni in uno schema come il seguente.

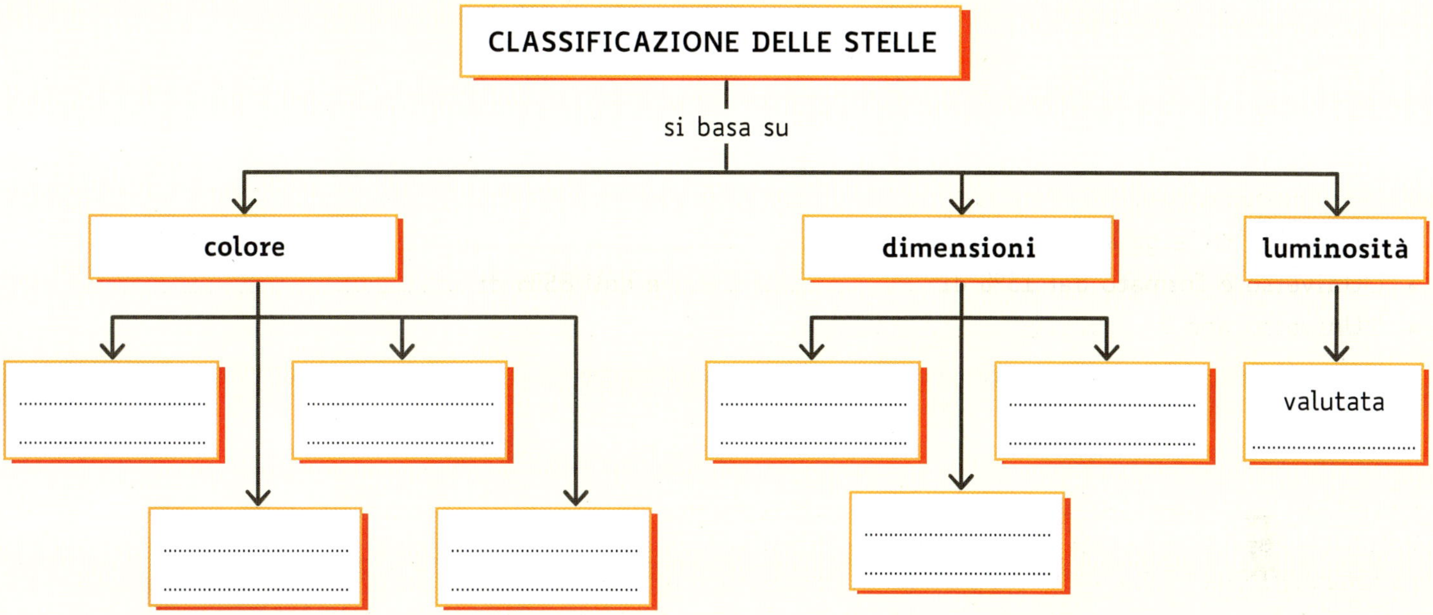

Qual è il ciclo di vita di una stella?

Paragrafo 4

Nell'ultima pagina del paragrafo si legge che la fine di una stella dipende dalla sua massa. Evidenzia i tre casi possibili e scrivi di seguito una sintesi.

- Una stella di massa piccola brucia l'idrogeno molto lentamente e diventa ....
- Una stella circa dieci volte più grande del Sole consuma l'idrogeno molto velocemente e alla fine ....
- Le stelle molto più grandi del Sole danno origine a una supernova che si evolve in ....

Pianeti, satelliti, asteroidi, meteore

Quali sono e quali caratteristiche hanno i corpi celesti che non emettono luce?

Paragrafo 6

Nel paragrafo 6 vengono descritti altri corpi celesti che non emettono energia. Con colori diversi evidenzia le informazioni che riguardano ciascuno di essi e poi completa la seguente tabella.

pianeti	satelliti	asteroidi	meteoroidi	meteora	meteorite
....	sono corpi celesti che orbitano intorno a un corpo che non è una stella	....	qualsiasi frammento di corpo celeste che vaga nello spazio	....	....
esempio:	esempio:	esempio:	esempio:		

Mi preparo all'interrogazione

Contenuti multipli

L'UNIVERSO

- è costituito da:
  - atomi (15%)
  - materia oscura (85%)
- è l'oggetto di studio dell' **astronomia**
  - misura le distanze in:
    - unità astronomiche (UA)
    - anni luce
    - parsec
- la sua origine è stata ipotizzata dalla **teoria del Big Bang**
- le possibili teorie sulla sua evoluzione sono:
  - Big Crunch
  - Big Freeze
  - Big Rip
- comprende:
  - pianeti
  - satelliti
  - asteroidi
  - meteore
- comprende **stelle**
  - sono costituite da **plasma (gas molto caldo)**
  - emettono:
    - radiazione luminosa
    - vento stellare
    - calore
  - appartengono ad ammassi chiamati **galassie**
    - comprendono corpi celesti come: pianeti, satelliti, asteroidi, meteore
    - che possono essere:
      - ellittiche
      - a spirale
      - ad anello
      - lenticolari
  - sono classificate in base a:
    - **colore e temperatura**, dalla più calda alla più fredda:
      - blu
      - azzurre
      - bianche
      - gialle
      - arancioni
      - rosse
    - **dimensioni**, in:
      - giganti
      - supergiganti
      - nane
    - **luminosità**, valutata in confronto a quella del Sole

verifica

Verifica interattiva

CONOSCO

1 Completa le seguenti frasi scegliendo tra i termini elencati.

anno luce • *14* • *collassare* • *pianeti* • *spazio* • *spirale barrata* • *galassie* • *massa* • *nane bianche* • *oscura* • *ad anello* • *parsec* • *nebulose* • *astronomia* • *gas* • *Big Bang* • *buchi neri* • *satelliti* • *materia* • *protostella* • *ellittiche* • *espandersi* • *asteroidi* • *stelle di neutroni* • *unità astronomica* • *radiazione luminosa* • *Gruppo Locale*

a L'Universo è costituito dallo .... e da tutto ciò che esso contiene: energia, ..., stelle, pianeti. L'.. è la scienza che studia l'origine dell'Universo e le sue caratteristiche

b Nell'Universo sono presenti atomi e materia ....

c La teoria più accettata sull'origine dell'Universo è il .... Secondo questa teoria quasi .... miliardi di anni fa l'Universo, racchiuso in uno spazio piccolissimo, cominciò a .... originando il tempo, lo spazio e la materia

d In astronomia si utilizzano particolari unità di misura: l'.. (UA) che corrisponde a circa 150 milioni di kilometri; l'.. che è la distanza percorsa dalla luce in un anno; il .... che corrisponde a 3,26 anni luce

e Le stelle sono sfere di .... molto caldo che emettono energia sotto forma di ...., vento stellare e calore.
Si formano all'interno di .... quando ammassi di polveri e gas iniziano a .... liberando grandi quantità di energia: si origina una ....

f La durata e il destino di una stella dipende dalla sua .... iniziale; stelle con massa simile a quella del Sole diventeranno delle ....; stelle con massa molto più grande del Sole diventeranno delle .... o dei ....

g Le .... sono costituite da ammassi di stelle, gas e polveri. Possono contenere da decine di milioni a miliardi di stelle. In base alla loro forma si distinguono in ...., a spirale, ... e lenticolari

h Il Sistema Solare si trova in una galassia a .... chiamata Via Lattea. La Via Lattea fa parte di un ammasso detto ....

i Oltre alle stelle, nell'Universo sono presenti altri corpi celesti: i .... che ruotano attorno a una stella ma non producono energia, i .... che ruotano attorno a un corpo che non è una stella e gli .... formati dai residui delle polveri che costituivano la nebulosa stellare

2 INVALSI **Segna con una crocetta il completamento esatto.**

a L'Universo è formato da:
- ☐ materia e materia oscura
- ☐ energia e materia oscura
- ☐ energia, materia e materia oscura
- ☐ nessuna delle precedenti

b L'astrologia:
- ☐ è una scienza
- ☐ collega il carattere di una persona con le costellazioni
- ☐ è nata durante l'Impero romano
- ☐ è un sinonimo di astronomia

c La prima luce visibile nell'Universo fu emessa:
- ☐ 380 000 anni dopo il Big Bang
- ☐ 3 secondi dopo il Big Bang
- ☐ 560 milioni di anni dopo il Big Bang
- ☐ 300 000 anni dopo il Big Bang

d In futuro l'Universo potrà:
- ☐ collassare
- ☐ rallentare l'espansione
- ☐ accelerare l'espansione
- ☐ tutte e tre le ipotesi sono corrette

e L'Unità Astronomica è:
- ☐ la distanza tra la Terra e la Luna
- ☐ la distanza media tra la Terra e il Sole
- ☐ la distanza che percorre la luce in un anno
- ☐ la distanza tra il Sole e Sirio

f Per misurare la distanza di corpi al di fuori del Sistema Solare si utilizza:
- ☐ il parsec
- ☐ l'anno luce
- ☐ l'unità astronomica
- ☐ i kilometri

g Se una nebulosa collassa e aumenta la sua temperatura si forma:
- ☐ una galassia
- ☐ una nana bianca
- ☐ una protostella
- ☐ una gigante rossa

verifica

h Una stella delle dimensioni del Sole diventerà:

- ☐ un buco nero
- ☐ una stella di neutroni
- ☐ una supernova
- ☐ una nana bianca

i La Via Lattea:

- ☐ è più luminosa verso il disco galattico
- ☐ ruota attorno al centro galattico
- ☐ è a spirale barrata
- ☐ sono corrette tutte e tre le affermazioni

l I pianeti:

- ☐ non emettono energia
- ☐ non hanno massa
- ☐ ruotano attorno a una galassia
- ☐ ruotano attorno ad altri pianeti

m I residui delle polveri di una nebulosa formano:

- ☐ i satelliti
- ☐ gli asteroidi
- ☐ i pianeti
- ☐ altre stelle

n Il colore di una stella dipende:

- ☐ dalla sua distanza dalla Terra
- ☐ dalle sue dimensioni
- ☐ dalla sua temperatura superficiale
- ☐ dalla nebulosa da cui si è originata

3 Vero o falso?

a L'Universo è misurabile V F
b I pianeti fanno parte dell'Universo V F
c L'Universo continua a contrarsi V F
d La temperatura iniziale dell'Universo era di circa 1 miliardo di °C V F
e Secondo la teoria del Big Rip, l'Universo rallenterà la sua espansione V F
f La velocità della luce è di circa 300 000 m/s V F
g Le reazioni nucleari che avvengono all'interno di una stella hanno come carburante iniziale l'idrogeno V F
h Una stella blu è molto calda V F
i Le Nubi di Magellano sono delle stelle V F
l Guardando il cielo è possibile osservare tutta la Via Lattea V F
m Nel Sistema Solare nessun pianeta possiede dei satelliti V F
n Esistono dei pianeti al di fuori del Sistema Solare V F

4 Sottolinea il termine corretto tra quelli proposti in corsivo.

a Le galassie contengono *migliaia/milioni* di stelle
b La materia oscura non emette *radiazioni luminose/radiazioni alfa*
c I primi atomi a formarsi furono quelli *dell'idrogeno e dell'elio/dell'idrogeno e dell'azoto*
d Il raffreddamento dell'Universo è ipotizzato dal *Big Crunch/Big Freeze*
e L'anno luce è una misura *del tempo/dello spazio*
f Dall'esplosione di una supergigante rossa si forma una *stella di neutroni/supernova*
g Il buco nero ha una *densità/temperatura* elevatissima
h Una gigante rossa si trasformerà in una *stella di neutroni/nana bianca*
i La Via Lattea è una galassia *a spirale/ad anello*
l Il Sole si trova *al centro/in un braccio* della galassia
m Gli asteroidi sono chiamati anche *planetesimi/pianetini*

APPLICO

5 Scrivi sotto le seguenti immagini che cosa rappresentano.

....

....

....

....

....

....

6 **Osserva le tre immagini e scrivi sotto a ognuna quale unità di misura è la più idonea per misurare le distanze tra i due corpi celesti rappresentati.**

....

....

COMPETENZE

1. Leggi il testo e rispondi.

Nell'agosto 2015, gli astronomi dell'osservatorio Keck nelle Hawaii hanno rilevato con le potenti strumentazioni del telescopio la galassia più lontana mai osservata, a 13,2 miliardi di anni luce dalla Terra: si tratta di EGSY8p7. Nel marzo del 2016, ricercatori degli Stati Uniti che utilizzano il telescopio spaziale Hubble (in orbita dal 1990) hanno spostato ancora più in là l'asticella del record: è stata trovata una galassia a 13,5 miliardi di anni luce da noi: GN-Z11, una galassia che si è formata dopo 300-400 milioni di anni dal Big Bang e dalla nascita dell'Universo. La scoperta ha sorpreso gli stessi ricercatori, che non si aspettavano di trovare con Hubble un agglomerato così lontano, in quanto le galassie di quel periodo sono piccole [...] Perché è così difficile penetrare così lontano nello spazio (e nel tempo)? Per realizzare queste osservazioni bisogna puntare l'occhio dei grandi telescopi per ore ed ore in una singola porzione di cielo, in attesa che la luce di oggetti lontanissimi venga colta in quantità sufficiente da poter essere osservata.[...] Questo tipo di ricerca si propone di osservare e studiare le prime stelle nate, composte unicamente da idrogeno ed elio, gli elementi che si formarono per primi dopo il Big Bang. Dalla morte di quelle stelle si formarono tutti gli elementi che oggi costituiscono l'Universo. È per questo che la vita e la morte delle stelle delle galassie più antiche ha un'importanza unica. Tuttavia nessun telescopio ci permetterà di arrivare fino al Big Bang, neppure aumentandone a dismisura la potenza, perché avvicinandosi sempre più all'inizio del tutto non c'erano neanche le stelle (perciò nessuna "luce" da osservare), ma solo gli elementi primordiali. Perciò sono state costruite macchine come l'acceleratore di particelle LHC del CERN di Ginevra, che permettono di studiare il comportamento delle particelle che permeavano l'Universo appena nato: lì non si ottengono immagini di tempi e luoghi lontanissimi, ma si ricostruiscono le condizioni che c'erano subito dopo il Big Bang e che portarono alla formazione delle prime stelle.

[Luigi Bignami, adattato da http://www.focus.it]

a Quale potrebbe essere il titolo dell'articolo?

b Sottolinea i termini scientifici presenti nell'articolo.

c Che relazione c'è tra la distanza di una galassia (espressa in anni luce) e il momento in cui si è formata?

d Considerando che l'Universo ha un'età di circa 13 miliardi e 800 milioni di anni, quando potrebbe essersi formata una galassia che dista 12 miliardi di anni luce dalla Terra?

e Che cosa afferma la teoria del Big Bang?

f Perché l'autore sostiene che nessun telescopio ci permetterà di arrivare fino al Big Bang?

2. Calcola e ragiona.

a Kepler-186 f è un pianeta extrasolare scoperto nel 2014. Ruota attorno alla stella nana rossa Kepler-186 e ha un raggio simile a quello della Terra.
La sua distanza dalla Terra è di circa 500 anni luce: a quanti kilometri corrispondono? (esprimi il risultato mediante la notazione scientifica).

b La Luna si trova a circa 380 000 kilometri dalla Terra: esprimi la sua distanza in secondi luce.

c La stella più vicina alla Terra, Proxima Centauri, si trova a 4,24 anni luce. Esprimi questa distanza in UA.

3. Ricerca e comunica.

Come funziona un osservatorio astronomico? Documentati utilizzando Internet o altre fonti e prepara una breve presentazione. Nella località dove vivi ci sono degli osservatori facilmente raggiungibili? Fai una piccola ricerca e illustra le sue attività alla classe.

In English Verifica interattiva

4. Fill in the blanks.

Universe • planets • hypotheses • energy • stars • light years • moons

The Universe includes ...., ..., minor planets, ..., galaxies, the contents of intergalactic space, and all matter and .... The observable Universe is about 28 billion parsecs (91 billion ....) in diameter. The size of the entire .... is unknown, but there are many .... about the composition and evolution of the Universe.

CLIL: let's learn English

Objectives

- Explain why the stars look like they are moving during the night
- Explain the constellation

Remember

- The Earth spins on its axis and this makes the stars appear to move during the night.
- You can see different constellations in the northern and southern hemispheres.

Stars

Audio

Our Sun

Our Sun is a star. You might think that our Sun is the biggest star of all, but it is actually quite small.
Some of the bigger stars, such as *Arcturus*, are hundreds of times bigger than our Sun. Arcturus looks much smaller than our Sun because it is so far away.
The stars shine all the time, but we can only see them when the Sun is low in the sky or at night.
This is because the light from the Sun is so bright that we cannot see other stars shining.

The Earth spins

During the night the stars look like they are moving, but if you look at the night sky for a few minutes, you cannot see them moving. If you take a photograph over several hours the stars make tracks 1. The stars are not really moving in circles. They look like they are moving because of the motion of the Earth – not the motion of the stars.
This happens because the Earth is spinning on its axis.

Constellations

People have been trying to make sense of all the stars for thousands of years. A collection of stars that makes a pattern is called a constellation, such as the Plough (*Ursa Maior*). It is easier to describe stars in constellations rather than individual stars.
If you live in the northern hemisphere, you will see different stars than someone who lives in the southern hemisphere. *Cassiopeia* is a constellation that you can see only from the northern hemisphere, while you can only see *Crux* from the southern hemisphere.

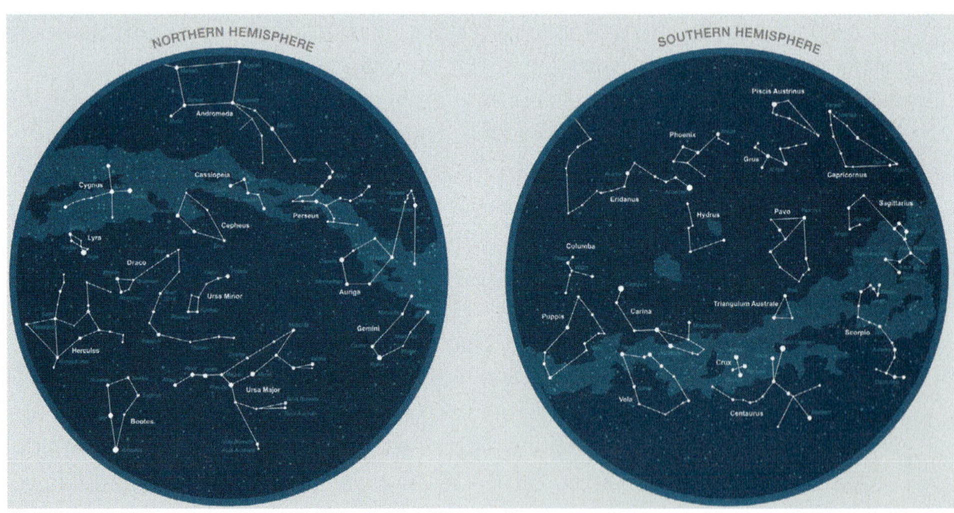

Exercises

1. Why can we not see stars during the day?
2. What is a constellation?

2 Il Sistema Solare

Digi Scienze

Contenuto integrativo

Preparati per la lezione:
- guarda la presentazione multimediale
- compila la scheda

Nelle prossime pagine troverai altri contenuti digitali

Allegato scaricabile

Contenuto integrativo

Audio

Verifica interattiva

Tra i sistemi planetari dell'intero Universo, c'è il Sistema Solare. Ne è motore una stella di media grandezza, il Sole, attorno al quale orbitano otto pianeti. Tra di essi, la Terra, "casa nostra". In questo moto attorno al Sole ci accompagnano milioni di altri corpi celesti: pianeti nani, asteroidi e comete.

1 Il Sistema Solare

Audio

Il Sistema Solare è un sistema planetario che contiene una stella, otto pianeti e milioni di corpi celesti

pianeti del Sistema Solare	distanze dal Sole in UA
Mercurio	0,387
Venere	0,723
Terra	1,000
Marte	1,524
Giove	5,209
Saturno	9,539
Urano	19,18
Nettuno	30,06

Il Sistema Solare è costituito da un'unica stella, il Sole, e da otto pianeti: Mercurio, Venere, Terra, Marte, Giove, Saturno, Urano e Nettuno. Oltre ai pianeti, fanno parte del sistema anche milioni di corpi celesti più piccoli, come i pianeti nani e gli asteroidi 1.
I pianeti ruotano su se stessi e contemporaneamente anche attorno al Sole, con una traiettoria ellittica, detta **orbita**.

Il movimento dei pianeti su se stessi si chiama **moto di rotazione**. Come per la Terra, si chiama *giorno* il periodo di tempo che il pianeta impiega per compiere una rotazione completa, cioè un intero giro su se stesso.
Il movimento dei pianeti attorno al Sole prende invece il nome di **moto di rivoluzione** e, analogamente, si chiama *anno* il periodo di tempo che il pianeta impiega per compierlo.

1 Attorno al Sole ruotano gli otto pianeti e i pianeti nani come Cerere, Plutone, Eris.

Il Sole ha avuto origine 4,6 miliardi di anni fa in modo simile a quello di qualunque altra stella 2: una nebulosa, inizialmente abbastanza fredda, cominciò a contrarsi. La temperatura aumentò e la materia si addensò al centro dando origine al **proto-Sole**.
Il materiale residuo, alla periferia della nube, continuò a ruotare attorno alla stella in formazione, si appiattì e formò un disco. Qui il materiale, scontrandosi, si aggregò. Si originarono corpi più grandi che attirarono quelli più piccoli: si formarono così i **proto-pianeti** da cui poi derivarono i pianeti attuali.

Il materiale che non riuscì allora ad aggregarsi costituisce oggi gli asteroidi e i corpi transnettuniani (che orbitano, cioè, oltre Nettuno, nelle zone chiamate *fascia di Kuiper* e *nube di Oort*). Fra tali corpi troviamo i **pianeti nani**, come Plutone, e i corpi ghiacciati, le **comete**.

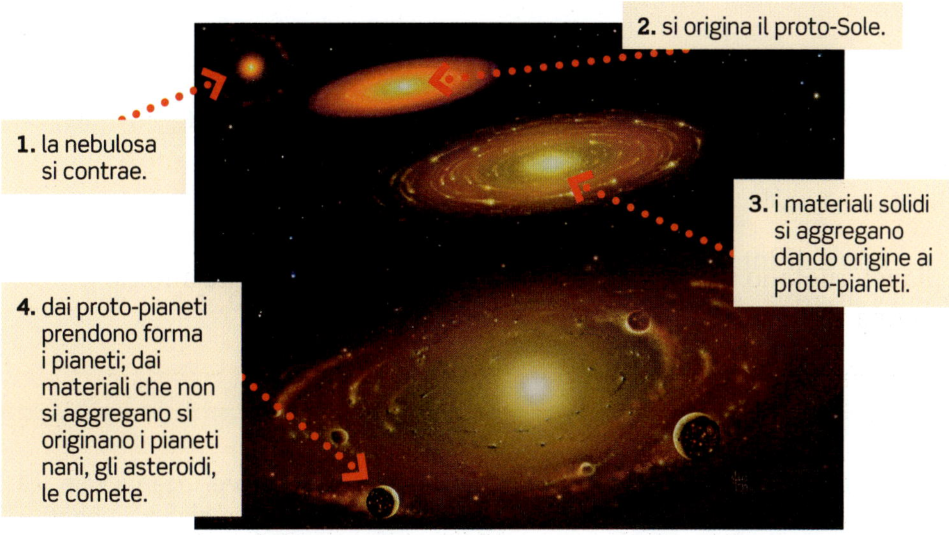

2 Il Sistema Solare si è originato da una nebulosa, al centro della quale si è formata la stella (il Sole) e alla periferia i pianeti.

Le dimensioni del Sistema Solare non sono facilmente misurabili: gli astronomi sono dell'opinione che sia una sfera, non regolare, di 80 UA di diametro. Il Sole è l'unica fonte di energia di tale sfera e ne occupa il centro, con una massa che rappresenta circa il 99,9% della massa dell'intero Sistema.

Il Sistema Solare nella sua globalità si trova in un braccio secondario della Via Lattea, il **braccio di Orione**, che dista circa 28 000 anni luce dal centro della galassia **3**.

Il Sistema Solare non è fermo all'interno della galassia, ma ruota attorno al suo centro: per compiere un giro completo impiega 230 milioni di anni.

3 Il Sistema Solare si trova in un braccio secondario della Via Lattea, il braccio di Orione.

CLIL for SCIENCE Audio

Sistema Solare: ***Solar System***
pianeta: ***planet***
pianeta nano: ***dwarf planet***
asteroide: ***asteroid***

Look at picture 1 and complete the sentence.

The Solar System is comprised of a star, the Sun, eight .... – which revolve around the Sun - and millions of other celestial bodies, such as .... and ....

Con metodo

Analizzo il testo

1. Da che cosa è costituito il Sistema Solare? Sottolinea nel testo la risposta.
2. Cerchia i nomi dei due moti dei pianeti.

Comprendo il testo

3. Rispondi.
   - **a** Qual è l'origine del Sole?
   - **b** Come si sono formati i pianeti?
   - **c** Quanti milioni di anni impiega il Sistema Solare a compiere un giro completo attorno al centro della Via Lattea?
4. La traiettoria lungo la quale ruotano i pianeti si chiama:
   - ☐ orbitale
   - ☐ orbita
5. Il Sistema Solare si trova nel:
   - ☐ braccio di Orione
   - ☐ braccio di Andromeda
6. Il Sistema Solare ha un diametro di:
   - ☐ 80 UA
   - ☐ 80 a.l.

Collaboro

7. A **gruppi di tre**, preparate uno schema che riassuma la nascita del Sole e del Sistema Solare.

2 Il Sole

Audio

Il Sole è una stella gialla di media grandezza

Il Sole è il centro del nostro sistema planetario. È una stella di media grandezza che in superficie raggiunge la temperatura di 5500 °C, costituita da idrogeno (74% della sua massa), elio (25% della sua massa) e altri elementi in piccole tracce.

Partendo dall'interno, il Sole può essere suddiviso in cinque zone: **nucleo**, **zona radiativa**, **zona convettiva**, **fotosfera** e **atmosfera**, a sua volta suddivisa in **cromosfera** e **corona**.

BIG DATA

Tipo di stella: nana gialla
Diametro medio: 1 391 400 km
Temperatura superficiale: 5500 °C
Età: 4,6 miliardi di anni
Rotazione siderale (intorno al proprio asse): 28 giorni (di media)
Rotazione intorno al centro della galassia: 225-250 milioni di anni

Non sbagliare anche tu...

Il Sole è classificato come una nana gialla, il termine però è ingannevole. La nostra stella, infatti, ha un colore bianco candido che appare giallo, in contrasto con l'azzurro del cielo, oppure rosso, al tramonto.
Questo è causato da fenomeni ottici, come la diffusione, dovuti al passaggio della luce nell'atmosfera terrestre.

1. nucleo: costituisce circa il 40% della massa solare, ha una temperatura di 15 milioni di °C e una pressione di 500 miliardi di atmosfere. L'insieme di questi due parametri permette la fusione nucleare dell'idrogeno: i protoni dei nuclei di idrogeno si uniscono per formare nuclei di elio, generando un'enorme energia sotto forma di luce e calore.

2. zona radiativa: è situata all'esterno del nucleo, da cui assorbe l'energia nucleare e la trasmette, per irraggiamento, alle zone più esterne.

3. zona convettiva: ha uno spessore di 200 000 km; è più fredda degli strati sottostanti. In questa zona il calore viene trasmesso attraverso i moti convettivi: la materia più profonda, calda e meno densa, si sposta verso la superficie; qui cede calore, si raffredda e sprofonda di nuovo.

4. fotosfera: è la superficie del Sole, da qui l'energia, sotto forma di luce e calore, si propaga nello spazio. È caratterizzata da alcuni fenomeni particolari, come le **macchie solari** e i **brillamenti**. Le macchie sono zone più fredde (4000 °C) rispetto a quelle circostanti. I brillamenti, invece, sono violente eruzioni dovute a rilasci improvvisi di energia.

5. cromosfera: è uno strato sottile che appare di colore rossastro. Da qui si generano le **protuberanze solari**, getti di plasma che si possono elevare anche per centinaia di kilometri. Nell'agosto del 2012 è stata osservata una protuberanza di 800 000 km.

6. corona: è costituita da plasma; in questa zona la temperatura arriva a superare 1 milione di °C. Nell'atmosfera solare si assiste a un progressivo aumento della temperatura che culmina proprio nella corona, ma non se ne conosce il motivo. La continua espansione della corona nello spazio genera un flusso di particelle (protoni ed elettroni) chiamato **vento solare**. Questo, investendo i pianeti, interagisce con il loro campo magnetico: sulla Terra tale interazione dà origine alle aurore polari.

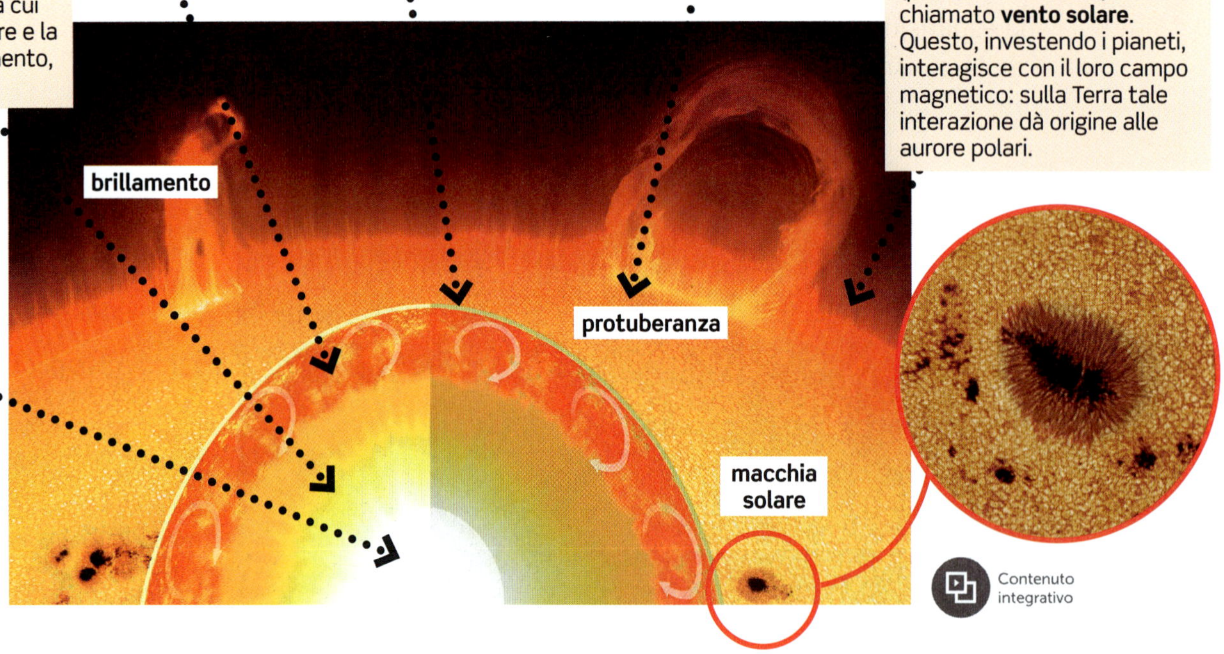

1 Le zone che costituiscono il Sole.

Contenuto integrativo

2 Protuberanza solare: questa foto è stata presa dal Solar Dynamics Observatory (SDO), un telescopio spaziale lanciato dalla NASA per studiare il Sole e la sua attività. Si tratta di una fotografia ultravioletta, nella quale il colore rosso indica gas a temperature relativamente "basse", circa 59 727 °C. Il blu e il verde sono invece gas "più caldi", con temperatura maggiore di 999 727 °C.

La formazione del Sole è stata innescata, probabilmente, dall'esplosione di una supernova nelle vicinanze di una gigantesca nebulosa presente nel Braccio di Orione. Oggi la nostra stella **si trova in equilibrio**: la fusione nucleare dell'idrogeno contrasta la forza di gravità. Quando l'idrogeno contenuto nel nucleo sarà stato completamente consumato nel processo di fusione nucleare, gli strati più esterni, non più in equilibrio, collasseranno: ciò determinerà un aumento della temperatura. Questo incremento provocherà la fusione dell'idrogeno negli strati superiori, che porterà a un'esplosione e a un'espansione della stella oltre l'orbita di Mercurio, il pianeta più vicino al Sole. Terminato anche l'idrogeno degli strati più esterni, l'elio diventerà il combustibile per le reazioni nucleari, provocando una nuova espansione che inglobera sicuramente Venere, il secondo pianeta del Sistema Solare.
Alla fine del suo ciclo, il Sole diventerà una gigante rossa che, nell'ultima fase della sua vita, perderà gli strati più esterni diventando una piccola nana bianca. Essa impiegherà centinaia di miliardi di anni per raffreddarsi. Dal materiale espulso, invece, si originerà una nebulosa planetaria 3.
Quando il Sole avrà compiuto la sua evoluzione, quale sarà il destino della Terra, il terzo pianeta più vicino al Sole?
Alcuni astronomi pensano che sarà inglobata dal Sole, insieme a Venere, durante la sua espansione. Altri invece pensano che la Terra, a causa delle esplosioni e della conseguente riduzione di massa del Sole, si allontanerà e non sarà quindi inglobata. In ogni caso il nostro pianeta non sarebbe più abitabile, poiché la temperatura non sarebbe compatibile con la vita: gli oceani evaporerebbero e l'atmosfera terrestre verrebbe distrutta.

Con metodo

Analizzo il testo

1. Sottolinea con colori diversi i nomi delle zone in cui può essere suddiviso il Sole.
2. Qual è il nome dei gas che compongono il Sole? Cerchiali nel testo.
3. Al termine del suo ciclo vitale il Sole diventerà una ....

Comprendo il testo

4. Rispondi.
   a Come si è formato il Sole?
   b Qual è il destino del Sole?
5. 15 milioni di °C si raggiungono:
   - ☐ nella corona
   - ☐ nel nucleo
6. La fotosfera è caratterizzata da:
   - ☐ macchie solari
   - ☐ venti solari
7. Quando tutto l'idrogeno del nucleo sarà consumato, nel Sole ci sarà:
   - ☐ un aumento di temperatura
   - ☐ una diminuzione della temperatura

Collaboro

8. Formate delle **coppie** e scrivete su alcuni foglietti i nomi delle zone che compongono il Sole. Scambiate i foglietti con quelli delle coppia vicina, estraetene uno a turno e descrivete brevemente al compagno le caratteristiche della zona trovata.

3 L'evoluzione del Sole è stata ipotizzata osservando quella di altre stelle di massa e grandezza simili.

3 I pianeti terrestri

Audio

I quattro pianeti più vicini al Sole sono rocciosi e simili alla Terra

I quattro pianeti più vicini al Sole, Mercurio, Venere, Terra e Marte, costituiscono con esso il Sistema Solare Interno 1. Questi pianeti sono definiti **rocciosi** o **terrestri** poiché, come vedremo, hanno caratteristiche simili a quelle del nostro pianeta. Essi si sono formati in una zona della nube planetaria ricca di silicati (minerali composti da silicio e ossigeno) e materiale ferroso. La loro struttura interna ha in genere un **nucleo** centrale composto da ferro, uno strato intermedio, il **mantello**, e una parte superficiale, la **crosta**, questi ultimi principalmente costituiti da silicati. Questi pianeti hanno alcune somiglianze: per esempio sono relativamente piccoli, hanno pochi satelliti e la superficie presenta crateri che suggeriscono l'ipotesi di un'attività di tipo vulcanico. Ciascuno però ha delle caratteristiche distintive, che dipendono dalla distanza dal Sole, dalla presenza o assenza di atmosfera e dalle dimensioni.

Contenuto integrativo

1 I pianeti del Sistema Solare Interno a confronto.

pianeta	diametro	periodo di rivoluzione	periodo di rotazione	temperatura massima	temperatura minima	satelliti	temperatura media
Mercurio	4879 km	88 giorni	58,6 giorni	450 °C	–180 °C	0	166 °C
Venere	12 103,7 km	224,7 giorni	243 giorni	467 °C	380 °C	0	463 °C
Terra	12 756 km	365 giorni	24 ore	56 °C	–90 °C	1	14 °C
Marte	6805 km	687 giorni	24 ore	20 °C	–140 °C	2	–63 °C

Mercurio

È il più piccolo fra i pianeti del Sistema Solare e il più vicino al Sole. Non è presente una "atmosfera", se non piccolissime tracce di gas, perciò l'escursione termica (ovvero la differenza fra la temperatura massima raggiunta nella parte del pianeta illuminata dal Sole e quella minima che si verifica nella parte in ombra) è la più elevata che si sia mai rilevata nel Sistema Solare.
Mercurio ruota molto velocemente intorno al Sole: forse proprio per questo, gli antichi lo chiamarono come il messaggero alato degli dei della mitologia romana.
Il nucleo del pianeta è ricco di ferro e molto voluminoso: occupa più del 40% della massa totale. Nel 2011 la sonda Messenger è entrata nell'orbita di Mercurio e ha rilevato nei suoi crateri la presenza di zone scure, molto ricche di carbonio. Gli scienziati ipotizzano che queste macchie nere siano ciò che resta della crosta primordiale, costituita da un minerale composto appunto da carbonio: la grafite.

Venere

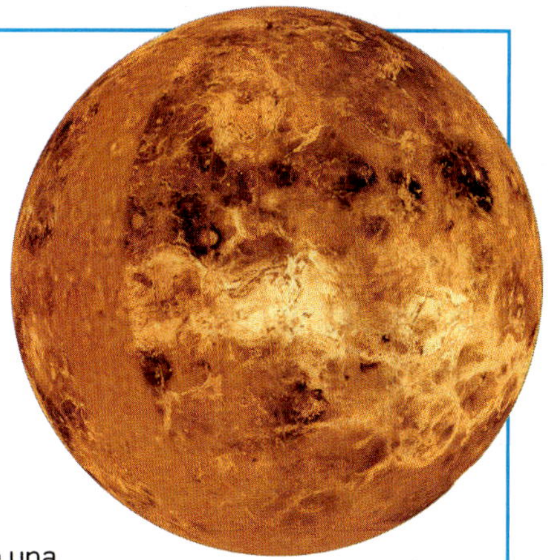

Dopo la Luna, Venere è l'oggetto più luminoso del cielo, lo si scorge facilmente negli attimi che seguono il tramonto e in quelli che precedono l'alba: proprio per questo è conosciuto fin dall'antichità.
La sua luminosità deriva dalle spesse nubi di zolfo e acido solforico che lo avvolgono e riflettono la luce del Sole. La sua rotazione avviene *in senso retrogrado*, ovvero da est verso ovest.
È sempre stato considerato il *pianeta gemello* della Terra per dimensioni, massa e composizione.
In realtà i due pianeti sono molto diversi.
L'atmosfera di Venere, infatti, è costituita quasi totalmente da anidride carbonica, che intrappola il calore del Sole provocando un elevato effetto serra e una escursione termica bassissima. Proprio per questo motivo, la temperatura sul pianeta è addirittura più alta rispetto a quella di Mercurio.
Il suolo di Venere è stato mappato grazie ai radar, in particolare grazie ai dati della sonda Magellano della NASA: sulla superficie si trovano centinaia di vulcani, di cui alcuni attivi, e piccoli crateri da impatto, dovuti cioè alla caduta di meteoriti.

Terra

Il nostro pianeta è il terzo del Sistema Solare per vicinanza al Sole. Ha un solo satellite e un'accentuata attività vulcanica. È l'unico nella cui atmosfera si sia accumulato ossigeno.
L'atmosfera terrestre impedisce che sul pianeta arrivi una quantità eccessiva di calore e consente che in superficie sia presente acqua allo stato liquido in gran quantità per tutto l'anno: grazie a questo, la Terra è il solo pianeta del Sistema Solare su cui si siano sviluppate forme di vita, almeno per come noi la conosciamo. Approfondiremo la conoscenza del nostro pianeta più avanti.

Marte

Fra i pianeti del Sistema Solare è quello più simile alla Terra, per durata del giorno, per la presenza di calotte polari e di deserti sabbiosi e per evidenze geologiche dell'antica idrosfera.
Rispetto alla Terra, però, le sue dimensioni sono notevolmente inferiori, così come la sua temperatura media (−63 °C).
Si può individuare facilmente nel cielo notturno per il colore rosso della sua superficie, dovuto alla presenza di rocce ferrose: per questo motivo gli antichi gli diedero il nome del dio romano della guerra.
L'atmosfera del pianeta è molto rarefatta, composta principalmente da anidride carbonica (95%) con piccole percentuali di azoto (2,6%) e argon (1,6%). Marte è stato oggetto di molte missioni spaziali: alcune sonde dotate di strumenti molto avanzati sono addirittura atterrate sulla sua superficie e hanno raccolto campioni e registrato dati.
Grazie a queste missioni, oggi gli astronomi sono in grado di affermare che i poli di Marte sono ricoperti da un sottile strato di ghiaccio secco (anidride carbonica solida), sotto il quale c'è uno spesso strato di acqua ghiacciata. Nel settembre del 2015 la NASA ha annunciato che sul pianeta vi sono rivoli di acqua liquida salata, che scorrono nel periodo estivo per scomparire in inverno. La sua superficie presenta numerosi crateri da impatto meteorico. Sono presenti molti vulcani imponenti, il più grande dei quali è il Monte Olimpo, alto 27 km: è l'edificio vulcanico più grande del Sistema Solare.

Con metodo

Analizzo il testo

1. Quali sono i nomi dei quattro pianeti del Sistema Solare Interno?

Comprendo il testo

2. Completa.

a I pianeti rocciosi o .... si sono formati in una zona della .... planetaria ricca di silicati e materiale ....

b Sono composti da un .... centrale costituito da ferro, da un .... e da una .... ricca di silicati e di materiale ferroso.

3. Rispondi.

a Da che cosa dipendono le caratteristiche distintive di ciascun pianeta interno?

b Quale pianeta ha il diametro maggiore?

c Quale pianeta ha il periodo di rivoluzione minore?

d Qual è l'escursione termica su Marte?

e Da che cosa è costituita l'atmosfera di Venere?

f Da cosa sono ricoperti i poli di Marte?

Collaboro

4. A **gruppi di tre**, scegliete uno dei pianeti del Sistema Solare Interno e preparatene la "carta di identità" inserendo tutte le informazioni in vostro possesso e cercandone altre. Condividete il vostro prodotto con quello degli altri gruppi che hanno lavorato sullo stesso pianeta.

2 Evidenza di scorrimento di acqua sul suolo di Marte.

4 I pianeti gioviani

Audio

I quattro pianeti più lontani dal Sole sono gassosi e hanno caratteristiche simili a Giove

I pianeti che costituiscono il Sistema Solare Esterno, Giove, Saturno, Urano e Nettuno 1, hanno caratteristiche molto diverse da quelli di tipo terrestre. Hanno dimensioni maggiori e densità molto basse, perché sono principalmente composti da gas. Vengono chiamati **gioviani** (da Giove, il più grande) o **gassosi**. Per la loro distanza dal Sole, la temperatura è costantemente molto bassa.

Gli astronomi pensano che al loro interno ci sia però un **nucleo roccioso**, che sarebbe indispensabile per la formazione del pianeta.

Giove e Saturno sono composti da idrogeno ed elio, mentre gli strati più esterni sono costituiti da nuvole di ammoniaca e acqua.

Urano e Nettuno hanno invece al loro interno meno idrogeno e una maggior quantità di metano, di acqua e di ammoniaca sotto forma di ghiaccio.

CLIL for SCIENCE Audio

pianeti terrestri: ***terrestrial planets***
pianeti gioviani: ***gas giants***

Look at picture 1 and answer the following questions.

- What do we call Jupiter, Saturn, Uranus and Neptune?
- Which is the biggest planet?
- Which planet is the furthest from the Sun?

1 I pianeti del Sistema Solare Esterno a confronto con la Terra.

pianeta	diametro	periodo di rivoluzione	periodo di rotazione	temperatura massima	temperatura minima	satelliti	temperatura media
Giove	142 000 km	11 anni e 315 giorni	≈10 ore	−118 °C	−129 °C	67	−121 °C
Saturno	120 800 km	29 anni e 167 giorni	≈11 ore	−179 °C	− 184 °C	31	−130 °C
Urano	51 118 km	84 anni e 7 giorni	≈17 ore	−208 °C	−212 °C	27	−205 °C
Nettuno	48 600 km	164 anni e 208 giorni	≈16 ore	−219 °C	−221 °C	14	−220 °C

Giove

È il più grande pianeta del Sistema Solare: servirebbero 1300 Terre per riempirlo completamente. È stato oggetto dell'esplorazione di molte sonde spaziali, per esempio la Voyager 1 (1979), Galileo (in orbita intorno a Giove dal 1995 al 2003) e Juno (arrivata a destinazione il 5 luglio 2016). È costituito da gas, dunque non ha una superficie solida. La sua atmosfera appare come una "nuvola a strisce" e a macchie colorate. È interessata da continue perturbazioni: la macchia più grande, detta *Grande Macchia Rossa*, non è altro che una tempesta che imperversa sul pianeta da più di 300 anni. Il pianeta presenta un sottile anello di polveri, spesso 100 000 km, e un alto numero di satelliti naturali (67 contati al 2016). Quattro di questi, già scoperti nel 1610 da Galileo Galilei, sono noti come *satelliti medicei o galileiani*: Io, Ganimede, Callisto ed Europa.

Saturno

Saturno, secondo per dimensioni solo a Giove, è composto quasi esclusivamente da idrogeno ed elio: ciò che si osserva con i telescopi sono le sue nubi. La sua densità è inferiore a 1: è l'unico pianeta, quindi, che galleggerebbe se immerso nell'acqua. Saturno è comunemente noto per i suoi anelli, molto grandi e brillanti, formati da frammenti di ghiaccio e roccia. Il loro spessore è di 1 km, mentre la loro larghezza è di circa 275 000 km. Saturno ha 31 satelliti conosciuti, il più grande dei quali è Titano, che ha le dimensioni di un pianeta: infatti ha un diametro superiore a quello di Mercurio. L'atmosfera di Titano è molto densa ed è composta per la maggior parte di azoto, proprio come quella terrestre. Il sistema di Saturno è stato studiato da molte sonde, tra cui la Cassini-Huygens.

Urano

I cinque pianeti che abbiamo studiato (Mercurio, Venere, Marte, Giove, Saturno) erano conosciuti dagli astronomi fin dall'antichità, poiché sono visibili anche a occhio nudo o con un cannocchiale. Urano, invece, fu scoperto solo nel 1781 con l'utilizzo di un telescopio. Fu una scoperta inattesa e da quel momento in poi non si ebbe più la certezza del numero esatto dei pianeti del Sistema Solare. L'esplorazione di Urano, molto difficoltosa per la grande distanza dalla Terra, si deve soprattutto alla sonda Voyager 2 (1986). Appare di colore azzurro, per la presenza nella sua atmosfera del metano che diffonde, appunto, una luce di tale colore.
Come Saturno, Urano presenta un sistema di anelli, anche se poco percepibili, formati da polveri e ghiaccio.
Intorno a lui orbitano 27 satelliti naturali abbastanza piccoli, il più grande dei quali, Titania, è grande la metà della nostra Luna.

Nettuno

Scoperto solo nel 1846, è il pianeta più lontano dal Sole. Era un pianeta atteso e cercato: dai calcoli degli astronomi, infatti, doveva esistere un pianeta che influenzava la velocità di Urano. È molto simile a Urano sia per dimensione, sia per composizione. A differenza di quest'ultimo però mostra intensi fenomeni meteorologici: presenta delle macchie che, come nel caso di Giove, sono delle tempeste (la *Grande* e la *Piccola macchia scura* e una macchia chiara chiamata *Scooter*). Ha cinque anelli scuri e 14 satelliti conosciuti.
L'esplorazione di Nettuno si deve particolarmente alla sonda Voyager 2 (1989).

Con metodo

Analizzo il testo

1. Quali sono i nomi dei quattro pianeti più lontani dal Sole?

Comprendo il testo

2. Completa.
   - **a** I pianeti gioviani sono principalmente costituiti da ....; al loro interno potrebbe esserci un ....
   - **b** Giove e Saturno sono composti da .... ed ....; gli stati più esterni contengono invece .... e acqua.
   - **c** Urano e Nettuno contengono idrogeno, ..., ... e ammoniaca.
3. Rispondi.
   - **a** Quale pianeta ha il diametro maggiore?
   - **b** Quale pianeta ha il periodo di rivoluzione maggiore?
   - **c** Qual è l'escursione termica su Urano?
   - **d** Da che cosa è costituita l'atmosfera di Titano?
   - **e** Quanti satelliti ruotano attorno a Urano?
   - **f** Quale pianeta è caratterizzato da una grande macchia rossa?

Collaboro

4. A **gruppi di tre**, preparate la "carta di identità" di un pianeta del Sistema Solare Esterno, inserendo tutte le informazioni in vostro possesso e cercandone altre in Internet. Condividete il vostro prodotto con quello degli altri gruppi che hanno lavorato sullo stesso pianeta.

5 Pianeti nani, asteroidi e comete

Audio

Altri corpi orbitano insieme ai pianeti attorno al Sole

Oltre ai pianeti, al Sistema Solare appartengono cinque **pianeti nani**, riconosciuti dall'Unione Astronomica Internazionale: Plutone, Eris, Makemake, Haumea e Cerere 1. Si tratta di corpi celesti che hanno una forma sferica, ruotano attorno al Sole ma che, a differenza dei pianeti, non hanno ripulito completamente la loro orbita (definizione dell'Unione Astronomica Internazionale del 2006).
Ciò significa che, lungo la loro traiettoria attorno al Sole, sono presenti oggetti simili a loro per forma e dimensione.
Il termine *nano* accostato a *pianeta*, quindi, non indica solo le sue piccole dimensioni, ma anche che, probabilmente, non si è completamente formato.

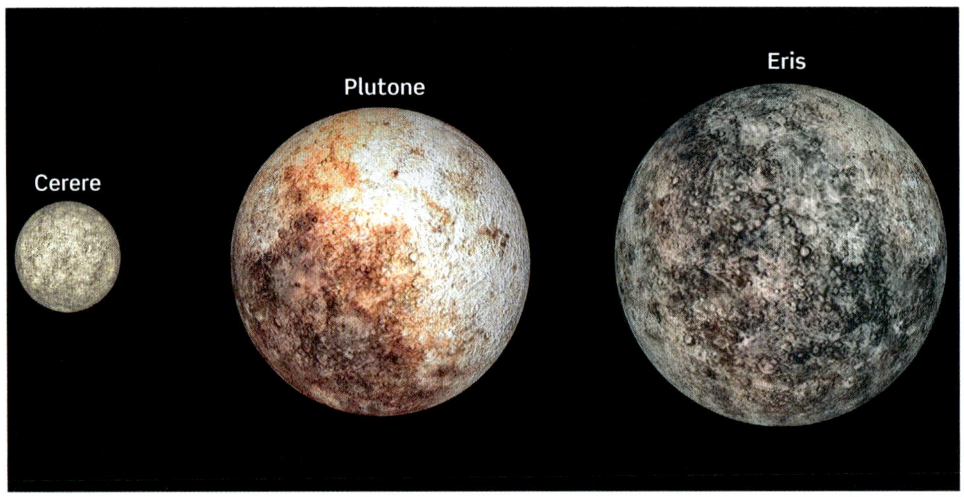

1 Cerere, Plutone ed Eris a confronto.

I pianeti nani finora scoperti si trovano tutti oltre Nettuno, tranne Cerere che orbita fra Marte e Giove. Proprio fra questi c'è una zona chiamata **fascia principale** 2, **occupata dagli asteroidi** che, come abbiamo visto sono piccoli corpi rocciosi, residui delle polveri che costituivano la nebulosa e che non si sono aggregati per formare un pianeta. Nella fascia principale si trovano milioni di asteroidi che hanno diametro variabile da un granello di polvere a centinaia di kilometri.
Nel corso dei milioni di anni hanno subìto molte modificazioni, dal riscaldamento del loro interno alla fusione della superficie dovuta agli impatti dei meteoriti.
Dall'orbita di Nettuno fino a 50 UA dal Sole (quella che potremmo definire la "periferia del Sistema Solare") si estende la **fascia di Kuiper** 2, il cui nome deriva dall'astronomo Gerald Kuiper che ne ipotizzò la presenza nel 1951.
I moderni telescopi hanno rilevato in questa zona centinaia di corpi ghiacciati formati da acqua, ammoniaca e metano.

CLIL for SCIENCE Audio

cometa: *comet*

Look at Halley's Comet and complete the sentence.

.... are celestial bodies made up of rock and .... When a comet passes by the ...., its ice becomes steam, giving rise to a tail and a coma.

■2 Fasce di asteroidi nel Sistema Solare.

Dalla fascia di Kuiper e dalla nube di Oort (un'ipotetica nube sferica di corpi celesti posta tra le 20 000 e le 100 000 UA dal Sole) provengono le comete. Le **comete** sono corpi composti da un nucleo roccioso e ghiaccio di acqua e di altre sostanze come l'anidride carbonica e il metano. La loro orbita si estende oltre Plutone.

Le comete sono oggetti bui, che diventano visibili solo quando passano vicino al Sole. Infatti, durante il loro transito nei pressi della stella, il ghiaccio sublima e diventa gas, formando un'atmosfera attorno alla cometa: la **chioma**. Il vento solare spazza i gas della chioma: si origina in questo modo la **coda**, che punta in direzione opposta al Sole. In alcuni casi si formano due code: una di polveri e una di gas. La chioma e la coda delle comete risplendono e periodicamente alcune di queste, poche, sono visibili anche a occhio nudo. Questi oggetti hanno una vita abbastanza breve: nei loro ripetuti passaggi intorno al Sole i ghiacci fondono completamente e sia la coda sia la chioma non si formano più. Della cometa resta solo un nucleo roccioso che può disgregarsi o diventare un semplice asteroide.

Alcune comete, però, sono **periodiche**, cioè ciclicamente, nella loro orbita, si avvicinano al Sistema Solare Interno e sono quindi visibili dalla Terra. La cometa di Halley ha un periodo di ritorno compreso tra i 20 e i 200 anni: l'ultimo passaggio è stato nel 1986 e il prossimo sarà nel 2062.

Dall'estate del 1996 fino al dicembre del 1997 fu visibile nel cielo la cometa Hale-Bopp ■3, dalla doppia coda, che ritornerà nel Sistema Solare Interno fra 2000 anni. Nel dicembre del 2014 è divenuta visibile la cometa Lovejoy, ma la sua luminosità è diminuita in pochi giorni e il suo prossimo passaggio avverrà fra 8000 anni. Il 31 dicembre 2016 la cometa 45P/Honda-Mrkos-Pajdusakova ha raggiunto la distanza minima dal Sole. È una cometa di breve periodo: compie una rivoluzione intorno al Sole ogni 5 anni e tre mesi circa.

■3 La cometa Hale-Bopp (aprile 1997), presenta due code: una di polveri (bianca) e una di gas (blu).

Con metodo

Analizzo il testo

1. Quanti sono i pianeti nani riconosciuti dall'UAI?
2. Quali altri corpi celesti si trovano nel Sistema Solare? Cerchia i loro nomi.

Comprendo il testo

3. Rispondi.
   - **a** Che cos'è un pianeta nano?
   - **b** Perché una cometa diventa visibile?
4. Gli asteroidi si sono formati dai residui di polvere che costituivano:
   - ☐ la nebulosa
   - ☐ i protopianeti
5. In una cometa i gas spazzati via dal vento solare formano:
   - ☐ la chioma
   - ☐ la coda
6. La fascia di Kuiper si estende:
   - ☐ fra Marte e Giove
   - ☐ dall'orbita di Nettuno verso la periferia del Sistema Solare
7. I pianeti nani orbitano:
   - ☐ oltre Urano
   - ☐ oltre Nettuno
8. Il nucleo delle comete è:
   - ☐ roccioso
   - ☐ metallico

Collaboro

9. A **gruppi di tre**, realizzate una ricerca sulle comete periodiche: per ognuna di quelle che avete scelto, create una slide con la "carta di identità". Presentate poi il lavoro alla classe.

6 Il movimento dei pianeti

Audio

Le tre leggi di Keplero e la legge di Newton spiegano il movimento dei pianeti

Se osserviamo il Sole, ci accorgiamo che durante la giornata cambia continuamente la sua posizione in cielo. Questo spostamento, però, non è reale: sappiamo bene infatti che non è il Sole a muoversi, bensì la Terra, che ruota su se stessa (*moto di rotazione*). Qualcosa di simile avviene anche nel corso dell'anno: la posizione del Sole, alla stessa ora, cambia a seconda delle stagioni. Anche in questo caso il fenomeno è dovuto al movimento del nostro pianeta che, come gli altri, orbita attorno alla nostra stella (*moto di rivoluzione*). La Fisica afferma che ogni moto è caratterizzato da una traiettoria, una velocità e un'accelerazione. Per descrivere i moti planetari, quindi, è necessario identificare questi parametri. Vi riuscì **Johannes von Kepler**, un astronomo e matematico tedesco vissuto a cavallo tra il XVI e il XVII secolo, conosciuto con il nome italianizzato di Giovanni Keplero. Divenuto astronomo imperiale a Praga nel 1601, presentò le prime due delle **tre leggi** che portano il suo nome nel suo saggio *Astronomia Nova* (1609). La terza legge, invece, venne enunciata nel 1619.

Parole di scienze

perièlio: dal greco *perì*= intorno, vicino + *hèlios* = Sole
afèlio: dal greco *apò* = lontano + *hèlios* = Sole

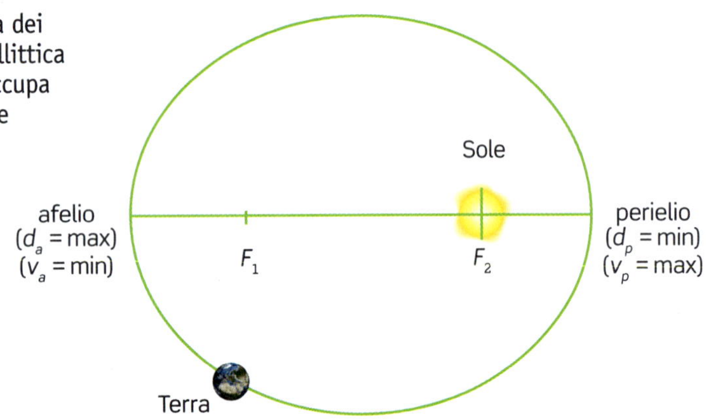

1 L'orbita dei pianeti è ellittica e il Sole occupa uno dei due fuochi (*F*).

La prima legge di Keplero 1

I pianeti, durante il loro moto di rivoluzione, percorrono un'orbita (traiettoria) ellittica di cui il Sole occupa uno dei due fuochi.

Questo significa che la distanza tra un pianeta e il Sole non è costante, ma cambia continuamente lungo l'orbita: è minima in un punto chiamato **perielio** e massima nel punto opposto, detto **afelio**. Perielio e afelio sono quindi gli estremi dell'asse maggiore dell'orbita.

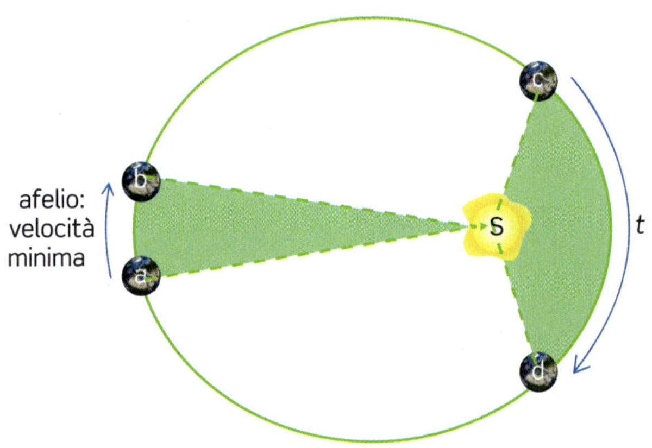

2 L'area verde *aSb*, descritta dallo spostamento del pianeta da *a* a *b* nel tempo *t* è uguale all'area verde *cSd*, descritta durante lo spostamento da *c* a *d* nello stesso intervallo di tempo.

La seconda legge di Keplero 2

Il raggio vettore (la linea immaginaria che collega il centro del Sole con il centro del pianeta) descrive aree uguali in tempi uguali.

Anche se normalmente non si parla di "aree" quando si descrive un moto, questa seconda legge ci dà informazioni sulla velocità tenuta dal pianeta lungo il suo percorso. Spostandosi dall'afelio al perielio il pianeta accelera, raggiungendo la velocità massima proprio in questo punto; percorrendo la seconda metà dell'orbita, la velocità diminuisce, fino al valore minimo una volta raggiunto l'afelio.

La terza legge di Keplero ■3

Il quadrato del tempo che il pianeta impiega a compiere un'orbita completa intorno al Sole (*periodo di rivoluzione*) è direttamente proporzionale al cubo della sua distanza media dal Sole.
Da qui si deduce, quindi, che più un pianeta è lontano dal Sole, più tempo impiega a completare la sua orbita.

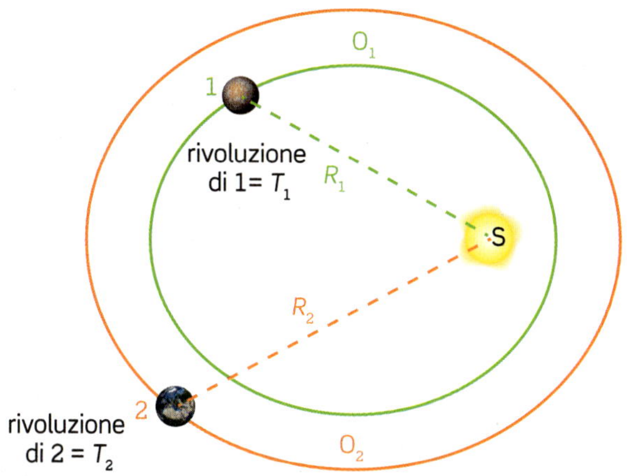

■3 Il tempo di rivoluzione di un pianeta è legato alla sua distanza dal Sole.
$T_1^2 = k\,R_1^3$
$T_2^2 = k\,R_2^3$
Dove k è una costante di proporzionalità.

Keplero ha avuto il merito di descrivere come avvengono i moti planetari, ma è stato un altro scienziato, vissuto in Inghilterra nel XVII secolo, a capire qual è il loro motore: **Isaac Newton**.
I suoi studi affermano che la forza che muove i pianeti è la stessa che attira una mela al suolo: la forza di **attrazione gravitazionale**.
La sua legge ci spiega come questa forza agisce.

La legge di gravitazione universale di Newton ■4

La legge di gravitazione di Newton vale per qualunque corpo nell'universo: per questo è detta *universale*.
Essa afferma che la forza di attrazione gravitazionale (F_g) tra due corpi è direttamente proporzionale alle loro masse (m_1 e m_2) e inversamente proporzionale al quadrato della distanza (d) tra i due.
Ciò significa che più sono grandi le masse considerate, più è grande la forza di attrazione gravitazionale tra i due corpi, ma i suoi effetti si sentono sempre meno all'aumentare della distanza tra loro.

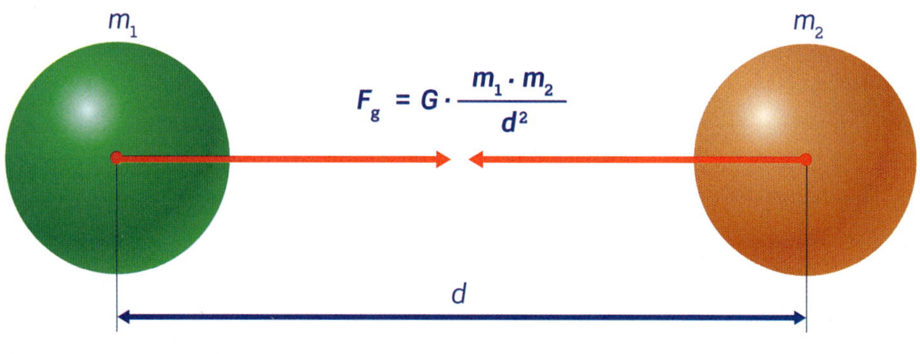

$$F_g = G \cdot \frac{m_1 \cdot m_2}{d^2}$$

■4 G è una costante, detta costante di *gravitazione universale*.

Non sbagliare anche tu...

Tutti i corpi, che siano stelle, pianeti o mele, esercitano un'attrazione gravitazionale su ciò che li circonda.
Dopo un salto torniamo al suolo a causa della gravità: l'attrazione gravitazionale generata dalla Terra è uguale a quella generata dal nostro corpo.
Gli effetti di tale forza, però, si manifestano come se noi fossimo attirati da essa e non viceversa: questo dipende dal fatto che la nostra massa è molto molto più piccola rispetto a quella del nostro pianeta.

Con metodo

Analizzo il testo

1. Sottolinea nel testo i parametri che descrivono i moti planetari.
2. Com'è l'orbita dei pianeti?
3. La velocità di un pianeta è massima al ....
4. Qual è la forza che muove i pianeti? Cerchiala nel testo.

Comprendo il testo

5. Rispondi.
   - **a** Perché la distanza tra un pianeta e il Sole non è costante?
   - **b** Che informazioni ci fornisce la seconda legge di Keplero?
   - **c** Quali sono le grandezze coinvolte nella legge di gravitazione universale?
6. La distanza di un pianeta dal Sole è minima in un punto detto:
   - ☐ afelio
   - ☐ perielio
7. Più un pianeta è lontano dal Sole, più il suo tempo di rivoluzione sarà:
   - ☐ corto
   - ☐ lungo
8. La forza di attrazione gravitazionale diminuisce all'aumentare:
   - ☐ della distanza
   - ☐ della massa

Collaboro

9. A **gruppi di quattro**, ciascuno studi una legge del moto planetario; poi spieghi al resto del gruppo la legge che ha studiato con l'aiuto dei disegni.

Audio

Esplorazione del Sistema Solare

Da sempre l'uomo ha esplorato lo spazio: all'inizio utilizzando solo i propri occhi, poi con i primi cannocchiali, in seguito con i telescopi e, infine, inviando sonde e addirittura esseri umani.

La prima immagine della Terra vista dallo spazio fu scattata da una telecamera montata su un missile lanciato dagli americani nel 1946. Furono però i russi, nel 1957, i primi a lanciare un oggetto in orbita attorno alla Terra: il satellite Sputnik 1. Dopo questo primo volo ne seguirono molti altri, con a bordo alcuni animali per studiare le funzioni vitali degli esseri viventi nello spazio: Laika, una cagnetta, fu la prima a essere mandata in orbita, nella capsula Sputnik 2. Nel 1961 fu lanciato nello spazio un essere umano: il sovietico **Jury Gagarin**, ribattezzato al suo ritorno ***cosmonauta***, ovvero "navigatore dello spazio". Egli fu il primo a compiere una intera orbita attorno alla Terra, nella capsula Vostok 1.

Il 20 luglio 1969 furono gli Stati Uniti a tentare una impresa quasi fantascientifica: sbarcare sulla Luna. Con la **missione Apollo 11** della NASA (*National Aeronautics and Space Administration*), tre ***astronauti*** 1 (ovvero "navigatori delle stelle") atterrarono sul satellite con un veicolo appositamente progettato e per l'occasione fu coniato anche un verbo, *allunare*. Fu **Neil Armstrong** ad avere l'onore di scendere per primo e camminare sul suolo lunare, per la prima "passeggiata" (*moonwalk*). Nel momento in cui posò il suo piede sinistro sulla Luna, pronunciò una frase divenuta celebre: "*Un piccolo passo per l'uomo, un grande passo per l'umanità*".

L'uomo non ha mai raggiunto personalmente nessun altro corpo celeste, ma sono state lanciate numerose sonde: piccole navicelle spaziali, senza equipaggio, che grazie ai sofisticati strumenti presenti a bordo permettono di esplorare i pianeti del Sistema Solare.

Tra il 1970 e il 1990 tutti i pianeti sono stati fotografati e osservati da vicino dalle sonde, che in alcuni casi erano dotate di un modulo (*lander*) in grado di atterrarvi: il primo pianeta raggiunto in questo modo fu Marte, nel 1971. Nel 1990 la sonda europea Ulysses fu la prima a sorvolare per tre volte i poli del Sole: ciò ha permesso di studiare i cambiamenti del campo magnetico della nostra stella e di misurare la velocità del vento solare.

1 L'equipaggio dell'Apollo 11 (Armstrong a sinistra, Collins al centro, Aldrin a destra), e l'impronta di Neil Armstrong sul suolo lunare.

Nel 1986 il satellite Giotto dell'ESA (*Agenzia Spaziale Europea*) arrivò a 600 km dal nucleo di una cometa; nel 2004, sempre l'ESA ha lanciato **Rosetta, una sonda** con a bordo un modulo di atterraggio (Philae). Il suo obiettivo era raggiungere la cometa 67P per seguirne l'orbita. Nel 2014 la sonda è arrivata a 100 km dalla cometa. Nel novembre di quell'anno il lander Philae venne sganciato e dopo sette ore atterrò sul suolo della cometa.

Nel 2012 il *rover* **Curiosity**, un robot delle dimensioni di un'automobile 2, è **atterrato su Marte** con numerosi strumenti a bordo per analizzare la composizione chimica delle rocce, dei gas e di eventuali composti organici nell'atmosfera e nel suolo marziano. Inoltre uno strumento studia le radiazioni emesse dalla superficie del pianeta, per determinare le protezioni adatte per gli astronauti che in futuro dovessero esplorarlo. Nel 2015 la NASA ha annunciato la scoperta di rivoli d'acqua salmastra sul pianeta. In base a un trattato internazionale (1967), però è vietato alle sonde avvicinarsi a zone in cui è presente acqua liquida: se ci fossero forme di vita, potrebbero essere contaminate con batteri terrestri.

Il 5 luglio 2016 **Juno, della NASA**, è entrata nell'orbita di **Giove** con il compito di studiare la composizione dell'atmosfera e misurare la massa e le dimensioni del nucleo del pianeta. Per il futuro gli obiettivi delle agenzie spaziali sono la ricerca di vita extraterrestre, anche su pianeti al di fuori del Sistema Solare, e la possibilità di portare su Marte i primi astronauti.

2 Curiosity sul suolo di Marte.

Sulle spalle dei giganti

Tolomeo, Tycho Brahe, Copernico

Audio

È molto semplice vedere a occhio nudo il Sole, le altre stelle e addirittura alcuni dei pianeti del Sistema Solare; più difficile è osservarli e capire se si muovono e in che modo. Come abbiamo visto, il Sole ha un moto apparente nel cielo e questo ha reso difficile per i primi astronomi interpretare quello che osservavano.

Fin dall'antichità le teorie principali sono state due:

1. la Terra è al centro dell'Universo, immobile, mentre tutti gli altri corpi celesti vi ruotano attorno: **sistema geocentrico**;
2. il Sole è al centro dell'Universo e gli altri corpi celesti, Terra compresa, girano attorno a esso: **sistema eliocentrico**.

La prima ipotesi fu quella più lungamente accettata: resistette per quasi 2000 anni.

A **Claudio Tolomeo**, un astronomo greco del II secolo d.C., si deve il perfezionamento del sistema geocentrico 1.

Nel suo più famoso trattato, l'*Almagesto*, egli spiega il movimento dei corpi celesti: il Sole, la Luna e le stelle ruotano attorno alla Terra compiendo delle semplici orbite circolari. Più difficile era spiegare il movimento dei pianeti allora conosciuti. Per questi, Tolomeo propose un sistema più complesso: il pianeta si muove, con moto circolare uniforme, detto **epiciclo**. A sua volta il centro di tale circonferenza si muove con moto uniforme su un'altra circonferenza, detta **deferente**, intorno alla Terra.

Nel 1588, **Tycho Brahe**, un astronomo danese, propose un nuovo modello dell'Universo: il *modello ticonico*.

La Terra è sempre al centro, immobile, il Sole e la Luna vi ruotano attorno, ma i pianeti orbitano intorno al Sole. Attorno a tutto ciò ruota la sfera delle stelle "fisse" 2.

Brahe fece accurate misurazioni astronomiche, migliorando gli strumenti utilizzati fino ad allora e costruendone di nuovi. I suoi calcoli erano molto precisi e furono utilizzati da Keplero, suo assistente, nella formulazione delle tre leggi sul moto dei pianeti. Keplero, tuttavia, nutriva dubbi sulla teoria geocentrica e cercò di convincere il maestro ad accettare un nuovo modello dell'Universo, quello eliocentrico, ma non vi riuscì.

Il modello eliocentrico si deve all'astronomo polacco Nikołaj Kopernik (noto come **Niccolò Copernico**), che già nel 1543 lo aveva esposto nella sua opera *De revolutionibus orbium coelestium* ("Sulle rivoluzioni dei pianeti"). Il suo modello di Universo è noto come *sistema copernicano* 3, anche se Copernico, in realtà, aveva ripreso ipotesi già formulate da alcuni filosofi della Grecia antica. Il Sole viene posto al centro dell'Universo, con i pianeti che vi ruotano attorno su orbite circolari. I pianeti sono ordinati in base alla loro distanza dal Sole. Per la Terra, Copernico ipotizzava un moto su stessa in senso antiorario, per spiegare il movimento apparente della Sfera celeste in senso orario. Intuì, inoltre, che la Luna orbita intorno al nostro pianeta.

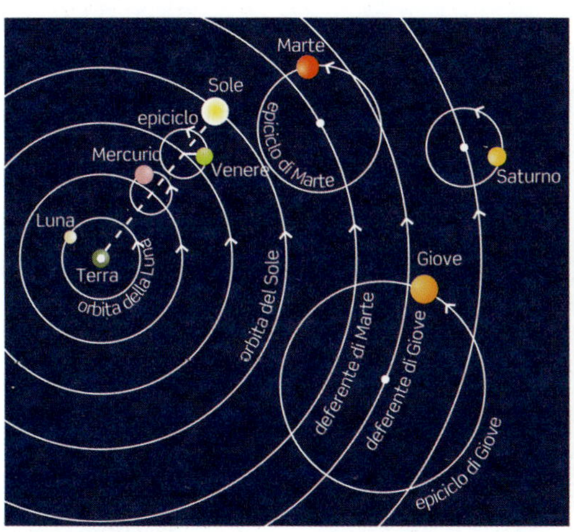

1 Il sistema geocentrico di Tolomeo.

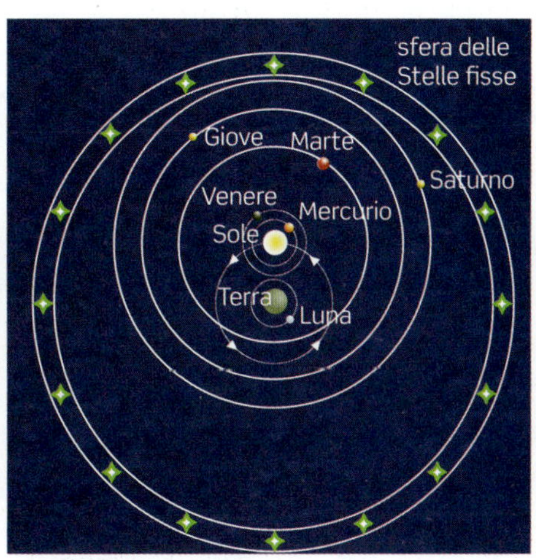

2 Il sistema ticonico.

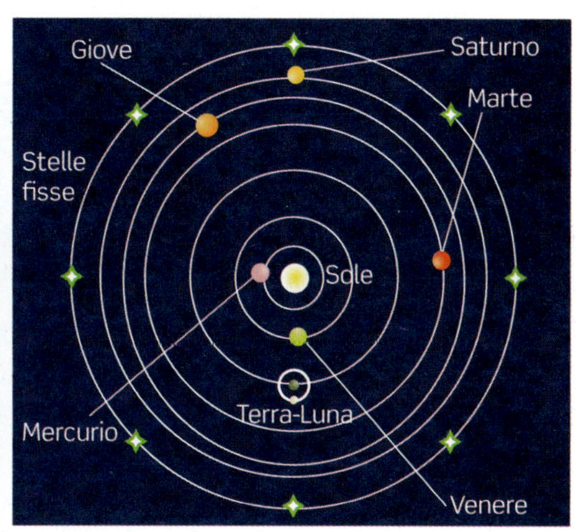

3 Il sistema copernicano.

luci polari

Le aurore che illuminano le notti delle aree polari della Terra, ritenute fino alla metà del XIX secolo luci riflesse dagli iceberg, sono la testimonianza dell'interazione tra il materiale emesso dal Sole e il campo magnetico terrestre.

1

Le particelle cariche (elettroni e protoni) emesse dal Sole e trasportate dal vento solare viaggiano verso la Terra, ma vengono fermate dalla magnetosfera, la zona entro la quale il campo magnetico generato dal pianeta fa sentire la sua forza. A causa della forma del campo magnetico terrestre nelle zone polari, alcune di queste particelle tuttavia superano lo scudo e raggiungono la ionosfera. Qui eccitano gli atomi dell'alta atmosfera che producono luci di varie lunghezze d'onda quando ritornano allo stato iniziale.
L'attività solare varia nel tempo e così i suoi effetti: nel 1859 fu talmente elevata che le "luci polari" furono visibili da gran parte del Nordamerica. Questo evento è ancora ricordato come la "Grande Aurora".

2

I colori delle aurore dipendono dai gas che le particelle solari incontrano nelle parti alte dell'atmosfera: ossigeno atomico per il verde, ossigeno molecolare per il rosso e azoto per il blu.

3

La luce delle aurore si presenta sotto forma di drappi alti centinaia di kilometri che attraversano il cielo da orizzonte a orizzonte. Possono rimanere quasi immobili e poi iniziare improvvisamente a ondeggiare come tende mosse dal vento.

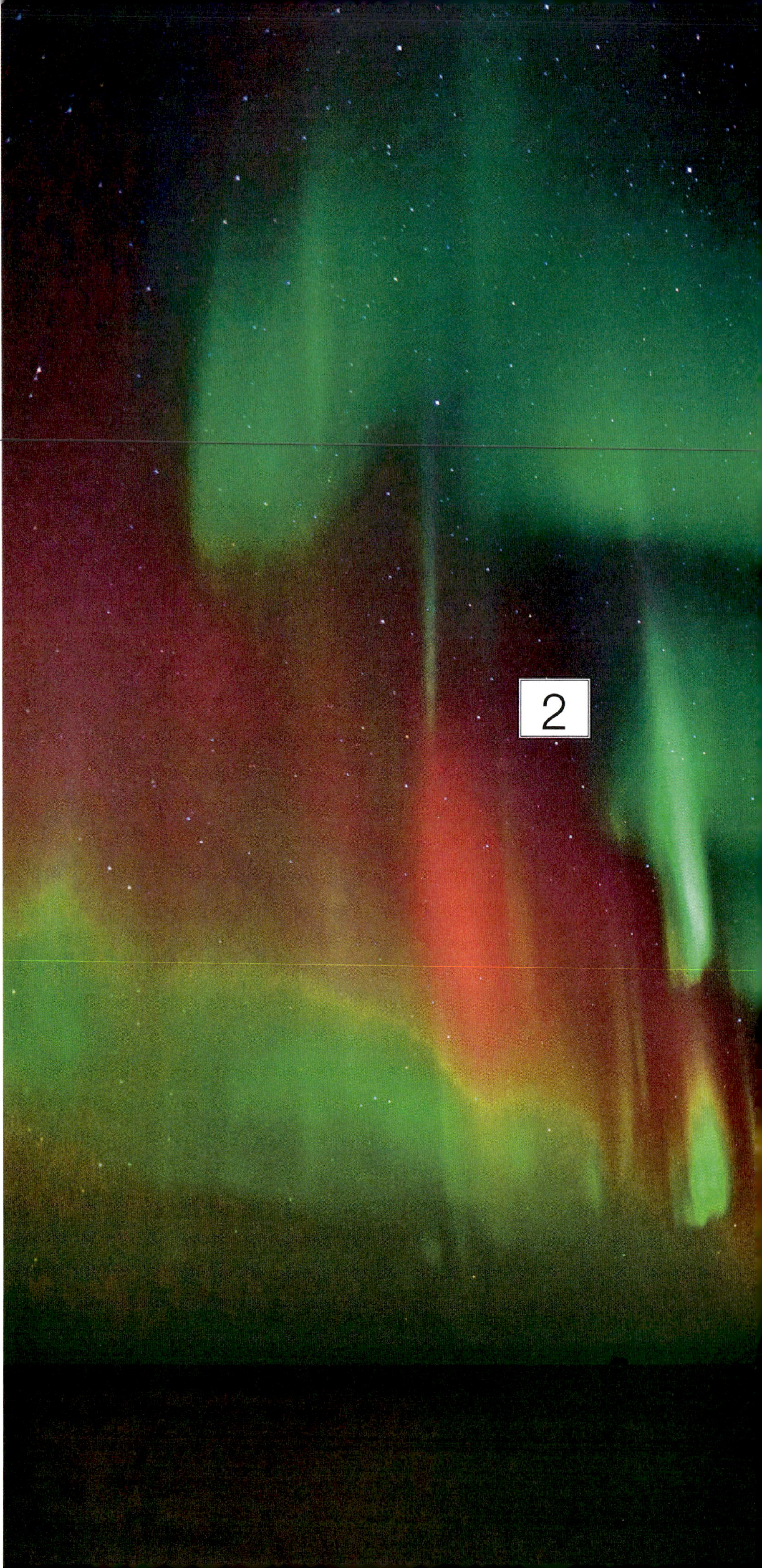

1
3

Mi preparo all'interrogazione

Erickson

Il Sistema Solare

Quali caratteristiche ha il Sistema Solare?

Paragrafo 1

Nella prima parte del paragrafo sottolinea la definizione di Sistema Solare e quali corpi ne fanno parte; ricerca poi nel testo i movimenti che avvengono nel Sistema Solare. Prepara una scaletta per aiutarti nell'esposizione.

- Il Sistema Solare è costituito da ....
- I pianeti sono: ....
- Fanno parte del Sistema Solare anche ...., come ....
- Il movimento che i pianeti compiono su se stessi si chiama ....
- Il movimento che i pianeti compiono intorno al Sole è detto ....
- Il Sole ha avuto origine ....
- Il Sole è l'unica ....
- Il Sistema Solare non è fermo ma ....

Memo studio

Per aiutarti a esporre ad alta voce senza dimenticare nulla, crea una "scaletta" in cui scrivere in ordine le informazioni principali.
Ti servirà per non perdere il filo della spiegazione e per essere certo di non tralasciare nessun concetto importante. Le prime volte, probabilmente, la osserverai spesso, ma poco per volta sarai sempre più autonomo nell'esposizione.

Il Sole

Che cos'è il Sole? Qual è la struttura del Sole?

Paragrafo 2

Osserva l'immagine in fondo alla pagina per individuare le zone del Sole, poi completa lo schema con le parole mancanti. Ogni volta che scrivi un termine, leggi la spiegazione nel paragrafo e poi ripetila con parole tue.

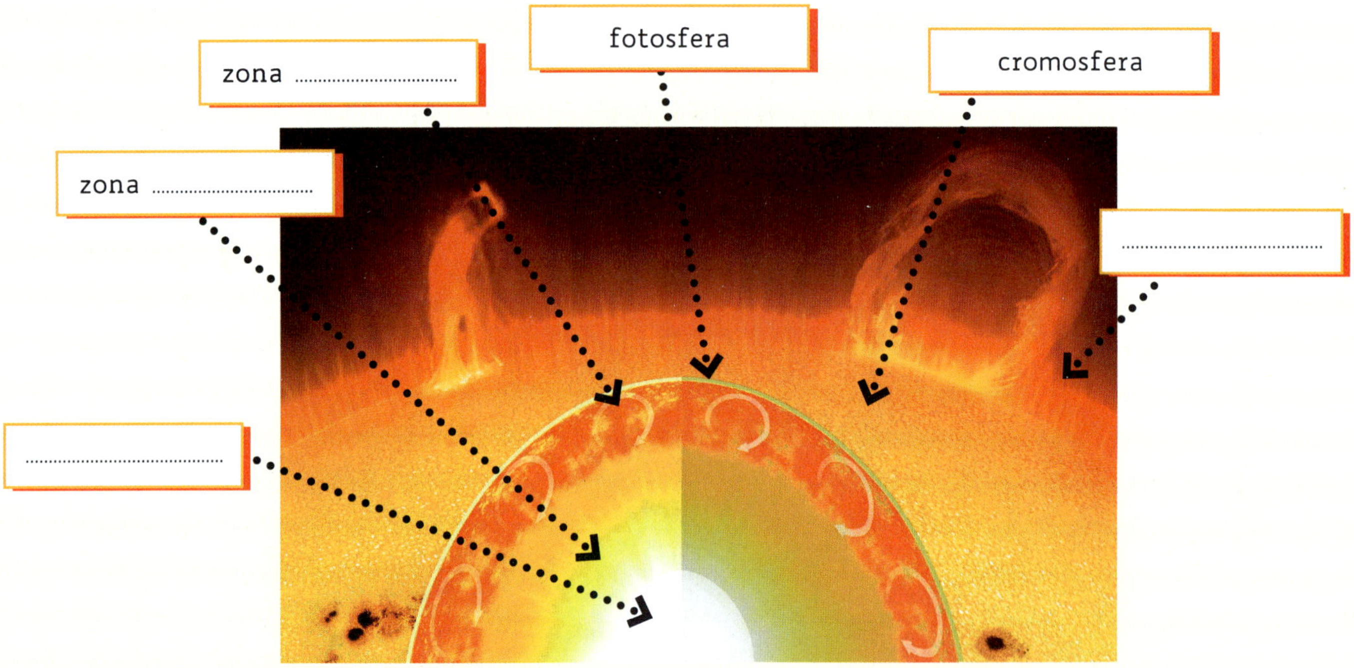

I corpi celesti del Sistema Solare

Quali sono, oltre ai pianeti, i corpi celesti che orbitano intorno al Sole?

Paragrafo 5

Nel paragrafo 5 vengono presentati i corpi celesti che orbitano intorno al Sole oltre ai pianeti. Individuali, sottolinea con colori diversi i loro nomi e le loro definizioni; poi completa la seguente tabella.

pianeti	asteroidi	....
pianeti che non hanno ripulito la loro orbita, ...	piccoli corpi rocciosi che non si sono ancora .... per formare un pianeta	.... che diventano visibili quando ....

Il movimento dei pianeti

Quali leggi regolano il movimento dei pianeti nel Sistema Solare?

Paragrafo 6

Sottolinea nel testo le leggi che regolano il movimento dei pianeti e osserva attentamente i grafici che li illustrano. Completa le definizioni delle leggi e scrivi sotto ogni schema il nome della legge che illustra. In questo modo ti sarai creato uno strumento per ripetere velocemente il paragrafo.

- Prima legge di Keplero: i pianeti, durante il loro moto di ...., percorrono un'........................ di cui il .... occupa uno dei due ....
- .... legge di Keplero: il raggio vettore descrive .... in ....
- Terza legge di ....: il quadrato del .... che il pianeta impiega a compiere un'orbita completa intorno al Sole è .... al cubo della sua .... media dal Sole.
- Legge di ....: la .... di attrazione .... tra due corpi è .... proporzionale alle loro .... e ....proporzionale al quadrato delle loro ....

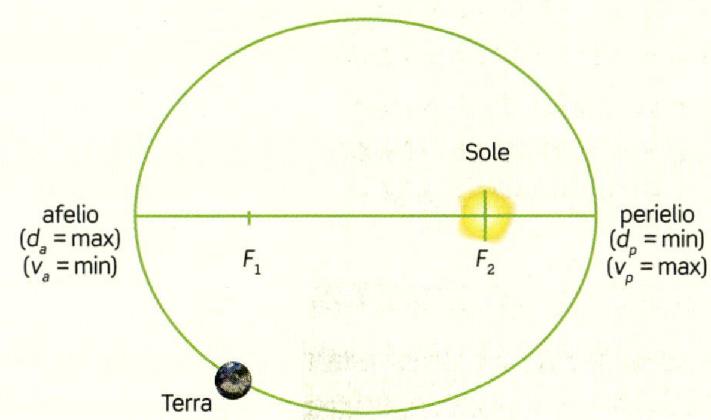

....

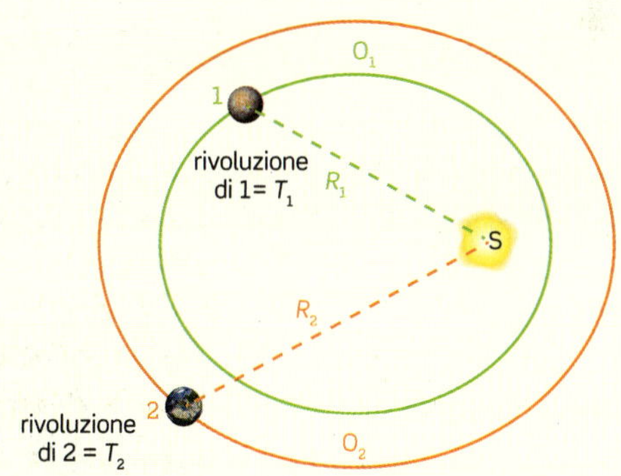

....

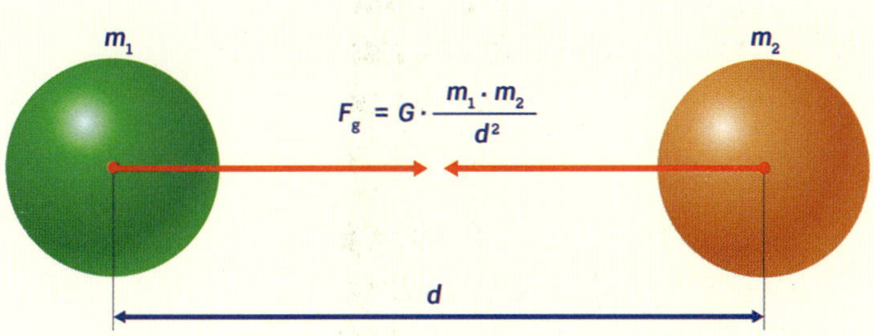

....

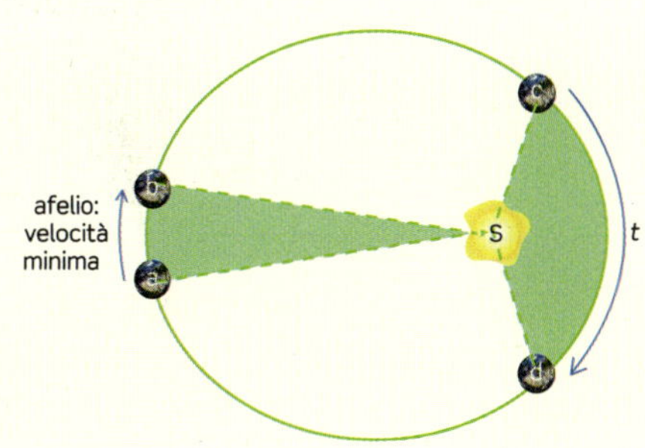

....

Mi preparo all'interrogazione

Contenuti multipli

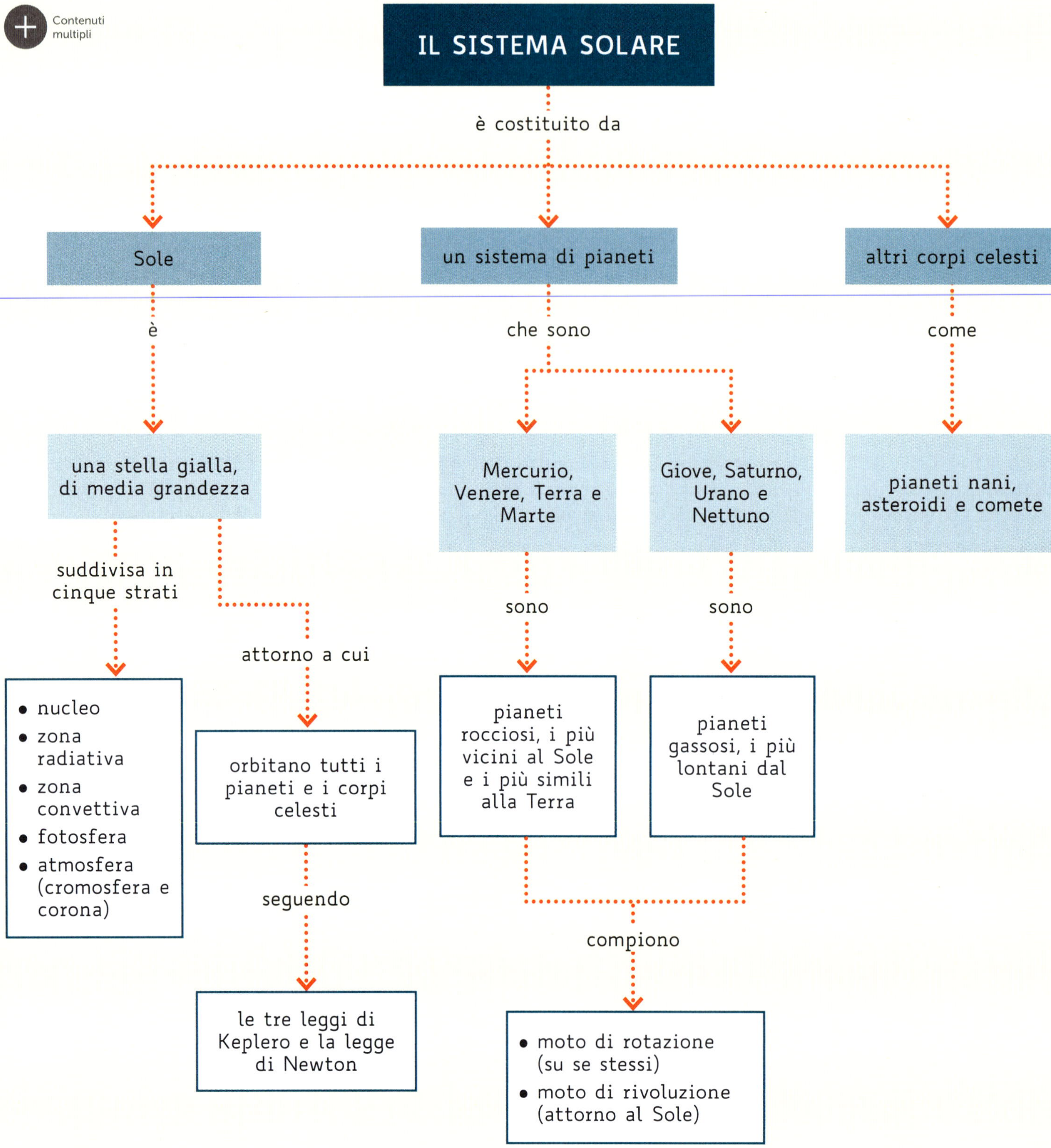

verifica

Verifica interattiva

CONOSCO

1 Completa le seguenti frasi scegliendo tra i termini elencati.

idrogeno • Keplero • rotazione • Urano • gravitazione • esterno • convettiva • Mercurio • comete • gassosi • tre • crosta • pianeti • nucleo • stella • otto • pianeti nani • cromosfera • moto • Saturno • interno • mantello • Newton • Marte • ghiaccio • nebulosa • rocciosi • rivoluzione • elio

a Il Sistema Solare è formato da una ...., il Sole, e da .... pianeti che ruotano attorno ad esso (moto di ....). I pianeti ruotano anche su loro stessi (moto di ....).

b Il Sole si è formato 4,6 miliardi di anni fa dalla contrazione di una .... Il materiale alla periferia della nebulosa diede origine ai .... ed altri corpi celesti.

c Il Sole è una stella gialla di media grandezza costituita da .... (74%) e .... (25%).

d Partendo dall'interno si riconoscono le seguenti zone: ...., zona radiativa, zona ...., fotosfera, ... e corona.

e I pianeti del Sistema Solare ...., sono quattro: ...., Venere, Terra e .... Sono definiti .... o terrestri perché hanno una struttura molto simile a quella terrestre. La loro struttura interna è costituita dal nucleo, dal .... e dalla ....

f I pianeti del Sistema Solare ...., sono quattro: Giove, ..., ... e Nettuno. Sono definiti gioviani o .... perché simili a Giove e principalmente composti da gas.

g Nel Sistema Solare sono presenti cinque ...., milioni di asteroidi (nella fascia principale) e ...., corpi formati da roccia e .... che diventano visibili quando passano vicino al Sole.

h Il .... dei pianeti intorno al Sole è descritto da .... leggi enunciate dall'astronomo .... Queste leggi si spiegano per mezzo della legge di .... universale formulata da Isaac ....

2 INVALSI Segna con una crocetta il completamento esatto.

a Il diametro del Sistema Solare è di circa:
- ☐ 80 km
- ☐ 80 anni luce
- ☐ 80 UA
- ☐ 800 UA

b Nel nucleo del Sole la temperatura è di circa:
- ☐ 15 mila °C
- ☐ 15 milioni °C
- ☐ 1 milione °C
- ☐ non si può misurare

c Nel Sole l'energia si trasmette per irraggiamento:
- ☐ nella zona radiativa
- ☐ nel nucleo
- ☐ nella fotosfera
- ☐ nella corona

d I pianeti più vicini al Sole sono:
- ☐ Mercurio, Venere, Marte, Giove
- ☐ Mercurio, Venere, Terra, Urano
- ☐ Giove, Saturno, Urano, Nettuno
- ☐ Mercurio, Venere, Terra, Marte

e Il pianeta più luminoso è:
- ☐ Giove
- ☐ Marte
- ☐ Venere
- ☐ Mercurio

f I pianeti gassosi:
- ☐ hanno un periodo di rotazione inferiore alle 24 ore
- ☐ possiedono un nucleo roccioso
- ☐ possiedono molti satelliti
- ☐ sono corrette tutte le affermazioni precedenti

g La temperatura dei pianeti gassosi:
- ☐ varia molto a seconda della loro distanza dal Sole
- ☐ è sempre negativa
- ☐ è sempre positiva
- ☐ non si può calcolare

h Gli asteroidi:
- ☐ sono corpi ghiacciati
- ☐ ruotano attorno a Marte
- ☐ occupano una zona tra Marte e Giove e oltre Nettuno
- ☐ hanno un diametro inferiore ad un metro

i La chioma e la coda sono presenti:
- ☐ nelle meteore
- ☐ nei meteoriti
- ☐ nei satelliti
- ☐ nelle comete

l Le orbite dei pianeti sono:
- ☐ ellittiche
- ☐ circolari
- ☐ delle stesse dimensioni per tutti i pianeti
- ☐ irregolari

verifica

n Un pianeta arrivando in prossimità dell'afelio:
- ☐ accelera
- ☐ mantiene una velocità costante
- ☐ rallenta
- ☐ si ferma

o La legge della gravitazione universale è stata enunciata da:
- ☐ Keplero
- ☐ Newton
- ☐ Galilei
- ☐ Copernico

3 Vero o falso?

a I pianeti nani non fanno parte del Sistema Solare V F
b Il Sistema Solare ruota attorno al centro della galassia V F
c Le macchie solari sono zone più fredde della fotosfera V F
d L'espansione del Sole ingloberà Giove V F
e Nettuno ruota molto velocemente attorno al Sole V F
f Venere è un pianeta molto freddo V F
g Saturno è l'unico pianeta che possiede gli anelli V F
h Nell'atmosfera di Urano è presente del metano V F
i La fascia di Kuiper si trova oltre Nettuno V F
l I satelliti orbitano attorno al Sole V F
m Le comete emettono luce propria V F
n Un pianeta molto lontano dal Sole impiega molto tempo per percorrere la sua orbita V F

4 Sottolinea il termine corretto tra quelli proposti in corsivo.

a Il moto di *rivoluzione/rotazione* è il moto di un pianeta attorno al Sole
b I pianeti attuali derivano *dai proto-pianeti/dalle proto-stelle*
c Dalla *fotosfera/cromosfera* si generano le protuberanze solari
d Il Sole diventerà una *nana bianca/stella di neutroni*
e L'atmosfera di *Venere/Mercurio* è costituita quasi completamente da anidride carbonica
f I poli di Marte sono ricoperti di *metano/acqua ghiacciata*
g Saturno è composto quasi esclusivamente di idrogeno e *azoto/elio*
h Il pianeta del Sistema Solare più lontano è *Nettuno/Plutone*
i Plutone è classificato come un pianeta *nero/nano*
l La forza di gravitazione universale è *direttamente/inversamente* proporzionale alle masse

APPLICO

5 Completa la figura che rappresenta la struttura del Sole inserendo i termini corretti.

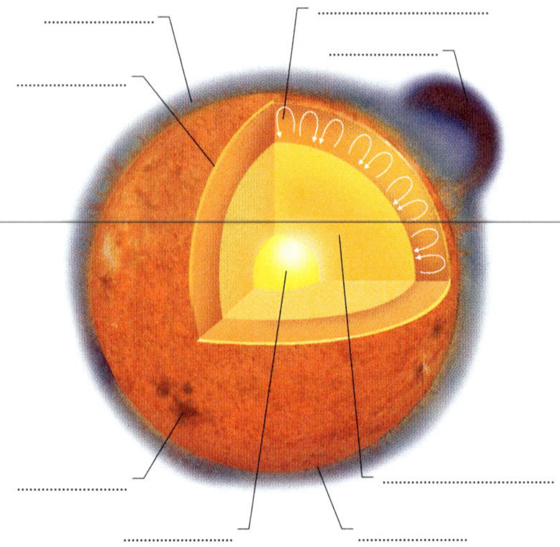

6 Osserva l'immagine e rispondi alle domande.

a A quale fenomeno si riferisce?
b In quale zona del Sole si origina?
c In che cosa consiste?
d Quali effetti ha sulla Terra?

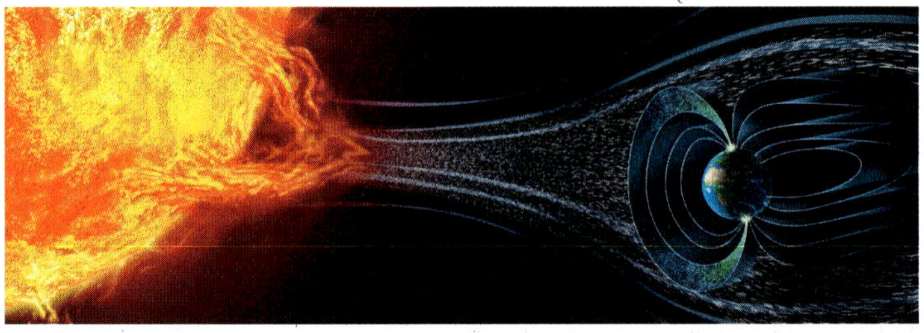

7 Analizza i dati relativi agli otto pianeti del Sistema Solare contenuti nei paragrafi 3 e 4.

a Raggruppa i pianeti in due insiemi in base alle loro dimensioni.
b Qual è il pianeta più piccolo? Quale quello più grande?
c Quale pianeta ha l'escursione termica più elevata?

8 Osserva l'immagine.

a Quale legge illustra?
b Scrivi la formula matematica che esprime tale legge.

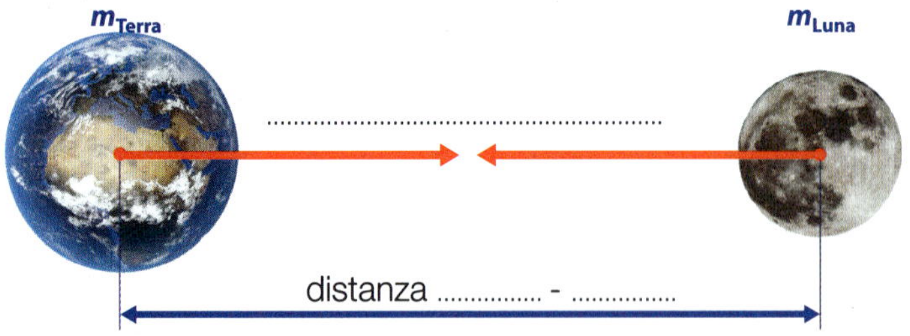

COMPETENZE

1. Leggi il testo e rispondi.

È KOI-351 la stella attorno alla quale è stato individuato un sistema planetario formato da ben 7 pianeti. La peculiarità non è tanto il numero, ma che siano tutti e sette transitanti e che il più distante si trovi a meno di 1 Unità Astronomica dalla sua stella. La stella si trova a circa 2500 anni luce dalla Terra ed è catalogata con questa sigla perché individuata dal telescopio spaziale *Kepler* della NASA come un oggetto interessante con possibili pianeti che transitano di fronte al suo disco (KOI – *Kepler Object of Interest* – Oggetto Kepler Interessante). [...] I primi 3 pianeti scoperti nel 2011 hanno periodi orbitali di 60, 211 e 332 giorni, mentre gli altri 4 hanno periodi orbitali di 7, 9, 92 e 125 giorni.
La curiosità di questo sistema non è solo legata al numero di pianeti che transitano di fronte alla stella, che già di per sé è un primato. Ciò che rende il sistema veramente peculiare è dato dalla distanza che li separa dalla loro stella e dal fatto che il sistema planetario attorno a KOI-351 assomiglia a un Sistema Solare in miniatura, con i pianeti più piccoli all'interno e quelli gassosi all'esterno. I cinque pianeti interni hanno un raggio compreso tra 1 e 3 raggi terrestri e orbitano a una distanza minore di quella che separa Venere dal Sole, mentre i due pianeti più esterni, di tipo gioviano, orbitano alla stessa distanza che separa Venere e la Terra dal Sole.
Quindi, l'intero sistema planetario di KOI-351 è grande quanto l'intero Sistema Solare più interno, cioè entro l'orbita terrestre. Il sistema è poi gravitazionalmente stabile, anche se i pianeti hanno orbite molto vicine le une con le altre e i periodi orbitali sono in risonanza tra loro [...]. Essendo così vicini tra loro, i pianeti si accelerano e rallentano a vicenda durante le loro orbite, e dopo aver scoperto i primi 3, è stato possibile calcolare più o meno dove avrebbero dovuto essere gli altri e stimare le loro dimensioni.
Successivamente, sono stati trovati i segnali della loro presenza nei dati di *Kepler*. I quattro nuovi pianeti scoperti, si trovano tutti più vicini alla loro stella di quanto sia Mercurio rispetto al Sole. [...]

[www.focus.it]

a Scrivi un ipotetico titolo per il testo.
b Confronta il sistema planetario individuato dalla sonda Kepler con il Sistema Solare, mettendo in luce analogie e differenze.
c Rappresenta con un disegno il sistema planetario descritto nel testo.
d Qual è la forza che fa rallentare e accelerare i pianeti?

2. Calcola e ragiona.
La seguente tabella riporta le distanze medie di ciascun pianeta dal Sole in UA. Esprimi queste distanze in km e completa la colonna.

pianeta	distanza dal Sole in UA	distanza dal Sole in km
Mercurio	0,387	
Venere	0,723	
Terra	**1,000**	**149 597 870,7**
Marte	1,524	
Giove	5,209	
Saturno	9,539	
Urano	19,180	
Nettuno	30,060	

3. Ricerca e comunica.
Le sonde spaziali sono strumenti fondamentali che gli scienziati utilizzano nelle missioni di esplorazione del Sistema Solare. Aiutandoti con Internet fai una ricerca sulle principali missioni spaziali e sulle sonde impiegate, indicando la data, la missione e quale parte del Sistema Solare hanno raggiunto. Crea una presentazione multimediale da proporre alla classe.

In English Verifica interattiva

4. Match the following names to the correct pictures.

Sun • Venus • Mars • Jupiter • Uranus • Mercury • Saturn • Earth • Neptune

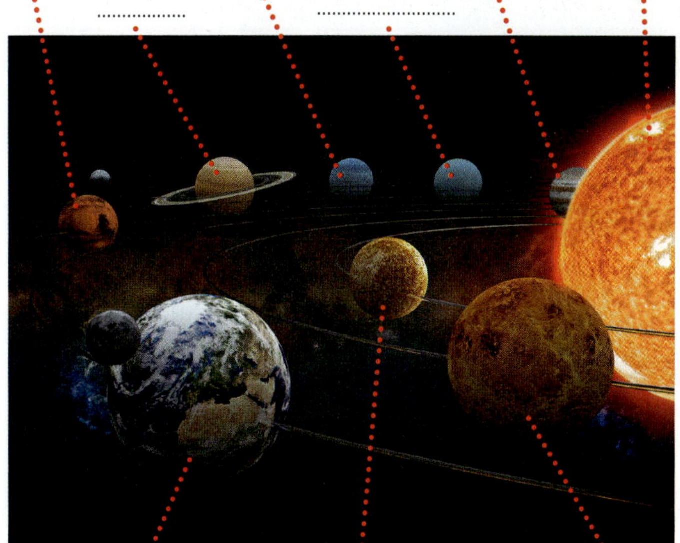

....

CLIL: let's learn English

Our Solar System

Audio

Objectives

- Describe the planets in our Solar System
- Know the order of the planets and where the asteroid belt is

Remember

- The Solar System contains four inner and four outer planets.
- Asteroids orbit the Sun between Mars and Jupiter.

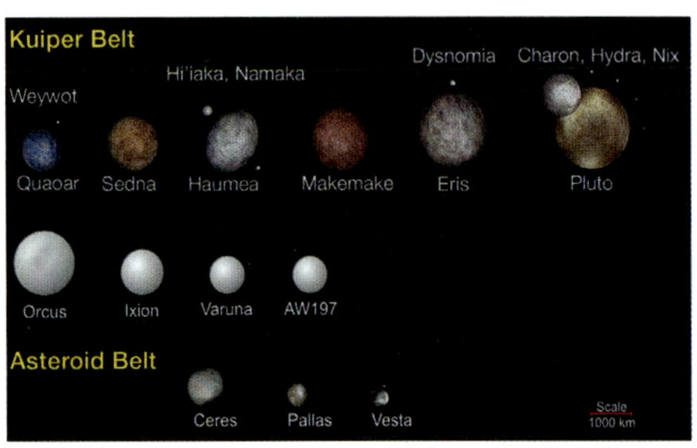

Exercises

1. Why do scientists think that there could once have been life on Mars?
2. A student thinks that the outer planets have longer years than the inner planets. Do you agree? Explain your answer.

Our planet is Earth. It is one of eight planets in our Solar System. A solar system is a collection of planets in orbit around a star. The star at the centre of our Solar System is the Sun.

Our Solar System was formed 4,6 billion years ago from dust and gas. Gravity pulled the dust and gas together to make the Sun and all the planets. There are four inner planets, an asteroid belt and four outer planets. There are also dwarf planets in the asteroid belt and beyond the outer planets.

The inner planets

The inner planets are **Mercury**, **Venus**, **Earth** and **Mars**. They are often called terrestrial planets because they are made of rock. Mercury is closest to the Sun. Venus reflects so much light from the Sun that it looks like a star. Unlike Mercury, the planet Venus has an atmosphere. It is mainly made up of carbon dioxide, which is a greenhouse gas. The atmosphere traps energy from the Sun, so the surface of Venus is hotter than the surface of Mercury, even though it is further from the Sun. The average surface temperature of Venus is over 460 °C. We think that Mars is the only other planet in the Solar System that may once have had life. The Curiosity mission was launched in 2012 to see if Mars could support life. There are features on the surface of Mars that suggest that water once flowed there. Mars is known as the Red Planet because the surface is made of a red mineral that contains iron.

The asteroid belt

The asteroid belt is located between Mars and Jupiter. Asteroids are pieces of planets or moons, or lumps of rock left over from when the Solar System was formed. There are millions of asteroids and they orbit the Sun like planets do.

The outer planets

The four outer planets are **Jupiter**, **Saturn**, **Uranus**, and **Neptune** – they are all much bigger than the inner planets. Jupiter and Saturn are called gas giants because they are mainly made of hydrogen and helium gas. Uranus and Neptune are also called ice giants because they are made of ice and rock, with an outer layer of gas. These two planets have the coldest atmospheres in the Solar System. Unlike the inner planets, the outer planets have rings. The rings are made of dust, ice particles and pieces of rock. Some of the pieces of rock are as big as a house, but some are as small as a grain of sand.

Dwarf planets

Until 2006 **Pluto** was considered a planet. Then astronomers found other objects like Pluto beyond Neptune, in the Kuiper belt, so they started calling Pluto a "dwarf planet". Other dwarf planets in the Solar System are: Eris, Ceres, Makemake, Haumea.

3 Il pianeta Terra e il suo satellite

La Terra è il terzo pianeta del Sistema Solare. I suoi movimenti, di rotazione su se stessa e di rivoluzione attorno al Sole, determinano fenomeni di cui tutti abbiamo esperienza: l'alternanza del dì e della notte e il cambiamento delle stagioni durante l'anno. La Terra, nei suoi movimenti, è accompagnata dal suo unico satellite naturale: la Luna.

Digi Scienze

CLASSE CAPOVOLTA — Contenuto integrativo

Preparati per la lezione:
- guarda la presentazione multimediale
- compila la scheda

Nelle prossime pagine troverai altri contenuti digitali

- Allegato scaricabile
- Contenuto integrativo
- Audio
- Verifica interattiva

1 La forma del pianeta Terra

Audio

La Terra non è piatta e non è sferica: è un geoide

Normalmente definire la forma di un oggetto richiede due semplici azioni: poter esaminare l'oggetto da vicino e poterlo vedere nella sua totalità. Così un abete è a forma di cono e le celle di un alveare sono esagonali. Come è possibile definire la forma di un intero pianeta?
Fin dall'antichità stabilire la forma del nostro pianeta ha interessato studiosi e filosofi, i quali, non potendo tenere la Terra tra le mani, hanno dovuto basare le proprie ipotesi su prove indirette.
Inizialmente la Terra veniva considerata piatta, ma già nel VI secolo a.C. avvenne una svolta: Anassimandro di Mileto, filosofo greco considerato il primo cartografo, fu il primo a ipotizzare che la Terra non fosse piatta, ma cilindrica.
Poco dopo, Parmenide di Elea, un altro filosofo greco, avanzò l'ipotesi che fosse invece sferica.
Su quali basi poggiavano le proprie affermazioni i primi sostenitori della sfericità della Terra? Sull'osservazione di alcuni fenomeni:

- viaggiando verso nord ■1, le stelle che si trovano a sud si abbassano sull'orizzonte fino a scomparire, mentre quelle a nord si alzano progressivamente;
- osservando le navi che si allontanano all'orizzonte, in qualunque direzione ■2, si vede scomparire prima lo scafo e poi, per ultime, le vele;
- più una luce è posta in alto, più è visibile da lontano ■3, come se superasse una superficie curva.

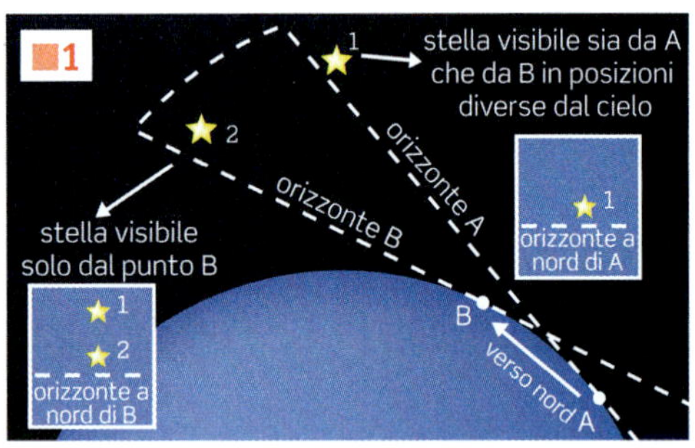

Gli studi sulla gravità terrestre e sui moti rotazionali condussero Isaac Newton, tra il XVII e i XVIII secolo, a definire con una buona approssimazione la forma della Terra: una sfera leggermente appiattita a causa della sua rotazione ■4.

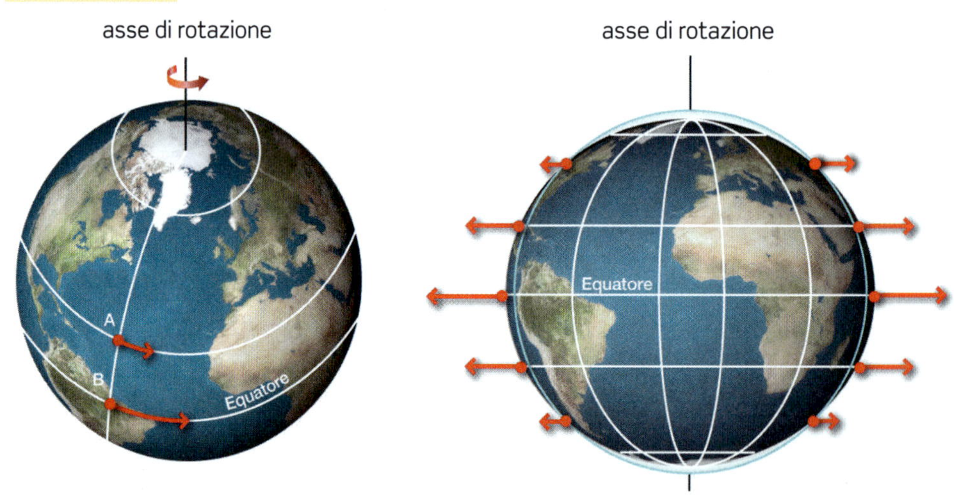

■4 Lo schiacciamento ai poli è dovuto alla rotazione terrestre. La differenza tra il raggio polare e quello equatoriale è di circa 22 km.

Questa forma si avvicina molto a un **ellissoide di rotazione** 5, un solido ottenuto facendo ruotare un'ellisse attorno al proprio asse minore.

In realtà la superficie terrestre presenta delle irregolarità: per questo motivo, per definire la forma del nostro pianeta, è stata coniata la parola **geoide** 5, un nuovo termine che indica una sfera leggermente schiacciata ai poli, con una superficie irregolare, non liscia e più simile alla buccia di un'arancia che è leggermente concava nelle zone oceaniche e convessa in quelle continentali 6.

5

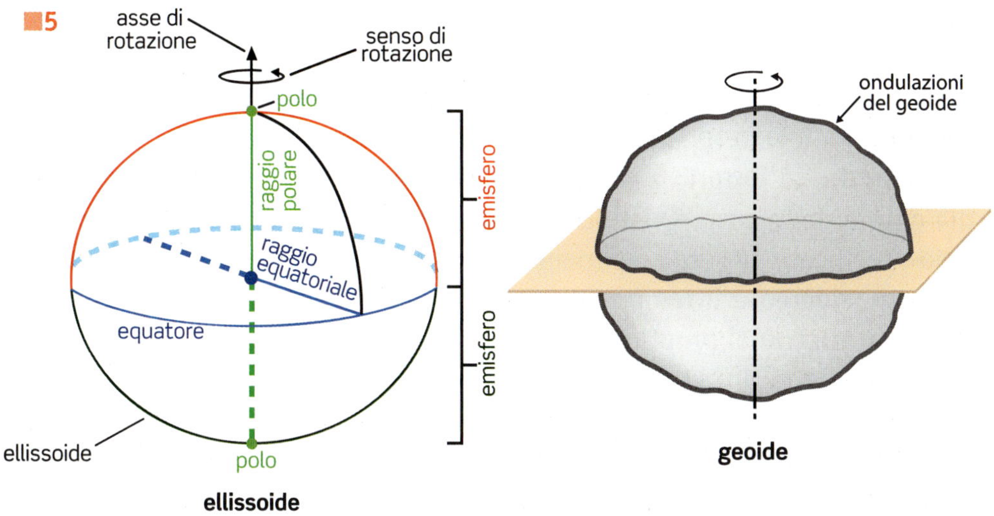

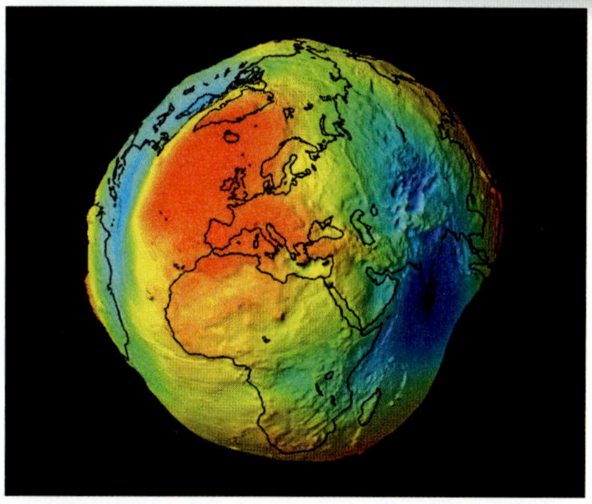

6 Geoide terrestre ottenuto elaborando i dati rilevati dai satelliti sulla variazione della gravità in superficie. La forza di gravità varia da bassa (aree in blu, verde e giallo) ad alta (aree in arancione e rosso).

LE PAROLE DEL PIANETA TERRA

Contenuto integrativo

- **asse terrestre**: linea immaginaria intorno alla quale ruota la Terra
- **equatore**: la circonferenza massima, che divide il pianeta in due parti uguali, detti emisferi, (boreale a nord e australe a sud)
- **poli**: i due punti (a nord e a sud) in cui l'asse terrestre interseca la superficie del pianeta
- **tropici**: circonferenze tra l'equatore e i poli: tropico del Cancro tra equatore e polo Nord, tropico del Capricorno tra equatore e polo Sud
- **circoli polari**: circonferenze che delimitano l'area attorno ai poli: artico a nord, antartico a sud

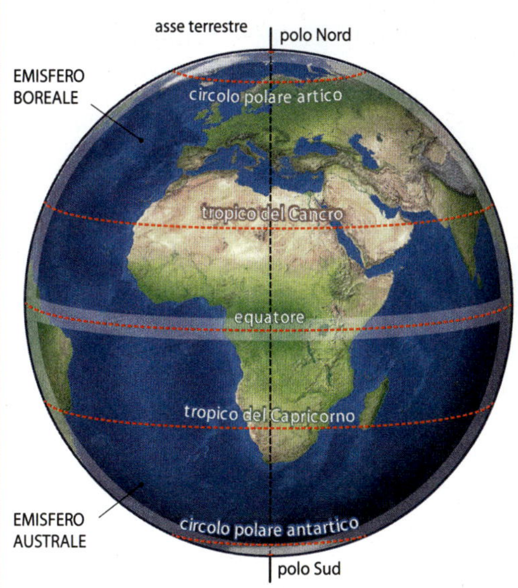

BIG DATA

Raggio equatoriale: 6378 km
Raggio polare: 6356 km
Raggio medio: 6371 km
Circonferenza all'equatore: 40 075 km
Volume: $1,08 \times 10^{21}$ m³

Superficie: $5,09 \times 10^{14}$ m²
Accelerazione di gravità: 9,8 m/s²
Distanza media dal Sole: 149 597 870,7 km (1 UA)
Temperatura media: 14 °C

Con metodo

Analizzo il testo

1. Che forma ha la Terra?
2. Che cos'è un ellissoide di rotazione?
3. Perché per definire la forma della Terra è stato creato un nuovo termine?

Comprendo il testo

4. Rispondi.
   a Perché le prime ipotesi sulla forma della Terra si sono basate su prove indirette?
   b Quali fenomeni supportavano l'ipotesi della sfericità della Terra?
5. Più una luce è posta in alto:
   - [ ] più è luminosa
   - [ ] più è visibile da lontano
6. Quando una nave si allontana all'orizzonte:
   - [ ] scompare prima lo scafo
   - [ ] scompaiono prima le vele
7. Il geoide è:
   - [ ] una sfera schiacciata ai poli e irregolare
   - [ ] un'ellisse

Collaboro

8. A **gruppi di tre**, realizzate una ricerca sugli studi compiuti fin dall'antichità per comprendere la forma della Terra. Cercate i nomi degli scienziati antichi e di ciascuno sintetizzate la teoria. Poi evidenziate progressi o punti di contatto.

2 Il moto di rotazione

Audio

La Terra ruota sul suo asse in un giorno

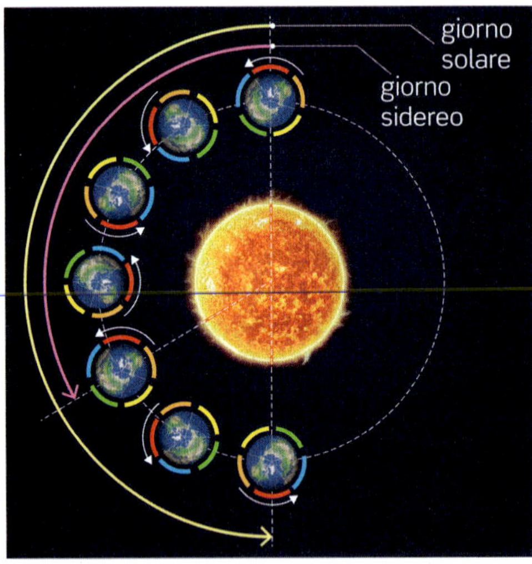

1 Giorno sidereo e giorno solare.

Parole di scienze

sidèreo: dal latino *sidus*, stella.

La Terra, come gli altri pianeti del Sistema Solare, ruota su se stessa. Questo movimento è detto **moto di rotazione**.

Tale rotazione avviene, da ovest a est, come se il pianeta fosse attraversato da un bastone che passa esattamente per il suo centro. Questo "bastone virtuale" prende il nome di **asse di rotazione** e i punti immaginari nei quali interseca la superficie terrestre sono i **poli**.

Il tempo impiegato da un corpo celeste per compiere una rotazione completa attorno al proprio asse è detto **periodo di rotazione** e corrisponde alla durata del giorno. Quando si parla di *giorno*, in astronomia, è necessario specificare se si fa riferimento al giorno sidèreo o al giorno solare.

Il **giorno sidèreo** è il tempo impiegato dal pianeta per compiere un giro completo attorno al proprio asse.

Il **giorno solare**, invece, è il tempo che passa tra due passaggi consecutivi del Sole sopra lo stesso punto della superficie del pianeta.

Per la Terra il giorno sidereo dura 23 h 56 m 4 s, mentre quello solare dura in media 24 h.

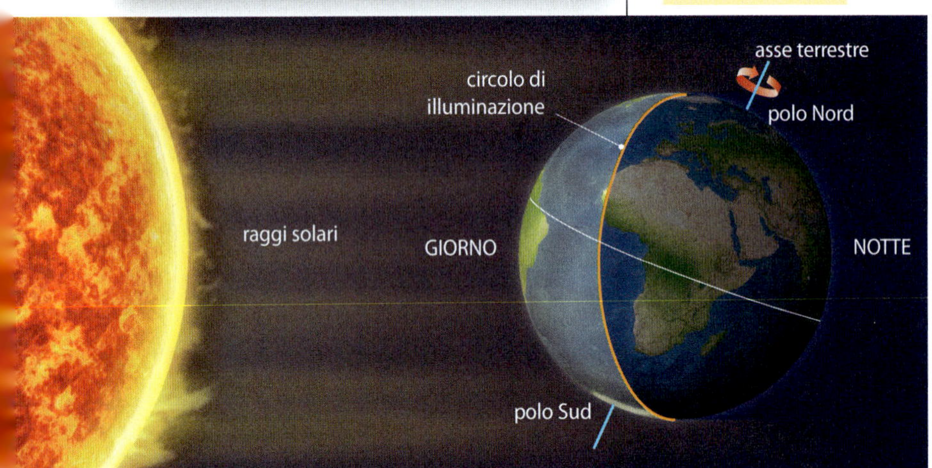

2

La differenza di circa 4 minuti è dovuta al fatto che, mentre la Terra ruota su se stessa, orbita anche attorno al Sole: questo fa sì che, affinché il Sole ritorni sopra lo stesso punto della superficie, la Terra debba ruotare ancora un pochino, perché la sua posizione rispetto al Sole è cambiata 1.

La **rotazione della Terra ha diversi effetti**, alcuni dei quali sono facilmente identificabili: uno di questi è l'alternanza del **dì** (le ore di luce) e della **notte** (le ore di buio) 2 e quindi del percorso apparente del Sole nel cielo diurno e quello delle stelle nel cielo notturno 3.

Contenuto integrativo

La Terra si muove con una velocità di 1670 km/h all'equatore, ma noi non avvertiamo tale movimento. Questo perché ci muoviamo con essa (e con tutti gli altri oggetti terrestri) alla medesima velocità. Proprio come quando siamo all'interno di un'automobile: non possiamo avere idea della velocità alla quale stiamo viaggiando se non guardando fuori dal finestrino e cercando un punto di riferimento.

3

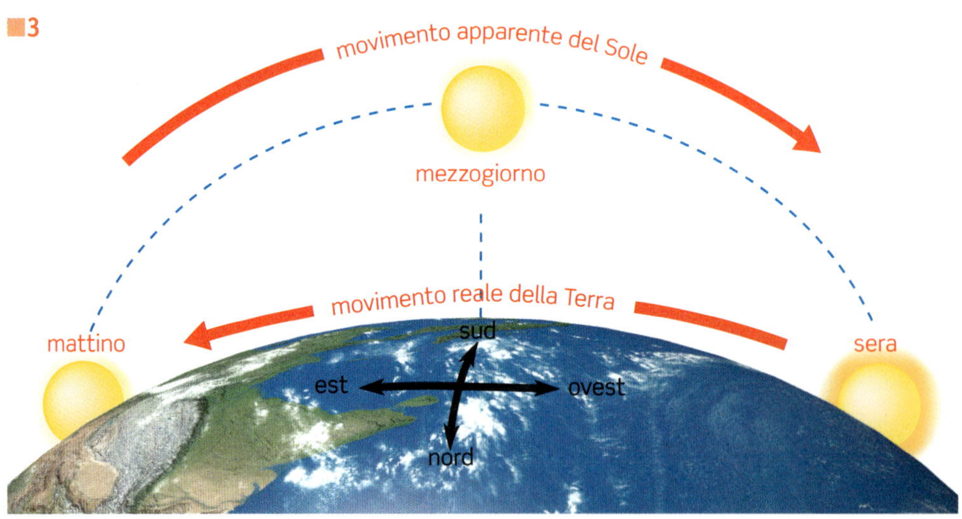

Questi fenomeni, a differenza di quanto si possa credere, sono conseguenze della rotazione terrestre, ma non possono essere considerate delle prove di tale movimento: senza un punto di riferimento è impossibile stabilire se sia la Terra a ruotare oppure siano il Sole e le altre stelle a farlo attorno a essa. Proprio per questo la Terra è stata a lungo considerata immobile al centro dell'Universo, con il cielo che le gira attorno (*teoria geocentrica*).

Le prove della rotazione terrestre

Contenuto integrativo

Già nel III sec. a.C. l'astronomo greco Aristarco di Samo aveva ipotizzato la possibile rotazione della Terra, ma le prime prove risalgono al XVII secolo. Nel 1790 **Giovanni Battista Guglielmini**, un fisico bolognese, abate e professore all'università, fece cadere alcune sferette di piombo dalla cima della Torre degli Asinelli della città, alta 100 m. Durante la caduta, la traiettoria delle sfere, invece di essere perpendicolare alla superficie terrestre, subiva sempre una deviazione verso est: Guglielmini imputò questo spostamento alla rotazione antioraria della Terra ■4.

Nel 1851 il fisico francese **Jean Bernard Léon Foucault** (1819-1868) ideò un semplice ma geniale esperimento per verificare la rotazione terrestre: appese alla cupola del Pantheon di Parigi un filo d'acciaio lungo 67 m, alla cui estremità si trovava una sfera di 28 kg munita di una punta nella parte inferiore.

Durante il suo movimento oscillatorio, la sfera sfiorava con la punta la sabbia sul pavimento sottostante. Foucault osservò l'oscillazione del pendolo per alcune ore: esso aveva tracciato figure a forma di ventaglio sulla sabbia.

La Fisica ci dice che il piano di oscillazione del pendolo rimane costante durante tutte le oscillazioni e ogni variazione è, quindi, da imputare a movimenti dell'ambiente circostante.

Come erano quindi possibili i segni lasciati sulla sabbia? Erano spiegabili solo con lo spostamento della sabbia... e quindi della Terra ■5. Oggi le prove e le misurazioni del moto di rotazione terrestre sono affidate ai dati raccolti dai satelliti artificiali, che guardano il nostro pianeta dallo spazio: sono degli "osservatori esterni" che possono contare su sistemi di riferimento altrimenti impossibili sulla Terra.

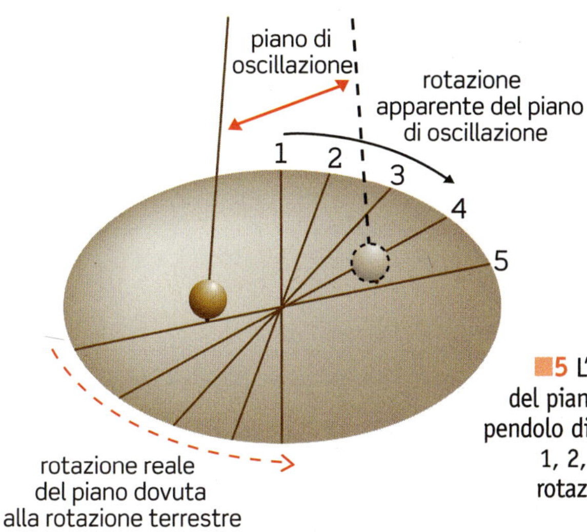

■5 L'apparente rotazione del piano di oscillazione del pendolo di Foucault (posizioni 1, 2, 3, ...) è dovuta alla rotazione terrestre che fa ruotare la sua base.

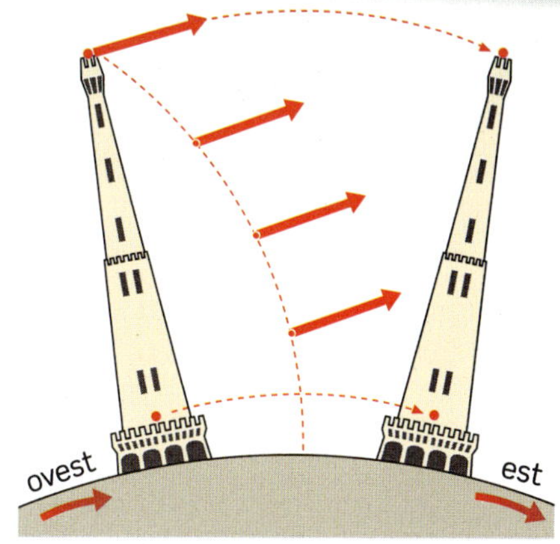

■4 La cima della torre ruota a una velocità maggiore rispetto alla base. La sferetta che cade dalla cima conserva questa velocità durante la caduta, arrivando quindi più lontano. Se lo spostamento è sempre verso est significa che la spinta che riceve la sferetta è in quella direzione e quello è il verso di rotazione della Terra: da ovest a est.

Con metodo

Analizzo il testo

1. Completa.
Il movimento della Terra attorno al proprio .... è detto moto di ....

2. In astronomia quali sono i due tipi di giorno? Perché le loro durate sono diverse?

Comprendo il testo

3. Rispondi.
Quali sono i due effetti più noti della rotazione terrestre?

4. Il periodo di rotazione corrisponde:
- ☐ alla durata della notte
- ☐ alla durata del giorno

5. Il giorno è composto:
- ☐ dal dì e dalla notte
- ☐ dalle ore di luce

6. Le prime prove sulla rotazione terrestre furono proposte da:
- ☐ Giovanni Battista Guglielmini
- ☐ Isaac Newton

7. La Terra ruota:
- ☐ da est verso ovest
- ☐ da ovest verso est

8. L'alternanza del dì e della notte è:
- ☐ una prova della rotazione terrestre
- ☐ una conseguenza della rotazione terrestre

3 Il moto di rivoluzione

Audio

La Terra compie un giro completo intorno al Sole in un anno

Mentre ruota su se stessa, la Terra cambia la sua posizione nello spazio, percorrendo la sua orbita intorno al Sole. Tale movimento prende il nome di **moto di rivoluzione**.

Più precisamente, questo termine si riferisce al movimento di un qualsiasi corpo celeste attorno a un *centro di massa* (o baricentro).

Ciò significa che, considerando il sistema Terra-Sole, in realtà, non è la prima a ruotare attorno al secondo, ma entrambi ruotano attorno a un punto che rappresenta il loro centro di massa.

Quando due corpi hanno la stessa massa, il centro di massa si posiziona esattamente in mezzo ai due.

Se invece le masse sono differenti, il centro di massa si avvicina al corpo di massa maggiore e la sua distanza da esso è inversamente proporzionale alla differenza tra le masse dei due corpi: più sono diverse, più il centro di massa è vicino al corpo più massiccio.

Pensiamo ora alla massa di Sole e Terra. La prima è circa 334 000 volte la seconda e questo fa sì che il loro centro di massa si trovi a circa 450 km dal centro del Sole: ancora ben al suo interno ■1.

Questo ci permette di immaginarlo fermo, senza fare errori importanti considerando che la Terra gli orbita intorno.

L'orbita che percorre la Terra è ellittica e la sua eccentricità (cioè la differenza da una circonferenza), seppur piccola, fa sì che la Terra modifichi continuamente la sua distanza dal Sole durante il suo moto di rivoluzione: il **perielio** (cioè il punto dell'orbita terrestre più vicino al Sole) si trova a 147 milioni di kilometri, mentre l'**afelio** (il punto più lontano) a 152 milioni di kilometri.

CLILforSCIENCE Audio

moto di rotazione: ***rotational motion***
moto di rivoluzione: ***revolutionary motion***
orbita terrestre: ***Earth's orbit***

Complete the sentence.

As it rotates upon itself (.................... motion), the Earth moves into its .... around the .... (........................ motion).

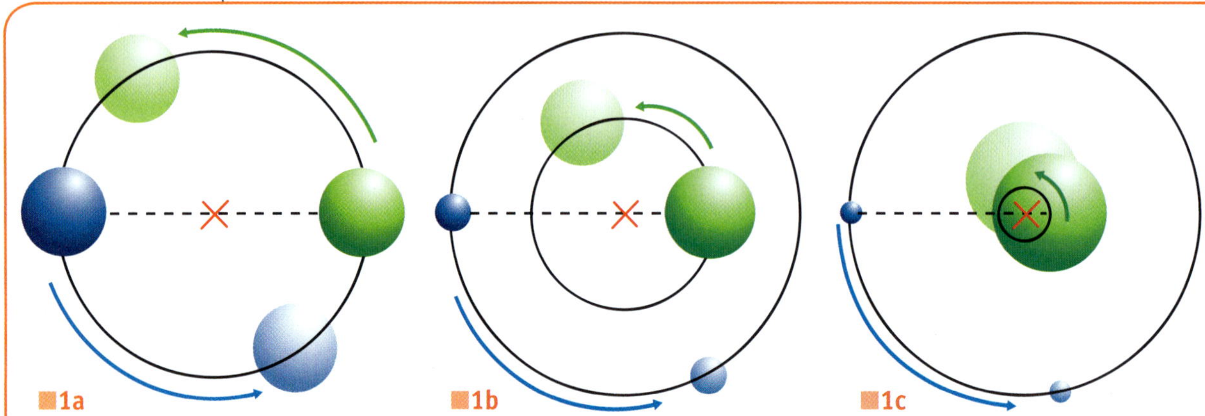

■1a Quando due corpi che ruotano attorno al loro centro di massa sono uguali, sono uguali le distanze tra il centro di massa (x rossa) e i due corpi.
■1b Se le due masse sono diverse il centro di massa (x rossa) è più vicino al corpo di massa maggiore.
■1c La massa del Sole è talmente grande rispetto a quella della Terra che il centro di massa (x rossa) cade all'interno del Sole stesso.

L'orbita terrestre misura circa 940 milioni di kilometri: percorrendola con una velocità media di 30 km/s, la Terra impiega circa un anno a compiere una rivoluzione completa ■2.

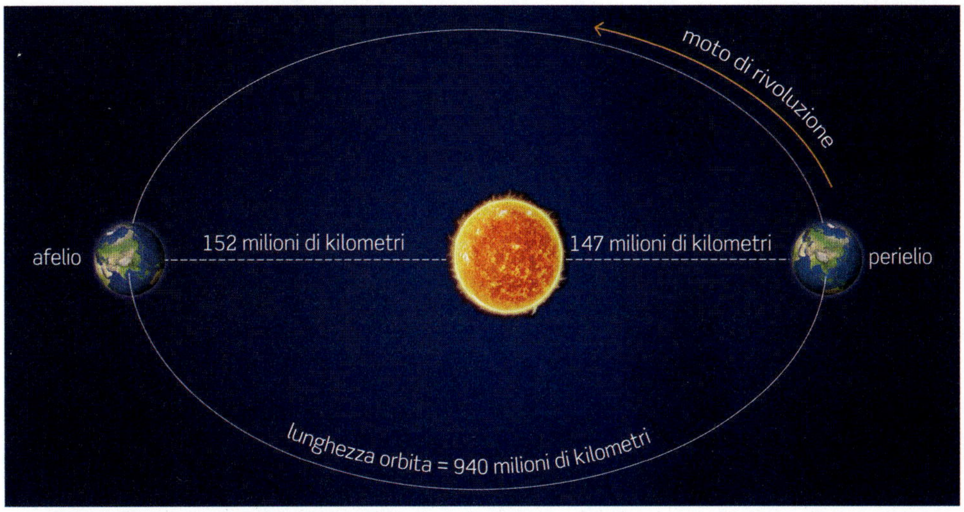

■2 Anche se l'orbita terrestre è ellittica, non si discosta molto da una circonferenza perfetta. Per questo motivo, pur esistendo una posizione di afelio e una di perielio, le distanze che le separano dal Sole non sono molto diverse.

In astronomia si distinguono:

- l'**anno siderale**: il tempo che deve passare affinché il Sole, visto dalla Terra, si ripresenti nella stessa posizione rispetto alle altre stelle. In altre parole, è il tempo che la Terra impiega a percorrere un giro completo sulla sua orbita. Dura 365 g 6 h 9 m 10 s;
- l'**anno solare**: il tempo che il Sole impiega per tornare nella stessa posizione su un dato punto della Terra. Dura in media 365 g 5 h 48 m 46 s.

L'anno solare è alla base della costruzione dei **calendari solari**, la cui durata è appunto di 365 giorni. Di tutti quelli proposti e utilizzati nella storia, quello ufficiale nella maggior parte del mondo è il **calendario gregoriano** (così detto da papa Gregorio XIII, che lo introdusse nel 1582), composto da 12 mesi di durata variabile da 28 a 31 giorni.
La durata di 365 giorni esatti comporta, però, che il calendario resti leggermente indietro rispetto al Sole, perdendo circa 6 ore ogni anno. Per colmare questo ritardo, la soluzione è stata quella di aggiungere un giorno (il 29 febbraio) ogni quattro anni (6 h × 4 a = 24 h = 1 g), ogni volta che l'anno sia divisibile per 4 (come il 2016). L'anno con 366 giorni è chiamato **bisestile**. Nel caso questo sia un anno di inizio secolo, il giorno in più si deve aggiungere solo se tale anno è divisibile per 400. Così il 1900 non è stato un anno bisestile, mentre il 2000 sì. E non lo sarà, invece, il 2100.

Curiosità

L'origine del termine "bisestile" deve essere ricercata nella lingua latina. La correzione del calendario con l'aumento di un giorno ogni 4 anni, che per noi avviene aggiungendolo alla fine di febbraio, cioè dopo il 28, per i Romani avveniva intercalandolo tra il 24 e il 25 dello stesso mese, trovandosi così ad avere due "giorni 24". Dato che il 24 febbraio in latino era il *dies sextus ante Kalendas Martias* (il sesto giorno prima dell'inizio di marzo), il "secondo 24" divenne "il *secondo sesto giorno* prima dell'inizio di marzo", cioè "*dies* ***bis sextus*** *ante Kalendas Martias*". E da lì il nostro "bisestile".

Con metodo

Analizzo il testo

1. A quali termini corrispondono le seguenti definizioni?
   a Moto della Terra attorno al Sole.
   b Punti di massima e di minima distanza della Terra dal Sole.
   c Calendario ufficiale nella maggior parte del mondo.

Comprendo il testo

2. Rispondi.
   a Qual è la forma dell'orbita terrestre?
   b Che cos'è l'anno solare? Quanto dura?
   c Perché ogni quattro anni è necessario aggiungere un giorno al calendario?

3. Completa.
Il tempo necessario affinché il .... si ripresenti nella stessa posizione rispetto alle altre .... è detto anno ....

4. L'orbita terrestre misura circa:
☐ 940 milioni di kilometri
☐ 940 mila kilometri

5. L'anno bisestile ha:
☐ 364 giorni
☐ 366 giorni

4 Effetti del moto di rivoluzione della Terra

Audio

L'inclinazione dell'asse e il moto di rivoluzione causano le stagioni e la diversa durata del giorno

Mentre la Terra compie la sua orbita, le condizioni ambientali e climatiche visibilmente cambiano: si alternano e si ripresentano ciclicamente, in periodi che chiamiamo **stagioni**.

Primavera, estate, autunno e inverno sono facilmente identificabili alle nostre latitudini, soprattutto a causa della variazione delle temperature: più alte in estate, più rigide in inverno e condizioni più miti in autunno e primavera.

A che cosa si deve l'alternanza delle stagioni sul nostro pianeta?

La spiegazione è da ricercarsi nell'inclinazione dell'**asse di rotazione terrestre**: questo, infatti, non è perpendicolare al piano dell'orbita (l'*eclittica*), ma è inclinato di 23° 27' 1. Tale inclinazione fa sì che, durante l'anno, l'esposizione delle varie zone della Terra alla luce e al calore del Sole cambi continuamente, orientando ora uno ora l'altro emisfero verso il Sole. Questo fa anche sì che nell'emisfero boreale e in quello australe, separati dalla linea immaginaria dell'equatore, le stagioni siano invertite: quando è estate nel primo, è inverno nel secondo e viceversa.

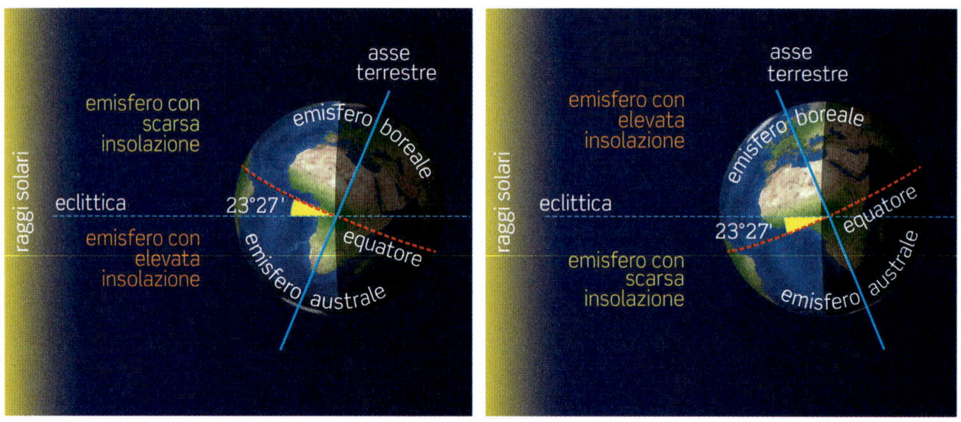

1 L'asse terrestre è inclinato di 23° 27' rispetto al piano dell'orbita. Questa inclinazione è la causa della diversa esposizione al Sole della superficie della Terra durante il moto di rivoluzione.

Durante l'estate, il nostro emisfero (boreale) è maggiormente esposto ai raggi solari, permettendo alla superficie terrestre e all'atmosfera di assorbire più calore; in inverno, invece, il Sole resta più basso sull'orizzonte e i suoi raggi raggiungono la Terra con un'inclinazione maggiore scaldando meno.

Il moto di rivoluzione, unito all'inclinazione dell'asse terrestre è la causa anche della differente durata del dì e della notte nei diversi periodi dell'anno. Infatti, se l'asse terrestre fosse perpendicolare al piano dell'orbita, il circolo di illuminazione del Sole passerebbe sempre per i poli e si alternerebbero costantemente 12 ore di luce e 12 di buio su tutta la superficie.

Parole di scienze

solstizio: dal latino *solstitium*, composto da *sol* = sole e *stare* = fermarsi.
equinozio: dal latino *aequinoctium* = notte uguale.

CLIL for SCIENCE

Audio

solstizio: ***solstice***
equinozio: ***equinox***
stagione: ***season***

Look at picture 1 and complete the sentence.

The tilt of the Earth's axis allows the surface of the Earth to have different levels of exposure to the .... during .... The effect of this is the changing of the ....

Se analizziamo la posizione della Terra mentre percorre la sua orbita, tenendo conto dell'inclinazione del suo asse, possiamo individuare alcune posizioni particolari ■2.

- **Solstizio**: è il momento dell'anno in cui il Sole, nel suo moto apparente, raggiunge il punto più alto o più basso nel cielo (a mezzogiorno). Durante l'anno si manifestano **due solstizi**: il primo tra il 20 e il 21 giugno, e il secondo tra il 21 e il 22 dicembre. Durante il solstizio di giugno i raggi solari sono perpendicolari al tropico del Cancro, mentre durante il solstizio di dicembre sono perpendicolari al tropico del Capricorno.
  Nell'emisfero boreale, durante il solstizio di giugno, il Sole raggiunge la sua massima altezza all'orizzonte e questo coincide con l'inizio dell'estate: il disco solare resta più tempo di qualunque altro giorno sopra l'orizzonte, dando al dì la sua durata massima. Analogamente, il solstizio di dicembre corrisponde all'inizio dell'inverno: il Sole resta molto più tempo sotto l'orizzonte, rendendo il dì il più corto dell'anno.
  Nell'emisfero australe, al contrario, il solstizio di giugno segna l'inizio dell'inverno, mentre quello di dicembre indica l'inizio dell'estate.
- **Equinozio**: questo nome deriva dal fatto che, in questo giorno, dì e notte hanno la stessa durata, cioè 12 ore. Anche l'equinozio si verifica **due volte l'anno**: tra il 20 e il 21 marzo e tra il 22 e il 23 settembre. Durante gli equinozi i raggi solari sono perpendicolari all'equatore. Come i solstizi, anche gli equinozi segnano l'inizio di due stagioni: quello di marzo segna l'inizio della primavera nell'emisfero boreale e dell'autunno nell'emisfero australe; quello di settembre l'inizio dell'autunno nell'emisfero boreale e della primavera in quello australe.

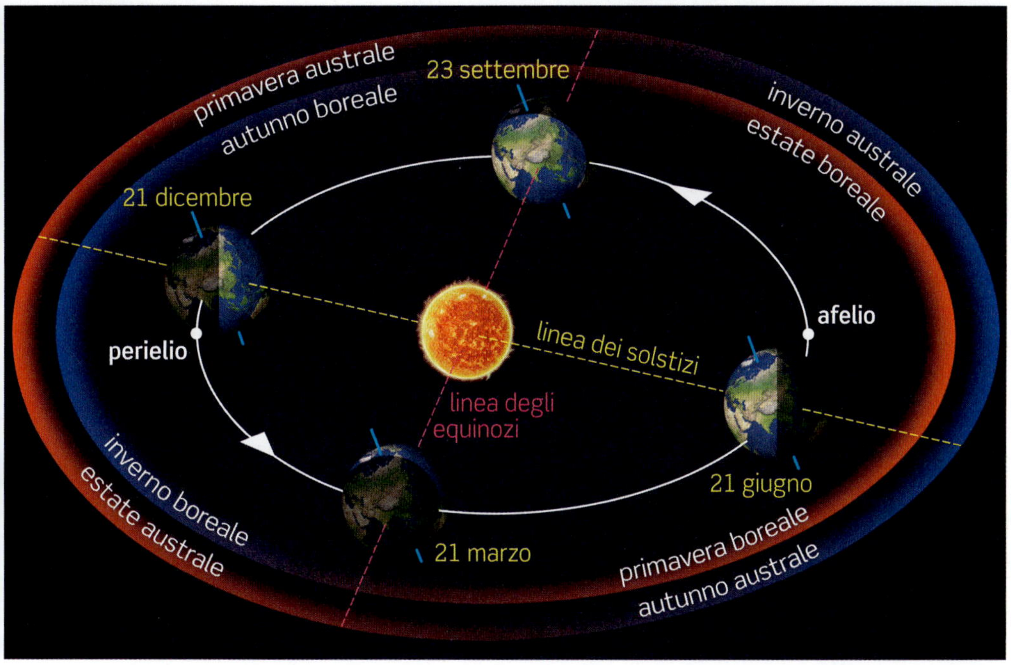

■2 Le stagioni dipendono dall'inclinazione dell'asse terrestre. All'estate dell'emisfero boreale corrisponde l'inverno dell'emisfero australe, così come per primavera e autunno. Solstizi ed equinozi segnano il passaggio tra una stagione e l'altra.

Curiosità

Durante l'equinozio, notte e dì hanno la stessa durata. Questo però non significa che ci siano 12 ore di luce e 12 ore di buio. Il dì, infatti, inizia nel momento esatto in cui il centro del disco solare sale sopra l'orizzonte e questo significa che metà del Sole è già ben visibile. A ciò si unisce il fatto che l'atmosfera permette alla luce del Sole di diffondersi in cielo ben prima del suo sorgere. Allo stesso modo, l'inizio della notte coincide con il passaggio del centro del disco solare sotto l'orizzonte: metà del Sole quindi deve ancora scomparire e la sua luce lo farà ben più tardi.

Con metodo

Analizzo il testo

1. Sottolinea nel testo i termini corrispondenti alle seguenti definizioni.
   a Piano dell'orbita terrestre.
   b Posizioni particolari della Terra mentre percorre la sua orbita

Comprendo il testo

2. Rispondi.
   a A che cosa è dovuta l'alternanza delle stagioni?
   b Se nell'emisfero australe è primavera, che stagione è nell'emisfero boreale?
   c Che cosa succederebbe se l'asse terrestre fosse perpendicolare al piano dell'orbita?
3. Completa.
   a Durante l'anno si manifestano due ....: il primo tra i 20 e il 21 giugno e il secondo tra il 21 e il 22 ....
   b Nel nostro emisfero l'.......................... di marzo segna l'inizio della .... e l'.......................... di settembre l'inizio dell'..........................

Comprendo le parole

4. Scrivi per ogni termine la definizione corretta.
   a Australe **b** Equinozio
   c Solstizio **d** Boreale

■3 Il Sole di mezzanotte in una sequenza fotografica *timelapse*, nella quale si nota come il disco solare non scenda mai sotto l'orizzonte. Il grande giorno e la grande notte durano pochi giorni alle latitudini vicino ai circoli polari e sei mesi ai poli. Il periodo di oscurità, tuttavia, si accorcia sensibilmente a causa del crepuscolo: la durata effettiva della grande notte è circa 100 giorni.

L'inclinazione dell'asse terrestre è anche responsabile del fenomeno conosciuto con il nome di "Sole di mezzanotte". Nel nostro emisfero, nel solstizio d'estate, il Sole illumina per tutta la durata del giorno la superficie terrestre compresa nel circolo polare senza calare mai sotto l'orizzonte ■3. A mano a mano che ci si avvicina al polo Nord, il dì si allunga fino a durare ininterrottamente per sei mesi: è il *grande giorno*. Contemporaneamente, nell'emisfero australe accade il contrario: il polo Sud è al buio e il Sole non si alza mai sopra l'orizzonte per sei mesi. I poli, a causa dell'inclinazione dell'asse, sono infatti esposti al Sole solo per metà anno.

Il moto di rotazione e quello di rivoluzione non sono gli unici movimenti cui è soggetta la Terra. Esiste anche un moto che interessa il suo asse: il **moto di precessione** dell'asse terrestre ■4.

Questo moto è paragonabile a quello di una trottola che sta per fermarsi: il suo manico, mentre ruota, si muove facendo compiere alla sua estremità un percorso circolare. Lo stesso accade all'asse terrestre che compie una rotazione completa in 25 786 anni circa.

Il moto di precessione fa sì che gli equinozi si presentino ogni anno un po' prima lungo l'orbita. Questo fenomeno è chiamato **precessione degli equinozi**.

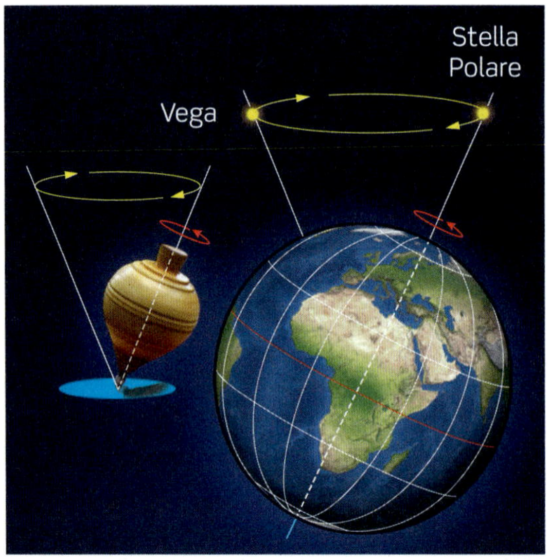

■4 La precessione è il moto circolare dell'asse terrestre che lo fa assomigliare a una trottola sul punto di fermarsi: oggi il suo prolungamento punta dritto verso la Stella Polare ma, fra circa 13 000 anni il suo bersaglio immaginario sarà la stella chiamata Vega.

CLIL for SCIENCE — Audio

Sole di mezzanotte: *Midnight sun*

Look at the picture and choose the correct answer.

In the North Pole, during the June solstice, the Sun:

- ☐ never sets
- ☐ does not set for six consecutive months
- ☐ never rises

Non sbagliare anche tu...

Il **solstizio di giugno** prende il nome di solstizio *d'estate* nell'emisfero boreale, e di solstizio *d'inverno* in quello australe; viceversa, il **solstizio di dicembre** è il solstizio *d'inverno* nel boreale e il solstizio *d'estate* nell'australe. Allo stesso modo, l'**equinozio di marzo** è chiamato *di primavera* nell'emisfero boreale, *di autunno* in quello australe, e viceversa l'**equinozio di settembre** è *d'autunno* nel boreale e *di primavera* nell'australe.

5 La Luna

Audio

La Luna è il satellite naturale della Terra

La Luna è l'unico satellite naturale della Terra. Ha un raggio medio di 1738 km, più di un terzo di quello terrestre: è, quindi, un satellite di grandi dimensioni rispetto al suo pianeta. La Luna è anche l'unico corpo extraterrestre su cui l'uomo ha posato il piede e che è stato osservato direttamente. Il suolo è costellato da **rocce immerse in uno strato di polveri** con spessore variabile, da pochi millimetri ad alcuni centimetri. Le numerose missioni lunari, susseguitesi tra gli anni Sessanta e Settanta del Novecento, hanno riportato sulla Terra numerosi campioni di suolo e di rocce del nostro satellite: ciò ha permesso agli scienziati di conoscere con certezza la sua composizione chimica e la sua età. Le rocce più antiche della Luna risalgono a circa 4,5 miliardi di anni fa.
La Luna non possiede un'atmosfera: la forza di gravità esercitata dalla sua massa infatti è insufficiente a trattenere le molecole gassose. Quindi molti corpi celesti possono raggiungere la sua superficie senza essere distrutti dall'attrito atmosferico, originando numerosi crateri da impatto. Sulla Luna non è presente neppure l'acqua. L'assenza di agenti atmosferici fa sì che non si verifichi neanche il fenomeno dell'erosione del suolo, che viene modellato e modificato unicamente dagli impatti meteorici. Fin dalle prime osservazioni del passato, la superficie lunare è stata suddivisa in **mari** e **terre** 1.

- I *mari* sono le zone che appaiono più scure: sono costituite da *basalti* 2 (rocce ignee povere in silice), formatesi poco dopo, o addirittura durante, la nascita della Luna. Attualmente il nostro satellite non ha vulcani attivi, ma nelle prime fasi della sua formazione era ricoperto di rocce fuse.
- Le *terre* sono le zone più chiare: presentano numerosi **crateri** 3 e **rilievi**. Sono costituite da *anortositi*, rocce ignee ricche di silicati.

Data la mancanza di atmosfera, le radiazioni solari vengono assorbite dal suolo lunare e, una volta riemesse, si disperdono nello spazio: per questo vi è una notevole differenza di temperatura tra i periodi di luce e quelli di buio. L'escursione termica lunare è dunque molto elevata: la temperatura massima è 130 °C e la minima –170 °C.

Contenuto integrativo

1

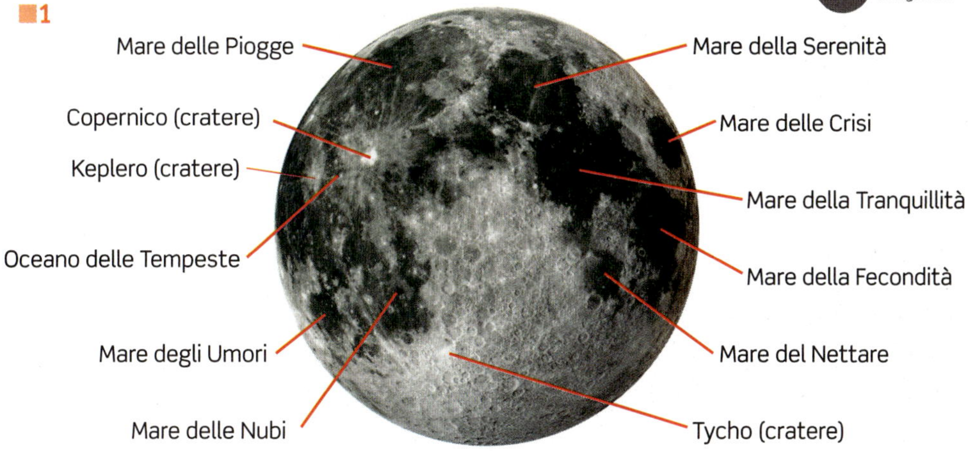

BIG DATA

Raggio medio: 1738 km
Volume: $2{,}20 \times 10^{19}$ m^3
Superficie: 37 930 000 km^2
Accelerazione di gravità: 1,622 m/s^2
Densità media: 3,35 g/cm^3
Temperatura media: –20 °C
Distanza media dalla Terra: 384 400 km

2 Campione di basalto lunare, portato sulla Terra dagli astronauti di Apollo 17, l'ultima missione in cui l'uomo andò sulla Luna.

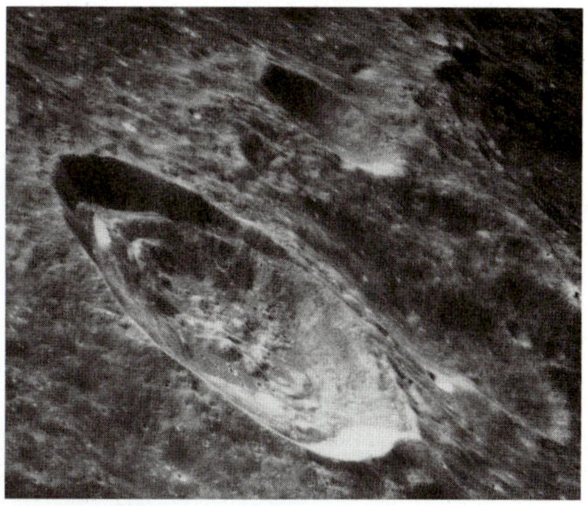

3 Particolare di un cratere lunare.

L'origine della Luna

L'origine della Luna è ancora oggi oggetto di discussione fra gli scienziati: sono state proposte varie ipotesi, ciascuna delle quali presenta però dei punti non risolti e alcune di esse non sono più considerate valide.

4 Distacco.

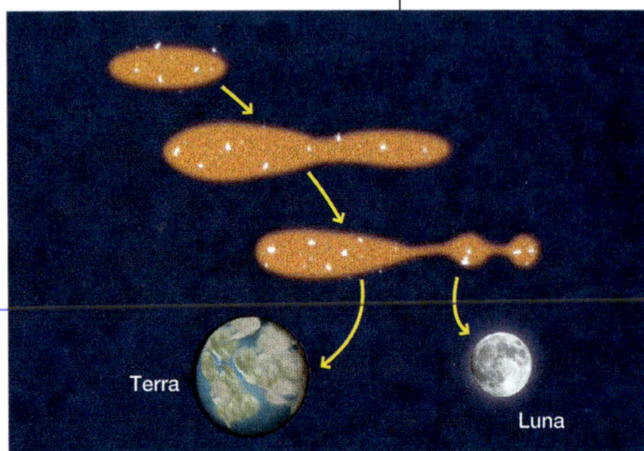

- Ipotesi del **distacco** o della **fissione** 4: la Luna si sarebbe staccata dalla Terra a causa della sua veloce rotazione nelle prime fasi della sua formazione, quando il pianeta non era ancora completamente solido. **Confutazione**: *questa teoria prevede una velocità di rotazione della Terra troppo elevata, che non è stata mai raggiunta dal nostro pianeta.*

5 Cattura.

- Ipotesi della **cattura** 5: la Luna si sarebbe formata in un'altra zona del Sistema Solare e sarebbe stata "catturata" dalla forza gravitazionale della Terra. **Confutazione**: *questa era un'ipotesi interessante e tenuta in gran conto, finché gli astronauti non hanno portato a terra campioni di rocce lunari. La loro composizione è molto simile a quella del mantello terrestre: appare quindi improbabile che i due corpi si siano originati in zone diverse del Sistema Solare.*

6 Formazione contemporanea.

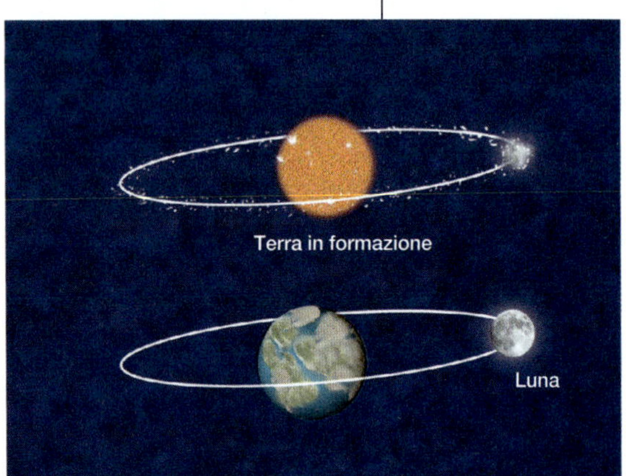

- Ipotesi della **formazione contemporanea** 6: la Luna e la Terra si sarebbero formate dalla stessa nube di polvere e gas durante la nascita del Sistema Solare. **Confutazione**: *i due corpi dovrebbero quindi essere identici, invece hanno differente densità e la composizione chimica non è uguale.*

7 Impatto gigante.

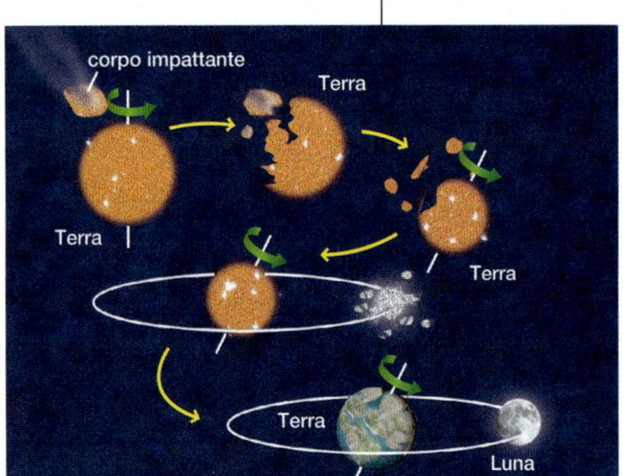

- Ipotesi dell'**impatto gigante** (o *Big Splash*) 7: è l'ipotesi oggi più accettata dalla comunità scientifica, anche se viene sempre rivista e corretta alla luce di nuove scoperte. Secondo questa ipotesi, un corpo celeste di grandi dimensioni, come Marte o addirittura più grande, avrebbe colpito la Terra nelle prime fasi della sua formazione. Questo impatto frantumò il corpo celeste e strappò una parte del mantello terrestre. I frammenti, dopo aver perso gli elementi più leggeri a causa delle elevate temperature, vennero espulsi nello spazio e si aggregarono formando la Luna. Le rocce lunari, infatti, hanno una composizione molto simile a quella del mantello terrestre privato degli elementi chimici più leggeri.
  Punto debole: *la teoria non spiega che fine avrebbero fatto le parti del corpo celeste impattante che, secondo le simulazioni al computer, dovrebbero essere rimasti nel Sistema Solare Interno, mentre non è stato trovato nulla del genere tra la Terra e il Sole.*

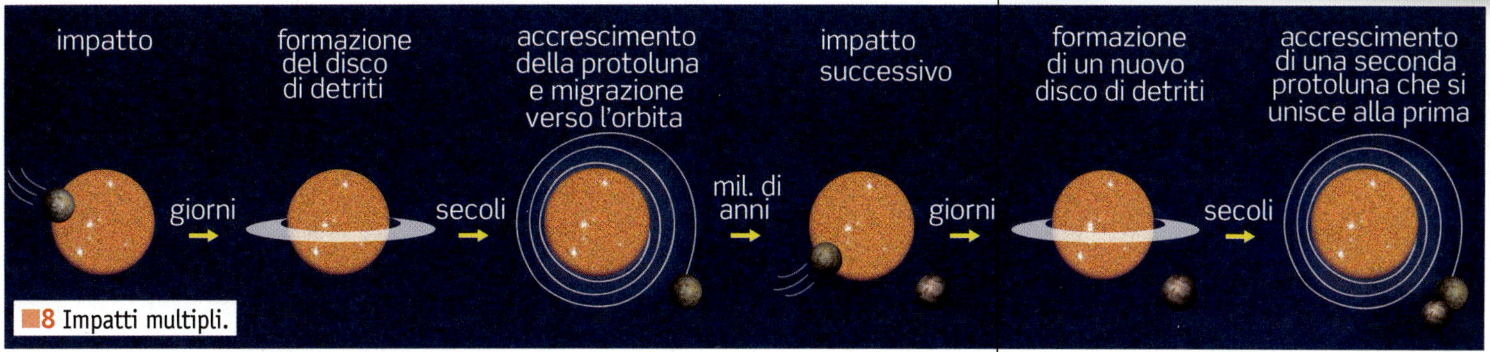

8 Impatti multipli.

- Ipotesi degli **impatti multipli** 8. Una recente teoria ipotizza che la giovane Terra sia stata colpita non da uno, ma da tanti piccoli corpi celesti. Gli scienziati hanno simulato al computer 800 impatti di oggetti con una massa da un decimo a un centesimo rispetto a quella terrestre. Tali impatti avrebbero prodotto tanti dischi di detriti terrestri intorno alla Terra stessa, da cui sarebbero nate molte protolune (forse una ventina) che, unendosi fra loro, avrebbero dato origine alla Luna attuale. La Luna, cioè, sarebbe nata da "polvere" di Terra e di piccoli corpi celesti che impattarono con essa.
Gli studiosi ritengono che una serie di piccoli impatti sia più probabile rispetto al singolo grande impatto ipotizzato nel Big Splash. Inoltre, tali e tanti impatti sono eventi noti e quindi attesi nelle prime fasi della formazione del Sistema Solare. Questa teoria non è definitiva, ma apre nuovi scenari di ricerca.
Punto debole: *le collisioni dovrebbero essere avvenute in un tempo molto breve, visto che la Luna si è formata subito dopo la Terra.*

9 La Terra vista dalla superficie della Luna, fotografia dalla sonda giapponese Kaguya (2007).

10 Il comandante della missione Apollo 17 (1972) alla guida del veicolo di esplorazione sul suolo del Mare della Tranquillità.

Con metodo

Analizzo il testo

1. Quali sono le zone caratteristiche della Luna? Sottolinea il loro nome nel testo.
2. Cerchia con colori diversi i nomi delle diverse teorie proposte per spiegare l'origine del nostro satellite.

Comprendo il testo

3. Rispondi.
   - **a** Perché la Luna è definita un satellite?
   - **b** Quali sono le conseguenze dell'assenza di atmosfera sulla Luna?
   - **c** Quali sono le ipotesi proposte per spiegare la formazione della Luna?
4. I mari sono le zone:
   ☐ più chiare ☐ più scure
5. Il suolo della Luna viene modellato:
   ☐ dagli impatti di meteoriti
   ☐ dagli agenti atmosferici
6. L'ipotesi più accettata sull'origine della Luna è quella:
   ☐ dell'impatto gigante
   ☐ della cattura

Collaboro

7. A **coppie** studiate in modo approfondito le ipotesi proposte per spiegare l'origine della Luna. Ciascuno di voi scelga poi due delle cinque ipotesi e, immaginando di essere degli scienziati, cercate di sostenere in una discussione le vostre teorie e di confutare quelle del compagno.

6 I moti della Luna

Audio

La Luna ha tre moti: di rotazione, di rivoluzione e di traslazione

BIG DATA

Periodo di rotazione: 27 giorni, 7 ore e 43 minuti
Periodo di rivoluzione: 27 giorni, 7 ore e 43 minuti
Inclinazione dell'asse lunare: 1° 30'
Inclinazione dell'orbita lunare rispetto a quella terrestre: 5° 8'
Distanza minima dalla Terra (perigeo): 356 410 km
Distanza massima dalla Terra (apogeo): 406 740 km

Parole di scienze

apogèo: dal greco *apò* = lontano + *ghé* = Terra.
perigèo: dal greco *perì* = intorno, vicino + *ghé* = Terra.

La Luna compie una **rotazione** completa attorno al proprio asse in 27 giorni, 7 ore e 43 minuti (*giorno lunare*).
Nello stesso tempo, conclude una **rivoluzione** attorno alla Terra: questo periodo prende il nome di **mese sidereo**. I due moti di rotazione e di rivoluzione sono dunque **sincroni**: la Luna fa un giro su se stessa nello stesso tempo in cui compie un giro completo attorno alla Terra. Poiché rotazione e rivoluzione sono sincrone, **la Luna mostra sempre la stessa faccia** a un osservatore posto sulla Terra.
L'orbita lunare descrive un'ellisse, di cui la Terra occupa uno dei due fuochi. La distanza fra il pianeta e il suo satellite, quindi, non è costante: è massima nell'**apogèo**, il punto dell'orbita più lontano dalla Terra, e minima nel **perigèo**, il punto dell'orbita più vicino alla Terra. Il piano dell'orbita della Luna, inoltre, è inclinato di circa 5° rispetto a quello dell'orbita terrestre 2.

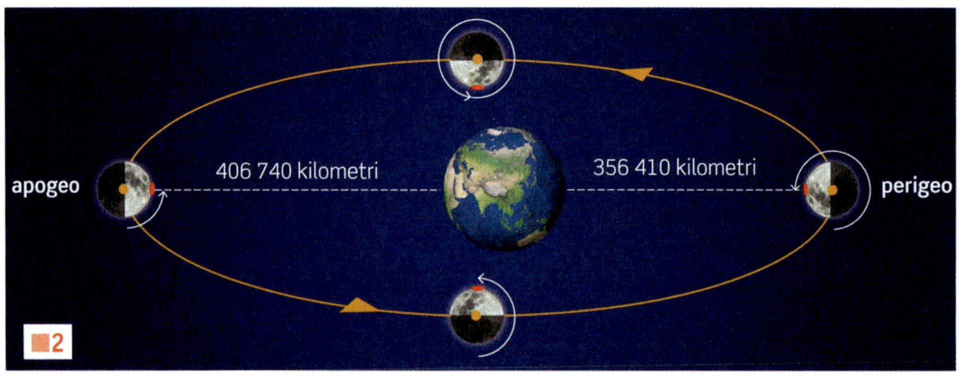

2

La Luna ha anche un terzo moto: quello di **traslazione**, cioè il movimento che compie intorno al Sole insieme alla Terra.

1 La faccia nascosta della Luna presenta molti più crateri e pochissimi mari.

Curiosità

La Luna si sta allontanando dalla Terra di circa 3 cm ogni anno.
Milioni di anni fa il nostro satellite appariva molto più grande nel cielo poiché era più vicino e, inoltre, ruotava su se stesso molto più velocemente di oggi.

Le fasi lunari

Nel corso di un mese, la parte visibile della Luna cambia forma nel cielo, e ci appare in diversi aspetti: ora come un disco, ora come una mezzaluna ecc. Questi cambiamenti si chiamano fasi: sono una conseguenza del moto di rivoluzione e dipendono da come la Luna viene illuminata dal Sole 3.

- **Luna piena** o **plenilunio**: l'emisfero che osserviamo è quello illuminato (diurno). La Terra è tra il Sole e la Luna, che si trova, quindi, in **opposizione**.
- **Luna nuova** o **novilunio**: l'emisfero che osserviamo è quello non illuminato dal Sole (notturno). La Luna è in **congiunzione,** si trova cioè fra il Sole e la Terra.
- **Primo** e **ultimo quarto**: dalla Terra si osserva metà della Luna illuminata. Queste fasi si chiamano **quadratura**: le semirette Terra-Sole e Terra-Luna formano un angolo di 90°.

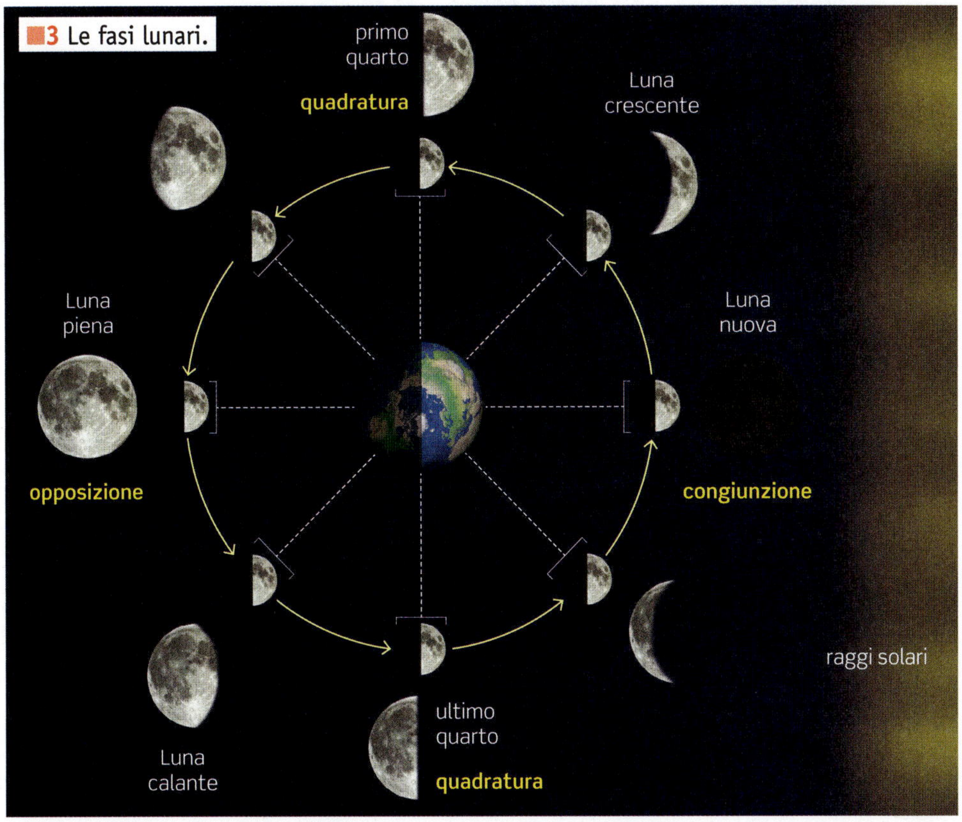

3 Le fasi lunari.

Il passaggio dal novilunio al plenilunio è la fase di luna **crescente:** la parte di Luna illuminata (popolarmente detta "gobba") aumenta sempre di più ed è rivolta a ovest. Dal plenilunio al novilunio, invece, la Luna è **calante**: la parte di satellite illuminata è rivolta verso est e diminuisce fino a diventare nulla 3.

4

Il **mese lunare**, cioè il tempo che separa due fasi uguali successive (per esempio due noviluni successivi) non corrisponde al mese sidereo, ma ha una durata maggiore: 29 giorni, 12 ore e 44 minuti.

Questo perché la Terra non è ferma nello spazio: affinché si mostri nella stessa fase, non basta che la Luna compia una rivoluzione completa, ma deve percorrere un altro tratto di orbita 5.

Il mese lunare per migliaia di anni ha scandito il trascorrere del tempo ed è stato alla base del calendario.

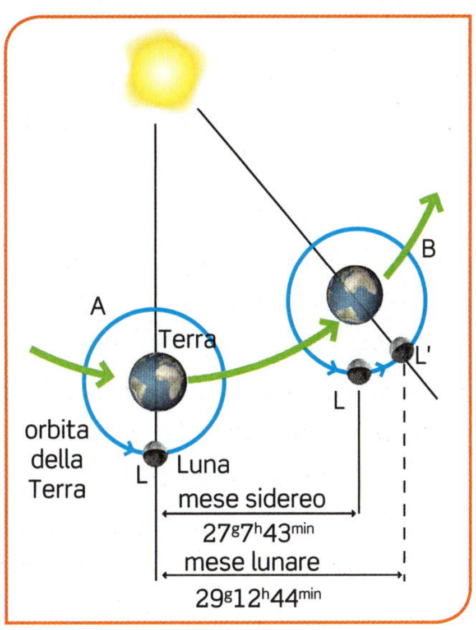

5 Il mese lunare è più lungo di quello sidereo perché la Luna, per ritornare esattamente nella stessa posizione rispetto all'osservatore, deve percorrere un altro tratto di orbita.

Con metodo

Analizzo il testo

1. Sottolinea nel testo i nomi dei tre moti che compie la Luna.
2. Quali sono le fasi lunari? Scrivile di seguito.

....

Comprendo il testo

3. Rispondi.
   - **a** Perché dalla Terra vediamo sempre la stessa faccia della Luna?
   - **b** Che cosa sono apogeo e perigeo?
   - **c** Perché il mese lunare e il mese sidereo non coincidono?
4. Il piano dell'orbita della Luna:
   - ☐ coincide con il piano orbitale terrestre
   - ☐ è inclinato di circa 5°
5. Nel moto di traslazione, la Luna:
   - ☐ si muove attorno al Sole
   - ☐ si muove attorno alla Terra
6. Il mese lunare:
   - ☐ dura più del mese sidereo
   - ☐ dura meno del mese sidereo

Collaboro

7. Formate **gruppi di tre** persone: una sarà la Luna, una la Terra e la terza il Sole. Simulate i tre moti della Luna e, a turno, rappresentateli davanti alla classe.

Contenuto integrativo

7

Le eclissi e le maree

Audio

Le eclissi e le maree sono due fenomeni causati dai moti della Luna

Le eclissi

Contenuto integrativo

L'**eclissi** è un fenomeno astronomico che avviene quando un corpo celeste qualsiasi è temporaneamente oscurato. Quest'oscuramento può verificarsi in due casi:

- il corpo celeste passa nel cono d'ombra proiettato nello spazio da un altro corpo celeste, che si interpone fra esso e la sorgente luminosa;
- fra il corpo celeste e l'osservatore si frappone un secondo corpo celeste che occulta il primo.

L'oscuramento del corpo celeste può avvenire del tutto o in parte: le eclissi, quindi, possono essere **totali** o **parziali**.

Dalla Terra si possono osservare due tipi di eclissi: **solari**, se riguardano il Sole, e **lunari**, se riguardano la Luna. Entrambe avvengono quando Sole, Terra e Luna si trovano allineati e in particolare:

- quando la Luna è in congiunzione (novilunio), si possono verificare eclissi di Sole 1;
- quando la Luna è in opposizione (plenilunio), si possono verificare eclissi di Luna 2.

Il fenomeno delle eclissi non si verifica tutti i mesi, perché il piano dell'orbita della Luna è inclinato rispetto a quello terrestre. Le eclissi hanno luogo solo quando Sole, Terra e Luna sono perfettamente allineati lungo la **linea dei nodi**, ovvero la retta immaginaria che congiunge i due punti (nodi), in cui l'orbita lunare interseca il piano su cui giace l'orbita della Terra 3.

Durante le eclissi di Luna, la Terra s'interpone tra il proprio satellite e il Sole, proiettando sulla Luna un cono d'ombra che la oscura 4a. Le eclissi lunari sono visibili ovunque ci sia plenilunio. Se la Luna non si trova esattamente su un nodo, non entra totalmente nel cono d'ombra e si avrà quindi un'eclissi parziale.

Nelle eclissi di Sole, è la Luna che si frappone fra la Terra e la nostra stella, oscurandone il disco 4b. L'eclissi solare è visibile solo nelle zone della Terra dove la Luna proietta il suo cono d'ombra. Nelle aree che si trovano invece nella zona di penombra, si osserverà un'eclissi parziale.

Parole di scienze

eclissi: dal greco *ékleipsis* = sparizione.

1 Durante un'eclissi totale di Sole si possono osservare la corona solare e la cromosfera.

2 Durante un'eclissi lunare la Luna appare di colore arancione scuro, poiché una certa quantità di luce solare riesce a passare attraverso l'atmosfera terrestre.

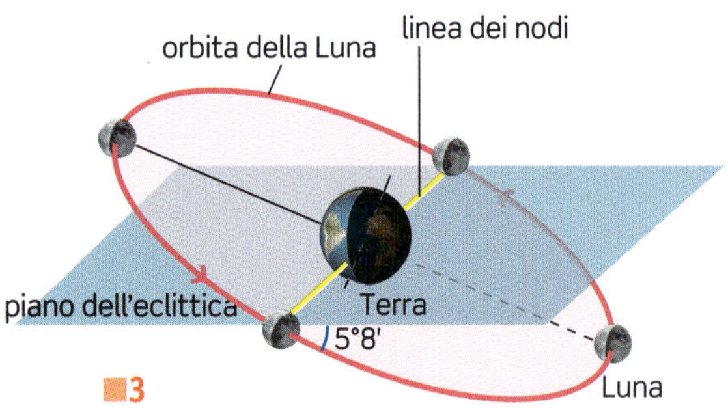

3

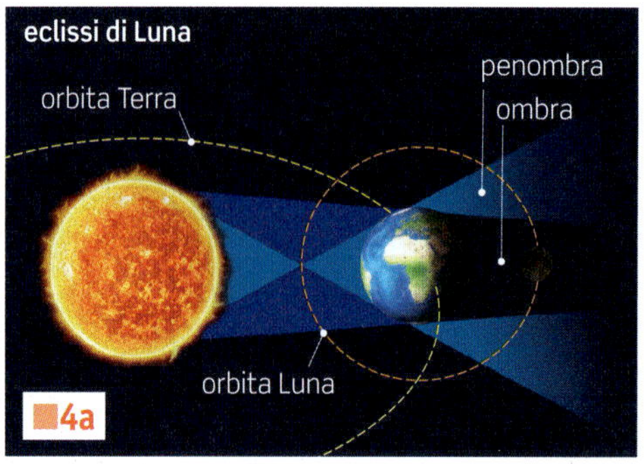

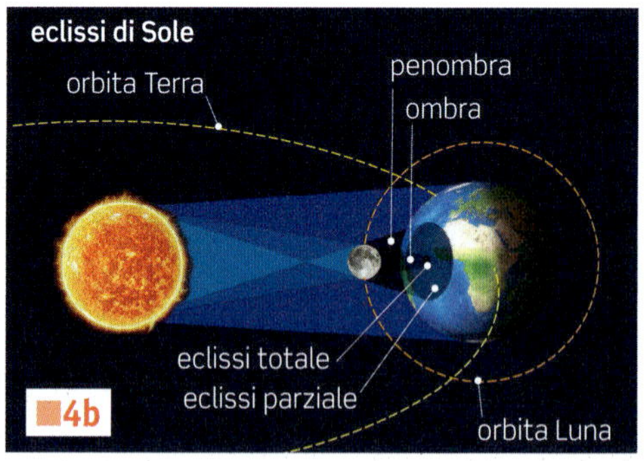

4a Eclissi di Luna.
4b Eclissi di Sole.

Le maree

Le **maree** sono lenti e periodici innalzamenti e abbassamenti del livello del mare. Sono dovuti principalmente all'attrazione gravitazionale della Luna sulla massa d'acqua presente sulla Terra, cui si aggiunge quella esercitata dal Sole, che però ha un effetto meno intenso a causa della maggiore distanza.
L'**alta marea** (maggior altezza dell'acqua) su una determinata zona si verifica due volte in 24 ore e 50 minuti: per questo prende il nome di **marea semidiurna**. Si distinguono due tipi di alta marea ■5:

- **marea lunare** o **diretta**, quando la Luna passa su quella zona (o meglio sul **meridiano** che passa da quel punto del pianeta);
- **marea antilunare** o **indiretta**, quando passa (12 ore e 25 minuti dopo) nel luogo diametralmente opposto sulla superficie terrestre (agli *antipodi*) rispetto alla zona considerata.

Nello stesso momento, nelle zone poste sul meridiano a 90° (a est e a ovest) il livello del mare si abbassa, e si ha quindi una **bassa marea**.
Dove avviene un'alta marea, dopo 6 ore, 12 minuti e 30 secondi, si verifica una bassa marea e viceversa, poiché in quel lasso di tempo la Luna si sposta e si trova a 90° rispetto al punto considerato.

Quando il Sole e la Luna (piena o nuova) sono allineati con la Terra (*sigizie*), le forze attrattive si sommano e le maree hanno intensità massima (**maree vive** o **sigiziali**). Quando invece il Sole e la Luna si trovano in quadratura (cioè a 90°) rispetto alla Terra, le loro attrazioni si contrappongono e si verificano maree di ampiezza minima (**maree morte** o **di quadratura**) ■6.
La presenza di terre emerse, di fondali marini irregolari e le differenze di ampiezza fra i vari bacini d'acqua fanno sì che le maree abbiano intensità e frequenza diversa da zona a zona. L'**ampiezza di marea** (la differenza del livello del mare fra l'alta e la bassa marea), per esempio, può variare da 20 m (Baia di Fundy, Canada) a poche decine di centimetri (Mediterraneo).
Oppure ci sono alcune località interessate da una sola alta marea e una sola bassa marea giornaliera (maree diurne), o ancora punti negli oceani in cui non si verificano mai maree.

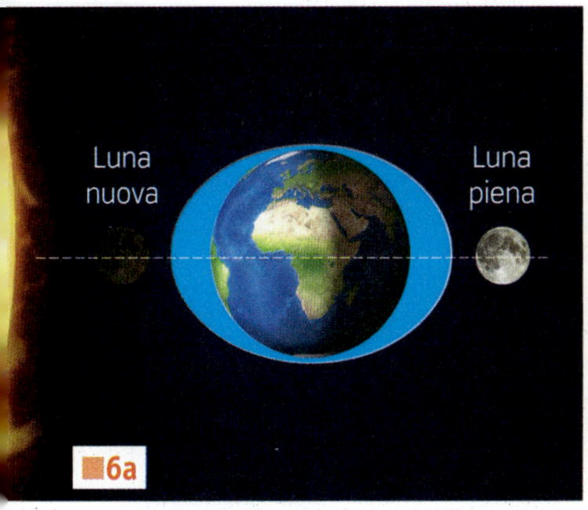

■6a

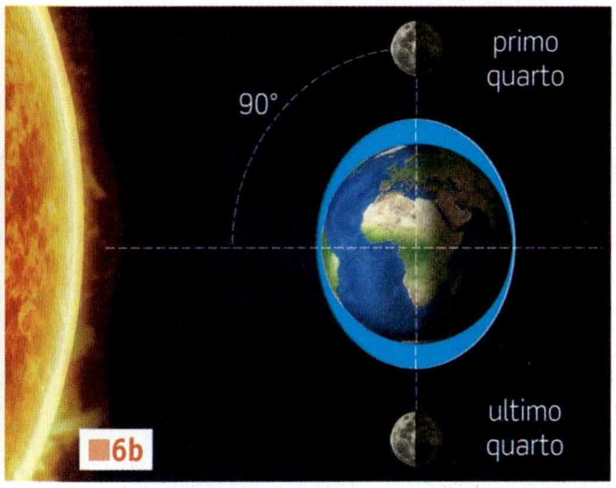

■6b

■6 Maree vive ■a e maree morte ■b.

Parole di scienze

meridiani: circonferenze che si ottengono immaginando di tagliare la Terra con piani che passano dai poli.

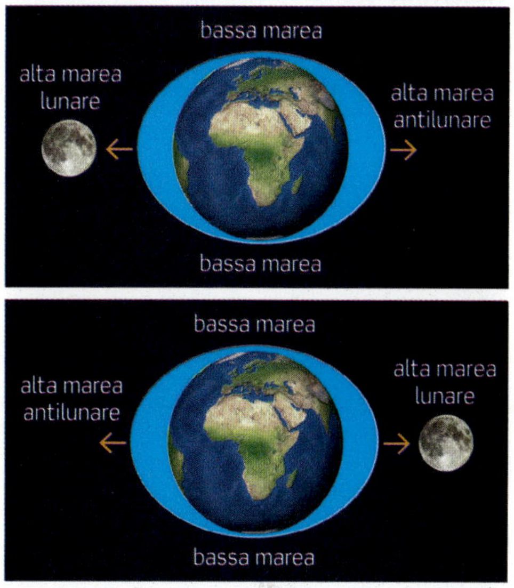

■5 Maree semidiurne.

Con metodo

Analizzo il testo

1. Completa.
   L'eclissi è un fenomeno .... che si verifica quando un corpo celeste viene .... temporaneamente.
2. Quali eclissi si possono osservare dalla Terra?

Comprendo il testo

3. Rispondi.
   a Quando si verifica un'eclissi?
   b Che cos'è la linea dei nodi?
   c Che cosa sono le maree? A che cosa sono dovute?
4. Quando la Luna è in opposizione si può verificare un'eclissi di:
   ☐ Sole ☐ Luna
5. Le eclissi lunari sono visibili:
   ☐ ovunque ci sia il plenilunio
   ☐ in alcune parti della Terra
6. Quando la Luna si frappone tra la Terra e il Sole avviene un'eclissi di:
   ☐ Sole ☐ Luna
7. Le maree di quadratura sono di:
   ☐ ampiezza minima
   ☐ massima intensità

La macchina di Antikythera

Audio

Nel 1900, nelle acque dell'isola greca di Anticitèra, alcuni pescatori di spugne, in un'immersione a 43 m di profondità, ritrovarono un complesso manufatto in rame che oggi è conosciuto come *Macchina di Antikythera* 1.

L'oggetto si trovava nei pressi del relitto di una nave naufragata all'inizio del I sec. a.C., che trasportava anche statue in bronzo e in rame.

Per molti anni il reperto fu un mistero: solo nel 1951 un professore dell'università americana di Yale, Derek John De Solla Price, si dedicò al suo studio.

Grazie alle iscrizioni presenti su di esso, si comprese la sua funzione astronomica: si trattava infatti dell'antenato di un **calcolatore meccanico**, dotato di varie ruote dentate.

Questa macchina, paragonabile ai moderni planetari, serviva per prevedere la posizione del Sole, le fasi lunari, le eclissi e forse anche il movimento dei 5 pianeti allora conosciuti (Mercurio, Venere, Marte, Giove e Saturno). Inoltre era un vero e proprio calendario per i giochi olimpici.

I resti di tale reperto sono oggi conservati al Museo Archeologico Nazionale di Atene, dove ne è stato riprodotto anche un modello funzionante.

Data la complessità del meccanismo, alcuni studiosi hanno espresso dubbi sulla sua datazione, poiché appariva a tutti gli effetti un congegno moderno.

Il manufatto includeva più di venti ruote dentate che riproducevano il movimento della Luna in rapporto al Sole. Inoltre presentava meccanismi che ritroviamo solo negli orologi meccanici del XVII secolo 2.

Bisogna però tenere conto che gli antichi Greci avevano conoscenze scientifiche e tecnologiche piuttosto avanzate. Infatti, anche Archimede (287 a.C.-212 a.C.), come testimonia Cicerone nel suo trattato *De Republica*, aveva costruito macchine per predire la posizione dei corpi celesti.

La Macchina di Antikythera, quindi, è una testimonianza delle conoscenze scientifico-tecnologiche del mondo antico che andarono perse nel Medioevo e riscoperte solo nei secoli successivi.

1 Frammenti principali del meccanismo di Antikythera e 2 modello che ne ricostruisce il funzionamento.

2

Sulle spalle dei giganti

Eratostene di Cirene

Audio

Come spesso accade per gli studiosi antichi, anche il greco **Eratòstene** si occupò di molte discipline: la matematica, la geografia, l'astronomia e la poesia.
Nacque a Cirene, nell'odierna Libia, nel 275 a.C. e morì nel 195 a.C. ad Alessandria d'Egitto, dove a lungo aveva ricoperto la carica di direttore della celebre Biblioteca.
Eratostene fu il primo a utilizzare il termine "geografia" con il significato di "descrizione della Terra", ed è noto soprattutto per il famoso esperimento in cui, con semplici osservazioni e operazioni geometriche, riuscì a **calcolare la circonferenza del pianeta**, avvicinandosi moltissimo al valore reale.

L'esperimento fu tanto semplice quanto geniale. Eratostene sapeva che a Syene, la città dell'antico Egitto oggi chiamata Assuan, al solstizio d'estate (il 21 giugno), a mezzogiorno il Sole illuminava il fondo dei pozzi. Ciò significava che i suoi raggi erano perfettamente perpendicolari alla città: un bastone piantato a terra verticalmente non avrebbe proiettato nessuna ombra.
Nello stesso giorno e nella stessa ora, Eratostene fece piantare un bastone ad Alessandria. Notò che il bastone proiettava un'ombra sul terreno e la fece misurare, rilevando un'inclinazione dei raggi solari che non c'era a Syene: un angolo di 7,2° con la verticale, cioè $\frac{1}{50}$ di un angolo giro (360°).
Eratostene, sapendo che la Terra era sferica, concluse che la distanza fra Syene e Alessandria, che misurava 5040 stadi (circa 794 km: 1 stadio egiziano = 157,5 m), era $\frac{1}{50}$ circa della circonferenza terrestre. Moltiplicò dunque la distanza per 50 trovando in questo modo la circonferenza della Terra: 252 000 stadi, cioè **39 690 km**.

Quali sono i fondamenti geometrici che supportarono l'intuizione di Eratostene?
Lo studioso sapeva che:
- due rette parallele tagliate da una trasversale formano angoli interni uguali;
- gli archi di una circonferenza sono proporzionali ai rispettivi angoli al centro.

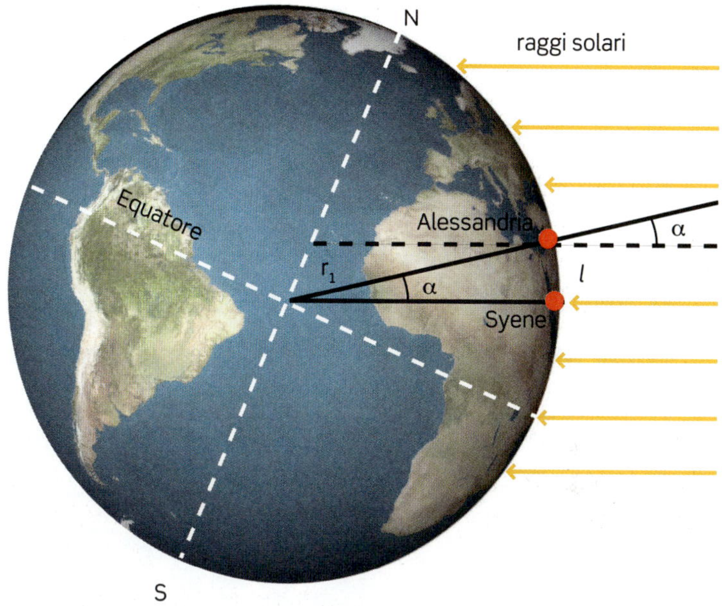

Nel nostro caso:
- le rette parallele sono i raggi solari;
- la trasversale è la semiretta che congiunge il centro della Terra con la città di Alessandria (r_1);
- l'arco di circonferenza è la distanza fra le due città (l);
- l'angolo al centro è l'angolo formato dai raggi che congiungono il centro della Terra e le città (α).

Si può quindi impostare la seguente proporzione:

circonferenza terrestre : distanza Syene-Alessandria = angolo giro : angolo α

Oggi sappiamo che la **circonferenza terrestre è 40 075 km**: Eratostene, quindi, aveva commesso un errore inferiore all'1%. Tuttavia bisogna ammettere che, nei suoi calcoli, fu anche un po' "fortunato" : egli aveva assunto che Syene e Alessandria fossero sullo stesso meridiano, ma in realtà vi è una differenza di circa tre gradi di longitudine fra le due città.
Eratostene ottenne questo risultato per una serie di compensazione di errori: se Syene e Alessandria fossero state su meridiani molto più distanti, i calcoli non sarebbero stati corretti perché, moltiplicando per 50, avrebbe ottenuto una misura troppo grande.

Mi preparo all'interrogazione

Erickson

Il moto di rotazione della Terra

Come avviene il movimento di rotazione della Terra?

Paragrafo 2

Nella prima pagina del paragrafo 2, si spiega che cos'è il movimento di rotazione della Terra; ricerca nel paragrafo le informazioni e completa le frasi.

- La rotazione avviene quando ...
- La rotazione avviene da ...
- La rotazione avviene intorno ...
- Il tempo impiegato per compiere una rotazione si ... e corrisponde ...
- Il giorno sidereo è ...
- Il giorno solare è ...
- L'effetto principale e visibile della rotazione è ...

Il moto di rivoluzione della Terra

Come avviene il movimento di rivoluzione della Terra?

Paragrafo 3

Il paragrafo 3 spiega che cos'è il movimento di rivoluzione della Terra e come avviene. Osserva attentamente il disegno nella seconda pagina, poi completane qui sotto la versione senza didascalie.

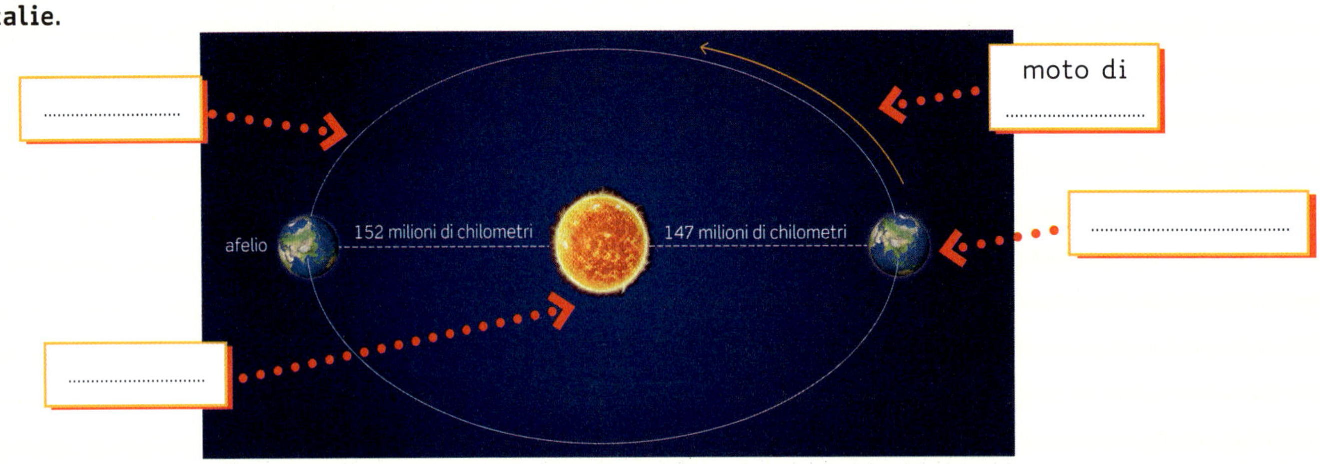

Gli effetti del moto di rivoluzione della Terra

Quali sono le particolari posizioni della Terra durante questo moto?

Paragrafo 4

Sottolinea nel paragrafo 4 i nomi delle posizioni che la Terra assume durante il moto di rivoluzione e osserva il disegno nella seconda pagina. Completa poi la tabella per schematizzare le informazioni.

data	posizione	che cosa avviene	che cosa inizia nell'emisfero boreale	che cosa inizia nell'emisfero australe
20-21 giugno	solstizio di giugno	...	...	...
21-22 dicembre	...	...	...	...
20-21 marzo	...	il giorno e la notte hanno la stessa durata	...	...
22-23 settembre	...	...	...	...

La Luna, i moti e le fasi lunari

Che cosa conosciamo della Luna?

Paragrafi 5-6

Per sintetizzare i contenuti dei due paragrafi che trattano la Luna, leggi il brano che ti proponiamo e cerca nel testo le informazioni mancanti per completarlo.

La Luna è l'unico satellite naturale della .... ed è anche l'unico corpo extraterrestre su cui l'uomo abbia messo piede. Il suo suolo è formato da .... immerse in uno strato di polveri. La Luna non è circondata da un'....................................: per questa ragione i corpi celesti possono raggiungere la sua superficie e nell'impatto creano dei .... Sulla Luna non si trova .... e non si riscontra la presenza di agenti atmosferici. La superficie lunare è stata suddivisa in .... (le zone più scure) e .... (le zone più chiare), che presentano crateri e rilievi.
L'escursione termica è molto .... perché le radiazioni del Sole, riemesse dal suolo lunare, non sono trattenute dall'atmosfera e dunque si verifica un notevole sbalzo di temperatura tra i periodi di .... e quelli di oscurità. Esistono molte .... sull'origine della Luna ma nessuna è scientificamente provata. La Luna compie una .... completa in 27 giorni e nello stesso tempo conclude la sua .... attorno alla Terra; assieme alla Terra, inoltre, la Luna compie un moto attorno al Sole che si chiama ....
Una conseguenza del moto di rivoluzione sono le fasi lunari, che dipendono da come la Luna viene .... e quindi viene vista dalla Terra: esse sono ...., novilunio, ... quarto, ultimo quarto.

Le eclissi e le maree

Come si verificano le eclissi e le maree?

Paragrafo 7

Nella prima pagina del paragrafo sottolinea la definizione e i tipi di eclisse, poi completa il seguente schema. Osserva con attenzione i disegni che trovi al piede della pagina.

ECLISSI

↓

.... di un corpo celeste

può essere

totale	....	....	lunare
		quando	quando ....

Mi preparo all'interrogazione

Contenuti multipli

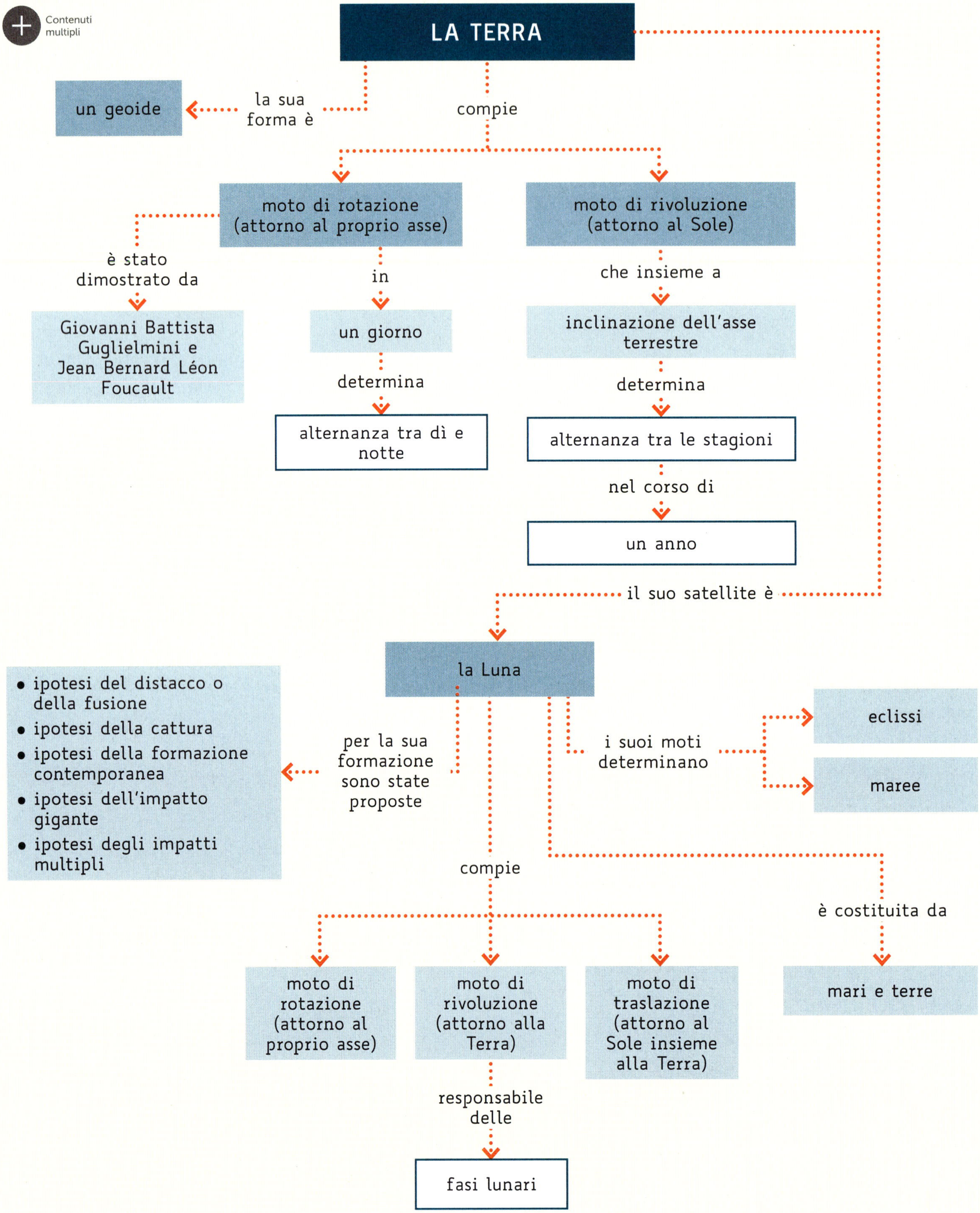

verifica

Verifica interattiva

CONOSCO

1 Completa le seguenti frasi scegliendo tra i termini elencati.

rivoluzione • asse • precessione • montagne • giorno • Terra • stagioni • eclissi • satellite • schiacciata • scure • linea dei nodi • anno • sincroni • inclinato • chiare • rotazione • 26 000 • Sole • completa • geoide • 27 giorni • atmosfera • raggi solari

a La Terra è un ...., cioè una sfera leggermente .... ai poli con una superficie irregolare dovuta alla presenza di .... e di fondali marini

b La Terra ruota attorno al proprio .... compiendo un moto di .... Il tempo impiegato per effettuare una rotazione .... è definito periodo di rotazione e corrisponde alla durata di un ....

c La Terra, mentre ruota su se stessa, ruota anche attorno al ....: questo movimento è definito moto di ....

Il tempo impiegato a compiere una rivoluzione completa è di circa un ....

d L'asse terreste è .... di 23° 27' rispetto al piano dell'orbita.

Questa inclinazione fa sì che durante l'anno i due emisferi siano esposti in modo diverso ai ...., generando cambiamenti ciclici delle condizioni ambientali: le ....

e L'asse terrestre ruota lentamente attorno a se stesso generando due coni: questo movimento è detto moto di .... e si compie in quasi .... anni

f La Terra ha un unico .... naturale: la Luna. La superficie lunare è suddivisa in zone più ...., dette mari ed in zone più .... dette terre.

La Luna non possiede .... e ha un'elevata escursione termica

g La Luna compie una rotazione completa attorno al suo asse in ...., 7 ore e 43 minuti. Nello stesso tempo compie anche una rivoluzione attorno alla .... I due moti sono detti ....

h Se la Luna si interpone tra la Terra e il Sole si avrà un'................................ di Sole. Se la Terra si interpone tra la Luna e il Sole si avrà un'eclissi di Luna. Le eclissi si verificano solo quando Sole, Terra e Luna sono perfettamente allineati lungo la ....

2 INVALSI **Segna con una crocetta il completamento esatto.**

a La forma che meglio rappresenta la Terra è:
- ☐ l'ellissoide
- ☐ la sfera
- ☐ il geoide
- ☐ il cubo

b Il giorno sidereo dura:
- ☐ 24 h
- ☐ 23 h, 56 m e 4 s
- ☐ 23 h
- ☐ 24 h, 56 m e 4 s

c L'anno con 366 giorni è definito:
- ☐ anno bisestile
- ☐ anno sidereo
- ☐ anno solare
- ☐ anno luce

d Gli equinozi si verificano:
- ☐ una volta l'anno
- ☐ quattro volte l'anno
- ☐ due volte l'anno
- ☐ mai

e All'equatore i raggi solari riscaldano molto perché:
- ☐ il Sole è più vicino
- ☐ i raggi sono meno inclinati
- ☐ il Sole è più brillante
- ☐ i raggi sono più inclinati

f La presenza di numerosi crateri sulla Luna è dovuta:
- ☐ alla vicinanza alla Terra
- ☐ alla forte escursione termica
- ☐ all'impatto di meteoriti
- ☐ alla temperatura elevata

g L'eclissi di Sole è:
- ☐ visibile ovunque
- ☐ sempre visibile nell'emisfero boreale
- ☐ sempre visibile nell'emisfero australe
- ☐ visibile nelle zone in prossimità del cono d'ombra

h Nella Luna non vi è la presenza di:
- ☐ atmosfera
- ☐ mari
- ☐ crateri
- ☐ polveri

3 Segna con una crocetta il completamento errato.

a Le conseguenze del moto di rotazione della Terra sono:
- ☐ l'alternarsi del dì e della notte
- ☐ il moto apparente del Sole nel cielo diurno
- ☐ l'alternarsi delle stagioni
- ☐ il moto apparente delle stelle nel cielo notturno

b Nel corso dell'anno si possono individuare alcune posizioni particolari della Terra:
- ☐ i solstizi
- ☐ la precessione
- ☐ l'equinozio di primavera
- ☐ l'equinozio d'autunno

verifica

4 Vero o falso?

a Fin dall'antichità già alcuni studiosi avevano ipotizzato che la Terra fosse una sfera V F

b Il giorno solare è il tempo impiegato dal pianeta per compiere una rotazione completa V F

c Il moto di rivoluzione è il movimento della Terra attorno al proprio asse V F

d L'anno solare dura 365 g, 5 h, 48 m e 46 s V F

e Nel solstizio d'estate il Sole raggiunge a mezzogiorno il punto più alto V F

f Le zone più chiare della Luna sono dette mari V F

g La Luna compie tre tipi di movimenti V F

h Nel novilunio la Terra si trova tra la Luna e il Sole V F

5 Sottolinea il termine corretto tra quelli proposti in corsivo.

a La forma della Terra si avvicina molto a un *solido/ellissoide* di rotazione

b Una importante conseguenza del moto di rotazione è l'alternanza del *dì/giorno* e della notte

c Il perielio dell'orbita terrestre si trova a *147/152* milioni di kilometri dal Sole

d L'orbita terrestre è *un'ellissi/una sfera*

e Nel solstizio d'inverno nell'emisfero boreale il dì ha la *massima/minima* durata

f Il fenomeno del "Sole di mezzanotte" si verifica *all'equatore/ai poli*

g La Luna *non brilla/brilla* di luce propria

h Dopo il primo quarto la Luna *cresce/cala*

i L'eclissi di Luna avviene durante il *novilunio/plenilunio*

APPLICO

6 Completa il disegno scrivendo nelle posizioni corrette i termini presenti nell'elenco. Riferisciti all'emisfero boreale.

primavera • autunno • estate • inverno • solstizio d'estate • solstizio d'inverno • equinozio di primavera • equinozio d'autunno • emisfero australe • emisfero boreale

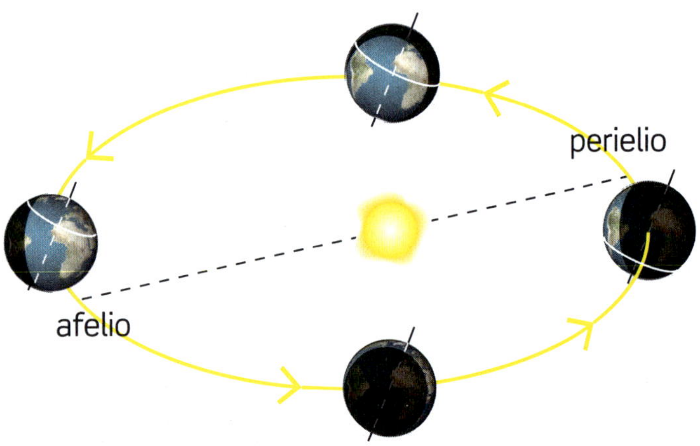

7 I due disegni illustrano il fenomeno dell'eclissi. Indica quale rappresenta l'eclissi di Sole e quale quella di Luna.

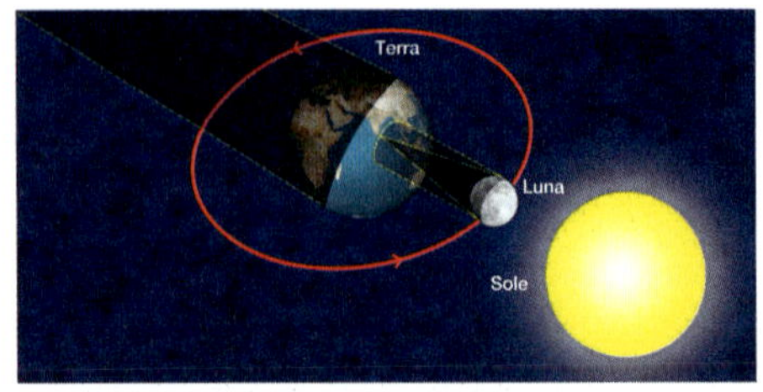

....
....

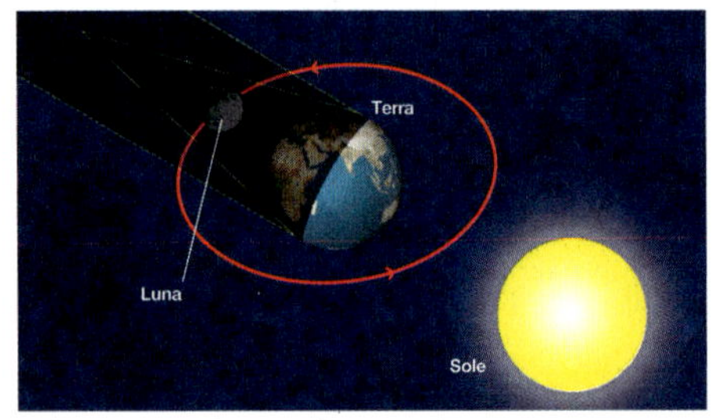

....
....

COMPETENZE

1. Calcola e ragiona.

Furono alcuni studiosi greci a stabilire per primi la distanza tra la Terra e la Luna. Fra loro, Ipparco di Nicea, nelle sue misurazioni commise un errore di circa 26 000 km. Considerando che la distanza media tra la Terra e la Luna è di 384 400 km, calcola la percentuale di errore commessa da Ipparco di Nicea.

2. Ricerca e comunica.

a Fai una ricerca sui calendari nelle diverse civiltà del passato. Cerca informazioni sui libri di storia e sul web. Poi organizza quanto hai trovato in un poster o in una presentazione multimediale. Esponi i risultati del tuo lavoro alla classe.

b Ripercorri le fasi dell'esplorazione lunare: riporta in una presentazione multimediale i nomi delle missioni, le date e le scoperte.

In English — Verifica interattiva

3. Fill in the blanks.

Solar • billions • Mars • satellite • impact • hypotheses

The Moon is the Earth's only natural .... It is the fifth-largest natural satellite in the .... System. Scientists believe the Moon formed about 4.5 .... years ago, not long after the Earth formed. There are several .... relating to the Moon's origin. The most widely accepted explanation is that the Moon formed from the debris left over after a giant .... between the Earth and a ....-sized body.

4

Orientarsi sulla Terra

Digi Scienze

Contenuto integrativo

Preparati per la lezione:
- guarda la presentazione multimediale
- compila la scheda

Nelle prossime pagine troverai altri contenuti digitali

Allegato scaricabile

Contenuto integrativo

Audio

Verifica interattiva

I punti di riferimento per orientarci sul nostro pianeta sono i quattro punti cardinali, che l'uomo ha fissato fin dall'antichità a partire dall'osservazione della posizione del Sole nel cielo. Un sistema di riferimento più preciso è il reticolo geografico, formato da meridiani e paralleli: ogni luogo sulla Terra è univocamente individuato da due numeri, le coordinate geografiche.

1 L'orientamento

Audio

Orientarsi significa capire la propria posizione nello spazio

Parole di scienze

orizzonte: la linea apparente che segna il confine fra il cielo e la parte di superficie terrestre che si vede da un certo punto di osservazione.

Quando ci troviamo in un ambiente conosciuto, è facile capire la nostra posizione o trovare il luogo che stiamo cercando: basta avere dei **punti di riferimento** (la piazza, l'edicola, la casa di un amico ecc.).

Se invece siamo in un posto sconosciuto o privo di punti di riferimento (una città mai visitata prima oppure un bosco), è molto più difficile comprendere dove ci troviamo. Proprio per questo è importante capire come **orientarsi** nello spazio, cioè conoscere esattamente la propria posizione grazie all'individuazione di punti di riferimento.

Il verbo *orientare* deriva dal latino *oriens*, cioè "oriente": il luogo dove sorge il Sole. Proprio il Sole, infatti, è stato il punto di riferimento per eccellenza fin dai tempi antichi. L'osservazione della sua posizione è stata il primo aiuto per l'orientamento: l'uomo si è accorto, infatti, che il Sole sorge sempre nella stessa zona del cielo. Durante il suo percorso apparente, il Sole raggiunge un'altezza massima sull'**orizzonte** per poi scendere e tramontare nella zona opposta rispetto a dove sorge.

Osservando il percorso del Sole sono stati identificati **quattro punti cardinali**, così chiamati perché rappresentano i *cardini*, cioè i fondamenti, dell'orientamento ■1:

- l'**est** è il punto dove il Sole sorge (è chiamato anche *levante* o *oriente*);
- l'**ovest** è il punto dove il Sole tramonta (detto anche *ponente* o *occidente*);
- il **sud** è il punto di massima altezza del Sole sull'orizzonte (è definito anche *meridione* o *mezzogiorno*);
- il **nord** è il punto opposto rispetto al sud (è chiamato anche *settentrione*).

Una volta individuati questi punti principali, si possono trovare punti intermedi: nord-est, nord-ovest, sud-est e sud-ovest.

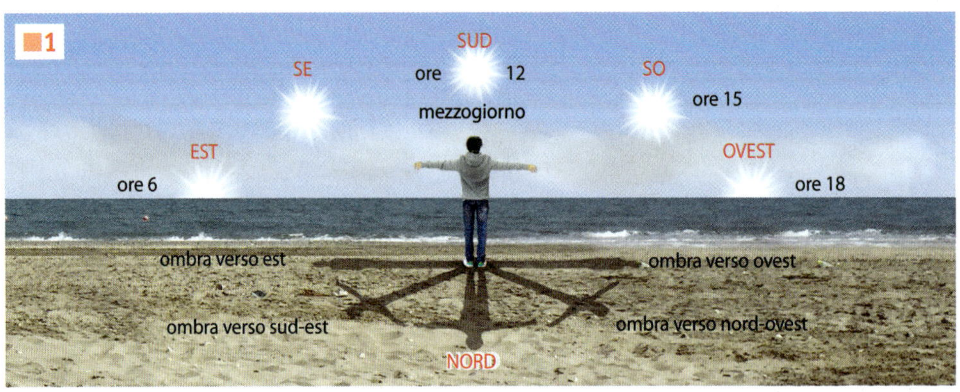

■1 Nel nostro emisfero, se a mezzogiorno ci posizioniamo a braccia aperte con il Sole davanti a noi, avremo il sud di fronte, il nord alle nostre spalle, la mano sinistra indicherà l'est e quella destra l'ovest. Nell'emisfero australe, invece, nella stessa posizione avremmo il nord davanti e il sud alle nostre spalle.

Di notte, però, il Sole non è visibile: dunque fin dall'antichità, per orientarsi dopo il tramonto, sono state usate come punti di riferimento le stelle. Nel nostro emisfero (boreale) il metodo più semplice per individuare la posizione dei punti cardinali a partire dalla posizione degli astri è basarsi sulla **Stella Polare** ■2.

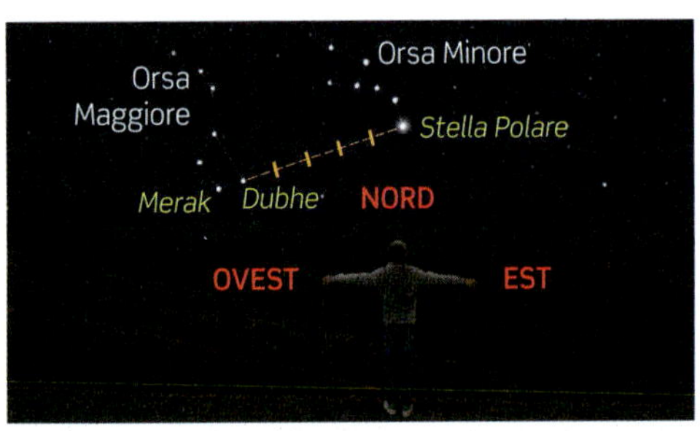

■2 Prolungando la linea che congiunge le stelle Merak e Dubhe dell'Orsa Maggiore, si raggiunge la Stella Polare. La Stella Polare è l'ultima stella del "timone" del Piccolo Carro (o Orsa Minore).

Questa stella rimane immobile nel cielo, poiché si trova in una posizione particolare, cioè sull'immaginario prolungamento dell'asse di rotazione terrestre.

La Stella Polare **indica sempre il nord**: una volta individuata, quindi, avremo questo punto cardinale di fronte, alle nostre spalle il sud, a sinistra l'ovest e a destra l'est.

La Stella Polare non è molto luminosa e può essere difficile da riconoscere, soprattutto per occhi poco esperti nell'osservazione del cielo.

La si trova però con facilità se prendiamo come rifermento una delle **costellazioni** più conosciute: *l'Orsa Maggiore* o *Grande Carro*.

Una volta individuata questa costellazione, cerchiamo le ultime due stelle che compongono il Carro (Dubhe e Merak): queste stelle sono definite "puntatori", perché sono allineate con la Stella Polare, che si trova prolungando di cinque volte nel cielo la distanza che va da Merak a Dubhe ■2.

Nell'emisfero australe la Stella Polare non è visibile. Si utilizza, quindi, un'altra costellazione: la Croce del Sud che, come dice il nome, indica all'incirca il sud.

Anche la Luna è un buon punto di riferimento: come il Sole, anche il satellite sorge a est e tramonta a ovest. Bisogna però conoscere gli orari lunari che sono molto diversi rispetto a quelli del Sole e cambiano da fase a fase.

Piccoleprove — Orientarsi con l'orologio

Materiale occorrente — 15 minuti

- 1 orologio analogico (con le lancette)
- Sole visibile

Procedimento

Posizionati in un luogo dove il Sole sia ben visibile e ruota l'orologio in modo che la lancetta delle ore sia diretta verso il Sole.

Tieni fermo l'orologio: registra che ore sono e dividi il numero a metà (se sono le 10, otterrai 5).

Cerca sul quadrante l'ora corrispondente a questo numero. La direzione del nord è quella che congiunge il centro dell'orologio con il numero trovato, cioè 5.

Per applicare questo metodo bisogna contare le ore da 0 a 24.

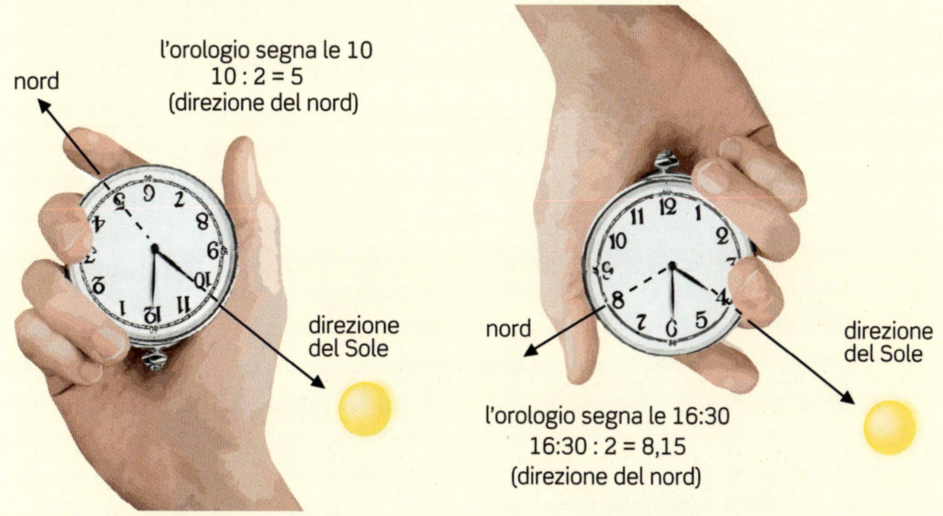

Le costellazioni

Le costellazioni sono insiemi di stelle che appaiono vicine nel cielo, ma che in realtà possono trovarsi anche a diversi anni luce di distanza fra loro. Sono state raggruppate in modo convenzionale dall'uomo fin dall'antichità, perché sembrano segnare i contorni di figure di animali (Leone), oggetti (Lira), eroi mitologici (Orione) ecc. Oggi l'Unione Astronomica Internazionale riconosce ufficialmente 88 costellazioni.

Con metodo

Analizzo il testo

1. Che cosa significa orientarsi? Sottolinea nel testo la risposta.
2. Cerchia nel testo i nomi degli astri utilizzati per l'orientamento.
3. Completa.
   Osservando il percorso apparente del .... sono stati identificati i quattro .... che rappresentano i fondamenti dell'..............................

Comprendo il testo

4. Rispondi.
   - **a** Che cos'è l'orizzonte?
   - **b** A che cosa corrispondono i quattro punti cardinali?
   - **c** Come ci si orienta di notte?
5. Il nord è il punto:
   - ☐ più basso del percorso apparente del Sole
   - ☐ opposto rispetto al sud
6. La Stella Polare:
   - ☐ indica sempre il nord
   - ☐ appartiene all'Orsa Maggiore
7. Nell'emisfero australe:
   - ☐ per l'orientamento si utilizza la Croce del Sud
   - ☐ la Stella Polare è visibile

Collaboro

8. A **gruppi di tre**, utilizzate diversi metodi (posizione del Sole, posizione della Stella Polare, metodo dell'orologio) per identificare dove si trovano i quattro punti cardinali. Confrontate le vostre conclusioni con quelle degli altri gruppi.

2 Orientarsi con la bussola

La bussola indica i punti cardinali grazie al campo magnetico terrestre

Nel corso dei secoli l'uomo ha costruito strumenti sempre più sofisticati che permettono l'orientamento sulla superficie terrestre senza dover osservare il Sole, la Luna o altri astri.
Uno dei più antichi è la bussola: inventata in Cina verso l'anno 1000, veniva utilizzata inizialmente come strumento "magico" per stupire o dare spettacolo. Solo in seguito sono state sfruttate le sue caratteristiche per la navigazione: la bussola permetteva infatti di conoscere la posizione dei punti cardinali anche in mare aperto, dove mancano sistemi di riferimento.
La bussola è costituita da:

- un ago di metallo magnetizzato, libero di ruotare su un perno;
- un quadrante, su cui sono segnati i punti cardinali;
- un coperchio, per proteggere l'ago.

L'ago, essendo magnetizzato e libero di ruotare, si orienta, ovvero si dispone, sempre lungo la stessa direzione: nord-sud. Questo avviene perché la Terra, a causa del suo nucleo ferroso, si comporta come un'enorme calamita e genera un campo magnetico che attira oggetti ferrosi.
Il campo magnetico terrestre, o **campo geomagnetico**, ha un polo Nord e un polo Sud: l'ago della bussola si orienta lungo la direzione che li collega. L'ago della bussola non indica esattamente la direzione del polo Nord geografico, ma quella del polo Nord magnetico. I due poli, infatti, non coincidono perfettamente, così come il polo Sud geografico non corrisponde al polo Sud magnetico.
I poli magnetici sono i punti, o meglio le zone, della superficie terrestre dove le linee di forza del campo magnetico sono perpendicolari al suolo: sono spostati rispetto ai poli geografici anche di centinaia di kilometri.
Nel corso del tempo i poli magnetici si spostano: attualmente il polo Nord magnetico si trova all'estremo nord del Canada 1, mentre il polo Sud magnetico è in Antartide, nella Terra di Wilkes, a circa 2900 km dal polo Sud geografico 2.

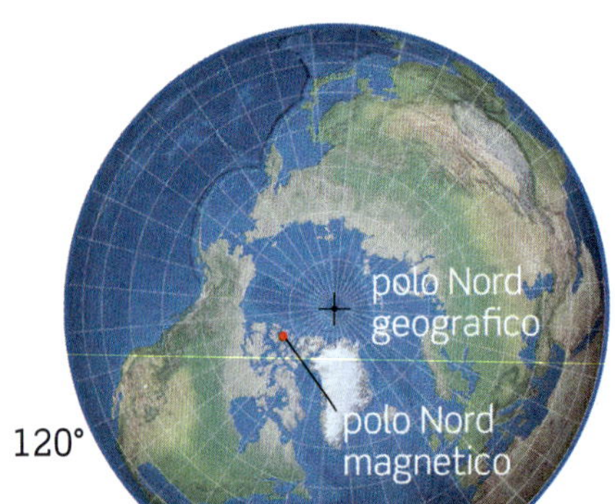

1

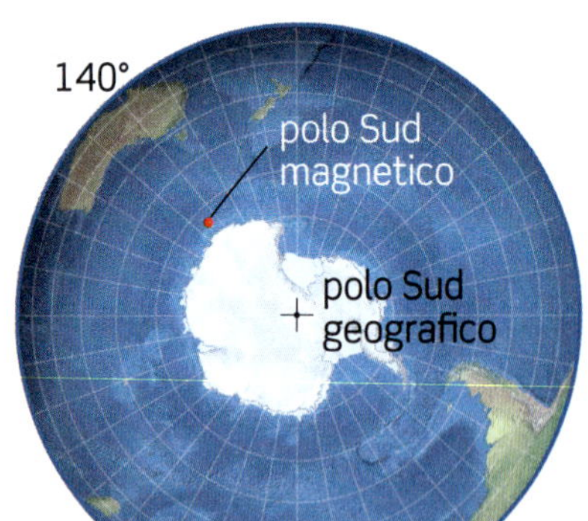

2

CLIL for SCIENCE Audio

bussola: ***compass***
punti cardinali: ***cardinal points***
polo: ***pole***

Fill in the blanks.

On the dial of a compass these cardinal points are marked: ...., ..., ... and .... The .... needle always points to the north.

Ricorda

La bussola indica il polo Nord magnetico, ma in realtà il punto indicato dall'ago (N) coincide con il polo Sud dell'ipotetico magnete all'interno della Terra: sono i poli opposti che si attraggono e non quelli uguali. Le linee di forza che rappresentano il campo magnetico terrestre (azzurre nella figura sotto), escono da un punto in prossimità del polo Sud geografico (vero Nord magnetico) ed entrano in un punto vicino al nord geografico (vero Sud magnetico).

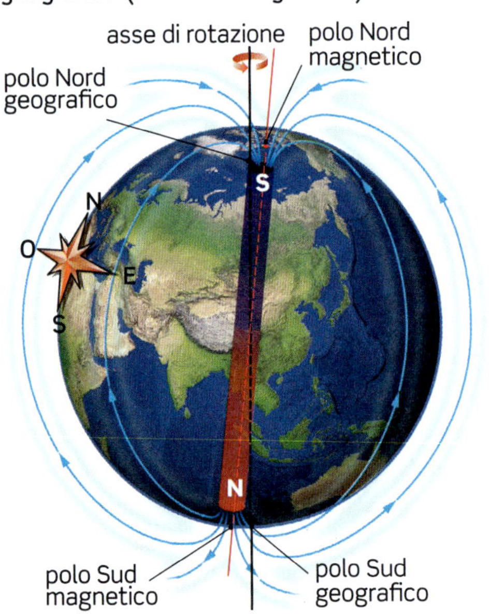

3 Paralleli e meridiani

Audio

I paralleli e i meridiani formano il reticolo geografico, un sistema di riferimento basato su una coppia di coordinate

Spesso non basta conoscere la propria posizione sulla superficie terrestre rispetto ai punti cardinali, ma è necessario stabilirla in modo preciso, senza possibilità di errore.

Una barca in avaria in alto mare, per esempio, deve poter fornire ai soccorsi la sua esatta posizione, oppure quando cerchiamo un percorso stradale il navigatore o lo smartphone devono rilevare esattamente dove ci troviamo, per fornirci le indicazioni richieste 1. Per fare ciò occorre fissare un sistema di riferimento che permetta di indicare un punto, o un luogo, attraverso una coppia di coordinate, in modo analogo a quanto avviene in un diagramma cartesiano.

Per la Terra tale sistema di riferimento è costituito dal **reticolo geografico**, un insieme di circonferenze immaginarie, chiamate **paralleli** e **circoli meridiani**, tracciate sulla superficie terrestre.

I paralleli

I paralleli sono circonferenze date dall'intersezione tra la superficie terrestre e piani perpendicolari all'asse di rotazione 2.

L'**equatore** è la **circonferenza massima**, poiché il piano che lo definisce non solo è perpendicolare all'asse, ma passa per il centro della Terra: divide il pianeta in due parti uguali, detti **emisferi**, quello **boreale** a nord e quello **australe** a sud.

La lunghezza dei paralleli diminuisce a partire dall'equatore, che misura 40 076 km, fino ad arrivare ai poli, dove le circonferenze si riducono a due punti, e per questo vengono definite *paralleli* **degeneri**.

Per convenzione i paralleli principali sono **180**: 90 a nord e 90 a sud dell'equatore. La distanza fra i paralleli è di circa 111 km.

1

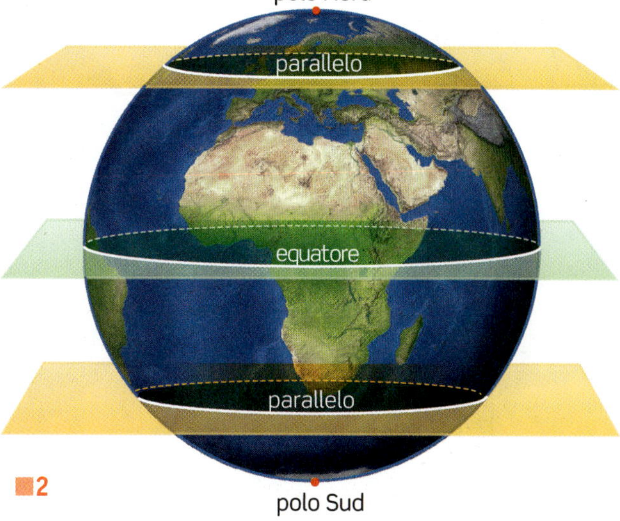

2

Parole di scienze

degenere: si dice di una figura geometrica che, con determinati valori, perde le sue caratteristiche trasformandosi in una figura diversa: una figura degenere per esempio è il punto inteso come circonferenza di raggio 0.

Con metodo

Analizzo il testo (par. 2-3)

1. Completa.

- **a** La Terra si comporta come un'enorme .... e genera un campo .... in grado di attrarre oggetti ....
- **b** I .... e i circoli .... sono circonferenze immaginarie tracciate sulla superficie terrestre; costituiscono un sistema di riferimento chiamato ....
- **c** La lunghezza dei .... diminuisce a partire dall'equatore fino ad arrivare ai poli dove le circonferenze, definite ...., si riducono a due punti.

Comprendo il testo (par. 2-3)

2. A quali termini corrispondono le seguenti definizioni?

- **a** Circonferenze date dall'intersezione tra la superficie terrestre ed i piani perpendicolari all'asse di rotazione.
- **b** Le parti uguali del pianeta tagliate dall'equatore.

3. Rispondi.

- **a** Perché l'ago della bussola si dispone sempre lungo la direzione nord-sud?
- **b** Che cosa sono i poli magnetici?
- **c** Perché i poli geografici e quelli magnetici non coincidono?

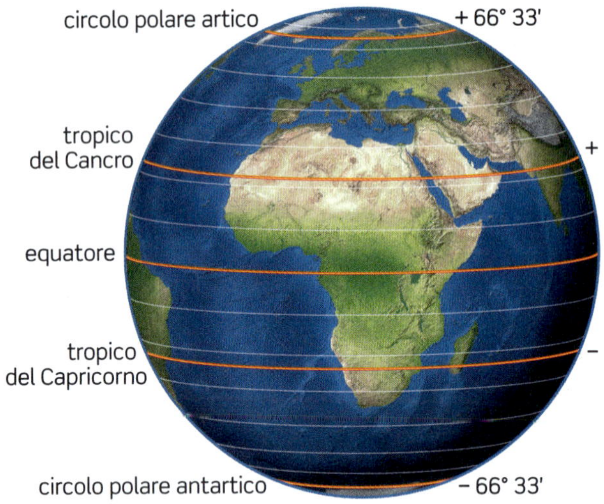

■3

Oltre all'equatore e ai poli si possono individuare altri paralleli importanti, perché delimitano zone astronomiche particolari ■3:

- i **circoli polari**: **artico** nell'emisfero boreale e **antartico** in quello australe. Nelle zone della superficie terrestre comprese tra questi paralleli e i poli, durante l'estate il Sole resta nel cielo per almeno 24 ore consecutive, mentre d'inverno resta sotto l'orizzonte per lo stesso numero di ore. Andando dai circoli polari verso i poli, le ore di luce (o di buio) aumentano: ai poli si alternano sei mesi di luce e sei mesi di buio.
- i **tropici**: **del Cancro** a nord dell'equatore e **del Capricorno** a sud. Nelle aree comprese tra i tropici e l'equatore, i raggi solari durante i solstizi sono perpendicolari alla superficie terrestre: in particolare ciò avviene durante il solstizio di giugno per il tropico del Cancro e in quello di dicembre per il tropico del Capricorno. A nord del tropico del Cancro e a sud del tropico del Capricorno non esistono aree della Terra in cui i raggi solari raggiungano perpendicolarmente la superficie.

I meridiani

I circoli meridiani sono le circonferenze passanti per i poli e aventi tutte la stessa lunghezza (circa 40 000 km). Sono dati dall'intersezione fra la superficie terrestre e i piani che passano per l'asse di rotazione ■4. La distanza fra due circoli meridiani non è costante: è massima quando intersecano l'equatore e minima (nulla) ai poli. Un circolo meridiano si divide in due **meridiani**, ovvero in due semicirconferenze che congiungono il polo Nord con il polo Sud. Ogni meridiano ha pertanto un proprio **antimeridiano**, che è la semicirconferenza diametralmente opposta. Il numero dei meridiani principali è stato stabilito per convenzione in 360. Per convenzione è stato fissato anche un **meridiano fondamentale** o di Greenwich, che appunto passa per l'osservatorio **di Greenwich**, vicino a Londra. I meridiani dunque si distinguono in 180 a est e 180 a ovest di Greenwich ■5. Il meridiano fondamentale, chiamato anche *meridiano zero*, è importante perché è il punto di riferimento per la determinazione dell'ora sul pianeta.

CLIL for SCIENCE Audio

equatore: ***equator***
paralleli: ***parallels***
meridiani: ***meridians***
meridiano fondamentale: ***prime meridian***

Look at pictures 3 and 5 and choose the correct answer(s):
The equator is:
- [ ] the prime meridian.
- [ ] divides the Earth into two hemispheres.

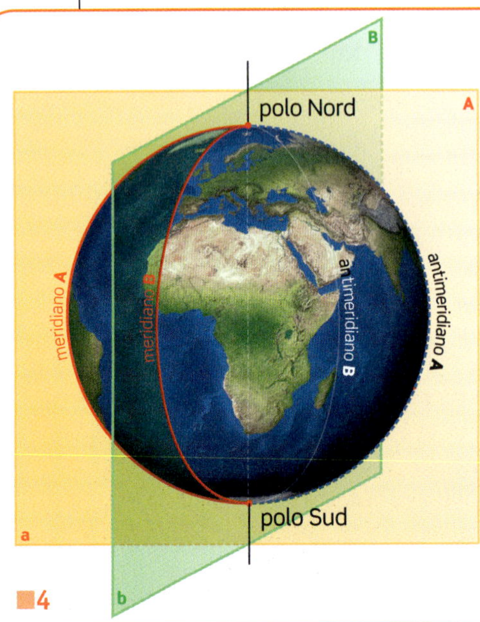

■4

■5

I fusi orari

Come certo saprai, l'ora non è la stessa in tutti i punti della superficie terrestre: a causa del moto di rotazione della Terra, infatti, il Sole "passa" apparentemente da est verso ovest sui vari meridiani e raggiunge la sua altezza massima contemporaneamente solo sulle località che si trovano sullo stesso meridiano. Per esempio, se su un certo meridiano il Sole si trova alla sua altezza massima ed è mezzogiorno, tutti i luoghi che si trovano su un meridiano più a est hanno già visto "passare" il Sole in quella posizione e quindi lì siamo oltre mezzogiorno; quelli che si trovano a ovest, invece, non lo hanno ancora visto e quindi lì siamo prima di mezzogiorno. Per mettere ordine nella determinazione dell'ora nel mondo, la superficie della Terra è stata suddivisa in 24 fusi orari. Ciascun fuso è uno "spicchio" in cui per convenzione si ha lo stesso orario: il fuso orario è calcolato prendendo come riferimento il **tempo coordinato universale** (UTC, *Universal Time Coordinated*), che deriva dal tempo medio di Greenwich (GMT, *Greenwich Mean Time*).

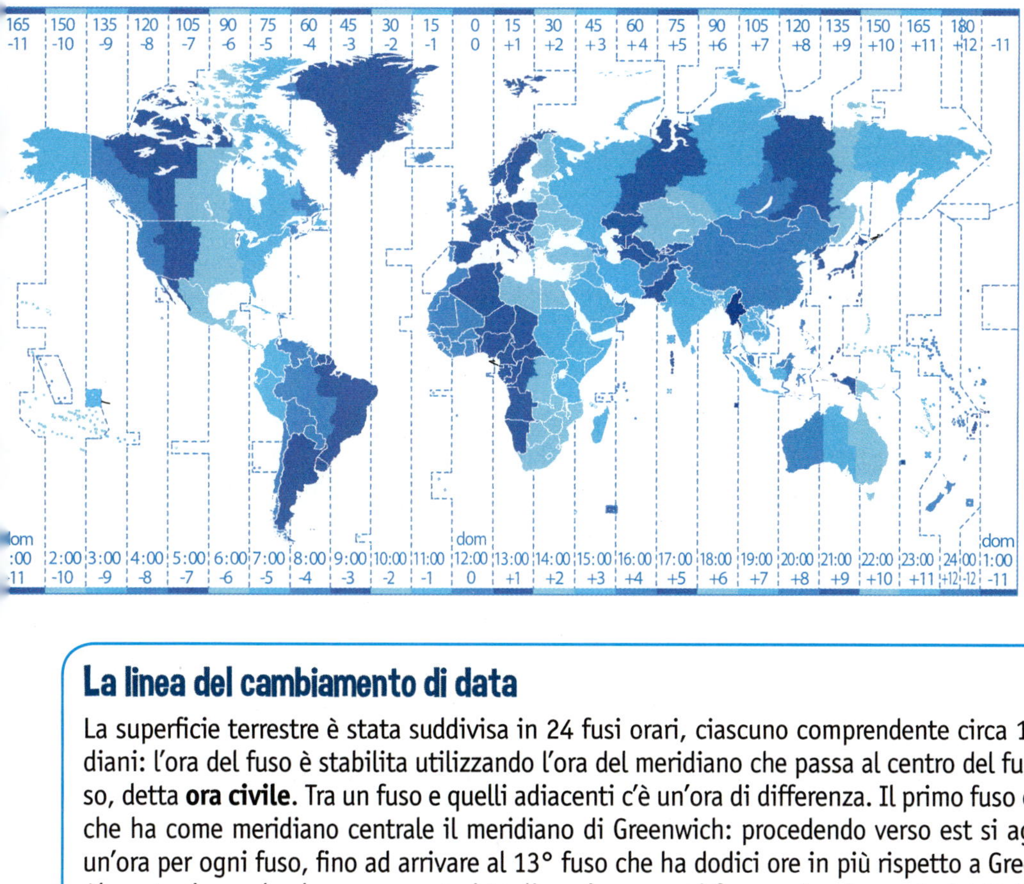

■6 Carta dei fusi orari.

Con metodo

Analizzo il testo

1. A quali termini corrispondono le seguenti definizioni?
- **a** Paralleli in cui durante il solstizio i raggi sono perpendicolari alla superficie terrestre.
- **b** Semicirconferenza che congiunge il polo nord con il polo sud.
- **c** Meridiano che passa per l'osservatorio di Greenwich.

2. Rispondi.
- **a** Che differenza c'è tra circolo meridiano e meridiano?
- **b** Quanti sono i meridiani principali?

Comprendo il testo

3. Completa.

I circoli meridiani hanno tutti la stessa .... mentre la loro distanza è massima all'.............................. e nulla ai ....

4. Rispondi.
- **a** Quali sono le caratteristiche dei circoli polari?
- **b** Che cos'è un antimeridiano?
- **c** Perché è stato necessario fissare un meridiano fondamentale?
- **d** Che cos'è il tempo coordinato universale?

La linea del cambiamento di data

La superficie terrestre è stata suddivisa in 24 fusi orari, ciascuno comprendente circa 15 meridiani: l'ora del fuso è stabilita utilizzando l'ora del meridiano che passa al centro del fuso stesso, detta **ora civile.** Tra un fuso e quelli adiacenti c'è un'ora di differenza. Il primo fuso è quello che ha come meridiano centrale il meridiano di Greenwich: procedendo verso est si aggiunge un'ora per ogni fuso, fino ad arrivare al 13° fuso che ha dodici ore in più rispetto a Greenwich. Al contrario, andando verso ovest si toglie un'ora a ogni fuso e si arriva così al 13° fuso con dodici ore in meno. In questo fuso, quindi, che ha come meridiano centrale l'**antimeridiano di Greenwich**, ci troviamo alla stessa ora, ma in due giorni diversi. Per evitare confusione, si è stabilito per convenzione che il 13° fuso fosse diviso dall'antimeridiano di Greenwich in due parti, che hanno la stessa ora ma data diversa: un giorno prima a est di tale antimeridiano e un giorno dopo a ovest. Per questo motivo l'antimeridiano di Greenwich viene chiamato **linea internazionale del cambiamento di data.** Essa segue il 180° meridiano quando si trova nell'oceano Pacifico. Quando questo incontra la terraferma, la linea fa deviazioni per evitare che uno Stato, o una serie di isole facenti parte dello stesso Stato, abbiano due date diverse.

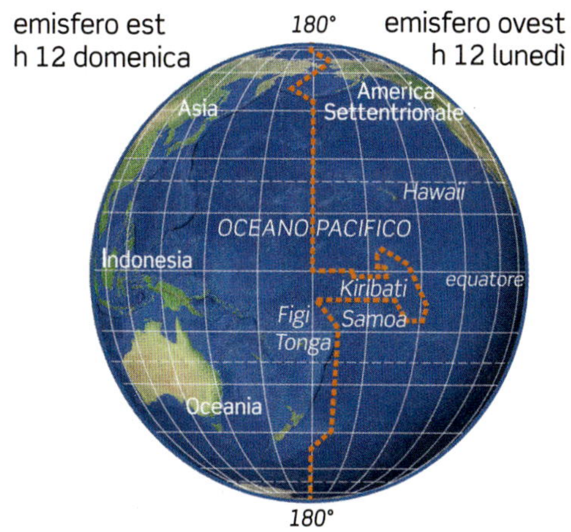

4 La latitudine e la longitudine

Audio

Sono le coordinate geografiche di un punto sulla superficie terrestre

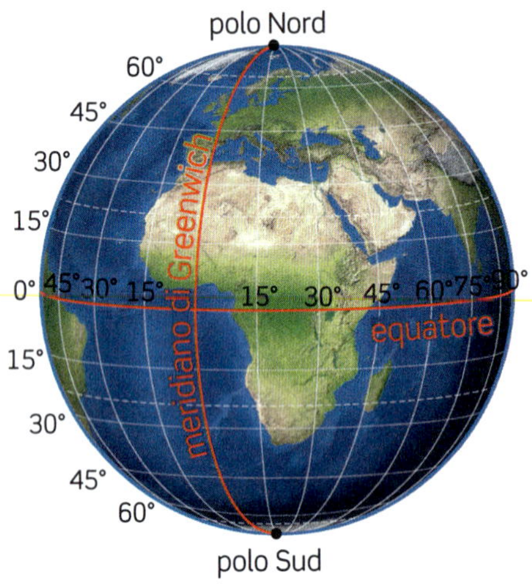

■1 Il reticolo geografico è costituito dai paralleli e dai meridiani.

I 180 paralleli e i 360 meridiani formano un **reticolo** sul globo, che consente di individuare ogni punto della superficie terrestre ■1. Per ogni punto, infatti, passano un solo parallelo e un solo meridiano: ogni luogo sulla Terra, quindi, può essere definito univocamente attraverso due numeri, le **coordinate geografiche**:

- la coordinata riferita al **parallelo** si chiama **latitudine**;
- la coordinata riferita al **meridiano** si chiama **longitudine**.

La latitudine è la distanza angolare (angolo ϕ) di un punto (P) dall'equatore: viene misurata in gradi, primi e secondi lungo l'arco di meridiano fra P e l'equatore. Tutti i punti sullo stesso parallelo hanno uguale latitudine ■3. L'equatore ha una latitudine pari a 0°, mentre i poli hanno una latitudine di 90°. La latitudine può quindi assumere valori che vanno da 0 a 90 procedendo dall'equatore sia verso nord sia verso sud.
Per evitare confusione, quindi, è necessario specificare se si tratta di *latitudine nord* (emisfero boreale) oppure *latitudine sud* (emisfero australe).

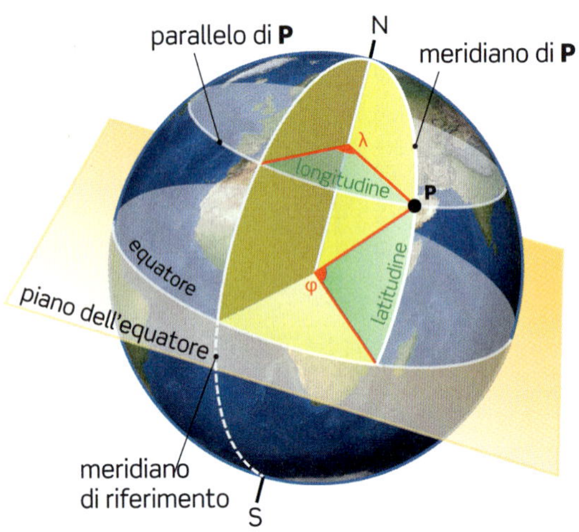

■2 Latitudine e longitudine sono distanze angolari.

La longitudine di un punto (P) è la distanza angolare (angolo λ) fra il meridiano fondamentale di Greenwich e il meridiano che passa da quel punto: è misurata in gradi, primi e secondi lungo l'arco di parallelo fra P e il meridiano fondamentale.
Tutti i punti sullo stesso meridiano hanno la medesima longitudine ■4.
Il meridiano di Greenwich, per convenzione, ha una longitudine pari a 0° e il suo antimeridiano 180°. La longitudine assume valori compresi fra 0 e 180 spostandosi dal meridiano fondamentale sia verso est sia verso ovest. Quando si forniscono le coordinate di un punto, occorre quindi precisare se si tratta di *longitudine est* o *longitudine ovest*.

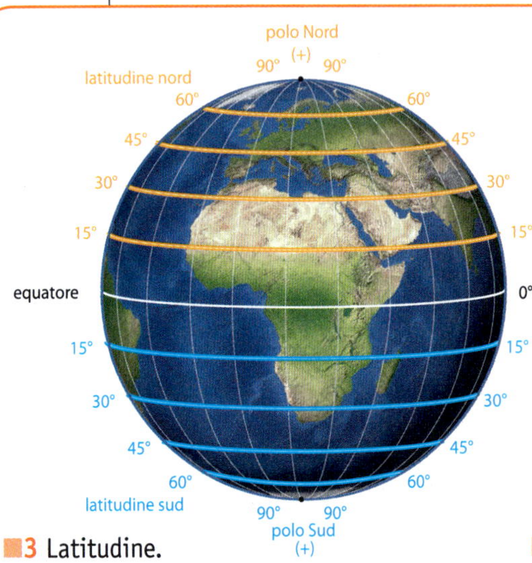

■3 Latitudine.

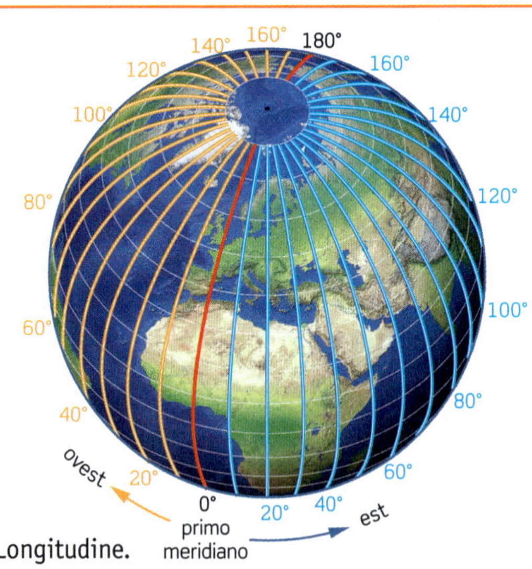

■4 Longitudine.

In passato per trovare la latitudine e la longitudine venivano effettuati calcoli non sempre agevoli. Oggi esiste uno strumento, il **GPS** (*Global Positioning System*), che ci permette di avere valori precisi delle coordinate geografiche per il punto di nostro interesse. Questo sistema sfrutta una rete di satelliti che inviano un segnale radio a un ricevitore mobile, fornendo l'esatta posizione di un luogo sulla superficie terrestre.

Troviamo le coordinate

Osserva la cartina: Roma si trova poco sotto il *quarantaduesimo parallelo nord* (l'Italia si trova a nord rispetto all'equatore) e a destra rispetto al *dodicesimo meridiano est* (l'Italia si trova a est rispetto al meridiano 0 di Greenwich). La sua latitudine, quindi, sarà di poco inferiore ai 42° N e superiore ai 12° E. Le coordinate geografiche di Roma in gradi, minuti e secondi si esprimono in questo modo:

- latitudine 41° 53′ 30″ N
- longitudine 12° 30′ 40″ E

Milano, invece, si trova sopra il quarantacinquesimo parallelo nord e quasi sul nono meridiano est. Le sue coordinate geografiche, infatti sono:

- latitudine 45° 27′ 51″ N
- longitudine 9° 11′ 22″ E

Con metodo

Analizzo il testo

1. Sottolinea il nome delle coordinate geografiche.

Comprendo il testo

2. Completa.
   - **a** Ogni punto sulla superficie terrestre può essere definito da due ....: la longitudine e la latitudine.
   - **b** La .... di un punto è la distanza angolare che lo separa dall'equatore
   - **c** La .... di un punto è la distanza angolare tra il meridiano .... e il meridiano che passa per quel punto.
3. Rispondi.
   - **a** In quale emisfero si trova una città che ha latitudine 33° 55' 33" S?
   - **b** Quali valori assume la longitudine?
   - **c** A che cosa serve il GPS?
4. Tutti i punti sullo stesso parallelo hanno uguale:
   ☐ longitudine ☐ latitudine
5. Il meridiano di Greenwich ha longitudine:
   ☐ 0° ☐ 180°
6. La latitudine può essere:
   ☐ nord e sud ☐ est e ovest

Collaboro

7. Dividetevi a **coppie** e giocate con le coordinate: individuate delle città sulla cartina, fate una stima delle coordinate osservando vicino a quale parallelo e a quale meridiano si trovano, poi cercate sul Web i loro valori esatti. Fate lo stesso con altre città d'Italia e del mondo.

La rappresentazione della superficie terrestre

Audio

La cartografia è la disciplina che si occupa di rappresentare la superficie terrestre attraverso dei simboli.
La rappresentazione più fedele del nostro pianeta è il **globo**, nel quale si possono mantenere le forme, le dimensioni e la posizione delle aree geografiche da raffigurare.
L'utilizzo di tale supporto, però, crea alcune difficoltà, poiché per fornire una certa quantità di particolari bisognerebbe produrre globi di enormi dimensioni.
Proprio per questo la soluzione più adottata è la rappresentazione su una superficie piana, la **carta geografica**: si possono riprodurre aree delimitate e ingrandite secondo le necessità, con grande ricchezza di dettagli.

La **carta geografica** è una **rappresentazione** in **piano**, **approssimata**, **simbolica** e **ridotta** dell'intera superficie terrestre o di una sua parte.
Le carte geografiche sono approssimate perché riproducono in piano una superficie che è sferica. Si disegnano con tecniche particolari, dette **proiezioni cartografiche**, ma in questo processo è impossibile evitare le deformazioni.

In base alle caratteristiche con cui sono costruite, le proiezioni possono essere:

- **isogoniche**: **conservano gli angoli** misurabili sulla superficie terrestre. In questo tipo di carte ogni superficie rappresentata mantiene la stessa forma che ha sul globo 1;

1 Proiezione isogonica: planisfero di Mercatore.

- **equivalenti**: viene **mantenuta la proporzione fra le aree** della superficie terrestre, ma non l'identità di forma 2.

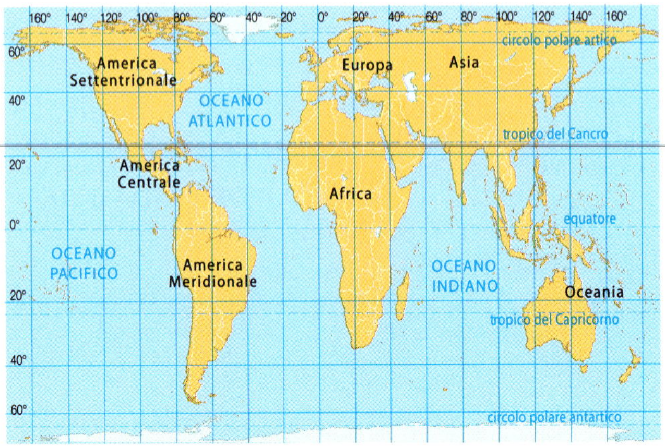

2 Proiezione equivalente: planisfero di Peters.

- **equidistanti**: **sono mantenute le proporzioni fra le distanze** misurate sulla carta, a partire dal centro, e quelle reali 3.

3 Proiezione equidistante.

La carta è una rappresentazione ridotta della superficie, quindi deve riportare la **scala di riduzione**, che è il rapporto fra una lunghezza misurata sulla carta e la stessa lunghezza misurata nella realtà. La scala è una frazione che ha per numeratore l'unità e per denominatore un numero che rappresenta il valore per cui moltiplicare la distanza sulla carta così da ottenere la misura reale. Per esempio, se la scala utilizzata è 1 : 100 000 (si legge 1 a centomila) e la distanza tra due punti sulla carta è di 2 cm bisogna moltiplicare di 100 000 volte questa misura per ottenere quella reale: 200 000 cm (2 km). Le carte con maggior dettaglio (grande scala, quindi piccolo denominatore) rappresentano in modo particolareggiato l'ambiente fisico e umano.

Sulle spalle dei giganti

Anassimandro, Ecateo, Dicearco e le carte geografiche

Audio

Anassimandro fu un filosofo greco vissuto a Mileto (sulla costa dell'odierna Turchia) tra il 610 e il 546 a.C.
Anche se si conosce poco della sua vita, egli viene indicato come il primo cartografo, il primo, cioè, a dare una rappresentazione della superficie terrestre.
Ad Anassimandro si fa risalire la **prima carta geografica**, in cui si rispecchiano le sue concezioni sull'Universo.
Il filosofo si distinse dai suoi predecessori, poiché cercò di costruire un modello di Universo attraverso spiegazioni naturalistiche e non utilizzando miti e leggende 1.
Per il filosofo la Terra aveva la forma di un disco, o di un corto cilindro, che galleggiava immobile nello spazio senza essere sostenuto da nulla: una concezione veramente rivoluzionaria per l'epoca, perché tale modello consentiva di immaginare che i corpi celesti potessero "passare sotto" la Terra, aprendo la strada all'astronomia greca dei secoli successivi. Nella rappresentazione di Anassimandro, la Terra si trovava al centro circondata dall'acqua e sopra la Terra aleggiava il vapore prodotto dal riscaldamento dell'acqua per opera del fuoco, che in origine circondava tutto. Secondo questo modello, l'aumento di volume del vapore avrebbe fatto scoppiare l'involucro di fuoco, originando il Sole, la Luna e le altre stelle.

1 Anassimandro: unica immagine rimasta del filosofo (copia conservata a Roma), e la possibile ricostruzione della carta geografica da lui disegnata.

La carta geografica di Anassimandro venne perfezionata da **Ecateo** di Mileto (550 – 476 a.C.): secondo la tradizione, egli scrisse anche una delle prime opere geografiche, il *Giro della Terra*, in cui descriveva i luoghi visitati dando un'indicazione delle distanze 2.

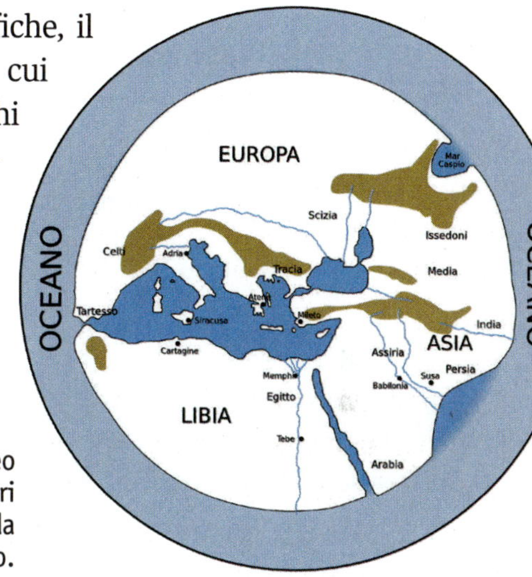

2 La carta di Ecateo aggiunge particolari a quella disegnata da Anassimandro.

Dicearco di Messina (350 – 290 a.C.) riprese la carta di Anassimandro, aggiungendo due linee perpendicolari fra loro. Queste due linee suddividevano il mondo allora conosciuto in quattro rettangoli che possono essere considerati i precursori dell'odierno reticolo geografico 3.
Dicearco, quindi, in un certo senso può essere ritenuto l'"inventore" dei paralleli e dei meridiani.

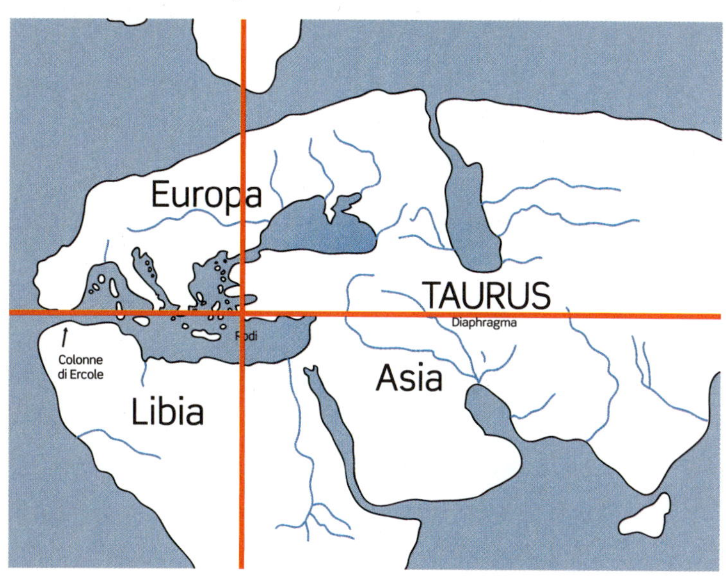

3 La carta di Dicearco mostra due linee perpendicolari, precursori dei nostri meridiani e paralleli.

L'orientamento

Quali sono i principali punti di riferimento per orientarsi sulla Terra?

Paragrafo 1

Nelle due pagine del paragrafo 1 individua e sottolinea i punti di riferimento che possiamo prendere in considerazione per orientarci e conoscere la nostra posizione sulla Terra. Crea una sintesi di tutte le informazioni completando lo schema seguente.

PUNTI DI RIFERIMENTO

- rispetto al ....
  - punti cardinali
    - ....
    - ....
    - ....
    - ....
- rispetto agli ....
  - ....
    - indica sempre il ....

Come funziona la bussola?

Paragrafo 2

La bussola è uno dei più antichi strumenti per stabilire la posizione sulla Terra. Sottolinea nel paragrafo 2 da che cosa è formata e come funziona, poi rielabora il testo per sintetizzare il paragrafo: prova a farlo da solo, ma se hai qualche difficoltà prendi spunto da quello proposto sotto. Infine inserisci nel disegno le parole mancanti.

Nord • spostano • ferrosi • nord-sud • calamita • ago • Sud • perpendicolari • geomagnetico • magnetizzato • quadrante

La bussola è costituita da un .... di metallo, da un ...., su cui sono segnati i punti cardinali, e da un coperchio.
L'ago è .... e libero di ruotare, e si orienta sempre lungo la stessa direzione: ....

Questo avviene perché la Terra si comporta come un'enorme .... e genera un campo magnetico che attira gli oggetti ....
Il campo magnetico terrestre, o campo ...., ha un polo Nord e un polo ....: l'ago della bussola si orienta lungo la direzione che li collega.
L'ago della bussola indica il polo .... magnetico, non quello geografico. I due poli, infatti, non coincidono perfettamente.
I poli magnetici sono le zone della superficie terrestre dove le linee di forza del campo magnetico sono .... al suolo e sono spostati rispetto ai poli geografici anche di centinaia di kilometri. Nel corso del tempo i poli magnetici si ....

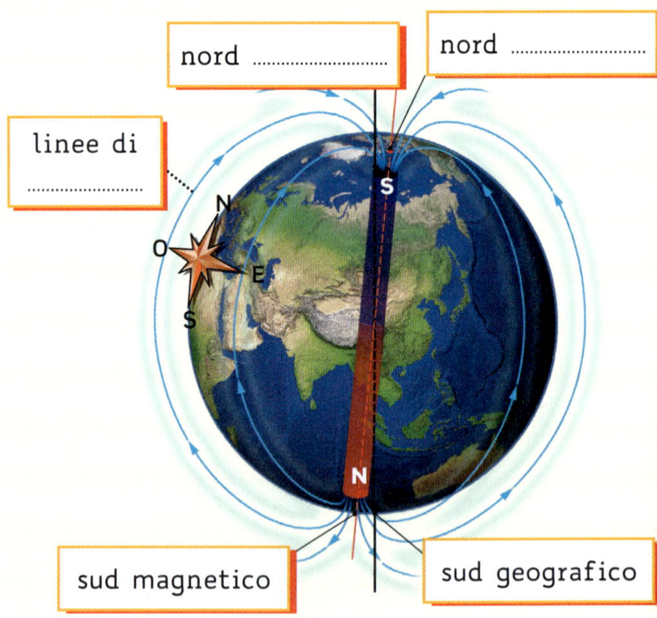

Erickson

I paralleli e i meridiani

Che cosa sono i paralleli e i meridiani?

Paragrafo 3

Per stabilire in modo preciso una posizione sulla Terra, si fa riferimento ai paralleli e ai meridiani. Individua queste informazioni, sottolineale e poi completa lo schema.

PARALLELI
↓
sono le circonferenze date ....
....
....
↓
numero: ....
↓
hanno lunghezza ....

MERIDIANI
↓
sono le semicirconferenze passanti per i poli e date ....
....
....
↓
numero: ....
↓
hanno lunghezza ....

Le coordinate geografiche

Che cosa sono e come vengono espresse la latitudine e la longitudine?

Paragrafo 4

Leggi attentamente il paragrafo 4 sulle coordinate geografiche. Sottolinea quali sono, le loro definizioni, i punti di riferimento in base ai quali vengono determinate e i valori con cui vengono espresse. Poi completa la tabella per organizzare le informazioni.

	LATITUDINE	LONGITUDINE
definizione	• distanza .... • misurata in .... lungo l'arco di .... fra *P* e l'equatore. • tutti i punti sullo stesso parallelo hanno	• distanza .... misurata fra il .... e il meridiano che passa da quel punto. • misurata in .... lungo l'arco di .... fra *P* e il meridiano fondamentale. • tutti i punti sullo stesso meridiano hanno ....
valore	da .... a .... procedendo dall'equatore sia verso .... che verso	da .... a .... spostandosi dal meridiano di Greenwich sia verso .... che verso ....
punto di riferimento	.... (ha una .... pari a 0°, mentre i poli pari a ....°)	.... (ha una .... pari a 0° e il suo antimeridiano ....°)

Mi preparo all'interrogazione

Contenuti multipli

L'ORIENTAMENTO SULLA TERRA

- può avvenire individuando → **punti cardinali (est, ovest, nord, sud)**
  - attraverso l'utilizzo di → **bussola**
    - che si orienta con → **campo magnetico terrestre**
  - attraverso l'osservazione di →
    - Stella Polare
    - Sole
    - Luna
    - Croce del Sud
- fa riferimento al reticolo geografico formato da
  - **paralleli**
    - sono → circonferenze perpendicolari all'asse di rotazione
    - i principali sono →
      - equatore
      - poli (Nord e Sud)
      - circoli polari (artico e antartico)
      - tropici (del Cancro e del Capricorno)
  - **meridiani**
    - che identificano → fusi orari
    - sono → semicirconferenze che congiungono i poli
  - insieme forniscono → **coordinate geografiche**
    - identificabili attraverso →
      - latitudine
      - longitudine

verifica

Verifica interattiva

CONOSCO

1 Completa le seguenti frasi scegliendo tra i termini elencati.

sud • quattro • reticolo • notturni • bussola • terrestre • posizione • paralleli • opposto • coordinate • magnetico • coppia • sistema • latitudine • Polare • Sole • ovest • longitudine • orienta • circoli meridiani • riferimento • Nord • australe

a Orientarsi significa conoscere esattamente la propria .... grazie all'individuazione dei punti di ....

b Osservando il percorso apparente del .... sono stati identificati i .... punti cardinali: l'est dove sorge il sole; l'.................................. dove tramonta il Sole; il .... che è il punto di massima altezza del Sole; il nord che è il punto .... rispetto al sud

c Di notte per orientarsi vengo impiegati gli astri ....: la Stella .... nell'emisfero boreale e la Croce del Sud nell'emisfero ....

d Uno strumento fondamentale per l'orientamento è la .... che sfrutta il campo .... del nostro pianeta: l'ago si .... sempre lungo la direzione nord-sud

e L'ago della bussola indica la direzione del polo .... magnetico

f Per stabilire sulla superficie .... la propria posizione in modo univoco è necessario definire un .... di riferimento che permetta di indicare un punto attraverso una .... di coordinate

g Per la Terra il sistema di riferimento è costituito dal .... geografico: un insieme di circonferenze immaginarie dette .... e ....

h Ogni punto sulla superficie terrestre è definito da due numeri o .... geografiche: la .... e la ....

2 INVALSI Segna con una crocetta il completamento esatto.

a La Stella Polare:
- ☐ è visibile nell'emisfero australe
- ☐ fa parte del Grande Carro
- ☐ indica sempre il nord
- ☐ è visibile anche di giorno

b Se mi metto a braccia aperte con la mano sinistra verso est, alle mie spalle avrò:
- ☐ il sud
- ☐ l'ovest
- ☐ il nord
- ☐ non è possibile stabilirlo

c Il polo Nord geografico e polo Nord magnetico:
- ☐ non coincidono perfettamente
- ☐ coincidono perfettamente
- ☐ coincidono solo in alcuni periodi dell'anno
- ☐ sono lontanissimi tra loro

d L'equatore:
- ☐ è la circonferenza minima
- ☐ unisce i due poli
- ☐ ha la stessa lunghezza degli altri paralleli
- ☐ divide la Terra in due emisferi uguali

e I meridiani sono:
- ☐ 360
- ☐ 180
- ☐ 90
- ☐ 200

f Le coordinate geografiche sono riferite:
- ☐ a due paralleli
- ☐ a due meridiani
- ☐ a un parallelo e a un meridiano
- ☐ al meridiano fondamentale

g Il meridiano fondamentale è il punto di riferimento per la suddivisione:
- ☐ dei fusi orari
- ☐ delle fasce climatiche
- ☐ dei due emisferi
- ☐ dei circoli polari

h Le coordinate di Roma sono:
- ☐ latitudine: 41°53'30" S longitudine: 12°30'40" E
- ☐ latitudine: 41°53'30" N longitudine: 12°30'40" E
- ☐ latitudine: 41°53'30" S longitudine: 12°30'40" O
- ☐ latitudine: 41°53'30" N longitudine: 12°30'40" O

3 Vero o falso?

a Il Sole sorge a est V F

b Le costellazioni sono formate da stelle vicine tra loro V F

c La bussola è costituita da un ago di plastica V F

d Il polo Sud magnetico si trova in Antartide V F

e Il meridiano fondamentale passa per l'osservatorio di Greenwich V F

f La superficie terrestre è suddivisa in 24 fusi orari V F

g L'equatore ha longitudine 0° V F

verifica

4 Sottolinea il termine corretto tra i due proposti in corsivo.

a Il sud è il punto di *massima/minima* altezza del Sole

b La Stella Polare appartiene alla costellazione dell'Orsa *Maggiore/Minore*

c La Terra genera un campo *elettrico/magnetico*

d Ai poli la distanza fra due meridiani è *minima/massima*

e L'emisfero sud è definito *australe/boreale*

f La latitudine e la longitudine sono distanze *lineari/angolari*

APPLICO

5 Completa il disegno con i termini corretti.

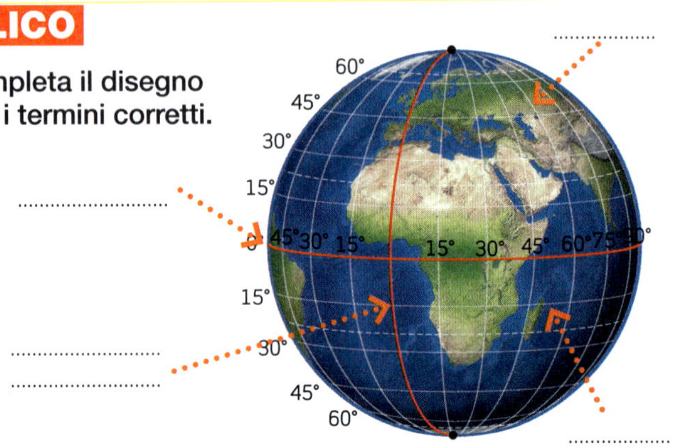

6 Osserva il disegno e completa.

a L'angolo PÔC rappresenta la .... del punto P

b L'arco PB̂A rappresenta la .... del punto P.

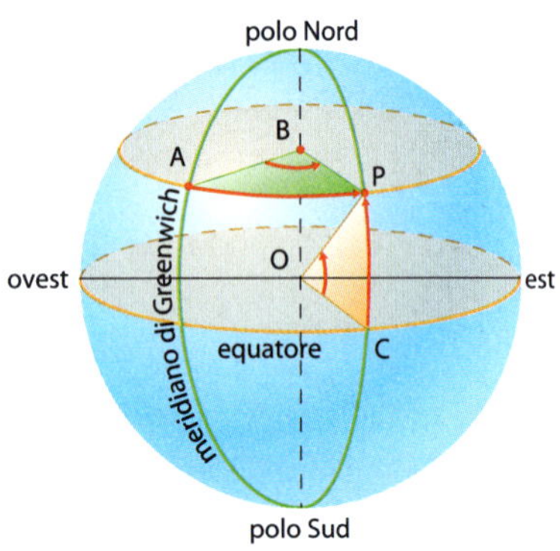

7 Osserva la carta dei fusi orari nel paragrafo 3 e rispondi.

a Che cosa rappresentano le suddivisioni verticali presenti nella carta?

b Perché le zone colorate non rispettano esattamente le suddivisioni verticali?

c Se vuoi telefonare al tuo amico che vive a Buenos Aires, lo chiami alle otto del mattino o nel primo pomeriggio?

COMPETENZE

1. Leggi il testo e rispondi.

Gli uccelli, si sa, percorrono enormi distanze, sorvolando oceani, catene montuose, deserti o immense distese ghiacciate: come le sterne artiche (*Sterna paradisea*), infaticabili, che percorrono tutti gli anni il tragitto Artide-Antartide, andata e ritorno.

Senza mai sbagliare rotta! Come fanno? Le ricerche passate hanno permesso di scoprire che alcuni migratori si orientano utilizzando la posizione del Sole, altri, come alcuni passeri, usano le stelle, altri ancora prendono come punti di riferimento fiumi, coste, o perfino autostrade.
E nelle giornate molto nuvolose o con nebbia fitta? Utilizzano il campo magnetico terrestre. Qualche anno fa uno studio pubblicato sulla rivista *Current Biology*, condotto da un gruppo di ricercatori dell'università tedesca di Oldenburg, ha rivelato come gli uccelli riescano a percepire le onde del campo magnetico terrestre.
La ricerca è stata condotta su un gruppo di beccafichi (*Sylvia borin*) in cattività. Per la prima volta si è notato che questi uccelli, prima di muoversi nella corretta direzione, eseguono particolari movimenti con la testa, come delle "scansioni": captano, cioè, le onde e mettono in funzione la loro bussola interna. Quando sperimentalmente è stato eliminato il campo magnetico, i movimenti della testa sono triplicati e la direzione presa in seguito è risultata casuale. È emerso perciò che nella testa degli uccelli è posta una specie di "bussola", e futuri esperimenti potranno permettere di conoscere la soglia sotto cui i volatili non sono più in grado di percepire le onde del campo geomagnetico.

[http://www.focus.it]

a Scrivi un possibile titolo per questo articolo.

b Che cosa utilizzano gli uccelli per orientarsi?

c Puoi fare un paragone con i metodi impiegati dall'uomo?

d Che cos'è il magnetismo terrestre?

2. Calcola e ragiona.

Per rappresentare la superficie terrestre o una sua parte vengono impiegate le carte geografiche che, essendo delle riproduzioni rimpicciolite, devono riportare la scala di riduzione.
Se in una carta la scala utilizzata è 1 : 50 000 significa che 1 cm sulla carta corrisponde a 50 000 cm nella realtà.
Considera una carta con scala di riduzione 1 : 300 000.

a Qual è la distanza reale tra due punti che sulla carta distano 7 cm?

b Qual è la distanza n sulla carta di due punti che nella realtà distano 45 km?

3. Ricerca e comunica.

La decisione di adottare il meridiano di Greenwich come meridiano fondamentale e primo fuso orario venne presa nel 1884, durante la Conferenza Internazionale di Washington con lo scopo di unificare le misure geografiche e gli orari.
Prima di allora ogni Stato aveva il proprio meridiano fondamentale.
Fai una ricerca sui meridiani adottati prima del 1884 ed esponila alla classe.

5

L'idrosfera

Digi Scienze

CLASSE CAPOVOLTA — Video

Preparati per la lezione:
- guarda il video
- compila la scheda

Nelle prossime pagine troverai altri contenuti digitali

- Allegato scaricabile
- Contenuto integrativo
- Audio
- Video
- Verifica interattiva

Anche nelle regioni più aride del nostro pianeta, l'acqua è sempre presente. Sorgenti, fiumi, mari, laghi e ghiacciai forniscono a vegetali e animali quella quantità d'acqua che è indispensabile per il ciclo vitale.

1 L'importanza dell'acqua sulla Terra

Audio

L'acqua è indispensabile alla vita sulla Terra grazie alle sue numerose proprietà fisiche e chimiche

1 Un astronauta dallo spazio vede la Terra blu.

Contenuto integrativo

La Terra viene spesso chiamata "il pianeta blu". Si è guadagnata questo soprannome perché, vista dallo spazio, in effetti è proprio blu. Ciò è dovuto principalmente al fatto che la sua superficie è in gran parte ricoperta di acqua 1.
La presenza dell'acqua ha permesso la nascita della vita sul nostro pianeta. La Terra è l'unico luogo del Sistema Solare in cui troviamo l'acqua in tutti i suoi stati: solida, liquida e aeriforme.

Che cosa ci viene in mente pensando all'acqua? Una bevanda dissetante? Un tuffo rinfrescante? Un gavettone divertente?
Nella vita di tutti i giorni l'acqua è tutto questo, ma per la scienza è anche molto di più: è un composto chimico che possiede diverse e importanti proprietà.

L'acqua è una sostanza **inodore**, **incolore** e **insapore** e la sua molecola è formata da due atomi di idrogeno (H) e uno di ossigeno (O): H_2O 2.

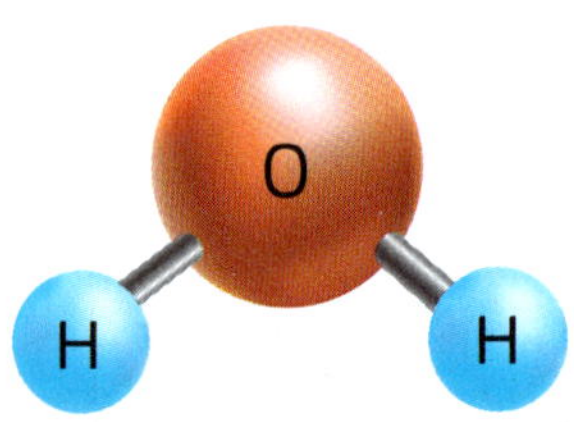

2 La molecola dell'acqua.

L'acqua è in grado di sciogliere più sostanze di qualunque altro liquido e per questo è definita **solvente universale**. Grazie a questa sua capacità, possiamo bere un tè zuccherato o eliminare le sostanze di scarto dal nostro corpo disciolte nell'urina.
Ma questo è niente, se pensiamo che è in grado di sciogliere anche le rocce, trascinando con sé numerosi elementi e minerali: l'acqua in natura, infatti, non è mai pura. Contiene una certa quantità di sali minerali in soluzione, diversi a seconda della composizione chimica del suolo in cui scorre. Questo tipo di acqua si definisce **acqua minerale**.

Non sbagliare anche tu...

Lo zucchero **si scioglie** e il ghiaccio **fonde.** A volte si utilizzano questi termini come se fossero sinonimi, ma vi è una differenza. Le molecole di zucchero a contatto con quelle dell'acqua rompono i propri legami e ne creano altri; nel ghiaccio, invece, all'aumentare della temperatura le molecole si muovono più velocemente, aumentano cioè la loro agitazione termica e si verifica il cambiamento di stato: la fusione.
Il primo è un **fenomeno chimico**, il secondo un **fenomeno fisico.**

Calore specifico, densità e tensione superficiale

Ti sei mai accorto che nelle zone di mare il clima è più mite? È tutto merito dell'acqua, o meglio del suo elevato **calore specifico** (quadruplo rispetto a quello dell'aria): essa richiede molto calore per scaldarsi e impiega molto tempo per raffreddarsi. Per questo mitiga la temperatura dell'ambiente circostante: in estate si scalda molto più lentamente dell'aria che la sovrasta e in inverno rilascia per molto tempo il calore accumulato. Questa proprietà influisce sul clima, perciò si dice che l'acqua ha una **funzione termoregolatrice**.

La **densità** dell'acqua (cioè il rapporto tra massa e volume) aumenta al diminuire della temperatura fino a 4 °C; al di sotto di questa temperatura, la densità diminuisce. Questa è una caratteristica tipica dell'acqua: negli altri liquidi, invece, la densità continua ad aumentare anche al di sotto dei 4 °C.

3 Gli iceberg galleggiano sull'acqua dei mari.

Quando solidifica (raggiunti gli 0 °C), l'acqua raggiunge la densità minima: per questo il ghiaccio galleggia sull'acqua allo stato liquido 3.

Di sicuro ti sarà anche capitato di vedere alcuni insetti che sembrano camminare sull'acqua: lo fanno davvero! 4
L'acqua infatti possiede un'elevata **tensione superficiale**: le forze di coesione nella sua molecola sono molto forti e fanno sì che al contatto con l'aria la superficie si comporti come un tappeto elastico su cui è possibile appoggiarsi (se non si è troppo pesanti!).

4 Le zampe del gerride sono provviste di peli ricoperti di oli che respingono l'acqua e gli permettono di non bucare la pellicola della superficie.

Piccoleprove — Il bicchiere che non affonda

Materiale occorrente

Contenuto integrativo — 15 minuti

- 1 bicchiere di plastica
- 1 bacinella
- forbici
- acqua
- sapone liquido

Procedimento
Riempi la bacinella con l'acqua.
Ritaglia e piega il bicchiere come in figura e appoggialo delicatamente sull'acqua...
Osservalo attentamente: il bicchiere è totalmente fuori dall'acqua, si appoggia infatti sulla sua superficie grazie alla tensione superficiale.
Ora prova a mettere una goccia di sapone nell'acqua della bacinella (senza toccare il bicchiere)...
Che cosa succede?
Che effetto ha il sapone sulla pellicola d'acqua creata dalla tensione superficiale?
Cerca informazioni e prova a dare una risposta.

Con metodo

Analizzo il testo

1. Completa la seguente frase.
L'acqua è una sostanza ....,
.... e ....
la cui molecola è formata da due atomi di
.... e uno di ....

2. Sottolinea nel testo le caratteristiche che rendono l'acqua un composto chimico così importante.

Comprendo il testo

3. Rispondi alle seguenti domande.
   - **a** Perché la Terra è chiamata anche pianeta blu?
   - **b** In quali stati si può trovare l'acqua sul nostro pianeta?
   - **c** Qual è la conseguenza della presenza dell'acqua sulla Terra?

4. L'acqua è in grado di:
   - ☐ sciogliere qualunque sostanza
   - ☐ sciogliere molte sostanze

Collaboro

5. In **gruppi di tre**, cerchiate nel testo del paragrafo le parole o le espressioni che giudicate difficili. Formulate la spiegazione per ognuna, arrivando a soluzioni condivise. Un portavoce esporrà il lavoro alla classe.

2 Il Sistema Terra

Audio

Il Sistema Terra è l'insieme di idrosfera, atmosfera, litosfera e biosfera

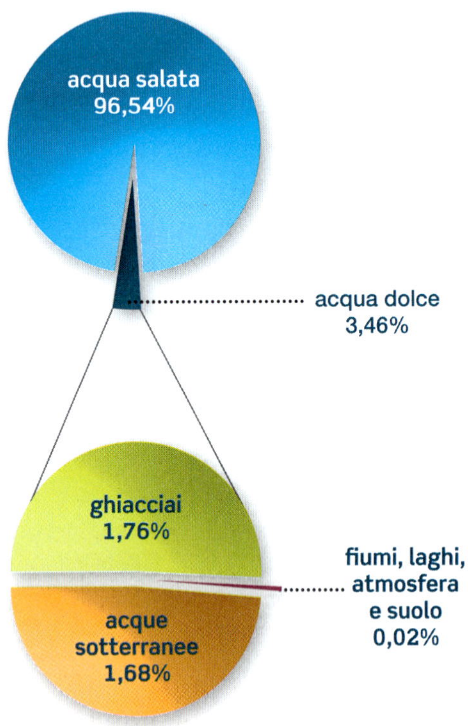

l'idrosfera in numeri	
oceani e mari	1 338 000 000 km³
laghi e fiumi	190 000 km³
acque sotterranee	23 400 000 km³
ghiacci	24 364 000 km³
atmosfera	12 900 km³
suolo	16 500 km³
totale	1 385 983 400 km³

L'**idrosfera** (dal greco *hydor* = acqua) è l'insieme dell'acqua presente sul nostro pianeta, distribuita in modo non uniforme fra:

- oceani, mari, laghi, fiumi e acque sotterranee (componente allo stato liquido);
- ghiacciai montani e zone polari (componente allo stato solido);
- atmosfera (componente allo stato aeriforme).

L'acqua presente nell'idrosfera non è tutta uguale: una parte, quella dei mari e degli oceani, è chiamata **salata**, perché in essa sono disciolti vari tipi di sali minerali in grandi quantità (soprattutto cloruro di sodio, che dà il sapore salato).
L'altra parte, quella dei fiumi, dei laghi, dei ghiacciai e delle calotte, è detta **dolce** perché la concentrazione di sali minerali è molto più bassa.
Quanta di quest'acqua è utilizzabile dall'uomo?
Di sicuro dobbiamo escludere l'acqua salata, che rappresenta il 96,54% dell'idrosfera.
L'acqua dolce, utilizzabile dall'uomo, è circa il 3,5%, ma solo una piccolissima percentuale di questa è direttamente disponibile, perché la maggior parte è congelata nelle calotte polari e nei ghiacciai.
Sul nostro pianeta, tuttavia, non c'è solo acqua: ci sono montagne, pianure, piante, animali... ed esistono i "contenitori" che li raggruppano.

- L'**idrosfera** abbraccia l'acqua in tutte le sue forme.
- L'**atmosfera** (dal greco *atmós* = vapore) comprende la parte aeriforme composta per la maggior parte da azoto e ossigeno.
- La **litosfera** (dal greco *líthos* = roccia) racchiude le rocce e i minerali che costituiscono la parte solida del pianeta, dalle terre emerse ai fondali oceanici.

L'idrosfera, l'atmosfera e la litosfera sono costituite da elementi inanimati, ma al loro interno si sono sviluppate le condizioni adatte a permettere la vita: la **biosfera** (dal greco *bíos* = vita). Nella biosfera sono racchiusi tutti gli esseri viventi.

Tutte queste **sfere** sono parti di un sistema complesso e in continuo movimento: le acque scorrono ed erodono le rocce, le masse d'aria originano i venti che spostano le nubi, le piante producono ossigeno con la fotosintesi e gli animali lo respirano.

Questo sistema si chiama **Sistema Terra** e il suo motore è il Sole che, con la sua energia, permette le interazioni tra i vari elementi che lo formano.

3 Il ciclo dell'acqua

Audio

Il ciclo dell'acqua è la continua circolazione dell'acqua tra idrosfera, atmosfera, litosfera e biosfera

L'interazione più importante che si osserva nel Sistema Terra è il **ciclo dell'acqua**, che consiste nella ininterrotta circolazione dell'acqua tra idrosfera, atmosfera, litosfera e biosfera. Questo fa sì che la quantità di acqua presente sulla Terra non aumenti e non diminuisca: resta costante perché continua a passare da uno stato di aggregazione all'altro.

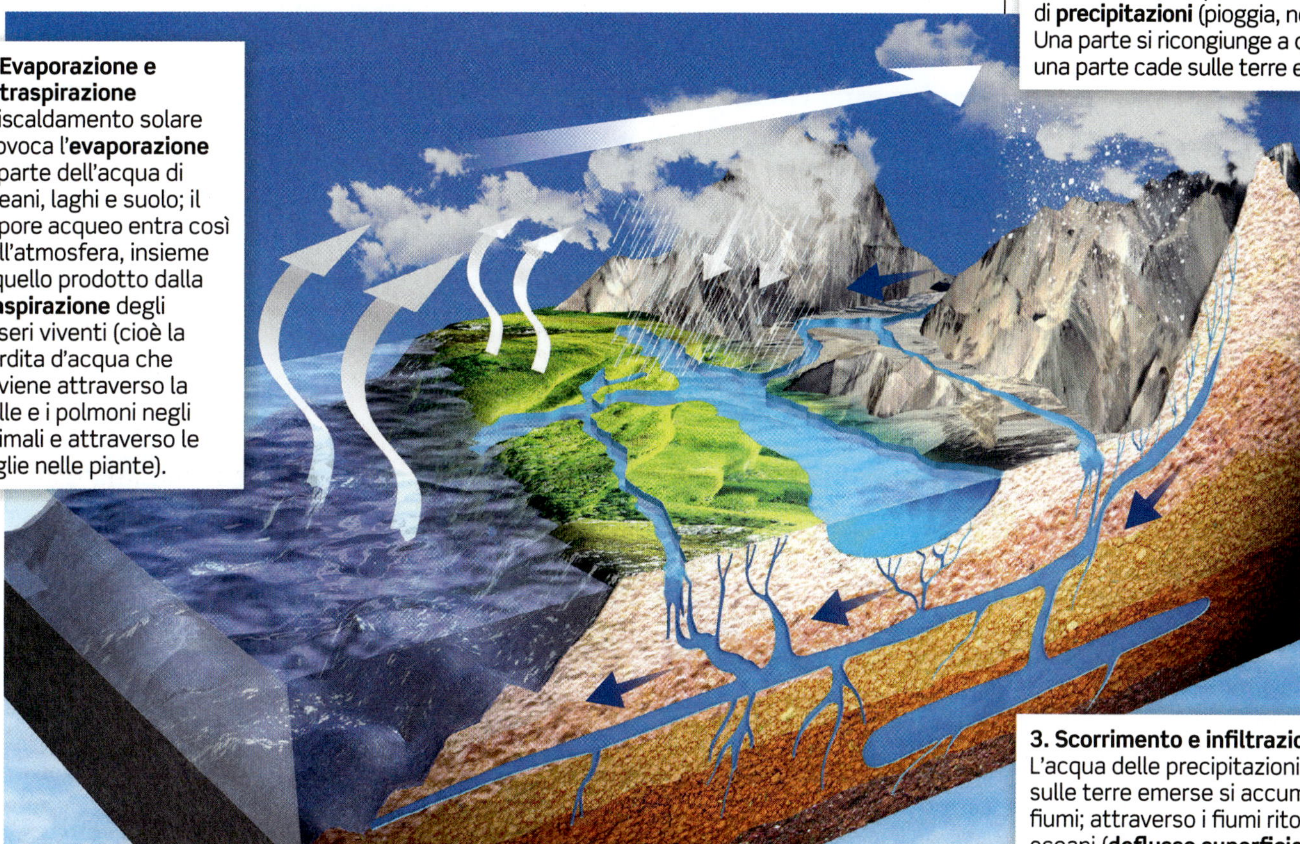

1. Evaporazione e traspirazione
Il riscaldamento solare provoca l'**evaporazione** di parte dell'acqua di oceani, laghi e suolo; il vapore acqueo entra così nell'atmosfera, insieme a quello prodotto dalla **traspirazione** degli esseri viventi (cioè la perdita d'acqua che avviene attraverso la pelle e i polmoni negli animali e attraverso le foglie nelle piante).

2. Condensazione e precipitazioni
Nell'atmosfera il vapore acqueo si raffredda e si trasforma in goccioline di acqua, che ritornano sulla superficie terrestre sotto forma di **precipitazioni** (pioggia, neve e grandine). Una parte si ricongiunge a quella degli oceani, una parte cade sulle terre emerse.

3. Scorrimento e infiltrazione
L'acqua delle precipitazioni che ricade sulle terre emerse si accumula in laghi e fiumi; attraverso i fiumi ritorna ai mari e agli oceani (**deflusso superficiale**), o si infiltra nel sottosuolo formando le falde acquifere, per poi riaffiorare in sorgenti o fiumi (**deflusso profondo**).

Video

Piccoleprove — La pioggia è salata?

Materiale occorrente (6 ore)

- 1 bacinella
- 1 tazzina
- acqua
- pellicola trasparente
- sale
- 1 sasso

Procedimento
Metti la tazzina nella bacinella, prepara l'acqua con il sale e versala nella bacinella facendo attenzione a non farla entrare nella tazzina.
Copri la bacinella con la pellicola trasparente e posiziona il sasso sopra la pellicola, in corrispondenza della tazzina, in modo che formi un avvallamento.
Metti la bacinella al Sole e aspetta qualche ora. Il calore del Sole farà evaporare l'acqua che si condenserà sulla pellicola, cadendo poi nella tazzina.
Assaggia ora l'acqua raccolta nella tazzina... è salata? Perché, secondo te?

Con metodo

Analizzo il testo

1. Completa.
Il ciclo dell'acqua consiste nella .... dell'acqua tra idrosfera, litosfera, atmosfera e biosfera. In questo modo la quantità di acqua presente sulla Terra non .... e non .... perché passa da uno .... all'altro.

4 Mari e oceani

Audio

I mari e gli oceani sono il più grande serbatoio di acqua salata

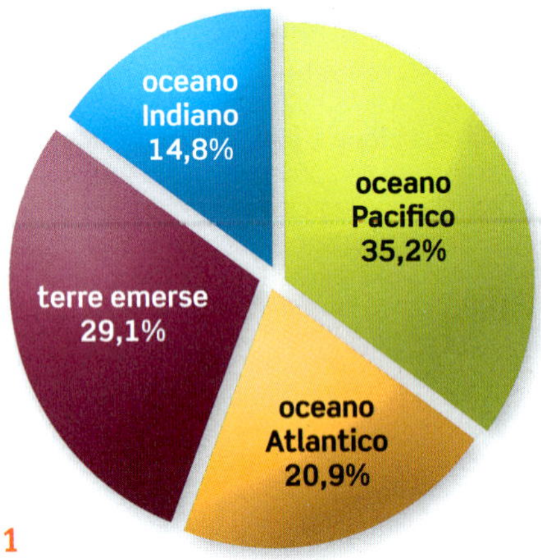

1

Gli **oceani** occupano più dei due terzi della superficie terrestre e sono le più vaste distese di acqua salata presenti su di essa 1. Si dividono in tre grandi bacini:

- l'**oceano Atlantico** ha un'area di 106 000 000 km^2 e una profondità media di 3300 m;
- l'**oceano Indiano** ha un'estensione di 75 000 000 km^2 e una profondità media di 3900 m;
- l'**oceano Pacifico** è il più esteso, con una superficie di 180 000 000 km^2 e il più profondo, con una profondità media di 4049 m. Qui si trovano fosse che si inabissano anche oltre 10 000 m.

I **mari** sono molto meno estesi e si trovano ai margini degli oceani: ricordiamo il mar Mediterraneo, il mare del Nord ecc.
Il mar Glaciale Artico appartiene all'oceano Atlantico; quello intorno all'Antartide ai tre oceani.

Contenuto integrativo

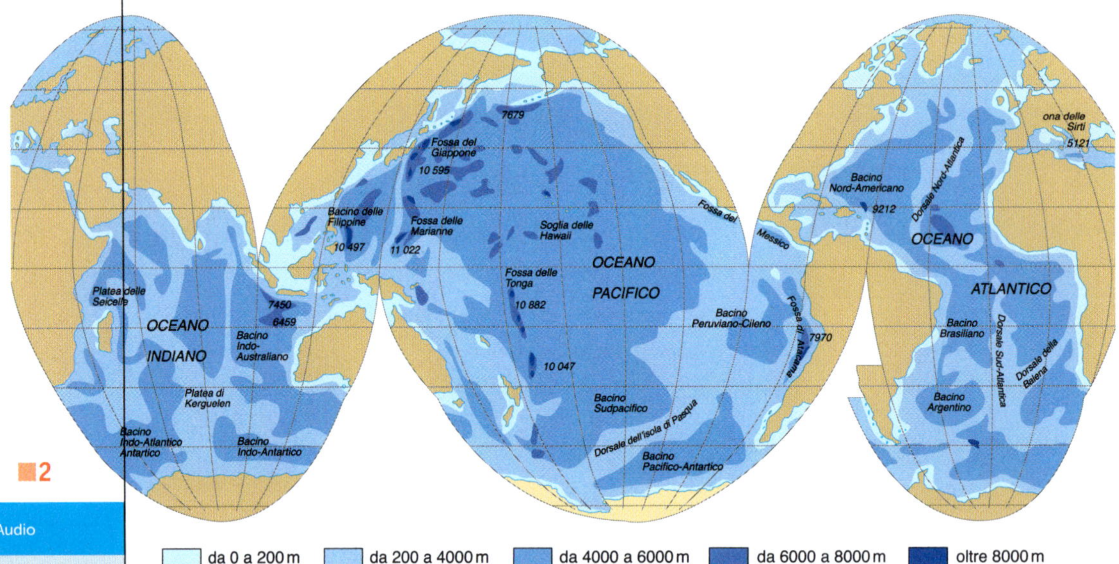

2

CLIL for SCIENCE Audio

acqua salata: *salt water*

What is the chemical formula for salt?

- ☐ sodium chloride (NaCl)
- ☐ calcium chloride ($CaCl_2$)

La salinità

La caratteristica comune di mari e oceani è l'elevata salinità, cioè la presenza di acqua in cui sono disciolti vari tipi di sali minerali.
Il termine **salinità** indica i grammi di sali contenuti in 1 kg di acqua.
Nell'acqua di mare sono presenti mediamente 35 g di sali per ogni kg: si dice quindi che la sua **salinità media** è il 35 per mille, che si indica 35‰.
Si raggiungono i valori massimi di salinità nei mari soggetti a elevata evaporazione, come il mar Rosso, in cui essa supera il 40‰. Al contrario, nei mari glaciali la salinità è bassa per la scarsa evaporazione e le frequenti precipitazioni.

L'origine dei sali disciolti nelle acque marine è dovuta all'azione chimica delle precipitazioni e delle acque superficiali sulle rocce: i minerali sciolti dall'acqua vengono portati dai fiumi nei mari; qui, a causa dell'evaporazione dell'acqua, la loro concentrazione aumenta.
Tra i sali, quello presente in maggior concentrazione è il **cloruro di sodio** (il comune sale da cucina, in formula NaCl) che costituisce il 77,7% del contenuto di sali dell'acqua marina.
Anche i gas presenti in atmosfera sono disciolti nell'acqua marina: i più importanti sono l'**ossigeno** e l'**anidride carbonica**. L'ossigeno, fondamentale per la vita di piante e animali acquatici, è maggiormente presente negli strati più superficiali, dove sono più facili gli scambi con l'atmosfera.

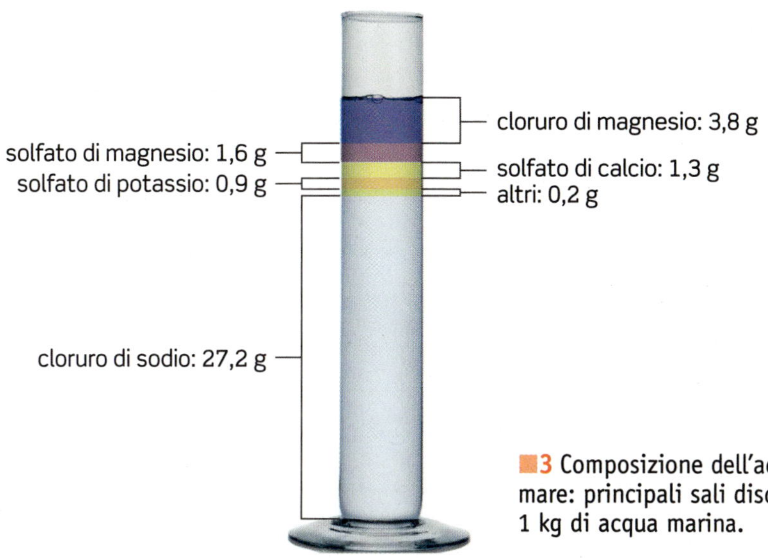

3 Composizione dell'acqua del mare: principali sali disciolti in 1 kg di acqua marina.

Piccoleprove — Quanto è salato il tuo mare?

Materiale occorrente — 2 giorni o più

- 1 secchiello
- acqua di mare
- 1 bacinella
- 1 bilancia

Procedimento

Riempi il secchiello con l'acqua di mare.
Posiziona la bacinella sulla bilancia e annota il suo peso (ti servirà nella fase finale), poi azzera la bilancia (alcune bilance hanno un tasto chiamato "tara" che permette di non considerare il peso del contenitore).
Riempi la bacinella con l'acqua fino ad arrivare a un kilogrammo.
Posiziona la bacinella con l'acqua in un luogo tranquillo, meglio se assolato, ma protetto da eventuali piogge, e aspetta che l'acqua evapori (potrebbero volerci giorni). Quando l'acqua sarà completamente evaporata, noterai uno strato biancastro sul fondo della bacinella: sono i sali che erano disciolti nel tuo kilogrammo di acqua di mare.
Ora pesa nuovamente la bacinella con i sali.
Basterà sottrarre il peso della bacinella per ottenere la massa in grammi dei sali in essa contenuti: hai calcolato così la salinità del mare dal quale hai prelevato l'acqua.

Se ti capita di trovarti in zone marittime diverse, ripeti l'esperimento e confronta le salinità dei mari che hai visitato.

Curiosità

Stai a galla con meno fatica nell'acqua della piscina o in quella del mare? "In quella del mare" dirai subito! Ma perché? L'elevata presenza di sali rende l'acqua marina **più densa** rispetto a quella dolce: ciò facilita il galleggiamento.

Con metodo

Analizzo il testo

1. Scrivi vicino al nome di ogni oceano elencato nel testo un numero da 1 a 3: il numero 1 indicherà l'oceano più esteso, il 3 quello meno esteso.
2. Completa la seguente frase.
   La salinità indica i .... di sale presenti in .... di acqua. Nell'acqua di mare sono presenti mediamente .... per cui la salinità media è ....

Comprendo il testo

3. Rispondi.
   a Qual è l'origine dei sali disciolti nelle acque marine?
   b Oltre ai sali, quali altri sostanze sono disciolte nell'acqua marina?

Collaboro

4. Che cos'è una salina? Lavorate con **un compagno** per realizzare una presentazione da mostrare in classe dedicata alle saline di Trapani e di Paceco.

Parole di scienze

latitudine: distanza di un luogo dalla linea dell'Equatore
fotico: dal greco *phos* = luce
afotico: dal greco *a* = senza + *phos* = luce

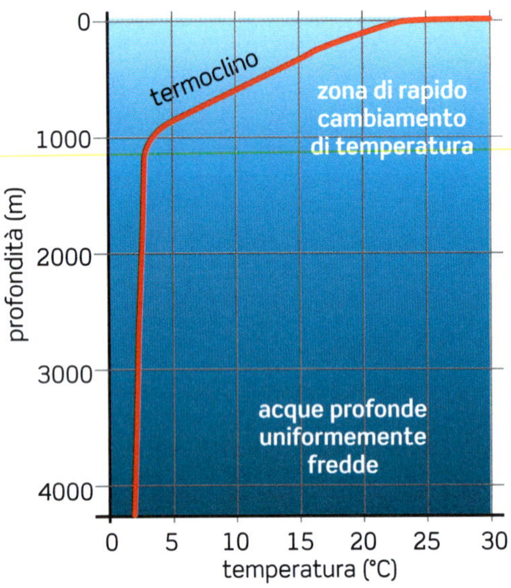

3 Rapporto tra profondità delle acque e temperatura.

La temperatura

La **temperatura** delle acque di mari e oceani dipende da quanta radiazione solare assorbono: in superficie l'acqua è più calda, così come sono più calde le acque di mari e oceani che si trovano sulla linea dell'Equatore.

Si possono distinguere 3-4:

- la **zona di rimescolamento**: è quella in cui la temperatura si mantiene invariata fino ai 150-200 m di profondità, a causa dei rimescolamenti del moto ondoso.
  È la zona più calda, che alle nostre **latitudini** ha una temperatura compresa fra 15 e 25 °C.
- il **termoclino**: è la zona sottostante a quella di rimescolamento e può anche raggiungere i 1000 m di profondità. Qui la temperatura diminuisce molto bruscamente.
- la **zona di acqua profonda**: si trova al di sotto del termoclino, dove la temperatura scende gradualmente fino ad arrivare al suo minimo sul fondale.

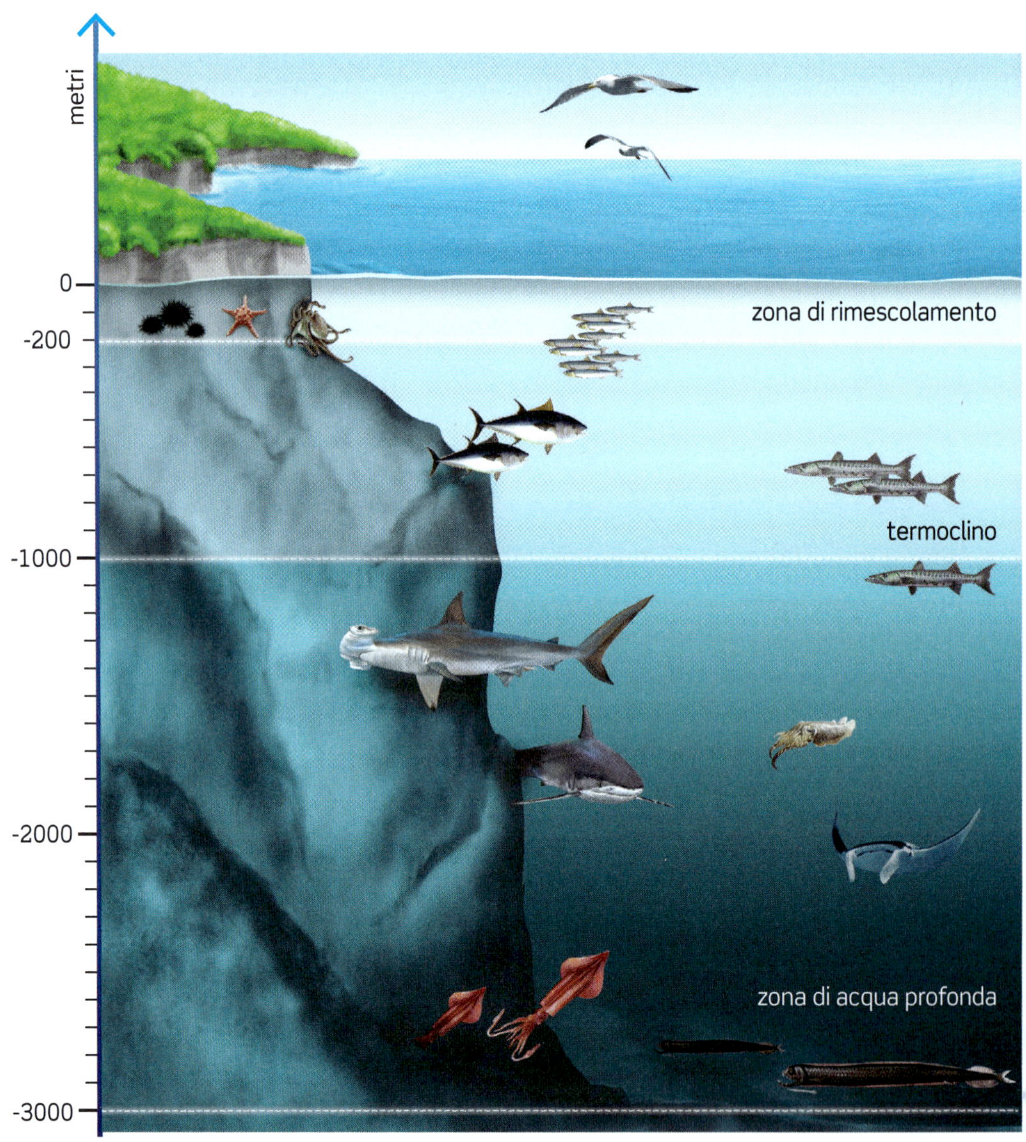

4 Le zone marine in base alla temperatura.

La luce

Come per la temperatura, anche per quanto riguarda la luce si possono distinguere varie zone, in base alla quantità di radiazione solare che vi arriva ■5:

- la **zona fotica** è la parte più superficiale di mari e oceani (fino a 150 m di profondità), in cui penetra luce sufficiente a permettere la vita di alghe e piante acquatiche (per la fotosintesi);
- la **zona afotica** è la parte più profonda di un oceano, nella quale non penetra la radiazione solare. La profondità in cui inizia dipende anche dalla torbidità delle acque ■6.

■6a

■6b

■6 La vita marina nella zona fotica ■a e nella zona afotica ■b.

Con metodo

Comprendo il testo

1. Abbina ogni termine alle sue caratteristiche.
   - Zona di rimescolamento ....
   - Termoclino ....
   - Zona di acqua profonda ....

   a la temperatura diminuisce gradualmente fino ad un minimo

   b la temperatura rimane invariata

   c la temperatura diminuisce molto bruscamente

Lavoro sulle immagini

2. Osserva il grafico 3 e il disegno 4; indica la temperatura delle acque in base alla loro profondità.

Collaboro

3. A **coppie**, lavorate sul disegno 4: lo studente A pone delle domande allo studente B, che dovrà rispondere. Invertite poi i ruoli lavorando sul disegno 5.

■5 Le zone del mare in base alla penetrazione della luce.

Contenuto integrativo

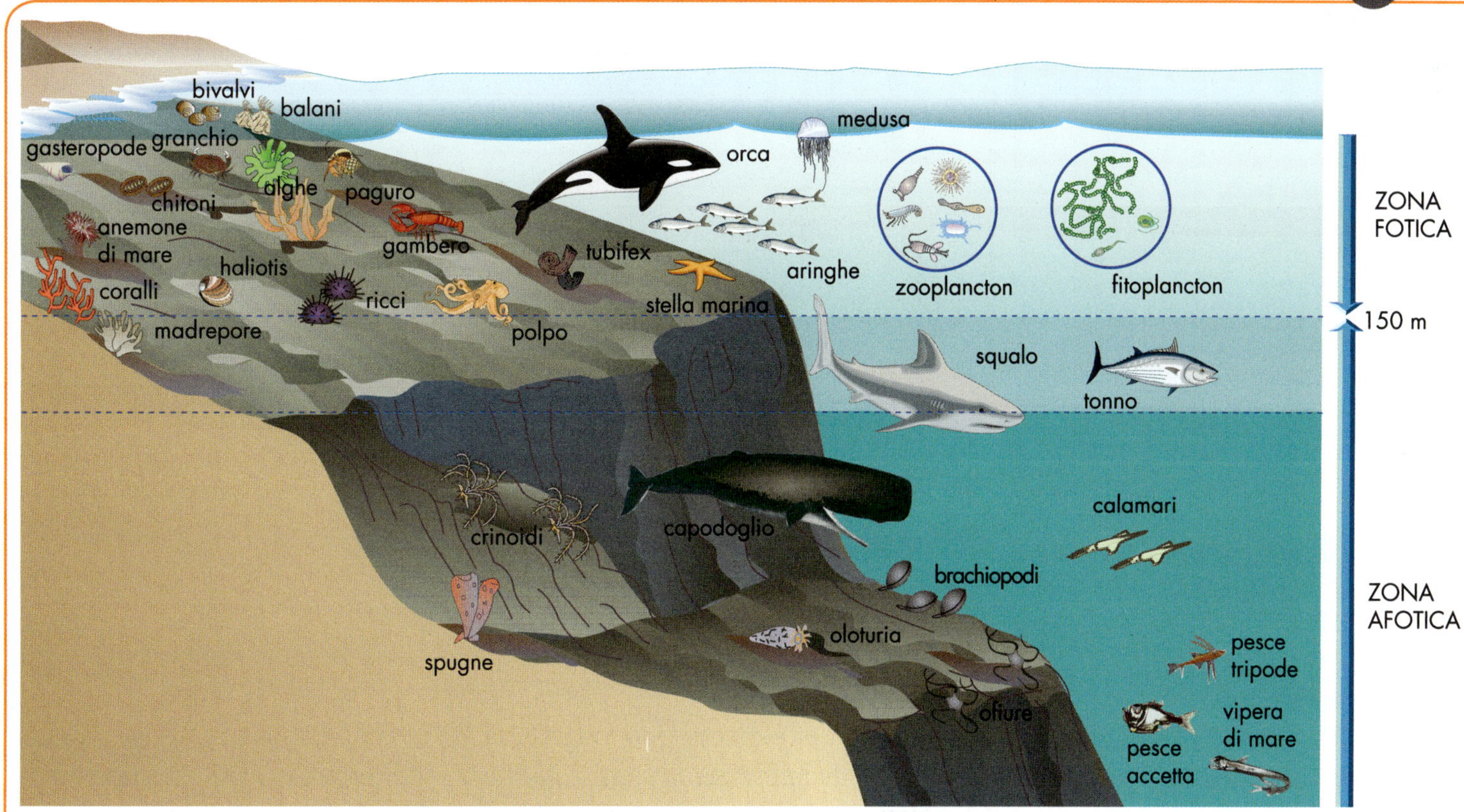

5 I movimenti dell'acqua del mare

Audio

I movimenti del mare sono le onde, le maree e le correnti

Saresti in grado di capire se ti trovi vicino al mare anche a occhi chiusi? Sicuramente sì, il mare fa un rumore tipico perché si muove in continuazione. Il mare, o meglio l'acqua marina, è soggetta a moti e cambiamenti che hanno da sempre influenzato il suo rapporto con la terraferma e con l'uomo, dalla forma delle coste alle rotte dei primi esploratori, alla fortuna o sfortuna delle battute di pesca.

Le onde e il moto ondoso

Il **moto ondoso** è il movimento oscillatorio della superficie del mare dovuto all'azione del vento su di essa. Più aumenta la profondità, più questo effetto si attenua, tanto che chi viaggia in un sommergibile non si accorge se è in corso una tempesta.

Al passaggio di un'onda, un oggetto che galleggia si muove in su e in giù senza avvicinarsi né allontanarsi dalla costa: infatti **il moto ondoso non produce spostamento di masse d'acqua** 1.

La parte più alta di un'onda si chiama **cresta**, quella più bassa si chiama **ventre**. Avvicinandosi alla costa, la base dell'onda rallenta perché frenata dal fondale che diventa più basso: le onde aumentano di altezza, le loro creste si avvicinano sempre più, fino a precipitare in avanti, generando i **frangenti**. Solo in questo caso si ha un vero spostamento di massa d'acqua 2.

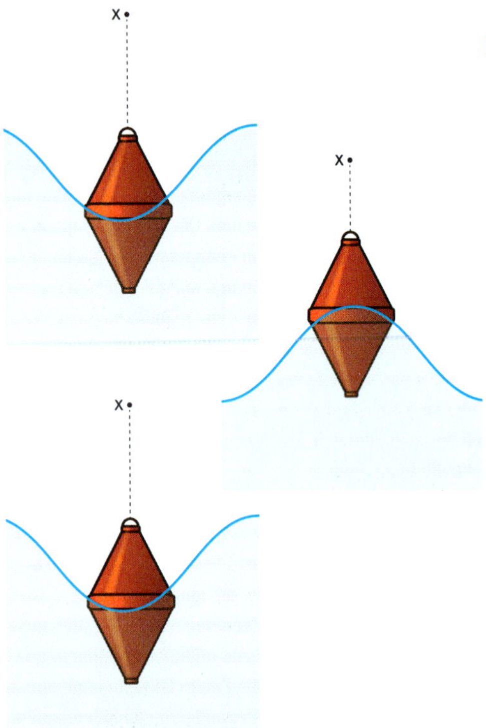

1 Un oggetto sottoposto al moto ondoso si muove verticalmente, senza avvicinarsi o allontanarsi dalla riva.

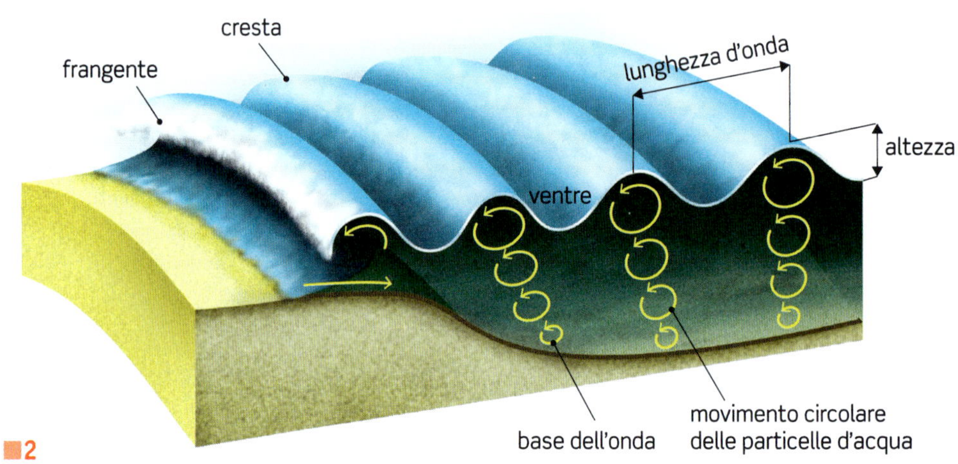

2

Le maree

Le **maree** sono lenti e periodici innalzamenti e abbassamenti del livello del mare.

L'altezza delle maree può variare da 20 m (nella baia di Fundy, Canada) a poche decine di centimetri (nel mare Mediterraneo). Ciò dipende essenzialmente dalla profondità dei fondali e dalla forma delle coste.

3a

3b

3 Mont-Saint-Michel (Francia): effetti dell'alta a e bassa marea b.

Le maree sono dovute principalmente all'attrazione gravitazionale della Luna sulla Terra, cui si aggiunge quella esercitata dal Sole, che però ha un effetto meno intenso a causa della maggiore distanza. ■4

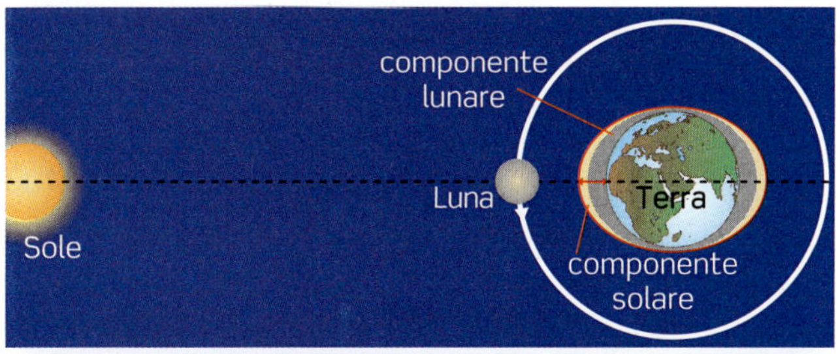

■4a

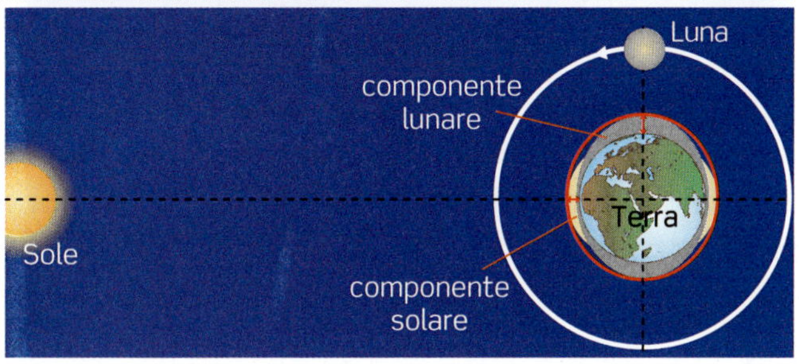

■4b

Le correnti

Le **correnti** sono spostamenti orizzontali di enormi masse d'acqua; sono originate dal vento (**correnti superficiali**) oppure dalle differenti caratteristiche fisiche e chimiche delle acque, come temperatura e salinità (**correnti profonde**). Le correnti possono essere calde o fredde. Le gigantesche masse d'acqua che si spostano da zone calde (tropici) a zone più fredde (subpolari) e viceversa danno origine alla **circolazione oceanica** ■5.

Questa ha una grande influenza sul clima dell'intero pianeta; ecco perché, nonostante si trovino alla stessa latitudine, New York ha un clima molto più rigido di quello di Napoli: risente infatti di una corrente oceanica fredda proveniente dalle zone polari, la Corrente del Labrador.

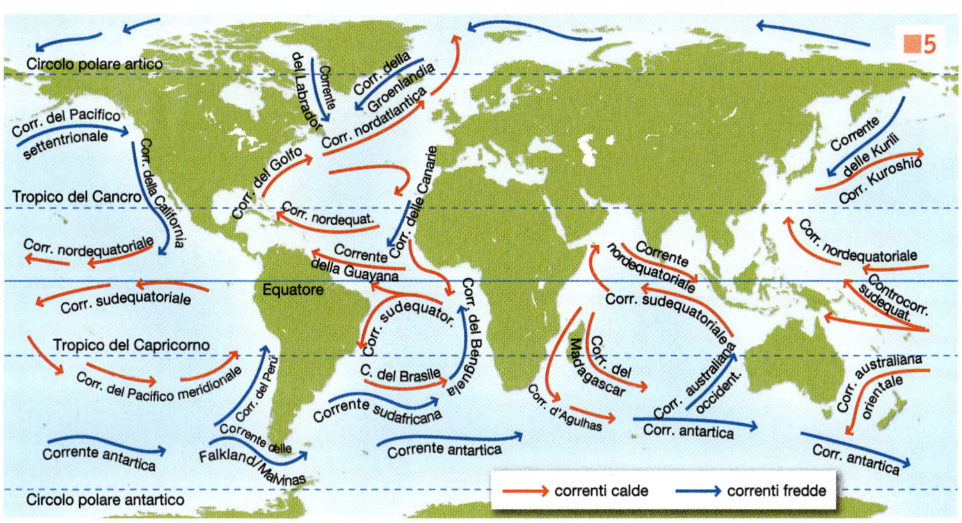

Il moto ondoso, le maree e le correnti modellano le forme delle **coste** e delle **spiagge**, con risultati che dipendono dalla loro forza e intensità, e dalla resistenza delle rocce. Se il moto ondoso è molto forte, l'azione erosiva è più efficace e si possono formare coste alte con pareti verticali chiamate **falesie**. Dove invece l'erosione è minima si hanno **coste basse** e **sabbiose**.

■4a Le **maree vive** (quelle cioè con altezza maggiore) avvengono quando Sole, Luna e Terra sono allineati, perché le loro forze di attrazione si sommano.

■4b Quando Luna e Sole si trovano angolati rispetto alla Terra, le loro forze di attrazione agiscono attirando le acque in direzioni diverse. Ciò dà luogo a maree di minore ampiezza.

Con metodo

Comprendo il testo

1. Il moto ondoso è dovuto:
   - ☐ all'azione del vento sulla superficie del mare
   - ☐ a movimenti che avvengono sui fondali oceanici
2. Le maree:
   - ☐ sono causate dai dislivelli di temperatura tra una zona oceanica e un'altra
   - ☐ sono dovute alla forza di attrazione gravitazionale della Luna e del Sole
3. Le correnti:
   - ☐ possono essere causate da vento e differenze di temperatura e salinità
   - ☐ sono dovute alla forza di attrazione gravitazionale della Luna e del Sole
4. Rispondi alle seguenti domande.
   - **a** Qual è la differenza tra correnti superficiali e correnti profonde?
   - **b** Quali sono le conseguenze dell'azione dei movimenti del mare sulle coste?

Lavoro sulle immagini

5. Osserva l'immagine: come si chiama questa struttura? Come si può essere formata?

6 I ghiacciai

Audio

I ghiacciai sono depositi di acqua dolce in forma solida

Abbiamo studiato che solo una piccola percentuale di acqua è dolce e di essa solo una piccola percentuale è facilmente accessibile all'uomo.
Più dei due terzi, infatti, è congelata in grossi ammassi: i ghiacciai.

Un **ghiacciaio** si forma sui continenti per la trasformazione della neve in ghiaccio.

Ciò è possibile solo dove l'accumulo di neve, in un anno, supera la quantità di neve che fonde, perché la temperatura sale al di sopra di 0 °C solo per brevi periodi.
Questo accade in alta quota sopra il cosiddetto **limite delle nevi perenni**, e nelle zone polari: la neve che cade comprime quella sottostante, trasformandola lentamente in ghiaccio (possono essere necessari anche più di 100 anni!).

Il 98 % dei ghiacciai si trova in Antartide e in Groenlandia (**ghiacciai continentali**), mentre il restante 2 % è confinato in alta montagna (**ghiacciai montani**), a quote superiori a 2500 m in catene montuose come le Alpi, e oltre i 5000 m in quelle prossime all'Equatore, come alcune vette delle Ande. I ghiacciai continentali e i ghiacciai montani si distinguono, oltre che per la diversa localizzazione geografica, anche perché i primi ricoprono le forme del paesaggio senza esserne condizionati **1a**; i secondi, invece, sono di dimensioni ridotte e si adattano alle forme del paesaggio che li ospita **1b**.

1 Calotta antartica **1a** e ghiacciaio montano (ghiacciaio dell'Aletsch, Svizzera) **1b**.

Parole di scienze

limite delle nevi perenni: quota altimetrica sopra la quale la neve non fonde in nessun periodo dell'anno.

Contenuto integrativo

Non sbagliare anche tu...

E il ghiaccio del Polo Nord? Quello non è un ghiacciaio, ma acqua di mare congelata: la banchisa artica.

CLIL for SCIENCE

Audio

ghiacciaio: *glacier*

True or false?

Glaciers store almost half of the fresh water on Earth T F

Glaciers are found only in the polar regions T F

Come è fatto un ghiacciaio?

In un ghiacciaio possiamo distinguere due zone principali 2:

- la **zona di accumulo**, dove si registra un continuo aumento della massa nevosa;
- la **zona di ablazione**, dove si ha una perdita di ghiaccio per fusione ed evaporazione o per distaccamento di blocchi di ghiaccio.

2

Il ghiacciaio montano

A valle della zona di accumulo si forma la **lingua** che scorre verso il basso 3; la parte più avanzata della lingua si chiama **fronte**, dove il ghiaccio fonde e da cui può fuoriuscire il **torrente glaciale**. Nel suo scivolamento a valle, il ghiacciaio deposita, davanti e lateralmente a sé una certa quantità di detriti, che prendono il nome di **morene** 4.

3 Lingua glaciale.

4 Ghiacciaio e depositi morenici.

Con metodo

Comprendo il testo

1. Rispondi.
   - **a** Cos'è il limite delle nevi perenni?
   - **b** Qual è la differenza tra i ghiacciai continentali e quelli montani?
2. Collega la definizione con il termine corretto.
   - Parte più avanzata ....
   - Parte dove si accumula la massa nevosa ....
   - Zona dove si ha fusione ed evaporazione ....
   - Parte dove si accumulano i detriti ....
   - Luogo a valle del ghiacciaio ....

   a lingua
   b fronte
   c zona di ablazione
   d morena
   e zona di accumulo

Comprendo le parole

3. Scrivi la definizione delle seguenti parole.
   a ghiacciaio **b** ablazione

Perché il ghiacciaio si muove?

Come abbiamo accennato, un ghiacciaio non è immobile: il ghiaccio, infatti, si muove da qualche decina a qualche centinaio di metri all'anno, con una velocità che varia a seconda del tipo di ghiacciaio.
I motivi per cui un ghiacciaio si sposta sono principalmente la forza di gravità, che si fa sentire soprattutto se il pendio è molto ripido, e la capacità del ghiaccio di deformarsi a causa del peso soprastante.
Un ghiacciaio durante i suoi spostamenti provoca l'erosione delle rocce sottostanti: si originano così le **striature** 5, i **circhi** (depressioni semi-circolari circondate da pareti rocciose molto ripide, a volte occupati da laghi 6) e le **valli a U** (le valli che hanno un fondovalle largo e un profilo che ricorda la lettera U) 7.

5 Striature.

6 Circo glaciale.

7 Valle a U.

Un ghiacciaio può espandersi ma anche ritirarsi, soprattutto per il cambiamento delle condizioni climatiche.
Con il ritiro, un ghiacciaio lascia dietro di sé depositi di detriti, e **massi erratici**, grandi rocce singole 8.

CLIL for SCIENCE Audio

acqua sotterranea: ***groundwater***
sorgente: ***spring***

Look at the picture and translate the sentence below in Italian.

Groundwaters can emerge from the surface of the earth, giving rise to springs.

....

....

8 Masso erratico: Pietra Pendula, Torno (CO)

Contenuto integrativo

Audio

7 Le acque sotterranee

Le acque sotterranee si raccolgono in falde freatiche e artesiane

Dove va l'acqua della pioggia? Le **acque meteoriche**, o **precipitazioni atmosferiche**, ingrossano i fiumi, si raccolgono nei laghi e una parte molto importante penetra nel sottosuolo.
Fiumi, laghi e depositi sotterranei sono gli altri grandi serbatoi di acqua dolce disponibile per la vita sulla Terra e per i bisogni umani.

Le acque sotterranee: falde freatiche e artesiane

Quando si infiltra nel sottosuolo e incontra uno strato roccioso impermeabile, che cioè non lascia passare i liquidi, l'acqua si accumula sopra di esso: si forma così un serbatoio di acqua dolce chiamato **falda**.
Vi sono due tipi di falde 1:

- le **falde freatiche** (o *libere*): il loro livello può cambiare in base alle precipitazioni o al loro utilizzo da parte dell'uomo, poiché la superficie superiore non è delimitata da uno strato roccioso impermeabile;
- le **falde artesiane** (o *contenute*): in questo caso l'acqua è intrappolata fra due strati di rocce impermeabili; se si pratica un foro profondo in questo tipo di falda l'acqua zampilla fino alla superficie e forma un **pozzo artesiano**. In pozzi più profondi l'acqua viene fatta risalire con l'utilizzo delle pompe.

L'acqua di falda scorre nel sottosuolo per la forza di gravità, ma in alcuni punti può riaffiorare in superficie, dando origine alle **sorgenti**.

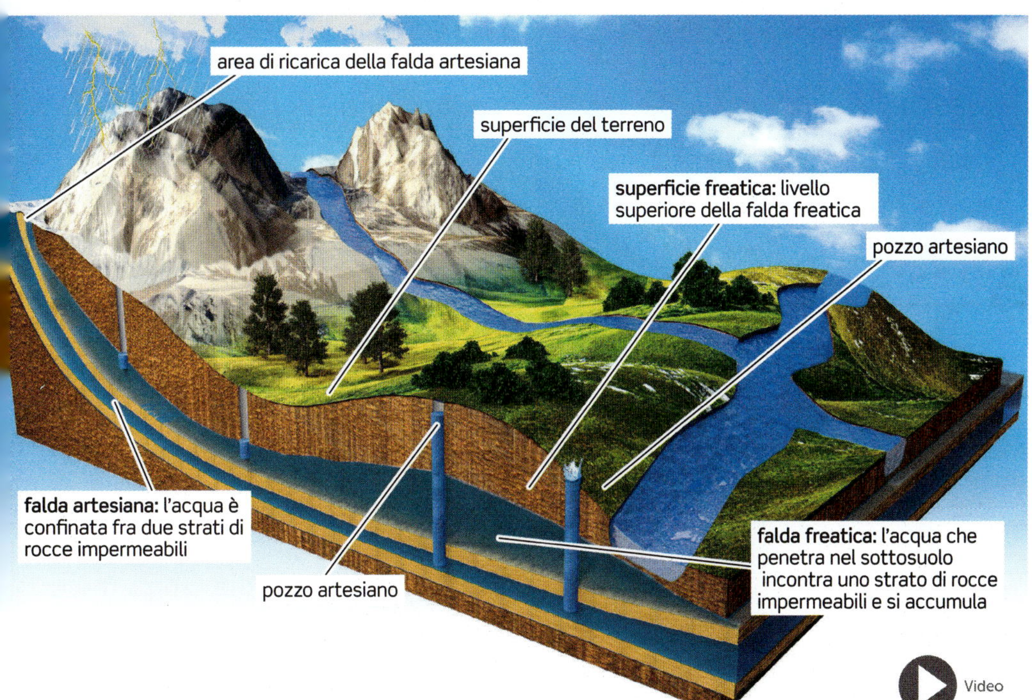

Video

Parole di scienze

meteorico: relativo ai fenomeni che si svolgono nell'atmosfera terrestre.

Con metodo

Analizzo il testo

1. Sottolinea con 2 colori i diversi serbatoi di raccolta dell'acqua dolce che cade sulla superficie della Terra.
2. Completa.
   Quando l'acqua si .... nel sottosuolo e incontra uno strato di roccia .... accumulandosi sopra di esso; si forma così un .... d'acqua dolce chiamato ....
   Se l'acqua nel sottosuolo .... in superficie si originano le ....

Comprendo il testo

3. Rispondi alla seguente domanda.
   Qual è la differenza tra falda freatica e falda artesiana?

Lavoro sulle immagini

4. Come si chiama questo fenomeno e qual è il processo che lo ha originato?

8 I fiumi

Audio

I fiumi sono corsi d'acqua dolce alimentati dalle precipitazioni o dalle acque di fusione di un ghiacciaio

Che cosa si intende per "corso d'acqua"? Per descriverlo si usano le **grandezze idrologiche**, ovvero lunghezza, pendenza, portata e regime.
La **lunghezza** è la distanza dalla **sorgente**, il punto in cui nasce un corso d'acqua, alla **foce**, il punto in cui esso si getta in un altro corso d'acqua, in un lago o nel mare. La **pendenza** indica l'inclinazione del corso d'acqua e dipende dalla posizione di foce e sorgente; viene espressa in percentuale.
La **portata** è la quantità di acqua che passa in un determinato punto nell'unità di tempo; si esprime in m^3/s (metri cubi al secondo).
Il **regime** è l'insieme delle variazioni della portata durante l'anno, che può dipendere dalla piovosità, dalla temperatura ecc.
In base a queste caratteristiche, i corsi d'acqua si distinguono in:
- **fiumi**: scorrono in valli ampie o pianure, dove la pendenza è ridotta; hanno una lunghezza rilevante, portata notevole e regime uniforme.
- **torrenti**: sono caratterizzati da un percorso breve, con elevata pendenza; la portata e il regime sono molto variabili.

Entrambi scorrono in un canale, chiamato **alveo** o **letto**, che è stato scavato dalla forza erosiva delle acque. Il letto è compreso tra due **rive** (o **sponde**) 1. Ogni corso d'acqua ha il proprio **bacino idrografico**, che è l'area geografica di raccolta delle precipitazioni che vi confluiscono. Il confine tra un bacino idrografico e un altro si chiama **linea spartiacque**. Come il ghiacciaio, anche il fiume modella il paesaggio, erodendolo o depositando detriti.

2 Le valli scavate da un fiume hanno versanti ripidi e la forma della lettera V, a differenza delle valli glaciali (a U).

3 Foce a delta (Nilo).

Testimonianze dell'erosione fluviale sono le **gole** (solchi profondi con pareti ripide), le **valli a V** 2 e i **meandri** (curve o anse tortuose che si susseguono nei tratti di pianura).
La forma di deposito più importante è la **pianura alluvionale**, un suolo molto fertile costituito da detriti trasportati e abbandonati dal fiume.
Se il fiume deposita detriti alla foce, questa assumerà forma di ventaglio, che prende il nome di **delta** 3. Se le acque sono molto veloci, non vi sono depositi e il fiume sfocia in un unico ramo, che prende il nome di **estuario**.

Audio

I laghi

9

I laghi sono bacini alimentati dalle precipitazioni e dai corsi d'acqua

I **laghi** sono masse d'acqua raccolte, anche temporaneamente, in una depressione del terreno, che non ha comunicazione diretta con il mare. Essi sono alimentati dalle precipitazioni e possono avere uno o più corsi d'acqua che vi s'immettono (**immissari**) e uno che fuoriesce (**emissario**).
I laghi sono costituiti da acqua dolce; tuttavia, vi sono due grandi laghi, il mar Caspio e il mar Morto, nei quali l'acqua è salata perché è raccolta in un bacino chiuso senza emissari: l'acqua degli immissari può uscirne solo tramite evaporazione e in questo modo aumenta la concentrazione dei sali minerali. I laghi sono classificati in base alla loro origine in:

- **Laghi glaciali**: occupano depressioni scavate da un ghiacciaio (per esempio i grandi laghi nordamericani); si chiamano *laghi di circo*, se si formano nelle conche scavate nella parte iniziale del ghiacciaio, *laghi vallivi* se invece si formano nelle depressioni formate dalle lingue.

- **Laghi di sbarramento**: si formano quando una valle viene chiusa da una frana, da una lingua di ghiaccio, dai detriti trasportati da un fiume. Anche una diga crea un lago di sbarramento, che in questo caso si dice **artificiale**.

- **Laghi carsici**: si creano in depressioni create nelle rocce calcaree dall'erosione dell'acqua piovana; di solito sono privi di emissari.

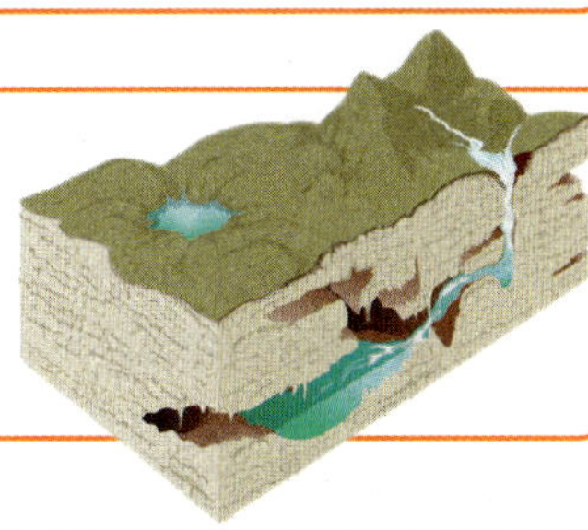

- **Laghi tettonici**: si formano dove la crosta terrestre si sta spaccando e origina profonde depressioni nella superficie; hanno una forma allungata, che ricorda quella della frattura.

- **Laghi vulcanici**: occupano i crateri di antichi vulcani per lo più spenti, ma anche attivi; spesso hanno forma circolare.

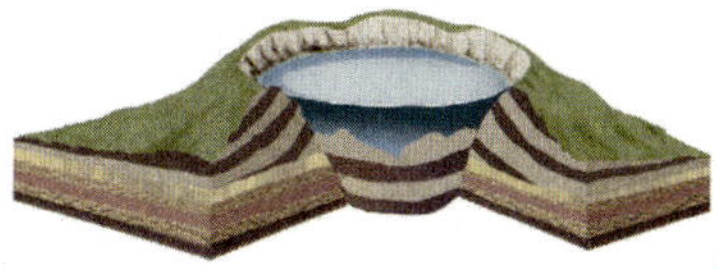

Con metodo

Analizzo il testo

1. Sottolinea con colori diversi le grandezze idrologiche che caratterizzano un fiume.

2. Completa.
Fiumi e torrenti scorrono in un canale chiamato .... o ...., compreso tra due .... Ogni corso d'acqua ha il suo ...., separato da un altro dalla linea ....

Comprendo il testo

3. Rispondi.
- **a** Qual è la differenza tra fiume e torrente?
- **b** Che cos'è e come si forma una pianura alluvionale?
- **c** Qual è la differenza tra immissario ed emissario di un lago?

Lavoro sulle immagini

4. Osserva l'immagine, che cosa puoi osservare? Quali potrebbero essere stati i processi che hanno formato questa struttura?

Collaboro

5. Lavorate a **gruppi di cinque**. Ciascun membro del gruppo descriva oralmente ai compagni le caratteristiche di un tipo di lago tra quelli studiati.

L’acqua è una risorsa rinnovabile?

Contenuto integrativo

Una risorsa è una materia prima utilizzata dall’uomo per soddisfare i propri bisogni.

Le risorse possono essere *esauribili* (limitate nel tempo) o *rinnovabili* (illimitate nel tempo). Ora prova a pensare all’acqua: è una risorsa? Se sì, è rinnovabile?
La tua risposta deve essere sì a entrambe le domande: l’acqua è infatti una risorsa in quanto utilizzata dall’uomo (per uso domestico, per l’agricoltura, per l’industria ecc.) ed è anche rinnovabile attraverso il suo ciclo incessante. Tuttavia il fabbisogno di acqua, a causa dell’aumento della popolazione della Terra, diventa sempre più elevato. L’acqua potabile, a causa sia dell’inquinamento sia di fattori climatici (per esempio nelle aree desertiche), sta diventando sempre più scarsa e quindi ogni giorno più preziosa per l’intero pianeta. Per 2 miliardi di persone, in alcune zone del mondo, la disponibilità di acqua è di solo 2 litri al giorno, mentre in Europa per esempio il consumo medio pro capite giornaliero è di circa 160 litri.

azione	consumo
lavaggio piatti a mano	- 30 *l* riempiendo il lavello - 90 *l* con acqua corrente
lavaggio piatti con lavastoviglie	15 *l*
scarico wc tradizionale	10 *l*
scarico wc con doppio tasto	3-6 *l*
doccia (5 min)	75 *l*
bagno nella vasca	150 *l*
lavaggio denti	7-8 *l*
lavaggio automobile	150-200 *l*
irrigazione giardino	15-20 *l* per m^2

Che cosa possiamo e dobbiamo fare per diminuire il consumo di acqua?
Dobbiamo modificare le abitudini domestiche. Osserva.

Quando laviamo i denti, non lasciamo scorrere l’acqua.

Preferiamo la doccia (di 5 minuti) al bagno nella vasca.

Se lo sciacquone del wc ha il doppio tasto per lo scarico, cerchiamo di utilizzare quello a consumo inferiore.

Raccogliamo l’acqua piovana per innaffiare i fiori e bagniamoli la sera, quando il Sole è calato, in modo che l’acqua non evapori, ma venga assorbita dal terreno.

Utilizziamo la lavatrice e la lavastoviglie sempre a pieno carico.

Beviamo l’acqua del rubinetto: eviteremo così gli imballaggi e il trasporto.

Prova tu a pensare ad altri modi per risparmiare l’acqua a casa e a scuola.

L'acqua nel piatto

Forse stai pensando che l'acqua di solito sta in un bicchiere... Hai ragione, ma c'è più acqua in un piatto di quanto pensi!

Se qualcuno ti chiedesse di indicare quanta acqua consumi in un giorno, a che cosa penseresti? All'acqua che bevi, a quella che usi per lavarti, allo sciacquone del wc ecc.

Questa è l'acqua che usi direttamente, ma forse hai dimenticato quella più abbondante: l'acqua che viene utilizzata per produrre il cibo che mangi.

Il cibo che portiamo in tavola è il risultato di un processo produttivo che richiede molta acqua: per irrigare le coltivazioni, per abbeverare gli animali negli allevamenti, per la produzione degli imballaggi, per il trasporto ecc.

L'acqua "invisibile" che si trova nei prodotti alimentari e, in generale, in tutto ciò che utilizziamo è chiamata **acqua virtuale**.

Quindi se pensi di consumare 2 litri di acqua al giorno perché questa è la quantità che bevi, in realtà il totale da te consumato è molto più alto: se consideri anche l'acqua presente in ciò che mangi, puoi arrivare anche a 4000 litri!

Mi preparo all'interrogazione

Erickson

L'idrosfera

Quali sono le caratteristiche fisiche e chimiche dell'acqua?

Paragrafo 1

Nel paragrafo 1, trovi le caratteristiche fisiche e chimiche che rendono l'acqua indispensabile per la vita sulla Terra. Sottolinea le parole in grassetto e cerca la loro spiegazione nel testo, poi completa il brano seguente con i termini proposti:

idrogeno • ambiente circostante • aumenta • tensione • forze di coesione • termoregolatrice • insapore • leggero • ossigeno • solvente • quadruplo • inodore • diminuisce

L'acqua è una sostanza ...., incolore e ....

Ogni sua molecola è formata da due atomi di .... e da un atomo di ....

Viene definita .... universale, perché può sciogliere più sostanze di qualsiasi altro liquido. L'acqua ha un calore specifico che è il .... dell'aria e mitiga la temperatura dell'................... (funzione ....). La densità dell'acqua .... al diminuire della temperatura fino a 4 °C; al di sotto di questa temperatura, la densità ...., infatti il ghiaccio è più .... dell'acqua e galleggia. L'acqua possiede una elevata .... superficiale, perché le .... delle sue molecole sono molto forti.

Come è suddivisa l'acqua sul nostro pianeta?

Paragrafo 2

Nel paragrafo 2 osserva il grafico e la tabella che mostrano quanta acqua dolce è presente sulla Terra e può essere utilizzata dall'uomo. Completa la tabella indicando le percentuali di acqua dolce.

acqua salata: 96,54%	oceani e mari	96,54%
acqua dolce: 3,46%	laghi e fiumi	
	acque sotterranee	
	ghiacci	

Memo studio

Osservare e «studiare» immagini, grafici e diagrammi può essere molto utile per comprendere e memorizzare un concetto apparentemente difficile.

Quali sono le «sfere» del Sistema Terra e quali sono le loro caratteristiche?

Paragrafo 2

Leggi l'elenco puntato a metà pagina dove trovi le prime tre sfere, e ricerca la quarta sfera che si lega alle altre. Scrivi i quattro nomi all'interno dell'elenco numerato qui sotto e riportane a fianco una breve spiegazione. Non tralasciare la radice greca del loro nome, è un grande aiuto: ricordarsi da dove derivano le parole scientifiche ti aiuterà in futuro.

1. ....: ....
....

2. ....: ....
....

3. ....: ....
....

4. ....: ....
....

Erickson

Acqua salata e acqua dolce

Quali sono le caratteristiche dell'acqua salata?

Paragrafo 4

Sottolinea nei tre sottoparagrafi *La salinità*, *La temperatura* e *La luce* le peculiarità dell'acqua salata; fai attenzione alle parole scritte in grassetto e ai termini spiegati negli elenchi puntati: sono i concetti principali. Schematizza poi il contenuto del testo completando, o prendendo come spunto, la mappa seguente.

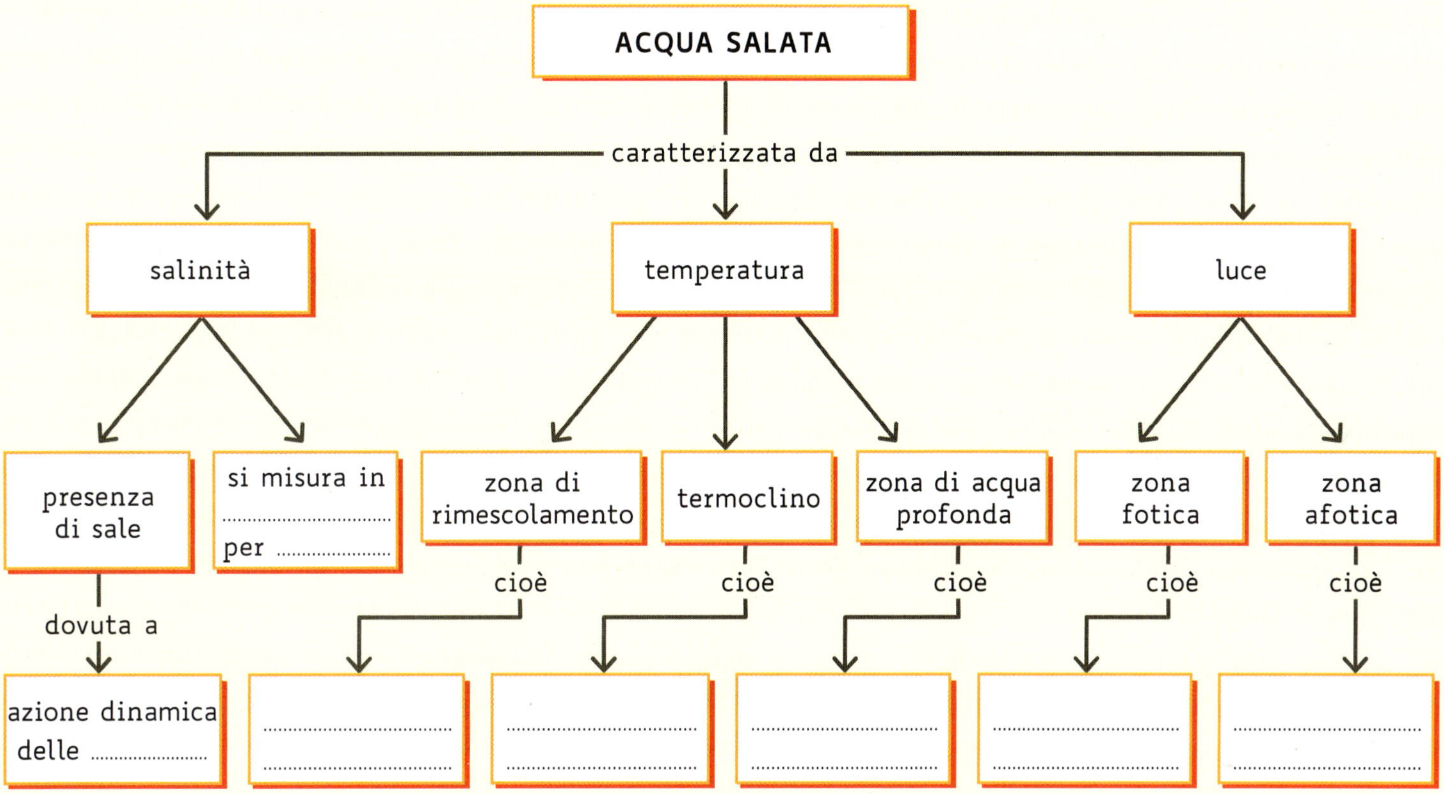

Memo studio

I titoli dei paragrafi e dei capitoli sono un indice delle informazioni contenute nelle pagine di un libro, leggili con attenzione e quando sottolinei le informazioni nel testo fai in modo di collegarle mentalmente con quelle del titolo.

Dove si trova l'acqua dolce?

Paragrafi 6-7-8-9

Le acque dolci si trovano in forme diverse in luoghi differenti, con caratteristiche proprie. Ricostruisci sul tuo quaderno una tabella come la seguente, cercando le informazioni nei paragrafi indicati. Per identificare le informazioni da inserire in tabella, ricordati di riportare tutti i concetti scritti in grassetto o all'interno di elenchi puntati.

ACQUE DOLCI			
ghiacciai (par. 6)	acque sotterranee (par. 7)	fiumi (par. 8)	laghi (par. 9)

Mi preparo all'interrogazione

Contenuti multipli

L'ACQUA

ha
- elevato calore specifico
- densità caratteristica
- elevata tensione superficiale

circola tra
- idrosfera (in tutti gli stati di aggregazione)
- atmosfera (allo stato gassoso)
- litosfera (allo stato liquido)
- biosfera

attraverso il → ciclo dell'acqua

è
- presente sulla Terra allo stato liquido, solido e gassoso
- inodore
- incolore
- insapore

sulla Terra costituisce → l'idrosfera

formata da
- acque salate (97%)
- acque dolci (3%)

comprende

- **mari e oceani** – caratterizzati da
  - salinità
  - temperatura specifica
  - moto ondoso
  - maree
  - correnti
- **ghiacciai** – possono essere
  - continentali
  - montani
- **ghiacciai** – caratterizzati da
  - mobilità
  - modellamento del paesaggio
- **falde (acque sotterranee)** – possono essere
  - freatiche
  - artesiane
- **fiumi e torrenti** – descritti da
  - grandezze idrologiche (lunghezza, pendenza, portata, regime)
- **fiumi e torrenti** – caratterizzati da
  - alveo (o letto)
  - rive (o sponde)
  - bacino idrografico
  - modellamento del paesaggio
- **laghi** – possono essere
  - glaciali
  - di sbarramento
  - carsici
  - tettonici
  - vulcanici

verifica

Verifica interattiva

CONOSCO

1 Completa le seguenti frasi scegliendo tra i termini elencati sotto.

tensione • galleggiare • dolce • circolazione • zone • blu • aeriforme • sfere • termoregolatrice • solvente • salata • oceani • vita • ghiacciai • sali minerali • acqua • densità • fiumi • calore

a La Terra è chiamata anche il pianeta .... perché la sua superficie è prevalentemente ricoperta dall'..; sulla Terra si presenta nei tre stati: solido, liquido e .... Questa caratteristica ha permesso lo sviluppo della .... sul nostro pianeta.

b L'acqua è detta .... universale perché scioglie molte sostanze; ha molte proprietà che la rendono così importante e unica: ha una funzione .... grazie al suo elevato .... specifico; possiede una elevata .... superficiale; allo stato liquido la sua .... è maggiore rispetto a quella del ghiaccio, per cui quest'ultimo è in grado di .... su di essa.

c L'acqua allo stato liquido si trova negli ...., nei mari, nei laghi, nei .... e nelle acque sotterranee; allo stato solido si trova nei .... montani e nelle .... polari. Se sono presenti .... in grande quantità l'acqua è definita ....; se invece la quantità di sali è bassa si parla di acqua ....

d Il ciclo dell'acqua consiste nell'ininterrotta .... dell'acqua tra le quattro ".." che costituiscono la Terra.

2 INVALSI **Segna con una crocetta il completamento esatto.**

a Il ciclo dell'acqua:
- ☐ coinvolge l'atmosfera e l'idrosfera
- ☐ coinvolge solo l'idrosfera
- ☐ coinvolge l'atmosfera, l'idrosfera, la litosfera e la biosfera
- ☐ coinvolge atmosfera, idrosfera e litosfera ma non la biosfera

b Le acque dolci:
- ☐ sono solo una piccola percentuale delle acque presenti sulla Terra
- ☐ costituiscono la maggior parte delle acque presenti sulla Terra
- ☐ si trovano perlopiù allo stato solido (ghiacciai)
- ☐ si trovano nei mari e negli oceani

c La salinità degli oceani:
- ☐ misura la quantità in grammi di sale in 100 grammi d'acqua
- ☐ misura la quantità in millilitri di sale in 1 litro d'acqua
- ☐ misura quante moli di sale ci sono in 1 kg d'acqua
- ☐ misura la quantità in grammi di sale in 1 kg di acqua

d L'attrazione gravitazionale della Luna e del Sole sulla Terra causa:
- ☐ la formazione delle correnti marine
- ☐ il fenomeno delle maree
- ☐ il moto ondoso
- ☐ tutti e tre questi fenomeni

e Il limite delle nevi perenni è:
- ☐ l'altitudine al di sopra della quale la neve che cade non fonde durante tutto l'anno
- ☐ l'altitudine che delimita la zona al di sotto della quale la neve non cade
- ☐ il periodo dell'anno in cui la neve cade in maniera più abbondante
- ☐ la zona a valle del ghiacciaio

f La condizione necessaria affinché si formi una falda sotterranea è:
- ☐ la presenza di rocce argillose
- ☐ l'esistenza di una grotta sotterranea in cui l'acqua può accumularsi
- ☐ la presenza di uno strato di roccia impermeabile
- ☐ lo scorrimento di acqua calda nel sottosuolo

g Il bacino idrografico è:
- ☐ l'insieme di tutte le acque presenti in una determinata zona
- ☐ l'area di raccolta delle acque che confluiscono in un fiume
- ☐ una valle a U
- ☐ un lago

h I laghi si classificano generalmente in base a:
- ☐ origine della loro formazione
- ☐ estensione del bacino d'acqua
- ☐ profondità
- ☐ presenza di acque dolci o salate

3 Vero o falso?

a La densità dell'acqua è massima a 4 °C V F

b Il calore specifico dell'acqua è molto basso V F

verifica

c La litosfera è l'insieme di tutta l'aria presente sulla Terra V F

d Gli esseri viventi formano complessivamente la biosfera V F

e Il ciclo dell'acqua fa sì che la quantità d'acqua sulla Terra rimanga invariata V F

f Nella zona di acqua profonda la temperatura delle acque marine diminuisce rapidamente V F

g Il moto ondoso è causato dalla differenza di temperatura e salinità delle acque V F

h I ghiacciai si muovono grazie al loro peso e alla elasticità del ghiaccio V F

i L'accumulo dei detriti a valle di un ghiacciaio forma la morena frontale V F

l L'immissario è un corso d'acqua che fa defluire l'acqua del lago all'esterno V F

4 Sottolinea il termine corretto tra i due proposti in corsivo.

a La proprietà per la quale sopra uno strato d'acqua si forma una sottile pellicola si chiama *tensione superficiale/forza di legame*

b L'insieme di tutte le acque presenti sulla Terra è detta *atmosfera/idrosfera*

c L'acqua salata forma il *67%/97%* di tutte le acque presenti sulla Terra

d In un kilogrammo di acqua di mare sono presenti mediamente *35 grammi/12 grammi* di sali

e La zona di un ghiacciaio dove si ha la fusione ed evaporazione è detta *zona di ablazione/zona di accumulo*

f Le acque sotterranee possono riaffiorare e formano le *sorgenti/falde freatiche*

g Un bacino idrografico di un fiume è separato da quello di un altro fiume dalle *linea di separazione/linea spartiacque*

h Se la foce di un fiume ha una forma a ventaglio viene detta *a delta/a estuario*

APPLICO

5 Considera la salinità media dei mari. Se si facessero evaporare 200 litri di acqua di mare quanti kilogrammi di sale resterebbero sul fondo? (considera che 1 litro di acqua di mare pesa circa 1 kg).

6 Osserva le seguenti immagini e prova ad associarle ai diversi fenomeni legati all'azione dell'acqua che hai studiato in questa unità.

7 Osserva la seguente immagine che rappresenta i bacini idrografici di due fiumi e scrivi nei riquadri i nomi degli elementi.

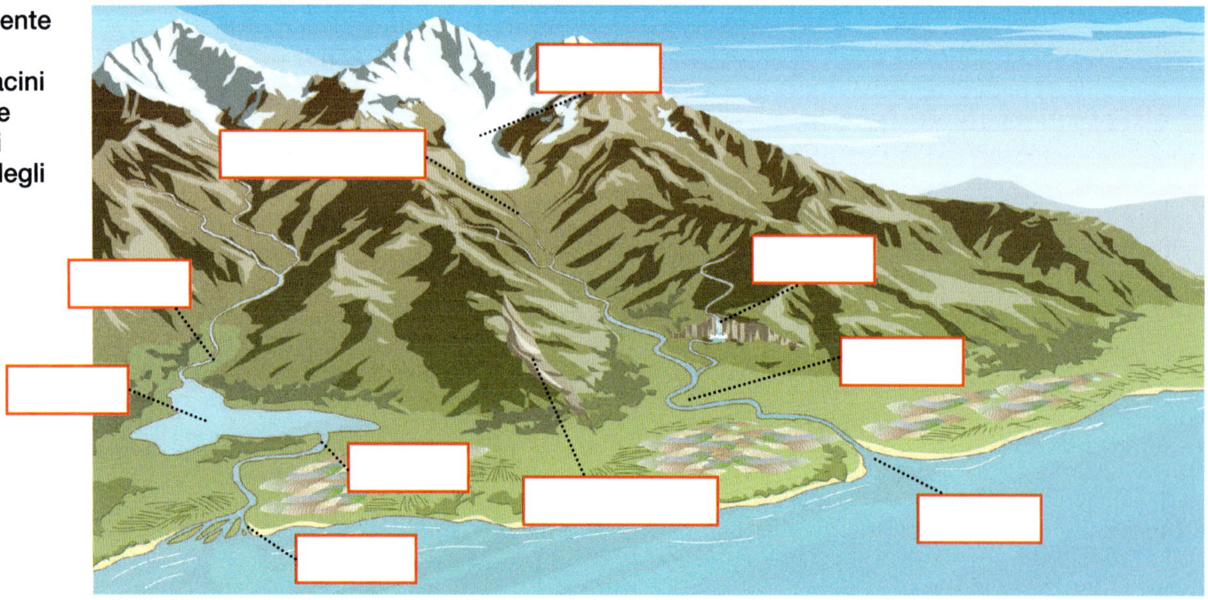

8 **Completa uno schema come questo, relativo al ciclo dell'acqua.**

evaporazione e traspirazione →	descrizione:
condensazione e precipitazione →	descrizione:
scorrimento e infiltrazione →	descrizione:

COMPETENZE

1. Leggi il testo e rispondi.

Il continente più assetato della Terra, l'Africa, giace su una distesa di abbondanti riserve idriche. In base a una ricerca del British Geological Survey e dell'University College London, sotto la superficie del continente ci sarebbero riserve idriche 100 volte superiori al volume di acqua presente esternamente.
Sotto questa distesa di terra brulla si troverebbe 20 volte la quantità di acqua dolce presente nei laghi africani. Il vero problema è arrivarci, a quell'acqua.
Non si può, come verrebbe subito da pensare, trivellare al massimo e prosciugare in breve tempo bacini che si sono riempiti nel corso di migliaia di anni.
È importante promuovere studi che accertino la natura del suolo, le caratteristiche strutturali e i ritmi di rinnovo delle falde.

[Elisabetta Intini, adattato da Focus]

a Scrivi un possibile titolo per l'articolo che hai appena letto.
b Nella prima parte del testo cosa vuole mettere in evidenza l'autore?
c Quali sono gli aspetti che rendono problematico lo sfruttamento diretto di questa immensa riserva di acqua dolce?
d Scrivi sul quaderno le tue considerazioni riguardanti il problema della scarsità di acque dolci sulla Terra.

2. Fai una ricerca e comunica i risultati.

Cerca in Internet informazioni relative al fenomeno del ritiro dei ghiacciai, e prepara una presentazione (almeno 5 slides) corredandola con foto e spiegazioni relative alle cause e alle possibili conseguenze.

3. Prova tu.

Prova a costruire un modello di bacino idrografico servendoti di alcuni scatoloni (per rappresentare le montagne e le valli) e della plastilina. Puoi rappresentare un ghiacciaio dal quale si origina un torrente e poi un fiume, che va a confluire in un lago e dal quale esce un emissario. Il fiume deve poi sfociare nel mare aperto con una foce a delta.

4. Calcola e ragiona.

Osserva il seguente grafico relativo alla portata di un fiume e rispondi alle domande.

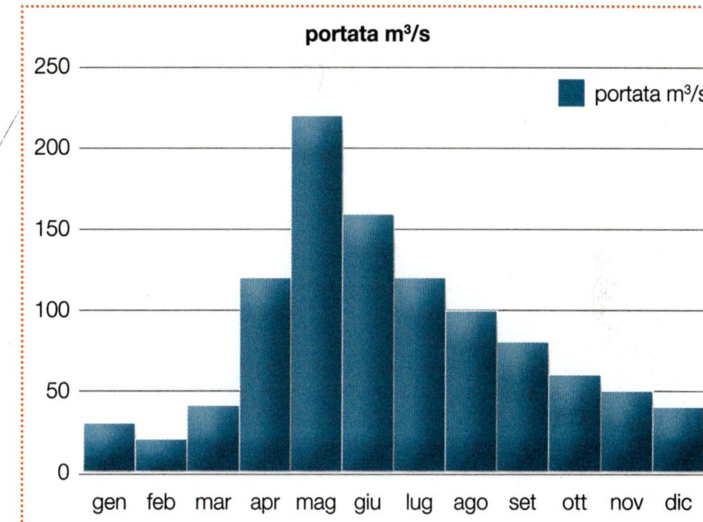

a Qual è il mese in cui la portata del fiume è massima?
....

b Quale è all'incirca la differenza tra la portata massima e quella minima? ....

c Indica in quali mesi la portata del fiume non è maggiore di 50 m^3/s.
....

In English Verifica interattiva

5. Fill in the blanks.

water • moisture • solid • hydrosphere • fresh • rivers • oceans

The .... is composed of the .... on the Earth. This includes: oceans, ..., lakes and the .... in the air. Ninety-seven percent of the water in the Earth is in the .... The remaining 3% is .... water; 75% of the fresh water is .... and exists in ice blocks.

CLIL: let's learn English

Water cycle and pollution

Audio

Objectives

- Describe the causes and consequences of water pollution

Indicators

Fish live in lakes. They need the oxygen in the water to live. When lakes are too polluted, there is less oxygen in the water. Fish can die in lakes that are too polluted.
Why does this happen?

Fish can die from a lack of oxygen.

The fish can die when there is not enough oxygen in lake water. Lakes are full of micro-organisms, like bacteria, that live under the thick green layer of algae. These micro-organisms use most of the oxygen in the water for respiration and the plants can't replace it in time.

In the lake the bacteria are also called decomposers. Their population grows fast because they have piles of dead plants to break down. This happens when the rain washes fertiliser into the lake water.

Algae usually grow slowly in lakes and rivers but fertiliser can change this process. The water's mineral content shoots up and the algae multiply very quickly.

Consumers can't eat them fast enough. They form thick green mats on the top of the water.

The plants below the surface are suddenly cut off from light. This means they cannot photosynthesise and then they die.
This flow chart shows what happens when fertiliser runs into a lake.

Fertiliser enters water

↓

algae multiply rapidly

↓

plants below the surface die

↓

micro-organisms use up oxygen as they decompose dead plants

↓

fish die

Remember

- Water can be polluted by fertilisers or sewage.
- Decomposers, like micro-organisms, reproduce quickly in polluted water and they use up lots of the oxygen.
- Low oxygen levels in water can kill fish and many invertebrates.
- Living indicators are species that we can use to monitor pollution.

Exercises

1. How do fertilisers make plants and algae grow faster?

....

....

2. What is the relationship between soil pollution and the water cycle?

....

....

6

L'atmosfera

L'atmosfera è un involucro aeriforme che circonda la Terra costituito da un miscuglio di gas. Nell'atmosfera si manifestano molti fenomeni alcuni dei quali sono molto violenti, come i tornado in cui l'aria si muove a spirale, dal basso verso l'alto, generando un "risucchio" in grado di sollevare dal suolo tutto ciò che incontra.

Digi Scienze

CLASSE CAPOVOLTA

Contenuto integrativo

Preparati per la lezione:
- guarda la presentazione multimediale
- compila la scheda

Nelle prossime pagine troverai altri contenuti digitali

- Allegato scaricabile
- Contenuto integrativo
- Audio
- Video
- Verifica interattiva

1 L'atmosfera terrestre

Audio | Contenuto integrativo

L'atmosfera terrestre è un insieme di gas che circonda la Terra ed è composta principalmente da azoto e ossigeno

Quando sei in classe, a casa, oppure al parco a divertirti con gli amici c'è sempre qualcosa attorno a te, qualcosa che non si vede, ma che è importantissimo per la nostra vita... certamente hai capito che si tratta dell'aria. Siamo così abituati ad averla intorno che non ci facciamo neanche caso e ci accorgiamo della sua presenza solo indirettamente, per esempio quando respiriamo o quando il vento ci sfiora il viso. L'aria in cui siamo immersi circonda la Terra e forma un guscio intorno a essa: l'**atmosfera terrestre**.

L'atmosfera è un **insieme di gas** che non si disperdono nello spazio grazie alla forza di gravità esercitata dal nostro pianeta, che li trattiene vicini alla superficie. I principali sono 1:

ossigeno (21%): necessario per la respirazione dei viventi e per molte reazioni chimiche

argon (0,93%), **anidride carbonica** (0,04%) e altri gas che sono definiti *rari*, poiché sono presenti in piccolissime quantità (**elio**, **neon**, **kripton**, **radon** ecc.).

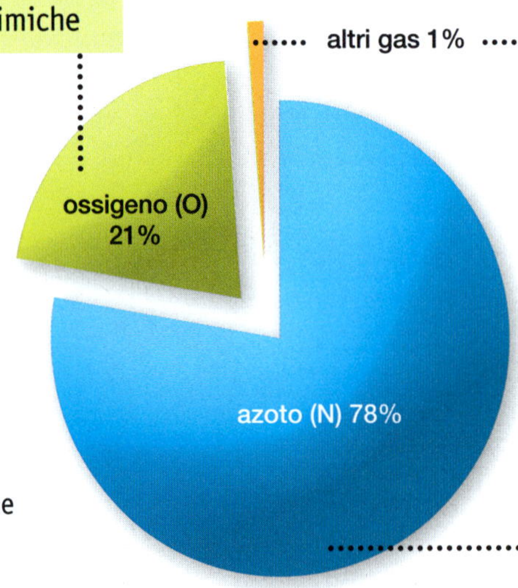

azoto (78%): è un gas inodore e incolore che non partecipa ai processi vitali degli organismi

1 Composizione dell'atmosfera terrestre.

A questi gas si aggiunge il **vapore acqueo**, con una percentuale piuttosto variabile (dallo 0% al 4%).

Nell'atmosfera, inoltre, sono presenti **polveri** e altre sostanze naturali (pollini, ceneri vulcaniche, metano ecc.) o prodotte dall'attività umana (polveri sottili, gas di scarico delle auto, degli impianti di riscaldamento, delle lavorazioni industriali ecc.).

L'atmosfera terrestre, oltre a permettere la vita, ha un compito molto importante: filtra le radiazioni nocive del Sole (raggi UV-A, UV-B, UV-C) e protegge la biosfera da temperature troppo alte o troppo basse. Grazie all'atmosfera, quindi, la quantità di calore che riscalda la Terra è ideale per i suoi abitanti.

Ricorda

L'aria è materia allo stato aeriforme e si comporta come tutti gli aeriformi: si diffonde occupando tutto lo spazio disponibile e non ha un volume proprio. Si può però comprimere, come quando gonfiamo un palloncino o premiamo lo stantuffo di una siringa.

CLIL for SCIENCE Audio

atmosfera terrestre: *the Earth's atmosphere*

Find the mistake.

Which gas is not part of the Earth's atmosphere?

- ☐ Oxygen
- ☐ Carbon dioxide
- ☐ Nitrogen
- ☐ Ether

I gas serra

Avrai sentito l'espressione "effetto serra": cerchiamo di capire questo fenomeno partendo dal suo nome.
In una serra i raggi solari penetrano attraverso il vetro e sono assorbiti dal terreno, che ne rilascia una parte sotto forma di calore.
Quest'ultimo, non riuscendo a oltrepassare il vetro della serra, rimane al suo interno, aumentando la temperatura dell'ambiente ■2.

Il nostro pianeta funziona in modo simile: la Terra assorbe i raggi solari che attraversano l'atmosfera e in parte li riemette sotto forma di calore.
Questo calore non ritorna nell'atmosfera e non si disperde nello spazio grazie ai **gas serra** (**anidride carbonica**, **vapore acqueo**, **metano** e **ozono**) che, come il vetro di una serra, fanno passare i raggi solari in entrata, ma non permettono al calore di uscire, mantenendo livelli di temperatura ottimali ■3.
Se non ci fossero i gas serra, la temperatura media del nostro pianeta sarebbe molto più bassa: circa –18 °C.

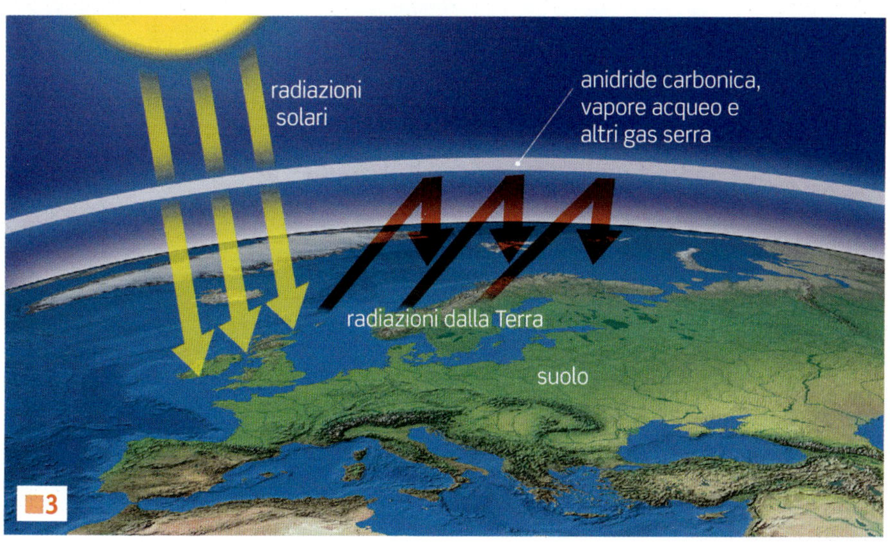

Con metodo

Analizzo il testo

1. Sottolinea con colori diversi i gas che compongono l'aria.
2. Quali altre sostanze sono presenti nell'aria? Scrivile qui di seguito.
   ....
   ....

Comprendo il testo

3. L'azoto:
   - ☐ non partecipa ai processi vitali degli organismi
   - ☐ è utilizzato dalle piante nella fotosintesi clorofilliana
4. Il principale gas serra è:
   - ☐ l'ossigeno
   - ☐ l'anidride carbonica
5. Il calore riemesso dalla Terra:
   - ☐ viene trattenuto dai gas serra
   - ☐ si disperde completamente nello spazio

Schematizzo

6. Completa la seguente tabella relativa alla composizione dell'aria.

gas	%	caratteristiche

Lavoro sulle immagini

7. Osserva il grafico relativo alla composizione dell'atmosfera terrestre e rispondi alle domande.
   a Di quale tipo di grafico si tratta?
   b Qual è il gas più abbondante?
   c Qual è la percentuale dei gas meno abbondanti?

Collaboro

8. A **coppie**, studiate accuratamente il paragrafo, chiudete il libro. Interrogatevi a vicenda.

2 Gli strati dell'atmosfera

Audio

L'atmosfera ha cinque strati e ogni strato ha caratteristiche speciali

L'atmosfera che avvolge la Terra ha uno spessore di circa 1500 km. Circa i tre quarti della sua massa, però, sono contenuti nei primi 11 km di altezza, perché l'azione attrattiva della forza di gravità è sempre più debole a mano a mano che ci si allontana dalla Terra: più si è lontani dalla superficie terrestre, più l'aria è meno densa (si dice "rarefatta").

L'atmosfera ha quindi caratteristiche diverse in base all'altezza dal suolo e per questo gli scienziati la suddividono in *strati* (o *sfere*), ciascuna con le proprie particolarità di temperatura e composizione: partendo dallo strato più vicino alla Terra, abbiamo la **troposfera**, la **stratosfera**, la **mesosfera**, la **termosfera** e l'**esosfera**. Fra una sfera e l'altra, inoltre, hanno definito uno strato intermedio, che prende il nome di *pausa*: **tropopausa** (tra troposfera e stratosfera), **stratopausa** (tra stratosfera e mesosfera), **mesopausa** (tra mesosfera e termosfera) e **termopausa** (tra termosfera ed esosfera).

1 Lo Space Shuttle Endeavour a cavallo fra stratosfera e mesosfera. Lo strato arancione è la troposfera, lo strato biancastro è la stratosfera, quello azzurro la mesosfera, blu la termosfera e l'esosfera.

Video

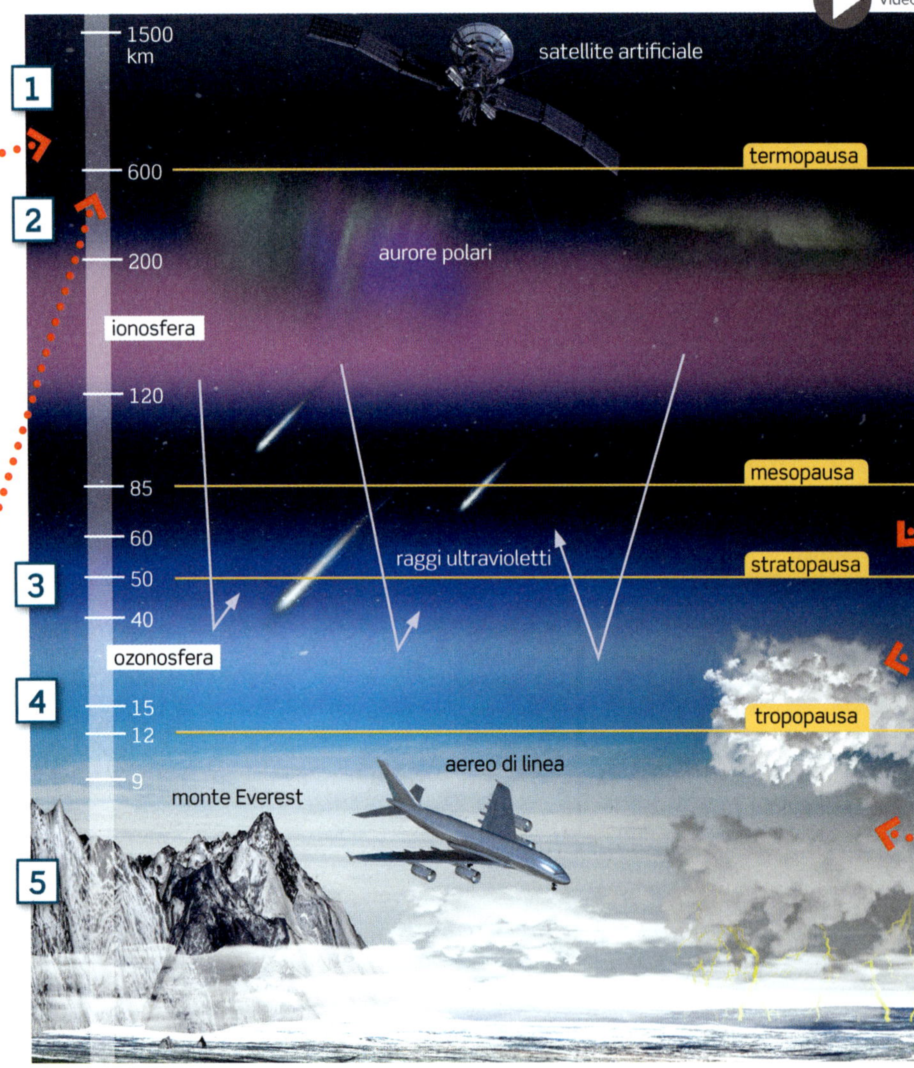

1. Esosfera (dal greco *eso* = esterno): è la parte meno conosciuta dell'atmosfera. Termina superiormente con la "frangia atmosferica", che non ha un limite ben preciso (tra i 1500 e i 2000 km).
Al di sotto dell'esosfera le particelle sono attratte dalla gravità della Terra, al di sopra sfuggono nello spazio.

2. Termosfera (dal greco *thermos* = caldo): arriva fino a 600 km di altezza. Qui la temperatura cresce notevolmente e si verifica il fenomeno delle aurore polari (boreali e australi).
A 100 km di quota si trova la linea di Karman, il limite fra voli aereonautici e voli astronautici.
Nella termosfera si trova una spessa fascia chiamata **ionosfera**, in cui i gas, per la particolare condizione in cui si trovano i loro atomi, sono in grado di riflettere le onde radio provenienti dalla Terra, rimandandole verso la superficie: ciò consente le trasmissioni radio a grande distanza.
La maggior parte dei satelliti orbita attorno alla Terra tra l'esosfera e la termosfera (tra i 300 e i 2000 km di altezza).

L'ozono: un filtro importante nella stratosfera

Sulla Terra l'ossigeno è presente sotto forma di molecola biatomica, cioè formata da due atomi.
Nella stratosfera, colpito dai raggi ultravioletti provenienti dal Sole, l'ossigeno può dividersi nei due atomi di cui è composto.
L'atomo di ossigeno singolo reagisce con la molecola biatomica di ossigeno dando origine all'ozono (o ossigeno triatomico).

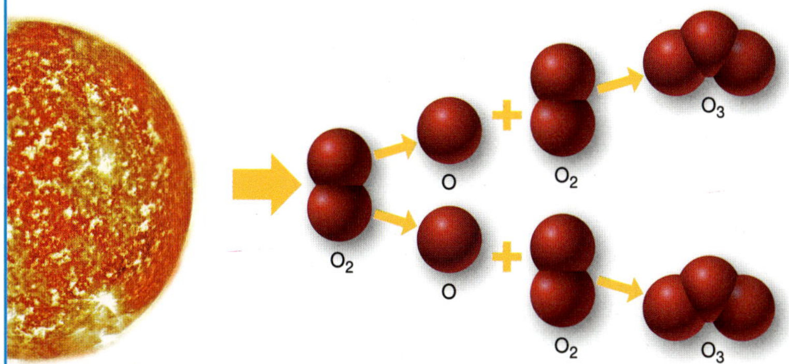

L'ozono forma l'ozonosfera, che assorbe e filtra le radiazioni ultraviolette del Sole, anche le più nocive per gli esseri viventi e per l'uomo: al 90% le UV-B (dannose per esempio per la pelle e gli occhi), al 100% le UV-C.
Per questo è importantissimo preservare integra l'ozonosfera, minacciata da alcune sostanze inquinanti.

3. Mesosfera (dal greco *mesos* = mezzo): il limite superiore varia secondo la latitudine e la stagione (mediamente si trova a 85 km).
Questo strato è composto soprattutto da idrogeno ed elio, mentre l'ossigeno diminuisce.
La temperatura scende fino ad arrivare a −143 °C.
Nella mesosfera si disgregano le meteore, corpi celesti che si incendiano per attrito con l'atmosfera: i minuscoli detriti di polvere e roccia, bruciando, danno origine a scie luminose, chiamate comunemente stelle cadenti.

4. Stratosfera (dal latino *stratum* = strato): il confine superiore della stratosfera è posto a 50 km di altezza; la temperatura risale fino a 0 °C con il crescere della quota poiché a circa 25-50 km l'ossigeno (O_2), investito dai raggi ultravioletti del Sole, si trasforma in **ozono** (O_3) generando calore.

5. Troposfera (dal greco *trópos* = mutazione): è lo strato dell'atmosfera più vicino al suolo, quello in cui siamo immersi.
Qui avvengono i fenomeni atmosferici: venti, formazioni di nubi, precipitazioni.
La sua altezza varia dai 18 km sopra l'equatore agli 8 km sopra i poli.
Poiché è riscaldata dalla superficie terrestre, la temperatura diminuisce gradualmente fino ad arrivare a −60 °C.

Con metodo

Analizzo il testo

1. Sottolinea con colori diversi i nomi dei cinque strati in cui è suddivisa l'atmosfera.

Comprendo il testo

2. Rispondi oralmente alle seguenti domande.
   a Quali sono le caratteristiche dello strato più esterno dell'atmosfera?
   b Quali sono le caratteristiche dello strato dell'atmosfera più vicino al suolo?

Comprendo le parole

3. Scrivi il significato delle seguenti parole.
   a Molecola biatomica
   b Molecola triatomica

Schematizzo

4. Completa la tabella inserendo le informazioni relative alle cinque sfere dell'atmosfera.

	altezza	caratteristiche principali
troposfera		
stratosfera		
mesosfera		
termosfera		
esosfera		

Lavoro sulle immagini

5. Osserva il diagramma relativo agli strati dell'atmosfera e individua la zona dove si disgregano le meteore.

Collaboro

6. Formate in classe **cinque gruppi**. Ogni gruppo scriva su un foglio delle domande (almeno tre) relative a uno degli strati in cui è suddivisa l'atmosfera. Scambiatevi i fogli e ciascuno risponda ai quesiti dei compagni. Correggete insieme gli elaborati.

3 La pressione atmosferica

Audio

Anche se non si sente, l'aria ha un peso ed esercita una pressione su tutti i corpi

Senti un peso sopra la tua testa? No? Eppure l'aria pesa. Tutta la massa dell'atmosfera che circonda la Terra ha un peso enorme e preme sulla superficie del pianeta. Più propriamente, il **peso dell'aria** esercita una **pressione** verso tutte le direzioni, che si chiama **pressione atmosferica**.
Di questa pressione non ci accorgiamo, perché all'interno del nostro corpo esiste una pressione uguale e contraria che la bilancia ■1.

Lo strumento che permette di misurare la pressione atmosferica è il **barometro**. Lo si deve agli studi di un allievo di Galileo, **Evangelista Torricelli** (1608-1647), che ne mise a punto uno a mercurio, perfezionando il barometro ad acqua di **Giovanbattista Baliani** (1582-1666), utilizzato nella navigazione.

Nel 1643 **Torricelli** prese un tubo di vetro lungo circa 1 m, con una sezione di 1 cm^2, chiuso a un'estremità. Lo riempì di mercurio e lo pose, capovolto, in una bacinella, anch'essa piena di mercurio. Osservò che il livello del mercurio nel tubo scendeva, ma questo non si svuotava del tutto e a un certo punto, a 76 cm di altezza, il mercurio si fermava.
A che cosa si doveva questo comportamento? Torricelli capì che il mercurio scendeva fino a quando il suo peso non veniva bilanciato da quello della colonna d'aria che premeva sulla bacinella. A questo punto Torricelli pesò il mercurio rimasto nel tubo: 1,033 kg.

Grazie a questo esperimento lo scienziato stabilì che l'atmosfera esercita su ogni cm^2 di superficie una pressione pari al peso di una colonnina di mercurio di 1 cm^2 di sezione e alta 76 cm, cioè 1,033 kg per cm^2.

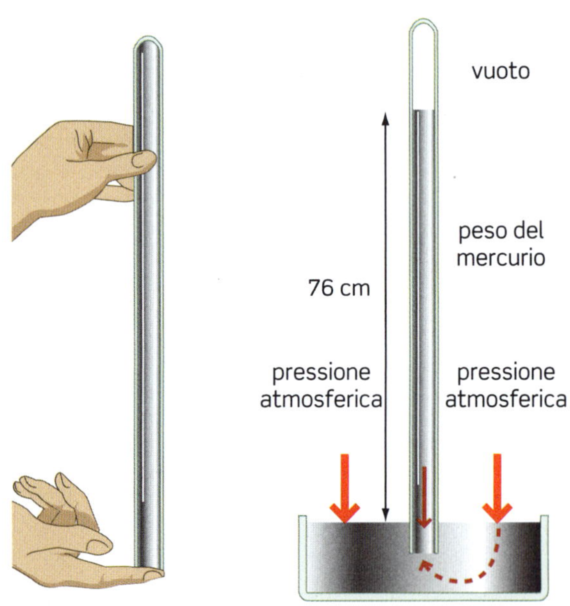

■2 L'esperimento di Torricelli.

Parole di scienze

pressione: è il rapporto tra una forza e la superficie su cui agisce. Nel caso dell'atmosfera, il rapporto è tra la sua forza-peso e la superficie terrestre.
barometro: dal greco *bàros* = peso, *métron* = misura.

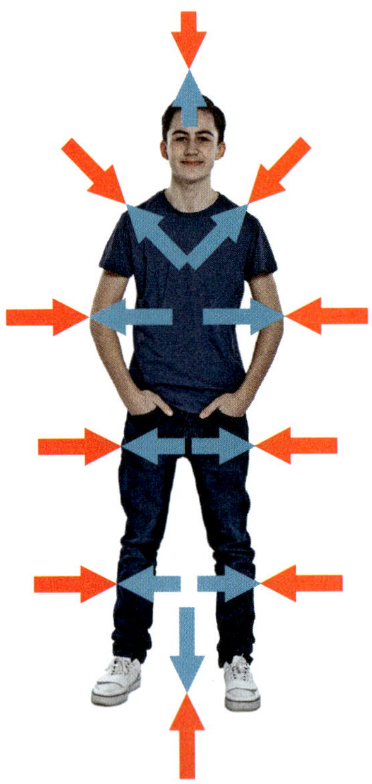

■1

CLIL for SCIENCE

Audio

pressione atmosferica: ***atmospheric pressure***

What did Evangelista Torricelli invent?

- ☐ He invented the telescope
- ☐ He invented the barometer
- ☐ He invented the anemometer

Questo valore fu preso come unità di misura e fu chiamato appunto **atmosfera** (**atm**):

$$1 \text{ atm (atmosfera)} = 1{,}033 \frac{\text{kg}}{\text{cm}^2}$$

Nel Sistema Internazionale l'unità di misura della pressione atmosferica è il **pascal** (**Pa**) e il suo multiplo è l'ettopascal (hPa):

$$1 \text{ atm} = 101325 \text{ Pa} = 1013{,}25 \text{ hPa}$$

Un'altra unità di misura, non riconosciuta però nel SI, è il **bar**, con il sottomultiplo millibar (mbar):

$$1 \text{ atm} = 1{,}013 \text{ bar} = 1013 \text{ mbar}$$

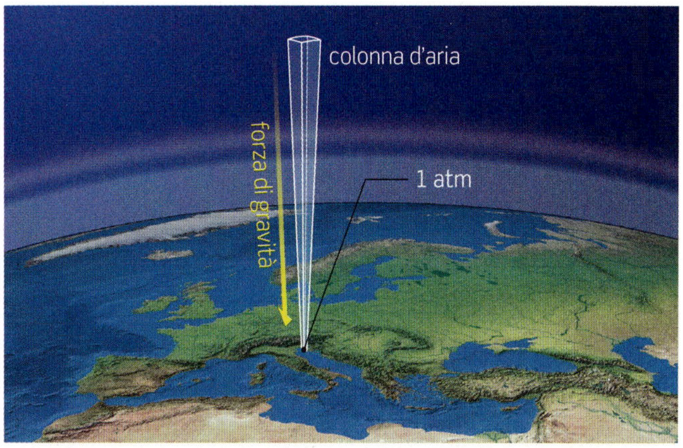

3 Per convenzione, 1 atm è il valore del peso di una colonna d'aria di 1 cm² a livello del mare, a 45° di latitudine e a una temperatura di 15 °C.

Piccoleprove — Acqua contro la gravità

Contenuto integrativo — 10 minuti

Materiale occorrente

- 1 bicchiere contenente acqua
- 1 cannuccia

Procedimento

Metti la cannuccia nel bicchiere e aspira un po' d'acqua nella cannuccia.
Tappa con il dito l'estremità superiore della cannuccia e toglila dal bicchiere.
Che cosa accade? L'acqua resta nella cannuccia.
Perché l'acqua non esce dalla parte inferiore della cannuccia?
Tappando la parte superiore, hai eliminato l'effetto della pressione atmosferica (il peso dell'aria) sopra la cannuccia. È la stessa pressione atmosferica che, agendo in tutte le direzioni, "spinge" l'acqua verso l'alto.

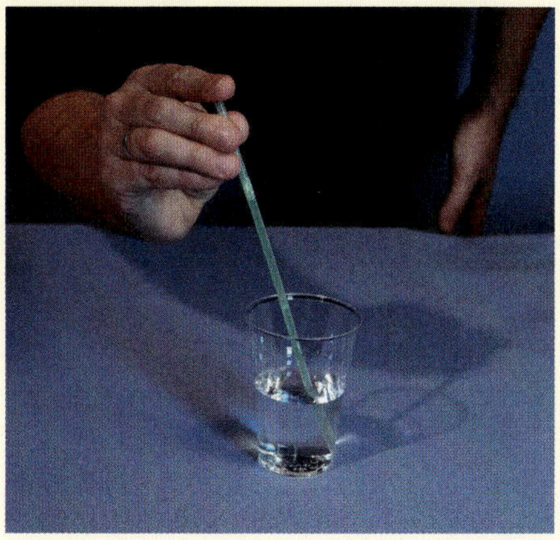

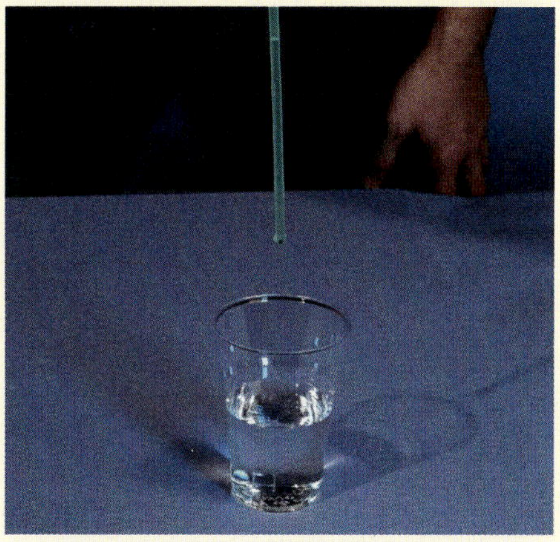

Con metodo

Analizzo il testo

1. Rispondi.
- **a** Che cos'è la pressione atmosferica?
- **b** Quale strumento viene impiegato per la sua misurazione?

Comprendo il testo

2. Completa le seguenti equivalenze.
- **a** 1 atm = ... kg/cm²
- **b** 1 atm = ... Pa
- **c** 1 atm = ... bar

Lavoro sulle immagini

3. Osserva l'immagine dell'astronauta e fai un confronto con la figura del ragazzo rappresentata all'inizio del paragrafo. Rispondi poi alle domande.
- **a** Perché l'astronauta indossa la tuta?
- **b** Quali caratteristiche deve avere la tuta di un astronauta?

Collaboro

4. A **gruppi di tre**, provate a rispondere, fornendo una spiegazione scientifica, alla seguente domanda: "Il valore della pressione rimane invariato o cambia se misurato a livello del mare e in alta montagna?". Confrontate la vostra risposta con quella del gruppo vicino.

4 Le variazione della pressione atmosferica

Audio

Le variazioni della pressione atmosferica sono causate da temperatura, umidità e altitudine

Sicuramente avrai visto una mongolfiera, ma ti sei mai chiesto come fa a volare? Semplicemente perché è più leggera dell'aria che la circonda. Nel pallone, infatti, viene immessa aria calda grazie a un bruciatore: l'aria calda è meno pesante e ha una pressione inferiore a quella esterna e questo determina la spinta verso l'alto.

La mongolfiera però non può salire all'infinito. La sua spinta ascensionale continuerà fino a quando la pressione dell'aria contenuta nel pallone sarà uguale alla pressione dell'aria che la circonda: la pressione, infatti, diminuisce all'aumentare della quota. I **fattori principali che determinano variazioni nella pressione atmosferica** sono:

- la **temperatura**: come tutti gli aeriformi, l'aria, scaldandosi, si dilata e le sue molecole si allontanano le une dalle altre. Questo fa sì che, in uno stesso spazio, ci sia un numero inferiore di molecole rispetto a un volume d'aria uguale, ma più fredda. Più l'aria si scalda, meno è densa, meno pesa e più la pressione diminuisce 1.
- l'**umidità**: la presenza di acqua sotto forma di vapore fa diminuire la pressione perché le molecole dell'acqua hanno una massa minore di quelle dell'azoto e dell'ossigeno. Una massa d'aria umida è più leggera di una secca, quindi esercita una pressione minore e tende a salire verso l'alto 2.

Curiosità

In condizioni di temperatura normale 1 m^3 di aria pesa poco più di 1200 g, a 100 °C lo stesso volume pesa quasi 350 g in meno!

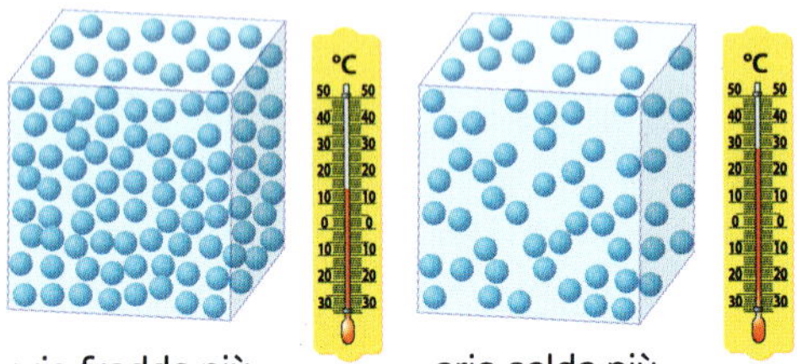

aria fredda più pesante — aria calda più leggera

1

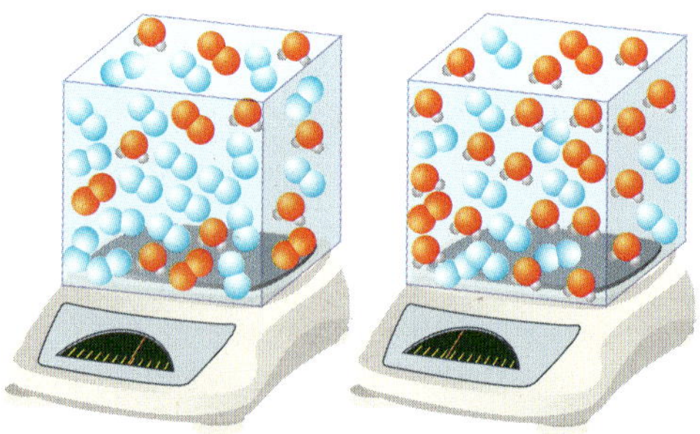

aria secca più pesante — aria umida più leggera

2 Le palline azzurre rappresentano l'azoto, l'ossigeno e gli altri gas, quelle rosse rappresentano invece l'acqua.

Il barometro

Lo strumento che misura le variazioni della pressione atmosferica si chiama **barometro aneroide.** È costituito da una scatola, chiusa ermeticamente, in cui cioè è stata tolta l'aria. Al variare della pressione atmosferica il coperchio del barometro si deforma, trasmettendo la sua deformazione a una molla che si comprime (alta pressione) o si dilata (bassa pressione). L'indice, l'ago collegato alla molla, si sposta su una scala graduata, indicando il valore della pressione atmosferica.

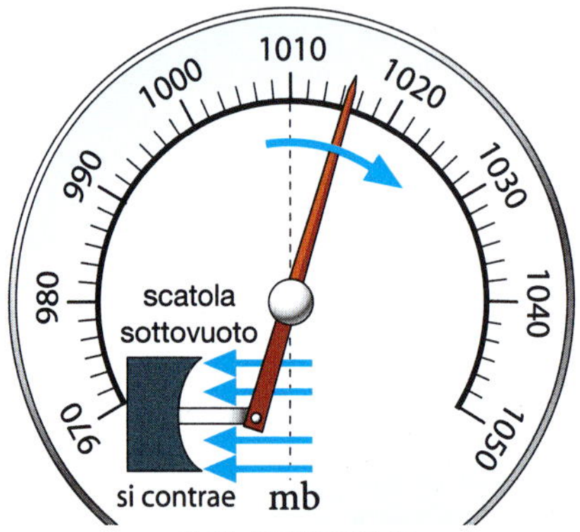

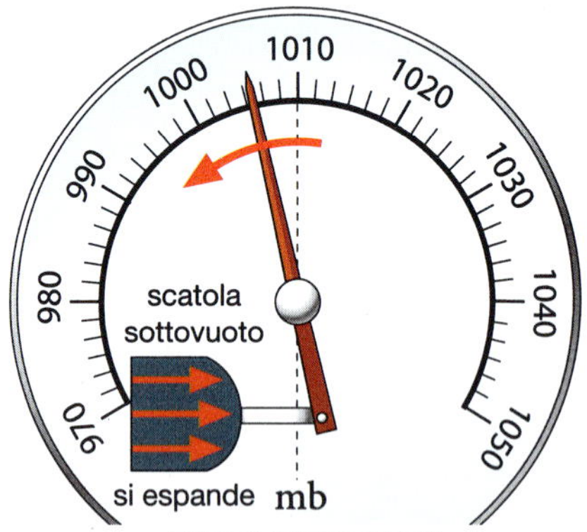

- l'**altitudine**: salendo in quota, l'altezza della colonna d'aria che ci sovrasta, e quindi il suo peso, diminuisce ■3. La pressione è, quindi, massima a livello del mare. Già a 5000 m di altitudine (circa l'altezza, per esempio, del Monte Bianco) l'ossigeno diminuisce e la pressione è quasi metà rispetto a quella a livello del mare. Salendo ancora, l'atmosfera diventa sempre più rarefatta, e quindi sempre più leggera.

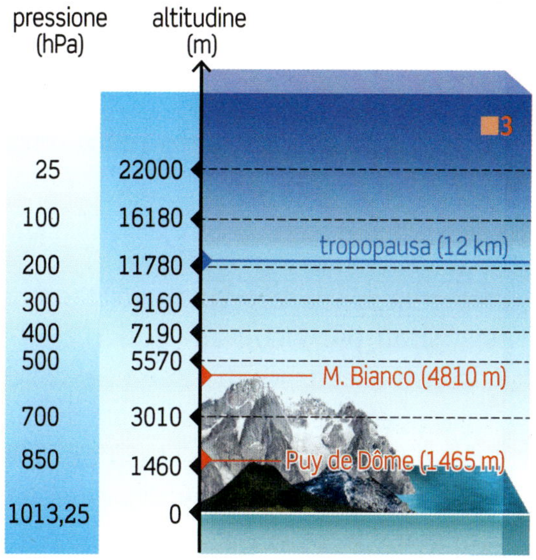

Il tempo atmosferico

Le variazioni della pressione, l'umidità, la temperatura e l'intensità della radiazione solare sono i fattori più importanti che determinano le condizioni del **tempo atmosferico**, cioè i fenomeni fisici che avvengono nell'atmosfera nel breve periodo in un certo luogo. Il tempo atmosferico può cambiare repentinamente da un giorno all'altro o anche nello stesso giorno poiché, come vedremo, i fenomeni atmosferici (vento, precipitazioni, nebbia, cielo sereno, cielo nuvoloso ecc.) risentono delle minime variazioni di questi fattori.

Che tempo fa?

La scienza che studia il tempo atmosferico è la **meteorologia**: se vogliamo farci un'idea del tempo che avremo nella giornata o nei due-tre giorni successivi, possiamo consultare le previsioni meteorologiche. Le previsioni sono elaborate dai meteorologi sulla base di numerosi dati raccolti da sofisticate strumentazioni sia in stazioni di rilevamento al suolo, sia in quota da palloni sonda, sia nello spazio da satelliti artificiali in orbita attorno al pianeta. I dati relativi alla situazione delle nubi, ai loro spostamenti, ai cambiamenti di temperatura e di umidità dell'atmosfera vengono trasmessi ai computer che, sulla base di modelli matematici, creano le **carte tematiche meteorologiche**.

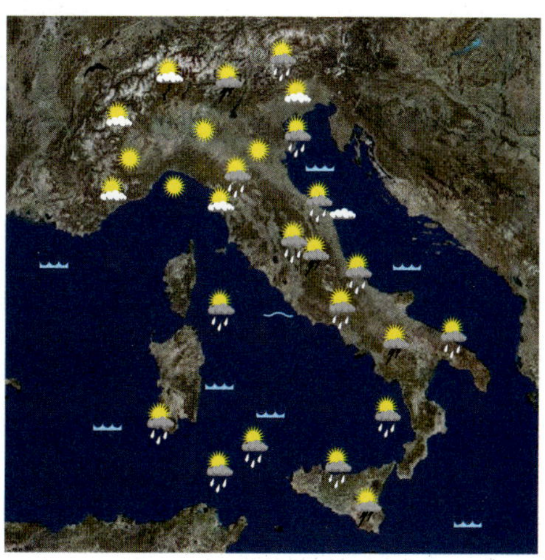

Con metodo

Analizzo il testo

1. Cerchia con tre colori diversi i fattori che modificano la pressione atmosferica.

Comprendo il testo

2. Completa.
   - **a** L'aria quando si riscalda si ...., diventando meno .... Di conseguenza esercita un pressione ....
   - **b** Il vapore acqueo presente nell'aria fa .... la pressione perché le molecole dell'acqua hanno una massa minore di quelle dell'azoto e dell'ossigeno
   - **c** Salendo di quota la colonna d'aria .... e quindi esercita una pressione ....
3. Per misurare le variazioni di pressione atmosferica viene utilizzato il:
   ☐ barometro ☐ termometro
4. La meteorologia studia:
   ☐ il disgregarsi delle meteore nella mesosfera
   ☐ il tempo atmosferico

Lavoro sulle immagini

5. Osserva la figura n. 3. In quale zona il valore della pressione è massimo? Salendo verso la stratosfera, che valori di pressione ti aspetti di trovare?

Collaboro

6. Dividete la classe in **due gruppi**. Un gruppo prepari alcune domande relative ai fattori che influenzano la pressione atmosferica e l'altro ripassi il testo per rispondere. Formate poi delle coppie in modo che chi ha preparato le domande interroghi il compagno che ha ripassato.

5 I venti

Audio

I venti sono spostamenti d'aria verso le zone di bassa pressione

La massa d'aria che compone l'atmosfera non è immobile: l'aria calda degli strati più vicini alla superficie terrestre, più leggera, tende a salire (**correnti ascensionali**), ma una volta in quota si raffredda, diventa più densa e pesante e scende. Giunta di nuovo negli strati bassi dell'atmosfera, si riscalda e risale, e così via in un ciclo continuo 1.
Nella circolazione atmosferica e nel movimento di masse d'aria, è poi determinante la differenza di pressione tra due aree vicine.
L'aria fredda, secca e pesante scende verso la superficie terrestre, crea una zona di alta pressione e sposta l'aria già presente verso la zona di bassa pressione. Qui, l'aria che arriva si riscalda, diventa più leggera e umida e sale nuovamente raffreddandosi. Questa continua circolazione origina i **venti**.

Il **vento** è un **movimento orizzontale di masse d'aria**, che si spostano dalle zone di alta pressione o **anticicloniche**, dove l'aria è fredda e/o secca, alle zone di bassa pressione o **cicloniche**, dove l'aria è calda e/o umida 2.

CLIL for SCIENCE Audio

vento: *wind*

Look at the picture and translate the words below into Italian.

wind power = ...

eolic energy = ...

electricity = ...

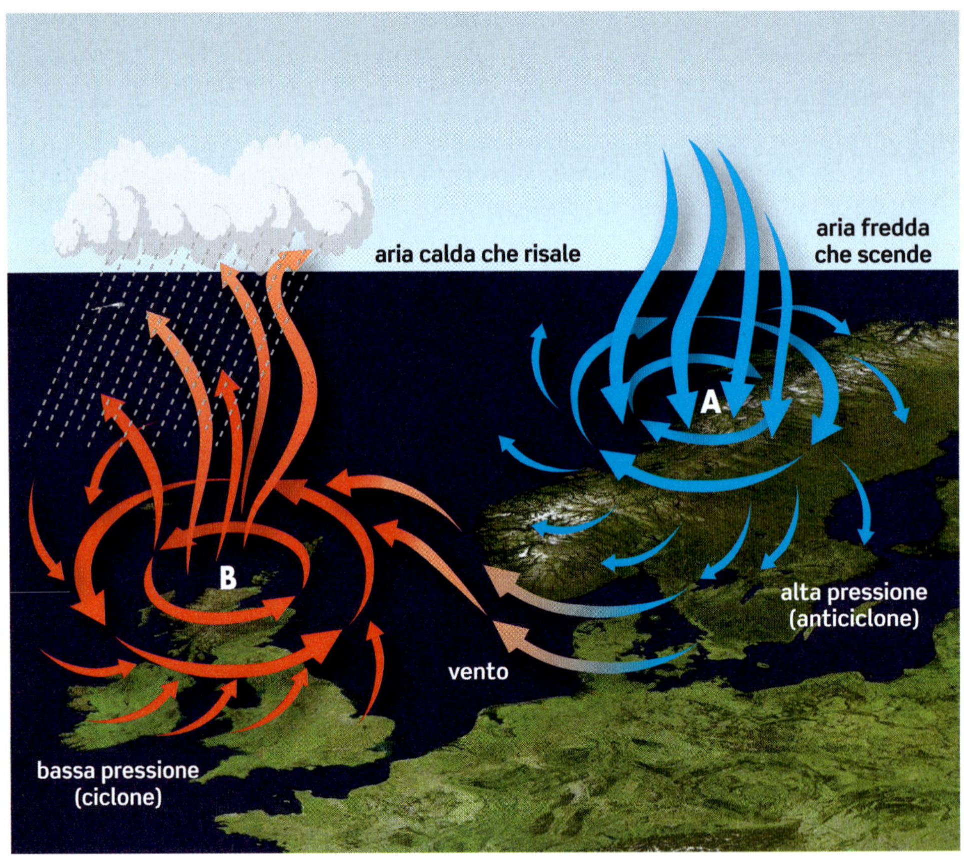

1 L'aria si sposta da zone di alta pressione (indicate con la lettera A) a zone di bassa pressione (indicate con la lettera B).

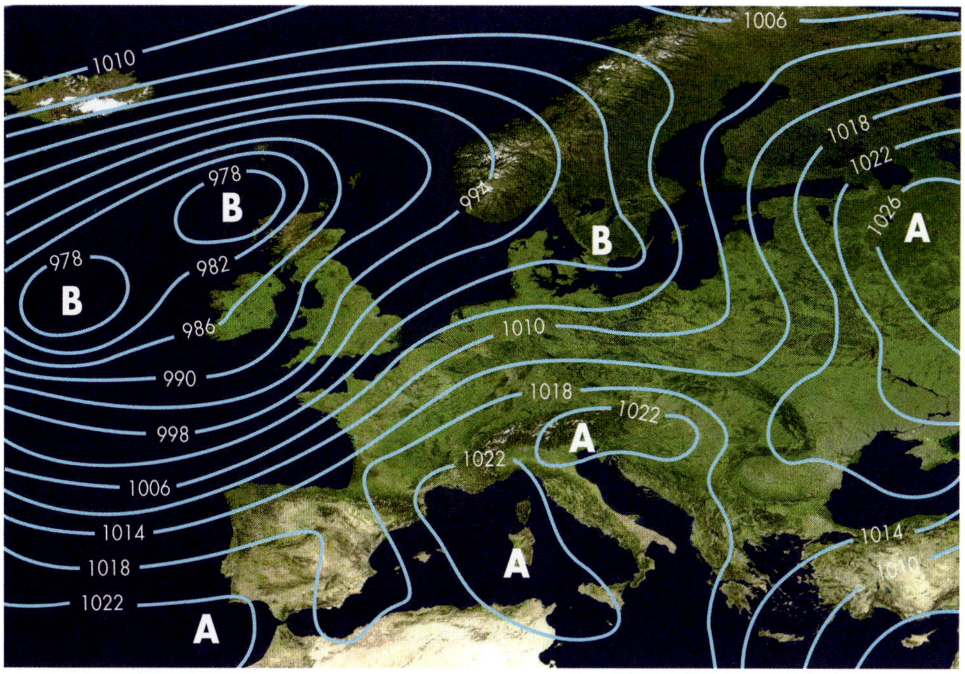

2 Carta che rappresenta la distribuzione della pressione sulla superficie terrestre: le linee azzurre si chiamano **isobare** e uniscono punti dove i valori della pressione sono uguali.

Le caratteristiche dei venti

Le principali caratteristiche che descrivono un vento sono:

- la **velocità**, che può essere espressa in metri al secondo (m/s), kilometri all'ora (km/h) o nodi (1 nodo = 1,852 km/h, questa misura si usa soprattutto nella navigazione nautica o aerea) e dipende dalla differenza di pressione fra le due zone in cui si sposta la massa d'aria: maggiore è la differenza di pressione, maggiore sarà la velocità. Lo strumento utilizzato per misurarla è l'**anemómetro** **3**;
- la **direzione** è la linea immaginaria che collega le zone a diversa pressione, lungo la quale si sposta la massa d'aria; l'**anemoscopio** (o manica a vento) è lo strumento che può rilevarla **4**;
- il **senso** è la zona verso cui soffia il vento.

Parole di scienze

isòbare: dal greco *isos* = uguale + *báros* = peso
anemòmetro: dal greco *ànemos* = vento + *metron* = misura.
anemoscòpio: dal greco *ànemos* = vento + *skopéin* = osservare.

3 Anemometro.

4 Manica a vento: indica la direzione e il verso di un vento.

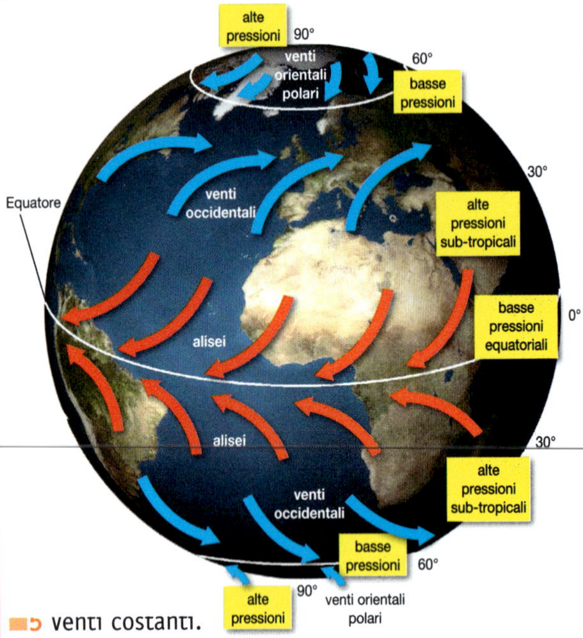

■5 Venti costanti.

Classificazione dei venti

I venti si suddividono in **costanti**, **periodici** e **locali**.

I venti **costanti** ■5 soffiano tutto l'anno nella stessa direzione e nello stesso senso. Fra questi ci sono: gli **alisei**, che spirano dalle zone tropicali di alta pressione a quelle equatoriali di bassa pressione; i **venti occidentali** che prendono umidità spirando sull'oceano e sono responsabili delle perturbazioni nelle zone temperate (anche alle nostre latitudini); e i **venti polari** (occidentali e orientali) freddi e secchi che si muovono verso latitudini inferiori portando condizioni di alta pressione.

I venti **periodici** mantengono fissa la direzione, ma invertono periodicamente il senso.

Per esempio i **monsoni** (caratteristici dell'oceano Indiano e del mar della Cina) hanno un andamento stagionale: tra aprile e ottobre spirano dall'oceano verso il continente ■6a, portando abbondanti piogge, tra novembre e aprile invertono il senso, spirando dal continente all'oceano ■6b e generando un periodo di siccità.

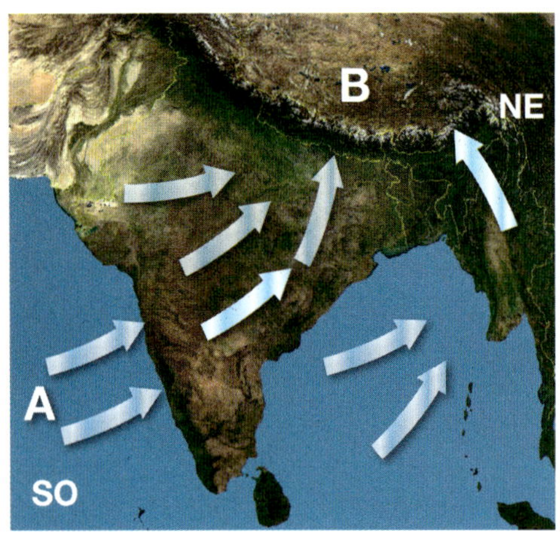

■6a Monsone estivo.

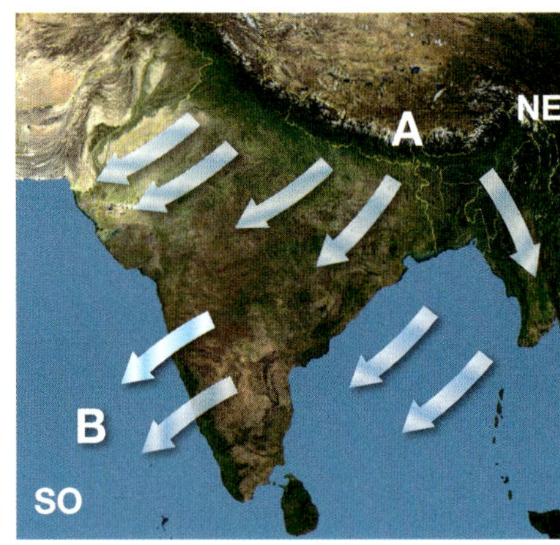

■6b Monsone invernale.

Curiosità

Il termine **ciclone** viene comunemente utilizzato per indicare il fenomeno quando si origina nell'oceano Indiano. In altri continenti si utilizzano nomi diversi: per esempio **uragano** in America, **tifone** in Asia e **willy-willy** in Australia.

Le **brezze** invece hanno un andamento periodico giornaliero: durante il giorno la terra si scalda velocemente e l'aria sopra di essa, più calda rispetto a quella sopra il mare, sale originando una zona di bassa pressione e uno spostamento di masse d'aria dal mare alla terraferma ■7a; di notte è l'aria sopra il mare a essere più calda e si verifica quindi il fenomeno contrario ■7b.

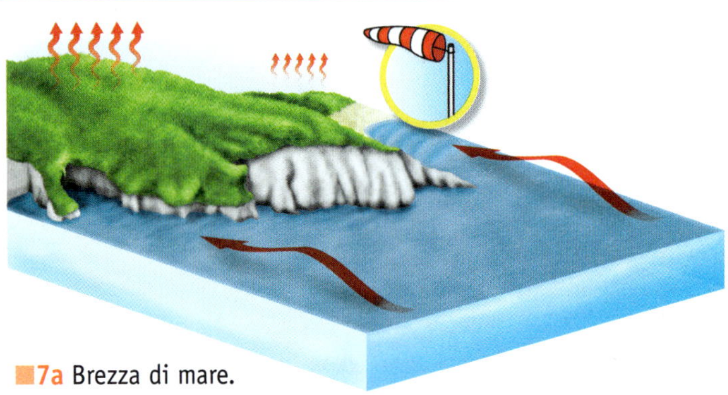

■7a Brezza di mare.

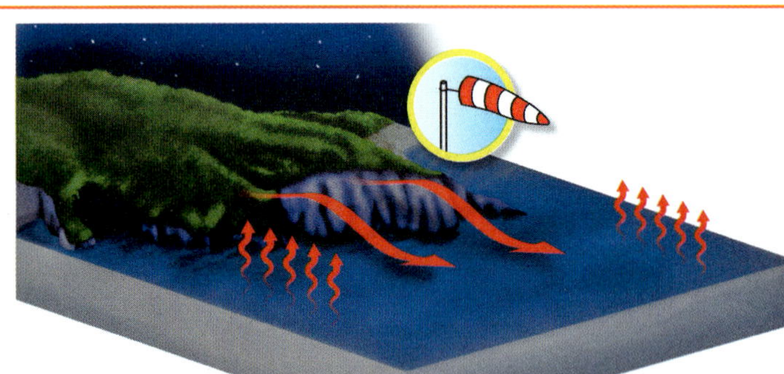

■7b Brezza di terra.

I **venti locali** soffiano in modo irregolare nelle aree temperate, quando si originano zone cicloniche e anticicloniche momentanee. Questi venti prendono nomi diversi da zona a zona ■8.

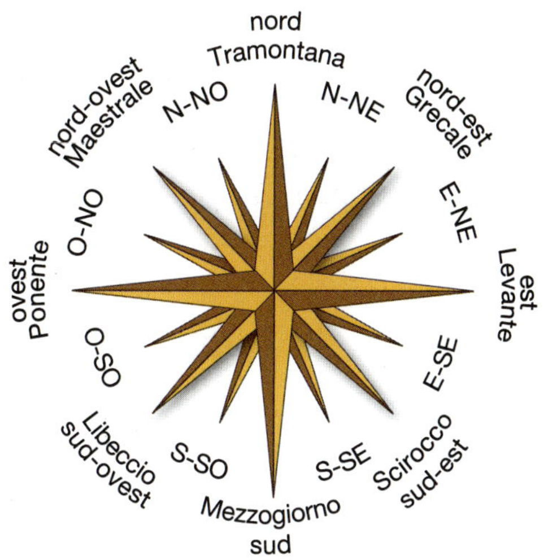

■8 Nel Mediterraneo i venti si classificano in base alla direzione da cui provengono, basandosi sulla cosiddetta *Rosa dei venti*.

Cicloni e trombe d'aria

Quando la **velocità** del vento è pari o superiore ai **119 km/h** si parla di **cicloni**, perturbazioni violente che si verificano nelle fasce tropicali. ■9 Queste si manifestano a cavallo dell'Equatore, quando l'aria è molto umida e la temperatura del mare supera i 26 °C, in una zona di bassa pressione circondata da zone di alta pressione.

L'aria molto calda e ricca di vapore acqueo, attirata nella zona di bassa pressione, sale verso l'alto e, incontrando aria fredda che scende, si condensa molto rapidamente causando piogge violente. Si crea anche un vortice in velocissima rotazione, con venti di eccezionale intensità: esso esercita un'azione di risucchio di tutto ciò che si trova a terra, che viene letteralmente sradicato.

Anche le **trombe d'aria** (o tornado) ■10 e le **trombe marine** possono essere molto distruttive. Il vortice viene causato da una corrente di aria calda che sale molto velocemente e forma un imbuto alto anche 1000 metri. La tromba d'aria può percorrere anche centinaia di kilometri prima di esaurirsi, con venti fortissimi e precipitazioni violente che provocano ingenti danni nella zona in cui si abbattono.

■9 Il ciclone è un vortice, al cui centro (occhio) c'è una zona relativamente tranquilla; nei bracci laterali delle spirali si verificano invece violente piogge.

■10 Il passaggio di un tornado.

Con metodo

Analizzo il testo

1. A quale termine corrispondono le seguenti definizioni?
   - **a** Movimento orizzontale di masse d'aria.
   - **b** Vento che soffia sempre nella stessa direzione e nello stesso senso.
   - **c** Vento che cambia periodicamente il senso in cui spira.
2. Cerchia nel testo le caratteristiche di un vento.

Comprendo il testo

3. Abbina ogni termine al suo significato
   Alisei .... Brezze ....
   Monsoni ....
   - **a** venti con andamento stagionale che invertono periodicamente il senso
   - **b** venti periodici con andamento giornaliero
   - **c** venti costanti che soffiano nella stessa direzione e nello stesso senso

Comprendo le parole

4. Descrivi l'utilizzo dei seguenti strumenti.
   - **a** Anemoscopio
   - **b** Anemometro

Lavoro sulle immagini

5. Osserva la Rosa dei venti e prova a stabilire quali sono i venti più importanti che spirano nella tua regione.

Schematizzo

6. Completa la mappa che riassume le caratteristiche dei venti.

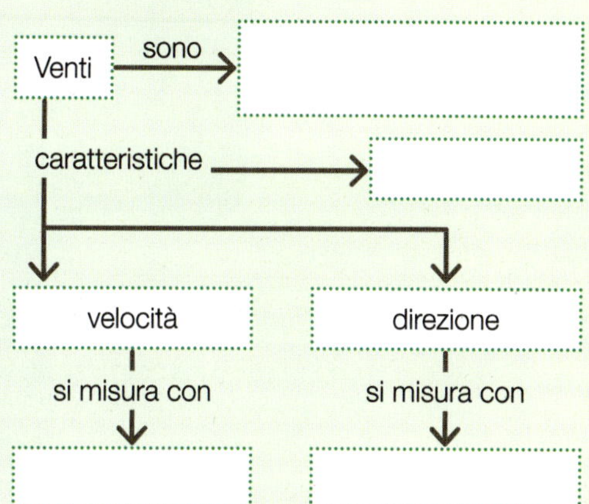

6 Le nubi e le precipitazioni

Audio

Le nubi e le precipitazioni sono fenomeni atmosferici causati dall'umidità

1 Lo strumento per misurare la percentuale di umidità presente nell'aria si chiama igrometro.

L'umidità dell'aria

Una delle prime cose che facciamo la mattina è osservare il cielo: è sereno o è nuvoloso? La presenza di nuvole nel cielo dipende dall'**umidità** dell'aria, cioè dalla **quantità di vapore acqueo** che contiene 1.

Il vapore acqueo nell'atmosfera è generato dall'evaporazione dell'acqua dalla superficie terrestre: lo abbiamo studiato nel paragrafo sul ciclo dell'acqua. E l'aria carica di umidità, come sappiamo, è meno densa e più leggera, quindi sale e si raffredda progressivamente.

A una certa altezza, quando la temperatura dell'aria raggiunge il cosiddetto "**punto di rugiada**", il vapore acqueo in essa contenuto si condensa in piccole goccioline di acqua. Si formano così le **nubi**, o nuvole.

Per la formazione delle nubi, però, è indispensabile la presenza di piccolissime particelle, che servono da **nuclei di condensazione**: si tratta di granuli di polline o pulviscolo atmosferico, attorno ai quali il vapore acqueo si può condensare.

Quanti tipi di nubi ci sono?

Le nuvole sono diverse tra loro, si spostano trasportate dai venti e cambiano continuamente. Vi sono però alcuni criteri con cui si possono distinguere.

In base all'altezza a cui si formano, si classificano in **alte**, **medie** e **basse**.

In base alla forma, si definiscono **stratiformi** se coprono il cielo come un lungo strato; **cumuliformi** se sono tondeggianti e bianche, come batuffoli di cotone. Le nuvole scure, grigie, gonfie d'acqua sono i **nembi**; i piccoli sbuffi bianchi alti nel cielo sono i **cirri** 2-3.

2 Varie forme di nubi.

Contenuto integrativo

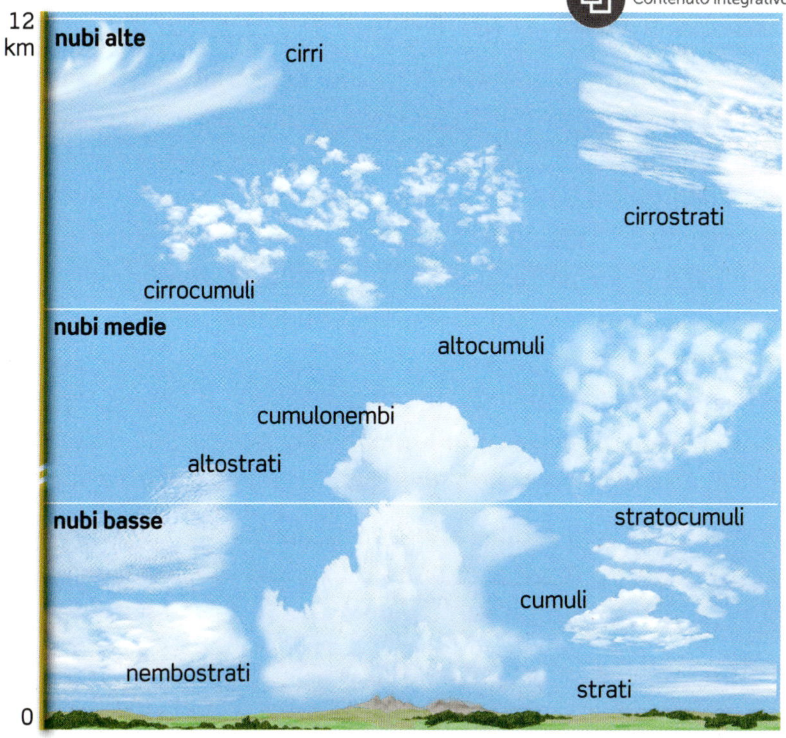

■3 Schema delle nuvole con i relativi nomi.

Le precipitazioni atmosferiche

Ogni nuvola è formata da miliardi di goccioline d'acqua, ma perché si formi la pioggia è necessario che queste goccioline si uniscano fra di loro in modo da avere un peso sufficiente per cadere a terra. Quando la temperatura è superiore a 0 °C, si forma la **pioggia**, la più comune delle precipitazioni atmosferiche. Se la temperatura vicino al suolo è minore di 0 °C, si genera la **neve**. La **grandine**, invece, si origina all'interno dei cumuli a causa di correnti ascendenti che portano verso l'alto le gocce d'acqua (dove la temperatura è inferiore a 0 °C), facendole ghiacciare. Sui primi nuclei di ghiaccio così formati, altre gocce solidificano rapidamente, raggiungendo un peso sufficiente a contrastare la corrente che le porta verso l'alto: a questo punto cadono a terra come chicchi di grandine ■4, che possono raggiungere anche le dimensioni di un'arancia. Lo strumento che misura la quantità di precipitazioni che cadono in una località si chiama **pluviometro** ■5.

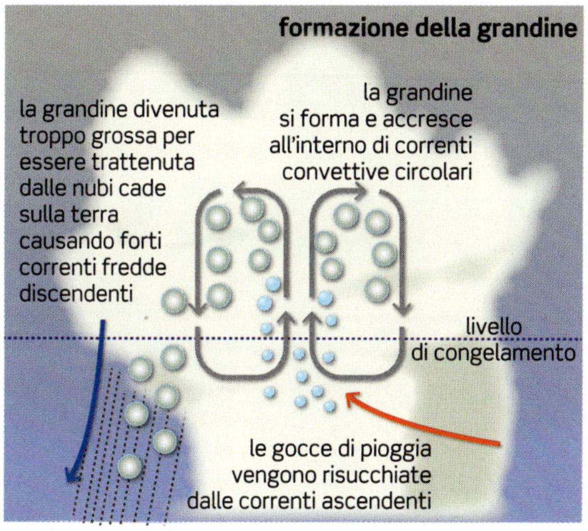

■4 Schema della formazione della grandine.

■5 Pluviometro.

Con metodo

Analizzo il testo

1. Rispondi.
- **a** Come si formano le nubi?
- **b** Come si classificano?

Comprendo il testo

2. L'umidità presente nell'atmosfera può condensare:
- ☐ solo a contatto con il suolo
- ☐ quando la temperatura raggiunge il punto di rugiada

3. Pioggia, neve e grandine sono definite

....

4. Lo strumento impiegato per misurare la quantità di precipitazioni è il

....

Comprendo le parole

5. Scrivi il significato dei seguenti termini.
- **a** Punto di rugiada
- **b** Nuclei di condensazione
- **c** Stratiformi
- **d** Cumuliformi

Collaboro

6. Formate **cinque gruppi**. I membri di ogni gruppo scrivano su un foglio almeno tre domande relative ai contenuti del paragrafo; scambiatevi poi i fogli con quelli del gruppo vicino e rispondete ai quesiti.

6 Galaverna.

Altri fenomeni atmosferici dovuti all'umidità

Quando, a causa del raffreddamento notturno del suolo, a condensare è l'umidità dell'aria degli strati più bassi, non si hanno precipitazioni ma avvengono altri fenomeni:

- la **nebbia** è costituita da finissime goccioline di acqua che restano in sospensione nell'aria, causando una riduzione della visibilità.
- la **rugiada** invece si forma in luoghi dove la differenza di temperatura tra giorno e notte è accentuata: il vapore condensa sulle superfici che sono più fredde dell'aria circostante.
- la **brina** si forma in modo analogo, ma in condizioni di temperatura al di sotto dello zero: il vapore passa direttamente allo stato solido e forma piccoli aghi e cristalli di ghiaccio che si depositano sull'erba e sulle superfici.

Se l'aria è molto umida e la temperatura particolarmente rigida, si forma la **galaverna**, un deposito di ghiaccio che può avere diverse forme: aghi, scaglie o una superficie continua 6.

Piccoleprove — Una nuvola nel vaso

Materiale occorrente — Contenuto integrativo — 15 minuti

- 1 sacchetto di plastica
- alcuni cubetti di ghiaccio
- 1 vaso di vetro trasparente
- 1 cartoncino nero
- 1 fiammifero
- acqua calda

Procedimento

Prepara i cubetti di ghiaccio e poi mettili in un sacchetto di plastica che sia sufficientemente grande da chiudere tutta l'imboccatura del vaso di vetro. Incolla il cartoncino su un lato del vaso, in modo da avere uno sfondo uniforme e scuro; fai scaldare bene l'acqua del rubinetto e riempi per un terzo il vaso. Facendo attenzione, accendi e spegni un fiammifero, aspetta 2-3 secondi e buttalo nell'acqua all'interno del vaso. Chiudi subito l'imboccatura con il sacchetto di ghiaccio: che cosa succede? L'acqua calda evapora, si raffredda rapidamente per la presenza del ghiaccio e condensa attorno al pulviscolo prodotto dalla combustione del fiammifero: nel vaso si è formata una nuvola!

CLIL for SCIENCE — Audio

nubi: ***clouds***
precipitazioni atmosferiche: ***atmospheric precipitation***

Look at the picture and complete the sentence with the missing words.

Fog is a weather condition. It happens when very small drops of .... come together to form a thick ...., making it difficult to see.

Audio

7 Il clima

Il clima è la media delle condizioni meteorologiche di una zona

"Per la prossima settimana è previsto un peggioramento della situazione climatica." L'avrai sentito dire spesso, anche in televisione, ma ti sei mai reso conto che c'è un errore in queste parole?
Il termine *clima* viene spesso utilizzato impropriamente per indicare il tempo meteorologico, o atmosferico, ma i due termini non sono sinonimi.

Il **clima** è una media delle condizioni del tempo atmosferico (quantità di precipitazioni, temperatura, venti ecc.) in una data zona, rilevato nell'arco di almeno trent'anni. La scienza che si occupa di studiarlo è la **climatologia**.

I fattori che determinano il clima

Che cosa definisce il clima di una certa zona? L'origine della parola (dal greco *klima* = inclinazione), ci dà un aiuto: il clima, infatti, è in buona parte determinato dall'**inclinazione dei raggi solari** che colpiscono la Terra alle varie latitudini e nelle diverse stagioni.
All'equatore e nelle fasce tropicali i raggi sono perpendicolari, quindi il calore è più concentrato e le temperature sono più elevate.
Verso i poli, la loro inclinazione è maggiore, dunque la stessa quantità di raggi solari si distribuisce su un'area più grande: il calore è meno concentrato e le temperature si abbassano 1.
Per descrivere il clima di una determinata area è necessario analizzare anche gli **elementi climatici**, come temperatura, precipitazioni, venti e tutti gli altri dati rilevati dalle stazioni meteorologiche poste su tutta la superficie terrestre e dai satelliti. Gli elementi climatici dipendono a loro volta dai **fattori climatici**, che sono:

- la **latitudine**, cioè la distanza di un punto dall'Equatore; la latitudine influisce sulla temperatura, che diminuisce andando verso i poli;
- l'**altitudine**, cioè l'altezza di un punto rispetto al livello del mare; l'altitudine influisce sulla temperatura (che diminuisce di 0,6 °C ogni 100 m di altezza) e sulla piovosità;
- la **distanza dal mare**, che influisce sulla temperatura (perché l'acqua ha un calore specifico più elevato rispetto alla terraferma, si scalda e si raffredda più lentamente mitigando le temperature) e sull'umidità (perché sulle coste c'è maggior evaporazione);
- le **correnti marine**, che possono essere calde o fredde e percorrere molti kilometri, influenzando temperatura e umidità di zone anche molto lontane da quella in cui si originano;
- le **catene montuose**, che ostacolano i venti influenzando la temperatura a livello locale.

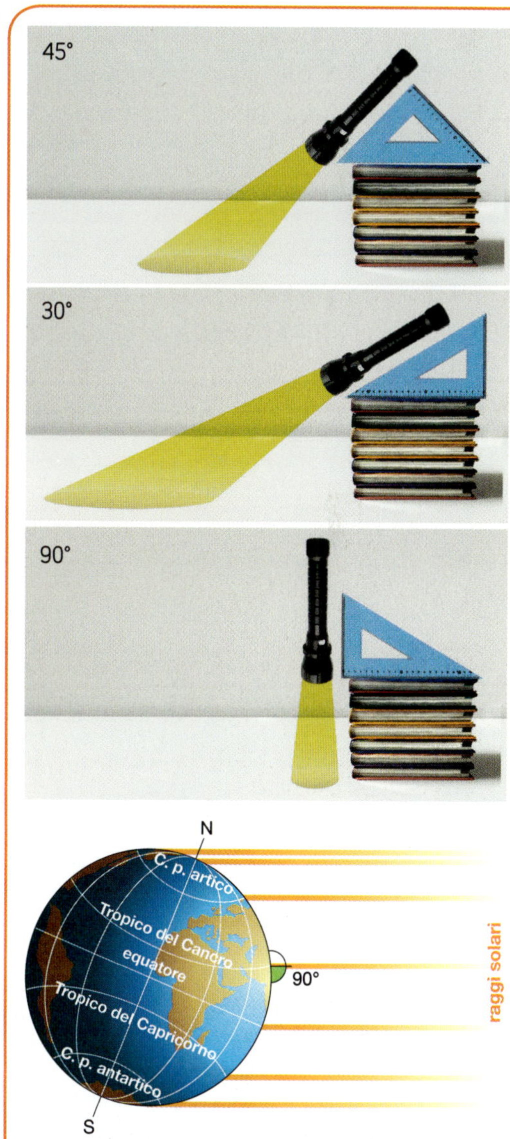

1 Più una torcia è inclinata, più ampia è la superficie illuminata dal suo fascio luminoso. La stessa cosa succede anche con i raggi solari.

La classificazione dei climi

Le classificazioni dei climi sono molte, ma la più usata è quella elaborata nel 1918 dal climatologo **Wladimir Peter Köppen** (1846-1940). Tale sistema si basa sulla misurazione delle precipitazioni medie e delle temperature che si verificano in una data zona geografica e sul tipo di vegetazione naturale presente. La superficie del globo è suddivisa in **5 grandi aree climatiche**, indicate con lettere maiuscole 2:

- **A - climi tropicali umidi**, dove le precipitazioni sono abbondanti durante tutto l'anno e superano l'evaporazione; non vi è una stagione invernale e la temperatura media non è mai inferiore ai 15 °C;
- **B - climi aridi**: dove le precipitazioni sono scarse;
- **C - climi temperati**: aree in cui si alternano una stagione estiva e una invernale; i mesi invernali hanno temperature non troppo rigide, che variano tra i 2 °C e i 15 °C. Le precipitazioni non sono molto abbondanti;
- **D - climi freddi delle medie latitudini o boreali**: aree caratterizzate da lunghi periodi freddi e modeste precipitazioni. Il mese più freddo ha una temperatura media inferiore a 2 °C e il mese più caldo arriva a 10 °C;
- **E - climi polari o nivali**: aree in cui non esiste una vera estate; la temperatura media del mese più caldo non supera i 10 °C , le precipitazioni sono scarse e soprattutto di carattere nevoso.

Per descrivere poi in modo più preciso le caratteristiche climatiche delle varie zone del pianeta, i cinque gruppi sono ulteriormente suddivisi in sottogruppi (per esempio il gruppo B è suddiviso in due sottogruppi: BW, clima desertico e BS, clima steppico).

CLIL for SCIENCE Audio

clima: ***climate***
tempo atmosferico: ***weather***

Look at the picture. What type of climate do you see?

- ☐ Dry climate
- ☐ Temperate climate
- ☐ Wet climate

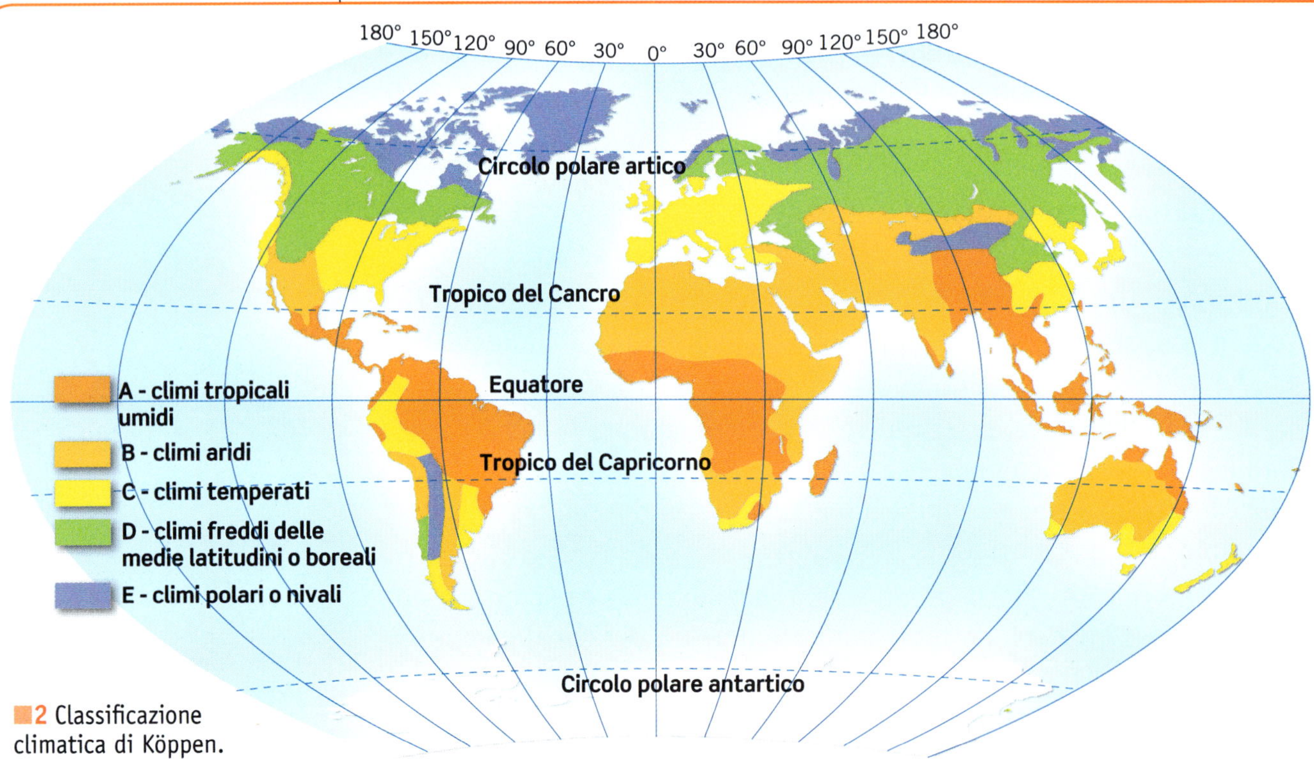

2 Classificazione climatica di Köppen.

L'Italia si trova nell'area climatica C (zone temperate), ma il suo **clima è piuttosto vario**. La nostra penisola, infatti, ha una grande estensione in latitudine (si sviluppa in lunghezza da nord a sud), ha due grandi catene montuose, gli Appennini e le Alpi, ed è circondata dal mar Mediterraneo. Per questo, pur essendo un paese poco esteso, il clima italiano non è omogeneo e si distinguono altre sei zone climatiche locali ■3.
Il clima della zona alpina e della zona padana (interna, umida e chiusa), per esempio, sono notevolmente diversi da quello del sud del Paese, influenzato dal mare. Analogamente quello della costa tirrenica non è uguale a quello della costa adriatica, innanzitutto perché gli Appennini dividono nettamente il territorio in due versanti, occidentale e orientale, bloccando la circolazione dei venti e le perturbazioni: il versante orientale in genere è meno piovoso. Inoltre il mare Adriatico è meno profondo e il suo influsso mitigatore sulla temperatura è inferiore a quello del mar Tirreno.

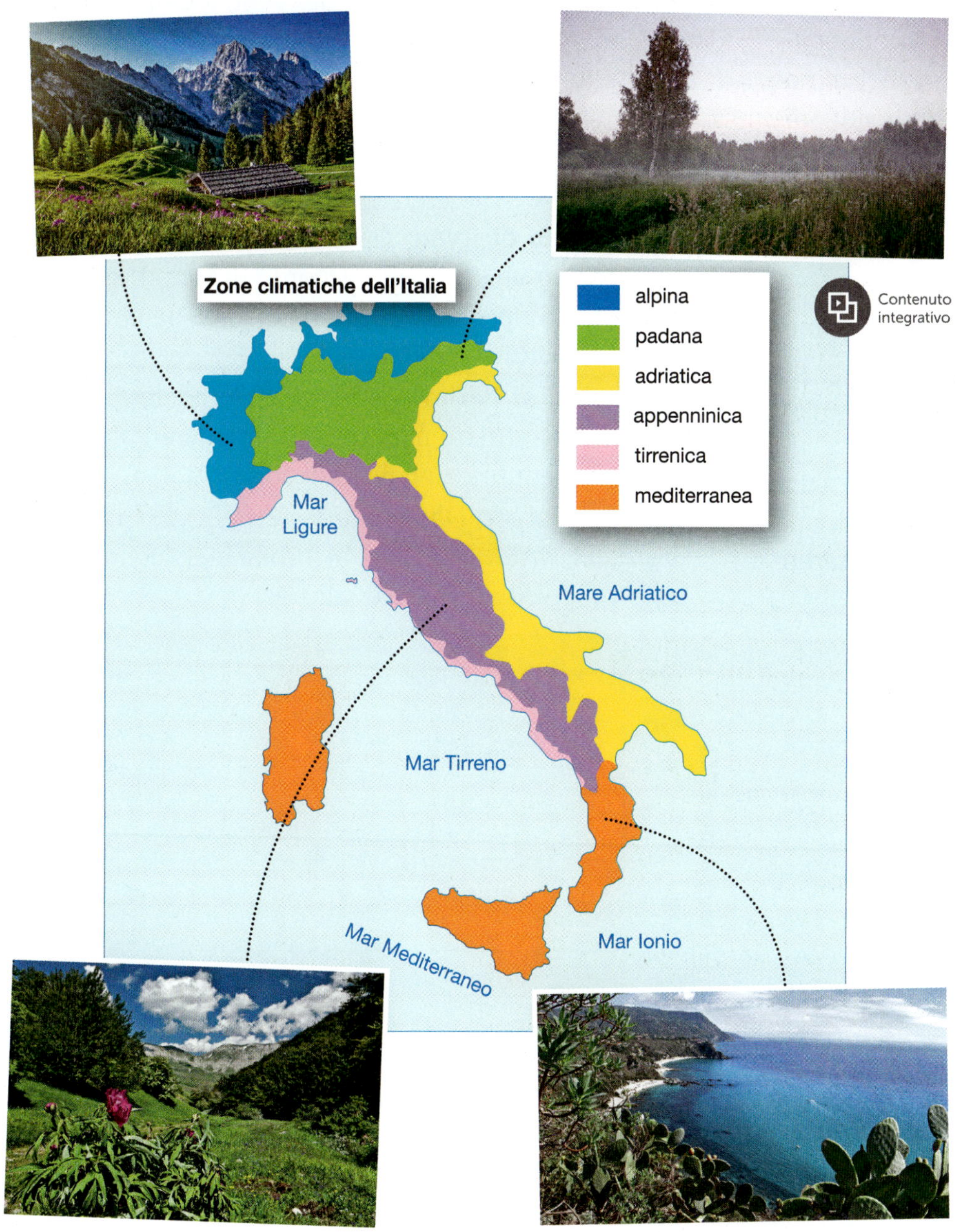

■3 L'Italia è suddivisa in 6 zone climatiche, raggruppate in base a caratteristiche simili.

Con metodo

Analizzo il testo

1. Cerchia i fattori climatici che influenzano il clima.

Comprendo il testo

2. Rispondi.
   - **a** Da che cosa è maggiormente determinato il clima di una regione?
   - **b** Quali sono le cinque aree climatiche del globo terrestre?
   - **c** In quale area climatica si trova l'Italia? Quali sono le sue zone climatiche?

Schematizzo

3. Completa la mappa.

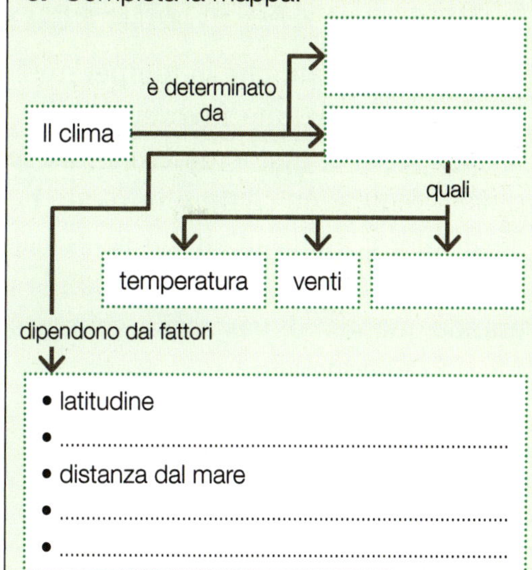

Lavoro sulle immagini

4. Osserva il planisfero della classificazione climatica di Köppen e spiega che cosa hanno in comune le zone della Terra evidenziate con il colore arancione scuro.

Collaboro

5. Dividetevi in **sei gruppi**; ciascuno studi una zona climatica dell'Italia e si prepari ad esporre ai compagni le caratteristiche (precipitazioni, temperature, vegetazione, curiosità ecc.). Cercate notizie sul Web e corredate ciascuna ricerca di immagini.

L'inquinamento atmosferico

Audio

L'**inquinamento atmosferico** è un'alterazione della composizione dell'aria, che può essere dannosa per gli esseri viventi. Le sostanze che la determinano sono chiamate **inquinanti**. La loro immissione in atmosfera avviene sia per fenomeni **naturali** (vulcani, incendi ecc.) sia **antropici**, cioè causati dall'uomo e dalle sue attività (gas di scarico delle auto, fumi industriali, sostanze usate in agricoltura ecc.). La diffusione degli inquinanti è favorita dalla forma in cui si presentano: **gas** o **particolato**, le cosiddette *polveri sottili*. Gli elementi inquinanti sono molto numerosi: sono per lo più composti dello zolfo, del carbonio, dell'azoto e del cloro. I principali effetti che queste sostanze hanno sull'ambiente sono l'aumento dell'effetto serra, le piogge acide e il buco dell'ozono.

L'aumento dell'effetto serra

Abbiamo studiato che la temperatura del nostro pianeta è una condizione favorevole alla vita grazie all'**effetto serra**. Per quale motivo allora sentiamo parlare di questo fenomeno sempre in modo negativo?
Negli ultimi anni, all'effetto serra naturale si è aggiunto quello provocato dall'uomo con la produzione di una grande quantità di **gas serra**, soprattutto anidride carbonica (CO_2) e metano.

Analizzando la variazione del contenuto di anidride carbonica in atmosfera e paragonandola alla variazione della temperatura nello stesso periodo, si nota un collegamento evidente tra i due fenomeni. 1
Dobbiamo quindi aspettarci che il continuo aumento dell'anidride carbonica prodotta dalle attività umane trasformi la Terra in un luogo rovente e inospitale?
È difficile fare una previsione a lungo termine: la variazione della temperatura dipende anche da molti fattori naturali, come la circolazione dei venti e delle correnti oceaniche.
Il fenomeno, tuttavia, non deve essere sottovalutato, e sono già stati messi in atto alcuni provvedimenti per la riduzione delle emissioni di CO_2 e per il suo monitoraggio:

- il **Protocollo di Kyoto** (1997) e **Kyoto 2** (2012, prolungato fino al 2020 con l'accordo di Doha): gli Stati aderenti si impegnano a ridurre del 5% le emissioni di CO_2 rispetto al 1990;
- gli **Accordi di Parigi** (2015): gli Stati aderenti si impegnano ad attuare misure per contenere l'aumento della temperatura globale al di sotto dei 2° C:
- ***Orbiting Carbon Observatory* - 2** (OCO-2): un satellite della NASA, lanciato in orbita nel luglio 2014, registra i livelli di CO_2 globali 2.

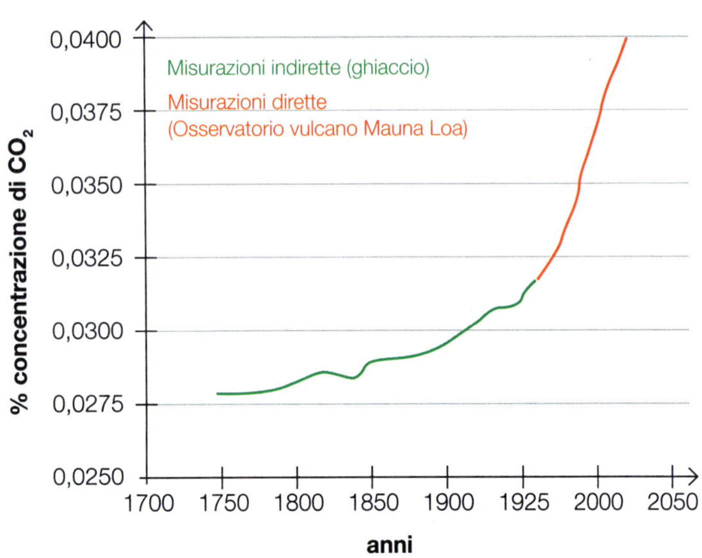

1a Contenuto di CO_2 in atmosfera dal 1750 a oggi: in rosso le misurazioni dirette dell'atmosfera, in verde i dati ottenuti analizzando l'aria imprigionata nel ghiaccio antartico (elaborazione su dati NOAA).

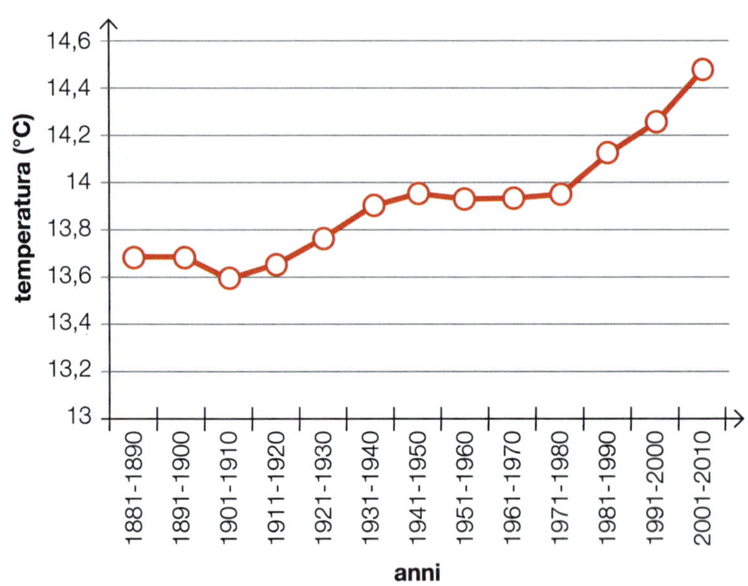

1b Andamento della temperatura media dal 1881 al 2010 (elaborazione su dati WMO).

2 Ricostruzione 3D di OCO-2 in orbita (NASA).

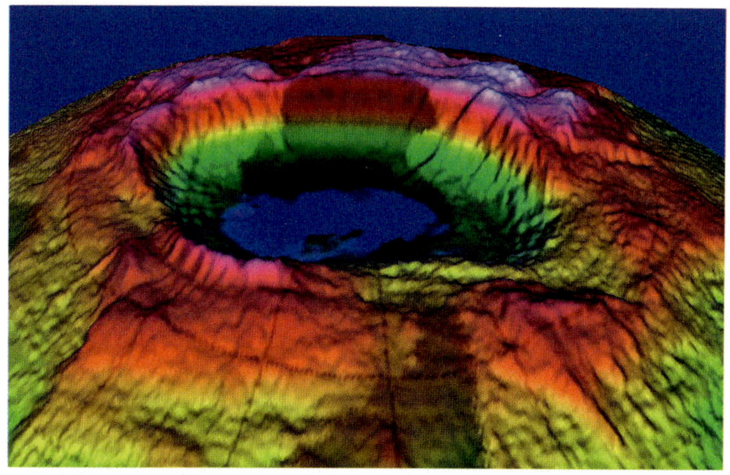

4 Il "buco" dell'ozono sopra l'Antartide: modello in 3D, ricostruito dalla NASA.

Il buco nell'ozonosfera

L'**ozono**, come abbiamo visto, è fondamentale per la vita degli esseri viventi, poiché impedisce ai raggi UV più dannosi di arrivare sulla Terra.

Negli anni Settanta del Novecento, alcuni ricercatori hanno individuato il verificarsi di un lento calo del contenuto di ozono nella stratosfera causato dall'utilizzo di sostanze chiamate clorofluorocarburi (**CFC**), molecole composte da cloro, fluoro e carbonio che erano comuni negli spray e nei refrigeranti per frigoriferi. Il cloro contenuto in questi composti reagisce con l'ozono "rubandogli" un atomo di ossigeno 3.

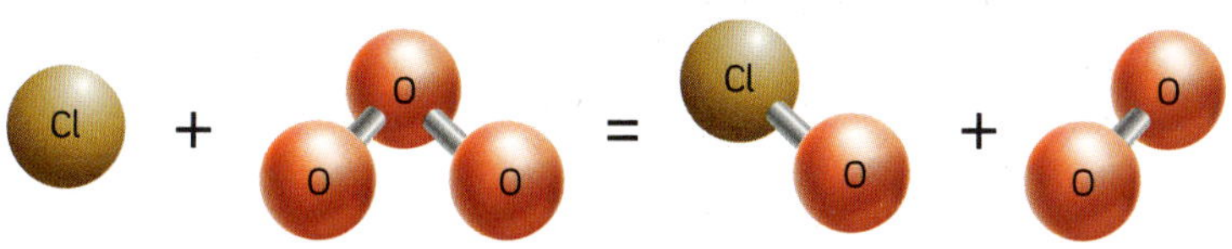

3 Schema che mostra la distribuzione dell'ozono: il cloro libero nella stratosfera si lega all'ozono rubandogli un atomo di ossigeno.

Questo fenomeno, a causa di particolari condizioni atmosferiche, è notevolmente accentuato sopra l'Antartide. Durante la primavera australe (settembre/ottobre) si verifica un **brusco assottigliamento dello strato di ozono** (chiamato giornalisticamente "buco"). Il fenomeno termina verso dicembre, per poi ricominciare l'anno successivo 4.

A causa dell'elevata forza distruttrice del cloro (un solo atomo di questo elemento genera un ciclo di reazioni che può distruggere fino a 100 000 molecole di ozono), per ridurre il calo dell'ozono, molti paesi, tra cui quelli dell'Unione Europea e gli Stati Uniti, si sono impegnati a non utilizzare più i CFC nei loro prodotti.

Questa decisione si è dimostrata efficace: la ferita nello strato di ozono si sta lentamente rimarginando.

Le piogge acide

La presenza di inquinanti in atmosfera, soprattutto composti dello zolfo, si ripercuote anche nelle precipitazioni, causando le piogge acide, composte per oltre il 70% da anidride solforica, un composto che a contatto con l'acqua si trasforma nel pericoloso acido solforico. Gli effetti dell'acidificazione delle acque sono particolarmente dannosi per i vegetali e per gli animali acquatici, ma anche per statue ed edifici che subiscono fenomeni di corrosione.

5 L'effetto delle piogge acide sui monumenti storici.

un "arco di nubi"

La meteorologia ha una branca specializzata nello studio delle nubi: la nefologia. Questa disciplina si occupa della loro classificazione e ne analizza i meccanismi di formazione.

1

L'arcus (che in latino significa arco) è una nube bassa, generalmente solitaria e dall'aspetto minaccioso, caratterizzata da colori scuri (dal grigio al blu). Queste nubi possono essere imponenti tanto da estendersi orizzontalmente anche per decine di kilometri.

2

Un tipo particolare di arcus sono le nubi a rullo. Questo fenomeno avviene lungo un fronte temporalesco molto esteso: possono avere uno spessore di 2 km ed essere lunghe anche 1000 km. La nube a rullo resta completamente distaccata dal cumulonembo che la genera.

3

Si formano quando in un cumulonembo le gocce di pioggia, cadendo, trascinano una corrente d'aria fredda che può arrivare quasi al suolo. Questa spinge verso l'alto l'aria calda che si trova davanti al cumulonembo. Risalendo, l'aria calda ruota, si avvolge su sé stessa e dà origine all'arco.

Un "arco" di nubi

Erickson

L'atmosfera terrestre

Da che cosa è composta l'atmosfera?

Paragrafo 1

I gas che compongono l'atmosfera sono rappresentati nel grafico del paragrafo 1. Per ricordarti il loro nome, completa lo schema: scrivi a sinistra la percentuale di ogni gas presente nell'atmosfera e a destra le sue caratteristiche.

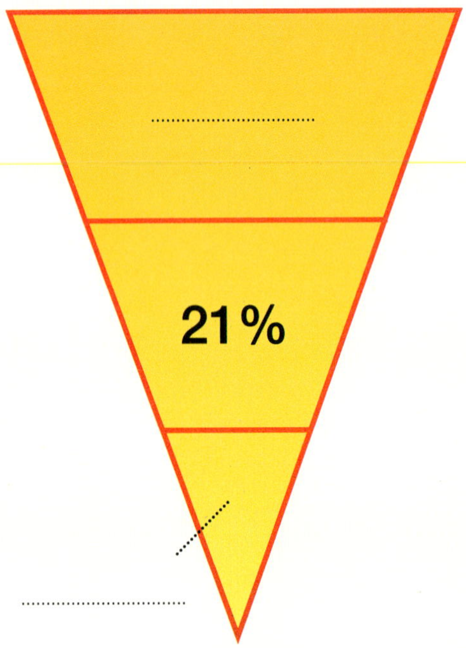

1. ……………………: ……………………………………
……………………………………
……………………………………

2. ossigeno: ……………………………………
……………………………………
……………………………………

3. ……………………: ……………………………………
……………………………………
……………………………………

Quali strati compongono l'atmosfera terrestre?

Paragrafo 2

Osserva nel paragrafo 2 il disegno degli strati che compongono l'atmosfera. Scrivi qui sotto, a fianco di ogni numero, i nomi dei cinque strati che trovi in grassetto nel testo e cerca di sintetizzare in poche righe le caratteristiche di ciascuno. Non trascurare da quale parola greca derivano i termini scientifici: l'etimologia ti può aiutare a capire non solo l'altitudine di ogni strato, ma anche le sue peculiarità.

1. ……………………: ……………………………………
……………………………………
……………………………………

2. ……………………: ……………………………………
……………………………………
……………………………………

3. ……………………: ……………………………………
……………………………………
……………………………………

4. ……………………: ……………………………………
……………………………………
……………………………………

5. ……………………: ……………………………………
……………………………………
……………………………………

La pressione atmosferica

Quali fattori influenzano la pressione atmosferica?

Paragrafo 4

Nel paragrafo 4 ogni fattore che influenza la pressione atmosferica è illustrato con un'immagine: osservala con attenzione, ti aiuterà a comprendere più facilmente i concetti di questo paragrafo. Sottolinea nell'elenco puntato che cosa cambia nella pressione quando uno dei fattori aumenta o diminuisce, poi completa la tabella. Prova a capire da solo che cosa succede se nel testo non viene specificata la conseguenza sia dell'aumento sia della diminuzione di ogni fenomeno.

FENOMENO	SE AUMENTA...	SE DIMINUISCE...

I venti

Come si classificano i venti?

Paragrafo 5

Nel paragrafo 5 trovi la classificazione dei venti. Per ricordarli, schematizzali in una tabella come quella proposta sotto.

vento	ha sempre la stessa direzione?	ha sempre lo stesso senso?	sai fare qualche esempio?
costante			
periodico			
locale			

Le nubi

Come si classificano le nubi?

Paragrafo 6

Le nubi vengono distinte e classificate in base a due criteri: cercali nel testo e sottolineali. Poi completa lo schema con i nomi delle due classificazioni.

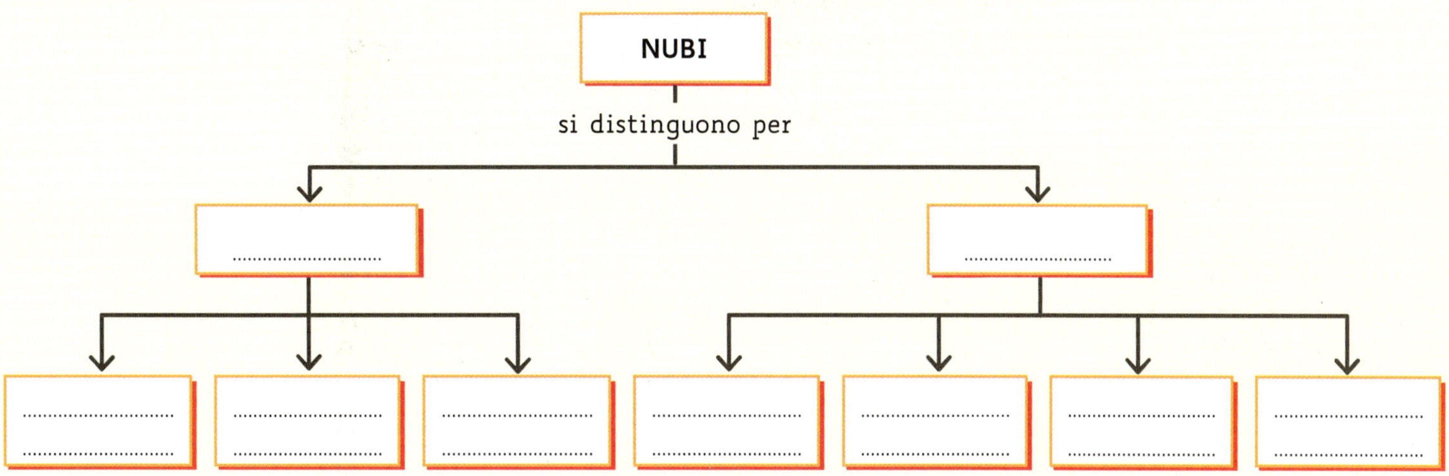

Mi preparo all'interrogazione

Contenuti multipli

L'ATMOSFERA TERRESTRE

- **è** → un miscuglio di gas
  - **formato da** →
    - azoto (78%)
    - ossigeno (21%)
    - altri gas (1%)
    - vapore acqueo (in quantità variabile)
- **è** → organizzata in strati
  - **partendo dall'alto sono** →
    1. esosfera
    2. termosfera
    3. mesosfera
    4. stratosfera
    5. troposfera
- **esercita sulla Terra** → pressione atmosferica
  - **si misura in** → pascal (Pa) oppure in bar
    - **con** → barometro
  - **le sue variazioni determinano** → venti
    - **possono essere** →
      - costanti
      - periodici
      - locali
    - **sono identificati da** →
      - velocità
      - direzione
      - senso
    - **si spostano** → da zone ad alta pressione (anticicloniche) a zone a bassa pressione (cicloniche)
- **è influenzata da** →
  - temperatura
  - umidità
  - altitudine
  - **dal vapore acqueo si formano** →
    - nebbia
    - rugiada
    - brina
    - galaverna
    - nubi
      - **da cui si formano** → precipitazioni atmosferiche (pioggia, neve e grandine)
      - **possono essere** →
        - stratiformi
        - cumuliformi
        - nembi
        - cirri
  - **insieme determinano** → tempo atmosferico
    - **da cui si determinano i** → climi
      - **classificati da** → Wladimir Peter Köppen
      - **dipendono da** →
        - latitudine
        - altitudine
        - distanza dal mare
        - correnti marine
        - catene montuose

verifica

Verifica interattiva

CONOSCO

1 Completa le seguenti frasi scegliendo tra i termini elencati.

anticicloniche • rari • stratosfera • azoto • direzione • impedendo • spessore • argon • aree climatiche • ottimale • cinque • vento • ossigeno • ozono • gas serra • nubi • diminuisce • vapore acqueo • periodici • barometro • cicloniche • anidride carbonica • clima • radiazioni ultraviolette • umidità • velocità • termosfera • pressione • rugiada • miscela

a L'aria che ci circonda è una .... di gas formata da .... (78%), ... (21%), ... (0,93%), ... (0,04%) e altri gas detti ....

b I .... presenti nell'atmosfera assorbono il calore immagazzinato dalla Terra .... che si disperda nello spazio e garantendo un riscaldamento ....

c L'atmosfera ha uno .... di circa 1500 km ed è suddivisa in .... strati concentrici: esosfera, ..., mesosfera, ... e troposfera

d L'.. forma uno strato che assorbe e filtra le .... del Sole

e La .... atmosferica è il peso che esercita l'aria sulla superficie terrestre. Si misura con uno strumento chiamato ....

f La pressione atmosferica .... all'aumentare della temperatura, dell'altitudine e dell'umidità

g Il movimento orizzontale di masse d'aria che si spostano da zone ad alta pressione (..) a zone di bassa pressione (..) genera il ....

h Le principali caratteristiche di un vento sono la .... e la .... I venti possono essere costanti, ... o locali

i Nell'atmosfera è sempre presente una certa quantità di .... che determina l'.. dell'aria

l Se il vapore acqueo raggiunge il punto di .... condensa dando origine alle .... e ad altri fenomeni atmosferici

m Il .... di una zona della Terra si determina mediante lo studio di determinati fattori ed elementi

n La Terra viene suddivisa in cinque ...., indicate con le lettere maiuscole

2 INVALSI **Segna con una crocetta il completamento esatto.**

a Il gas più abbondante nell'aria è:
- ☐ l'ossigeno
- ☐ l'anidride carbonica
- ☐ l'azoto
- ☐ l'argon

b Nella termosfera:
- ☐ aumenta la temperatura
- ☐ aumenta la pressione
- ☐ aumenta il vapore acqueo
- ☐ si disgregano le meteoriti

c Lo strato di ozono:
- ☐ è responsabile dell'effetto serra
- ☐ assorbe una parte delle radiazioni ultraviolette
- ☐ è formato da atomi di elio
- ☐ è formato da molecole biatomiche di ossigeno

d Nell'aria umida è presente in gran quantità:
- ☐ polline
- ☐ pulviscolo atmosferico
- ☐ vapore acqueo
- ☐ sale

e Con quale strumento si misura la pressione atmosferica?
- ☐ Termometro
- ☐ Bilancia
- ☐ Anemometro
- ☐ Barometro

f I fattori che determinano variazioni nei valori della pressione atmosferica sono:
- ☐ temperatura e umidità
- ☐ massa e umidità
- ☐ temperatura, umidità, altitudine
- ☐ temperatura, umidità e peso specifico

g L'aria che riempie il pallone di una mongolfiera è:
- ☐ più calda dell'aria atmosferica
- ☐ più densa dell'aria atmosferica
- ☐ più fredda dell'aria atmosferica
- ☐ meno umida dell'aria atmosferica

h In quale località la pressione atmosferica è maggiore?
- ☐ In cima al monte K2
- ☐ In riva al mare
- ☐ In cima al Monte Bianco
- ☐ In collina

i I venti costanti che spirano dai tropici verso l'equatore sono:
- ☐ gli alisei
- ☐ le brezze
- ☐ i monsoni
- ☐ i venti polari

verifica

l Le brezze sono venti periodici che interessano:

☐ e pianure ☐ i poli
☐ le montagne ☐ le località marine o lacustri

m Per la formazione di una nube è indispensabile la presenza di:

☐ molto azoto ☐ temperature elevate
☐ nuclei di condensazione ☐ zone anticicloniche

n Quale fenomeno è rappresentato nell'immagine?

☐ Brina ☐ Rugiada
☐ Neve ☐ Grandine

o I fenomeni fisici che avvengono nell'atmosfera nel breve periodo determinano:

☐ il clima ☐ il vento
☐ l'umidità ☐ il tempo meteorologico

p Il clima in Italia è:

☐ temperato ☐ arido
☐ polare ☐ boreale

3 Sottolinea il termine corretto tra i due proposti in corsivo.

a L'aria non si disperde nello spazio grazie alla *pressione/forza di gravità* esercitata dalla Terra

b *L'aumento/la diminuzione* della percentuale dei gas serra può provocare un aumento della temperatura terrestre

c I fenomeni atmosferici avvengono nella *troposfera/stratosfera*

d L'ozono è un gas le cui molecole sono formate da *due/tre* atomi di ossigeno

e L'aria *ha/non ha* una massa

f L'effetto serra è un fenomeno *naturale/artificiale*

g Il gas che ci permette di respirare è *l'azoto/l'ossigeno*

h Salendo di quota la pressione *diminuisce/aumenta*

i Le masse d'aria si muovono sempre da zone di *bassa/alta* pressione a zone di *bassa/alta* pressione

l La velocità di un vento si misura con *l'anemometro/l'anemoscopio*

m Quando la temperatura è superiore a 0 °C si genera la *neve/pioggia*

n In Italia si distinguono *quattro/sei* zone climatiche

o Il climatologo W. Köppen propose la classificazione dei climi agli inizi dell'*ottocento/novecento*

p In Australia prevale il clima *arido/tropicale umido*

4 Collega ciascun termine con il significato corretto.

Troposfera .... Termosfera ....
Stratosfera .... Esosfera ....
Mesosfera ....

a strato in cui è presente lo strato di ozono
b strato a diretto contatto con la superficie terreste
c sfera più esterna
d strato in cui si disgregano le meteore
e strato in cui si verificano le aurore boreali

5 Che cosa misurano gli strumenti rappresentati? Scrivi sotto a ogni immagine il nome corretto e collegala alla definizione corrispondente.

☐ ....

☐ ....

☐ ....

☐ ....

a Strumento con il quale si misura la pressione atmosferica

b Strumento che misura la quantità di pioggia che cade al suolo

c Strumento che misura l'umidità dell'aria

d Strumento che misura la velocità dei venti

APPLICO

6 **La Terra può essere rappresentata come una sfera. Il raggio terrestre equatoriale misura 6372 km mentre lo spessore stimato dell'atmosfera è di circa 1500 km. Quale fra queste immagini rappresenta correttamente la Terra e la sua atmosfera?**

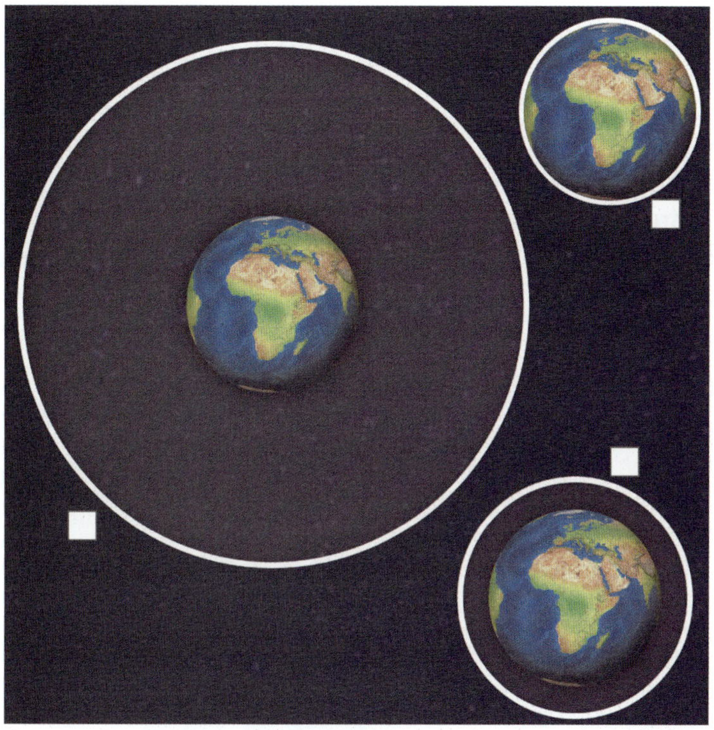

7 **Osserva la seguente immagine e rispondi alle domande.**

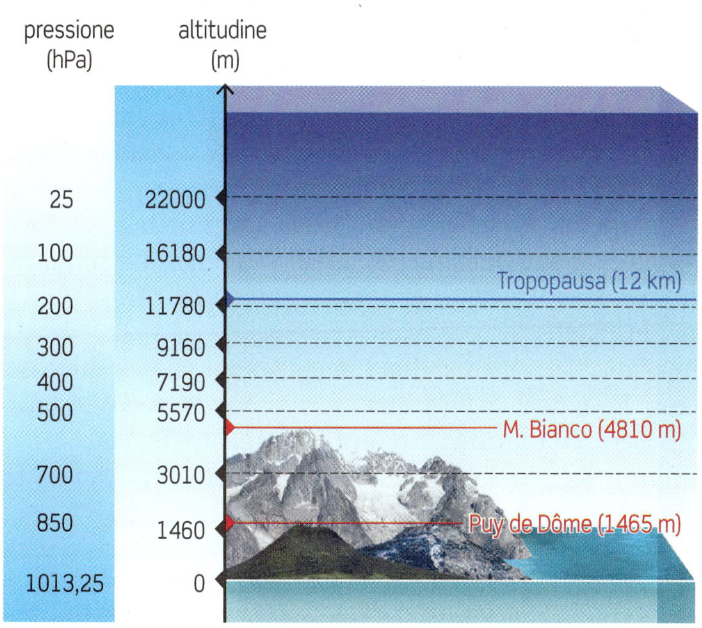

a A quale altitudine il valore della pressione è 100 hPa?

b In quale strato dell'atmosfera si trova?

c Quanto vale la pressione sulla cima del Monte Bianco?

8 **I grafici rappresentati vengono definiti climatogrammi e riportano i dati relativi alla temperatura (curva rosa) e alla piovosità (barre azzurre) di una località nell'arco di un anno.**

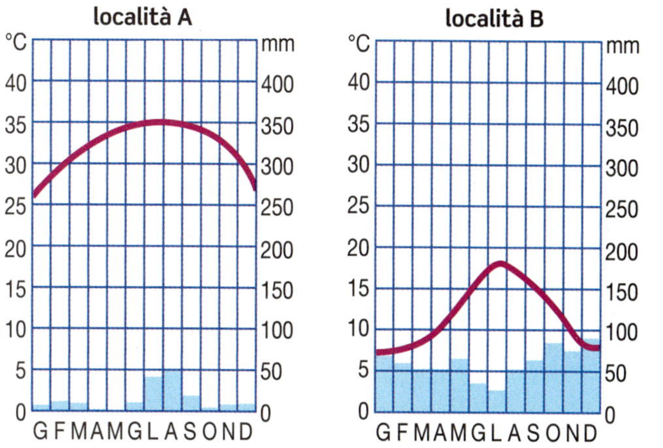

a Qual è approssimativamente la quantità di acqua caduta in un anno sulla località A? E sulla località B?

b Ci sono dei mesi in cui la piovosità risulta la medesima nelle due località? Se sì, in quei mesi si è raggiunta anche la stessa temperatura?

c In quale area climatica si potrebbero trovare le due località?

Località A: ....

Località B: ....

COMPETENZE

1. Calcola e ragiona.

La foresta pluviale è caratterizzata da una forte piovosità: in un anno in media possono cadere da un minimo di 2000 mm a un massimo di 12500 mm di pioggia. Sapendo che un millimetro di pioggia corrisponde a 1 litro (e quindi 1 kg) caduto sulla superficie di 1 m^2, calcola quali sono i valori minimi e massimi di quantità d'acqua (in megagrammi o tonnellate) che cadono annualmente su 10 km^2 di foresta pluviale.
Se vuoi esprimi i risultati utilizzando la notazione scientifica.

2. Trova l'errore.

Angela, che vive a Milano, è appena ritornata da un viaggio a Parigi e racconta alle sue amiche del suo viaggio in aereo:

a "L'aereo volava così in alto che è entrato nella mesosfera!"

b "Anche se abbiamo viaggiato di giorno è stato impossibile vedere il Sole perché era sempre coperto dalle nubi".

c "Durante l'atterraggio ho aperto il finestrino per osservare il paesaggio"

Le sue amiche nutrono dei dubbi sui racconti di Angela. Sapresti trovare e correggere gli errori?

3. Ricerca e comunica.

Qual è l'origine dei nomi dei venti indicati nella Rosa dei venti? Fai una ricerca in Internet e prepara una relazione composta da due o tre slide da presentare alla classe.

CLIL: let's learn English

Air pollution

Audio

Objectives

- You can describe the causes and consequences of air pollution
- You can compare evidence from first-hand experience with secondary sources
- You can look critically at sources of secondary data

Indicators

The leafy **lichens** on this tree trunk show that the air is here slightly polluted. Lichens are living indicators. More species grow where the air is clean. Lichens absorb everything they need from air and rainwater. They have no roots. **Sulfur dioxide** and **oxides of nitrogen** are pollutants that affect lichens. These pollutants make rainwater very acidic. This makes it difficult for lichens to grow. Only a few thin, crusty lichens grow where the rain is very polluted. Air pollution can be very high in cities and industrial areas. Taller, bushy lichens cannot survive there – they grow only where the air is clean.

Remember

- Burning fuels release sulfur dioxide.
- Car engines release oxides of nitrogen.
- Sulfur dioxide and oxides of nitrogen dissolve in rainwater and make it acidic.
- Lichens are living indicators of air pollution.
- Only a few lichen species can grow where sulfur dioxide concentrations are high.

Acidic gases

Sulfur dioxide is released into the atmosphere when fuels burn and when metals are extracted. This has been happening for hundreds of years.

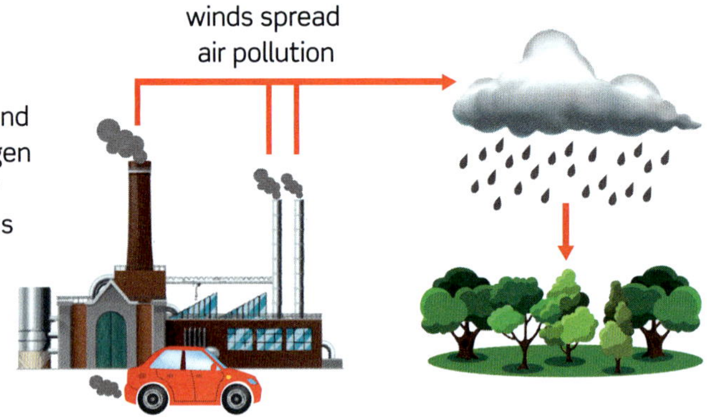

We produce more pollution today than in the past because the human population is larger. More people use more materials and burn more fuels.
Traffic is the main source of acidic gases in cities. Cars release oxides of nitrogen. Acidic gases make it difficult to breathe.
Acidic gases are very dangerous for people with weak lungs or asthma. Sulfur dioxide and oxides of nitrogen are both very soluble. They dissolve in rainwater to make acid rain.
Acid rain causes many problems:

- it makes soil more acidic. This means that plants cannot take in the essential mineral elements from soil.
- it damages decomposers, so they don't return minerals to the soil.
- it dissolves aluminium from rocks – a chemical element that can poison plants and water life.
- it weakens leaves and seeds. This means that plants can catch diseases easily.
- it slowly dissolves any structures made of chalk, limestone, or marble.

Scientists regularly collect data to see how much pollution is in the air. Each group takes measurements in one part of the world on the same days. We use the data collected by different scientists all over the world to see how much pollution there is in the world. These are called secondary sources of evidence.

Exercises

1. What gases cause acid rain and where do they come from?

....

2. Why are lichens used as living indicators of air pollution?

....

3. How does acid rain damage plants?

....

4. Why has air pollution increased in the past 100 years?

....

7 Il suolo

Il suolo è una risorsa limitata e non rinnovabile, ancora oggi gravemente sottovalutata. Uno sfruttamento eccessivo e senza regole, infatti, ha un enorme impatto sul clima, sulla biodiversità, sul paesaggio e sulla vivibilità di un territorio.

Digi **Scienze**

CLASSE CAPOVOLTA

Contenuto integrativo

Preparati per la lezione:
- guarda la presentazione multimediale
- compila la scheda

Nelle prossime pagine troverai altri contenuti digitali

- Allegato scaricabile
- Contenuto integrativo
- Audio
- Verifica interattiva

1 Il suolo

Audio

Il suolo è un sottile strato formato da sostanze organiche e inorganiche

Guarda dove metti i piedi! Chissà quante volte te l'hanno detto… Da oggi avrai un motivo in più. Come hai visto, tutto ciò che ti circonda è oggetto d'indagine per la scienza, anche quello che si trova sotto le tue scarpe.

Il **suolo** è un sottile strato che generalmente riveste la parte emersa del nostro pianeta, permettendo la crescita della vegetazione e la vita degli animali 1-2-3.

In ambiti non scientifici, il suolo viene detto anche genericamente *terreno*.

2

3

È costituito da:
- sostanze **inorganiche**: ferro, alluminio, calcio ecc.;
- sostanze **organiche**: derivate della decomposizione di foglie, rami e animali. L'accumulo nel tempo della materia organica, quasi totalmente decomposta, forma uno strato di colore scuro, l'***humus***, che è di primaria importanza per il nutrimento dei vegetali;
- **aria** e **acqua**: occupano lo spazio libero fra le particelle solide.

Poiché è una risorsa importantissima, il suolo si è meritato una disciplina scientifica tutta per sé: la **pedologia**. Questa scienza, per descrivere il suolo, ha individuato al suo interno alcuni strati ben riconoscibili, gli **orizzonti**, denominati con una lettera maiuscola 4:
- **orizzonte O**: è costituito da materia organica non decomposta;
- **orizzonte A**: è composto da *humus* e da sostanze minerali ben amalgamati fra loro;
- **orizzonte E**: appare spesso di colore chiaro poiché l'acqua, attraversandolo, allontana molti dei minerali che lo compongono;
- **orizzonte B**: qui l'acqua accumula *humus* e minerali provenienti dagli strati superiori;
- **orizzonte C**: ha subìto pochissime alterazioni ed è quasi totalmente costituito da **minerali**;
- **orizzonte R**: è la **roccia** madre, il materiale roccioso presente prima della formazione del suolo.

Parole di scienze

pedologia: dal greco *pedon* = suolo + *logos* = discorso.

minerale: sostanza naturale solida avente composizione chimica ben definita (o variabile entro ambiti ristretti) e una disposizione ordinata e regolare degli atomi che la costituiscono, fissa e costante per ogni tipo.

roccia: aggregato naturale di diversi minerali. Le rocce sono in prevalenza eterogenee, costituite, cioè, da più specie di minerali.

1

Ricorda

La sostanza **organica** è formata in prevalenza da molecole organiche, ovvero lunghe catene di atomi di carbonio, alle quali si legano l'idrogeno, l'ossigeno, l'azoto, il fosforo e altri elementi chimici. Le molecole organiche sono i principali costituenti delle cellule, che a loro volta compongono la quasi totalità del corpo degli esseri viventi.
La sostanza **inorganica** è formata da atomi di tutti i tipi e le sue molecole hanno generalmente una struttura più semplice.
Sono inorganici i sali minerali, l'acqua o l'anidride carbonica, i costituenti della materia inanimata, come un sasso, un vetro ecc.

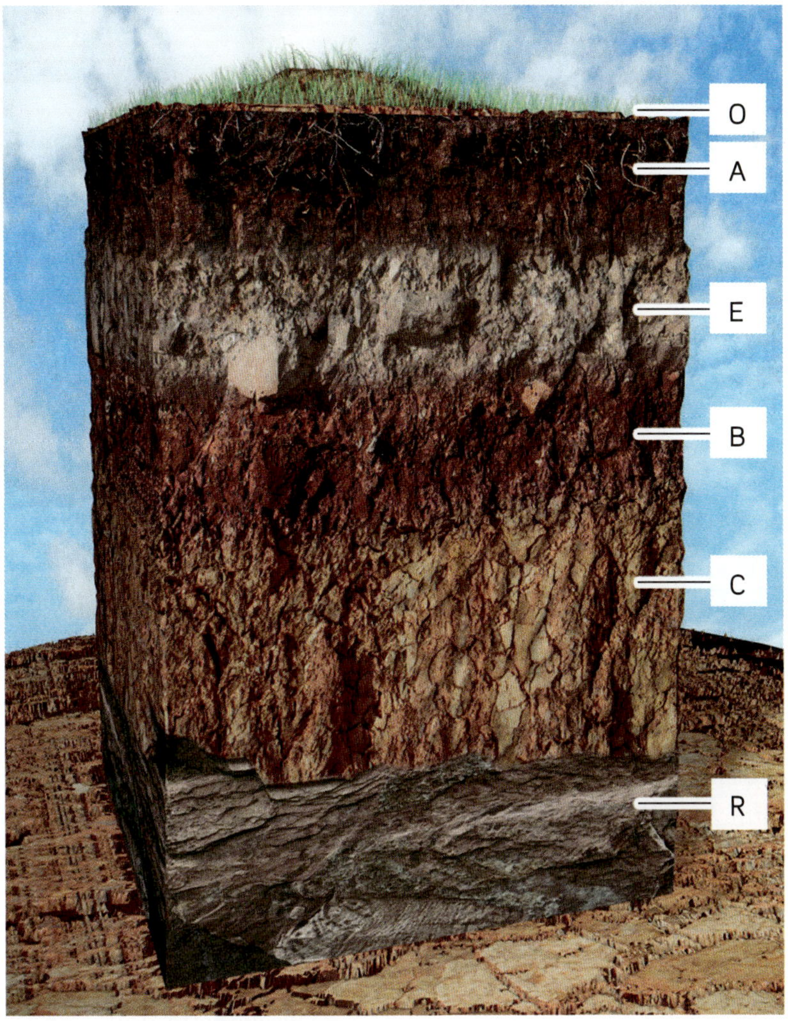

4 Il suolo è formato da orizzonti, strati ben riconoscibili.

Piccoleprove — Informa il suolo

Materiale occorrente — 1 ora

- 1 contenitore adatto per essere infornato
- 1 bilancia da cucina
- 1 secchiello pieno di terreno
- 1 paletta
- 1 guanto da forno

Procedimento

Elimina dal terreno che hai raccolto i sassi più grossi; pesane 500 g e ponilo nel contenitore da forno.
Ora procedi con l'**aiuto di un adulto**. Accendi il forno e imposta la temperatura a 100 °C. Una volta raggiunta tale temperatura, inforna il contenitore con il terreno.
Trascorsi 60 minuti toglilo dal forno e, una volta raffreddato, pesa nuovamente il terreno.
Il peso iniziale e finale sono uguali? Probabilmente no!
Che cos'è successo? L'acqua contenuta nel suolo è evaporata, riducendone il peso.

Prova a ripetere l'esperimento prelevando il suolo in momenti diversi della giornata o dell'anno. Inforna sempre 500 g di suolo, in modo da poter fare un confronto migliore sulla quantità di acqua contenuta.

Con metodo

Analizzo il testo

1. Sottolinea nel testo con colori diversi le parti che compongono il suolo.

2. Come si chiama la disciplina scientifica che studia il suolo?

3. Completa.
L'*humus* è uno strato di colore ...., formato dall'accumulo nel tempo di sostanza .... quasi totalmente ....

4. Rispondi oralmente alla domanda.
Qual è la differenza tra minerale e roccia?

Comprendo il testo

5. La roccia madre:
- ☐ è il materiale roccioso presente prima della formazione del suolo
- ☐ è il materiale roccioso che si trasforma in *humus*

6. Le sostanze organiche:
- ☐ provengono dagli strati più profondi del suolo
- ☐ derivano dalla decomposizione di foglie, rami e animali

Schematizzo

7. Completa la tabella relativa agli strati che formano il suolo.

orizzonte	caratteristiche
	subisce pochissime alterazioni, formato da minerali
	roccia madre
	ha un colore chiaro poiché l'acqua allontana molti minerali che lo compongono
	l'acqua accumula *humus* e minerali dagli strati superiori
	costituito da materia organica non decomposta
	composto da *humus* e sostanze minerali ben amalgamate

Collaboro

8. Formate in classe **cinque gruppi** e scrivete su un foglio almeno tre domande relative al paragrafo. Scambiatevi poi i fogli e rispondete ai quesiti dei compagni.

2 La formazione dei suoli

Audio

I suoli si formano grazie a processi fisici, chimici e biologici

Parole di scienze

pedogenesi: dal greco *pedon* = suolo + *génesis* = nascita.

Avrai notato che la composizione del suolo è molto complessa. La sua formazione è lunga e complicata, perciò non tutto ciò che è chiamato comunemente *suolo*... lo è davvero!
Per esserlo in senso proprio, deve aver subìto la **pedogenesi**, ovvero la sequenza dei processi che danno origine al suolo 1.

Distinguiamo:

- i **processi fisici**, dovuti agli agenti atmosferici (precipitazioni, vento o alternanza di alte e basse temperature), che *disgregano* la parte più superficiale della roccia madre, formando un accumulo di detriti (*substrato pedogenetico*) che possono rimanere nel luogo dove si sono originati oppure essere rimossi dall'acqua o dal vento;
- i **processi chimici**, che *modificano il tipo di minerali presenti*, trasformandoli in altri: l'acqua, per esempio, può sciogliere un minerale e depositarne uno nuovo;
- i **processi biologici**, *operati dai primi organismi* che colonizzano la roccia madre frantumata; batteri, muschi e licheni proseguono la disgregazione chimico-fisica e forniscono al suolo che sta nascendo la prima sostanza organica che permetterà la crescita delle piante 3 .

1

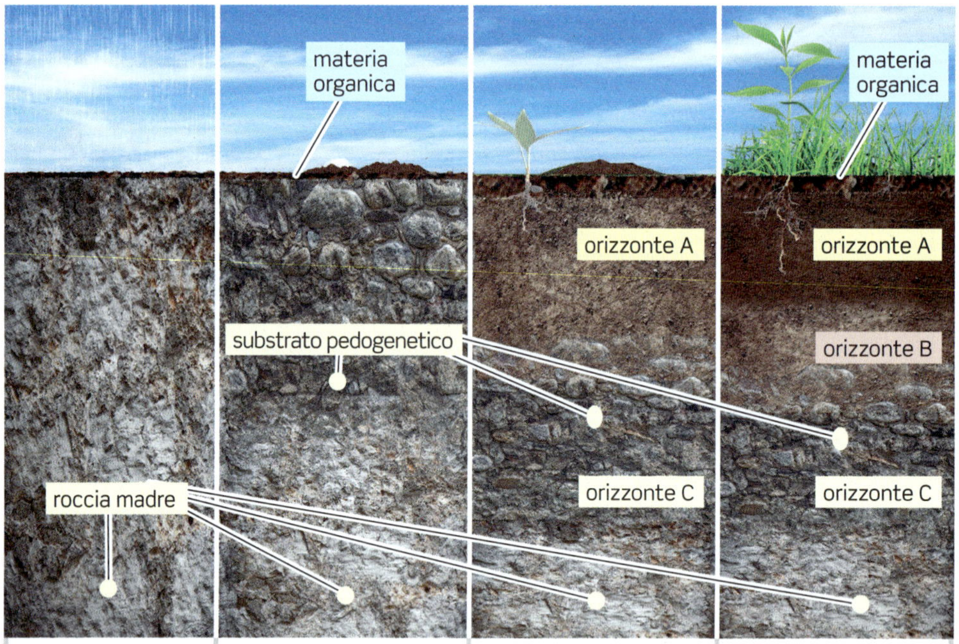

Gli agenti atmosferici iniziano a disgregare la roccia madre	I processi chimici agiscono sui detriti derivanti dalla roccia madre e inizia a depositarsi la materia organica	La materia organica diventa *humus* (umificazione) e iniziano a formarsi gli orizzonti	Sul suolo neonato inizia a crescere la vegetazione.

2 Anche le radici delle piante penetrano nel suolo, modificandone progressivamente le caratteristiche.

3 I licheni sono fra gli organismi che per primi colonizzano il substrato pedogenetico.

Questi processi possono essere più o meno veloci, in base ad alcuni fattori:

- il tipo di **roccia madre**: alcune rocce sono più tenere di altre e si disgregano più velocemente;
- il **clima**: la pedogenesi è favorita da climi caldi e umidi;
- i tipi di **organismi presenti**: alcuni animali che vivono nel suolo (*pedofauna*) favoriscono la formazione dell'*humus* e il rimescolamento dei detriti ■4.

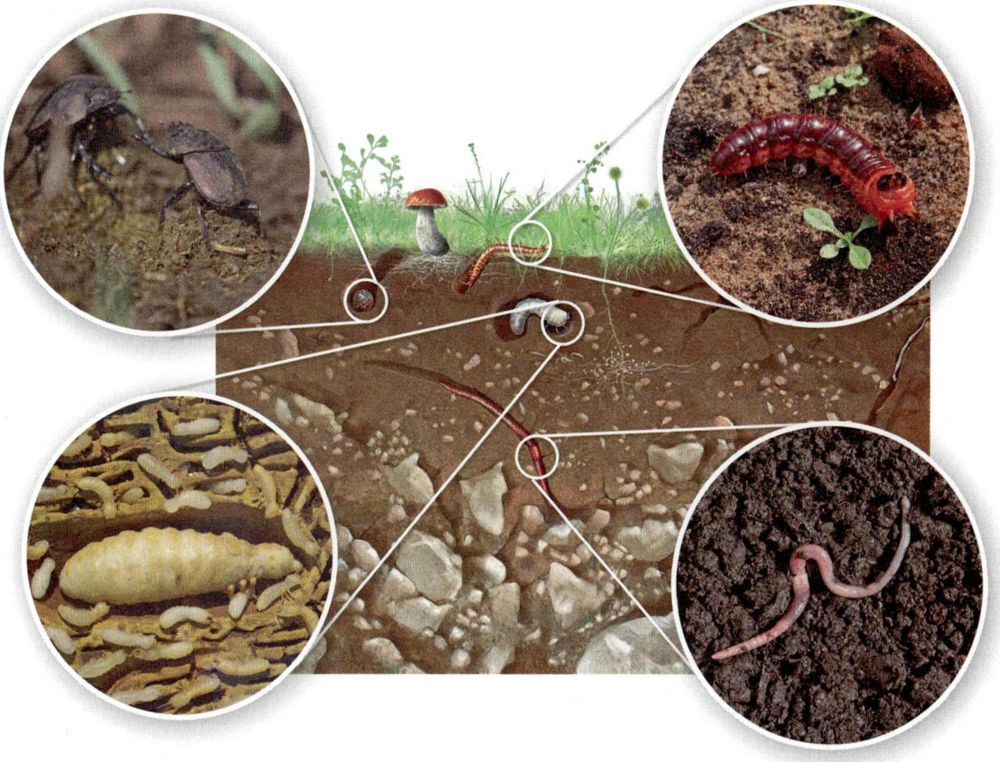

■4 Alcune specie di lombrichi ingeriscono grandi quantità di suolo per ricavarne le sostanze organiche, altri si nutrono direttamente dei resti organici presenti nell'*humus*. Scavando gallerie, favoriscono la circolazione dell'aria e dell'acqua. Inoltre spesso trasferiscono materia organica dalle zone più superficiali del suolo a quelle più profonde.

Suolo e agenti atmosferici

Le rocce si disgregano progressivamente se sottoposte agli agenti atmosferici:

- i cambiamenti di **temperatura**: sottoposti al caldo e al freddo, i minerali che compongono le rocce si dilatano e si contraggono; se questo si ripete continuativamente, si arriva alla frantumazione della roccia. Il fenomeno avviene nelle zone dove è presente un'elevata escursione termica tra il giorno e la notte (per esempio nei deserti o nelle zone di alta montagna);
- l'azione dell'**acqua** che penetra nelle fessure: se essa congela, subisce un aumento di volume tale da esercitare una pressione sulle pareti della fessura dilatandola fino a rompere la roccia;
- l'azione di **pioggia**, **onde** e correnti di **fiumi** e **torrenti**: l'impatto ripetuto e continuo dell'acqua sgretola progressivamente la roccia.

Con metodo

Analizzo il testo

1. Rispondi.

a Quali sono i fattori che influenzano la velocità di formazione del suolo?

b In che modo l'azione dell'acqua che penetra nelle fessure del suolo disgrega le rocce?

Comprendo il testo

2. La pedogenesi:

☐ è l'insieme dei processi che danno origine al suolo

☐ è lo strato più esterno del suolo

3. Se sottoposti al caldo o al freddo, i minerali delle rocce:

☐ si dilatano e si contraggono

☐ fondono e poi risolidificano

Lavoro sulle immagini

4. Osserva le immagini e indica quale si riferisce a processi fisici, quale a processi chimici e quale a processi biologici per la formazione del suolo.

3 Le caratteristiche dei suoli

Audio

I suoli si differenziano per tessitura, porosità, permeabilità, colore e sostanze che contengono

Il suolo di un bosco è uguale a quello della campagna? Forse ti sarà capitato di osservare che sono notevolmente diversi. I suoli infatti sono di molti tipi e si distinguono per numerose caratteristiche. Le principali sono:

- la **tessitura** (o **granulometria**) è la percentuale delle componenti solide (*granuli*) presenti, classificate in base alla grandezza. Possiamo distinguere lo **scheletro**, cioè la parte più grossolana, e la **terra fina**, in cui i granuli sono molto piccoli. I suoli, in genere, non sono uniformi, ma formati da granuli appartenenti a *classi granulometriche* diverse, alcune delle quali possono essere più abbondanti delle altre 1.

Contenuto integrativo

suddivisione del suolo in base alla tessitura	nome granuli	dimensioni granuli
scheletro	pietre	superiori a 20 mm
	ghiaia	2-20 mm
terra fina	sabbia grossa	0,2-2 mm
	sabbia fine	0,2-0,02 mm
	limo	0,02-0,002 mm
	argilla	inferiore a 0,002 mm

1 Le particelle solide che compongono il suolo si distinguono in base alle dimensioni (classificazioni secondo ISSS, *International Soil Science Society*).

- la **porosità** è il rapporto fra il volume totale del suolo e quello dei suoi spazi vuoti; indica le dimensioni dei pori presenti fra le particelle solide. La presenza di questi ultimi è fondamentale per la circolazione dell'acqua e dell'aria.
- la **permeabilità** è la capacità di un suolo di lasciarsi attraversare dall'acqua. Dipende dalla tessitura e dalla porosità e il suo valore è tanto più alto quanto più grande è il volume degli spazi vuoti 2. La permeabilità influenza la crescita dei vegetali. Se è troppo alta, per esempio, il suolo non trattiene acqua e le piante non riescono a ricavarne a sufficienza.
- il **colore** dipende dalle sostanze presenti nel suolo. Può essere rosso se c'è molto ferro, bruno se è presente tanta sostanza organica (*humus*), grigiastro se c'è poca ossigenazione.

Curiosità

L'odore del suolo

L'odore del terreno è prodotto da un insieme di sostanze, ma una tra tutte contribuisce in modo particolare: la **geosmina,** un composto chimico prodotto da molti organismi, soprattutto batteri decompositori. Il nostro naso riesce a percepirne anche piccolissime quantità (ha un'elevata odorosità), tanto che, se ne viene dispersa anche solo una minima parte nell'acqua o nell'aria, si avverte subito l'odore di "terra umida".

2 La permeabilità dipende dalla dimensione dei granuli (tessitura) e dagli spazi fra essi (porosità). Un suolo con granuli grossi ha permeabilità elevata.

Piccoleprove — Un impermeabile d'argilla

Materiale occorrente — Contenuto integrativo — 30 minuti

- 3 bottiglie di plastica
- 3 imbuti
- ghiaia
- sabbia
- argilla
- acqua
- garza
- elastici

Procedimento

Prepara gli imbuti legando con un elastico un piccolo pezzo di garza alla parte terminale. Inserisci gli imbuti nelle bottiglie, riempine (per circa due terzi) uno con la sabbia, uno con la ghiaia e uno con l'argilla. Ora versa una stessa quantità di acqua negli imbuti e osserva quello che succede.

Puoi dire quale dei materiali che hai utilizzato è più permeabile? Osserva quanta acqua è passata nelle bottiglie. Noterai che la quantità d'acqua aumenta all'aumentare della granulometria del terreno: i terreni più grossolani sono più permeabili rispetto a quelli a granulometria più fine.

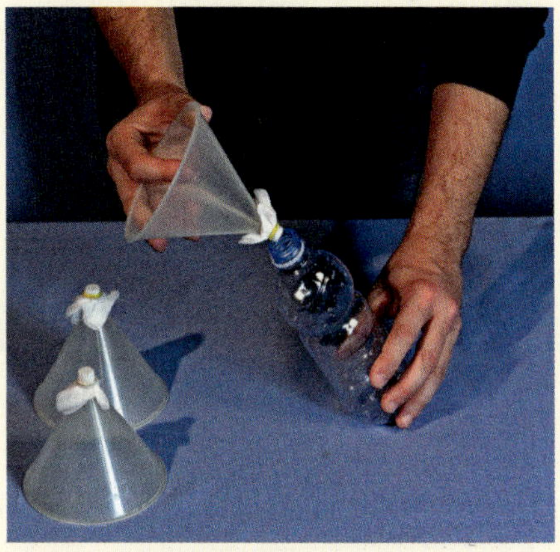

In base alla granulometria e alle sostanze che contengono, i suoli possono essere classificati in:

- **umiferi**, composti da più del 15% di *humus*; sono molto fertili e trattengono l'acqua 3.
- **calcarei**, contengono più del 20% di **calcare** e sono facilmente identificabili grazie alla reazione di effervescenza a contatto con l'acido cloridrico 4.
- **sabbiosi**, formati da oltre il 65% di sabbia, hanno un'elevata permeabilità 5.
- **argillosi**, composti da più del 40% di argilla, sono scarsamente permeabili e solitamente nei climi temperati sono poveri di sostanza organica 6.

Contenuto integrativo

3

4

5

6

Parole di scienze

calcare: roccia costituita essenzialmente di carbonato di calcio.

Con metodo

Analizzo il testo

1. Sottolinea nel testo con colori diversi i nomi delle principali caratteristiche utilizzate per descrivere i suoli.
2. Completa.
   L'.................................. del terreno è prodotto da un insieme di sostanze, in particolare la ...., composto chimico prodotto da molti ...., soprattutto da batteri ....
3. Rispondi oralmente alle seguenti domande.
   a Come può essere il colore di un suolo? Da che cosa dipende?
   b Quale tra i tipi di suolo è più permeabile all'acqua?

Comprendo il testo

4. Scrivi il significato delle seguenti parole.
   a Tessitura
   b Porosità
   c Permeabilità

Schematizzo

5. Completa la tabella.

suoli	caratteristiche
umiferi	
calcarei	
argillosi	
sabbiosi	

Collaboro

6. Lavorate a **gruppi di quattro**; ciascuno di voi studi un tipo di suolo (umifero, calcareo, argilloso e sabbioso) ed esponga ai compagni del gruppo le caratteristiche del suolo che ha esaminato.

4 Il suolo agrario

Audio

Non tutti i suoli sono adatti all'agricoltura, per questo l'uomo modifica il suolo naturale per renderlo fertile

Come hai visto esistono tipi diversi di suolo, ma non tutti sono fertili, cioè possiedono le caratteristiche necessarie per la crescita delle piante.
Da quando ha scoperto la possibilità di far crescere i vegetali che servivano al suo fabbisogno alimentare, l'uomo ha dovuto modificare il suolo naturale (quello derivato direttamente dalla pedogenesi) per renderlo adatto alla coltivazione agricola.

L'uomo ha quindi trasformato il suolo naturale in **suolo agrario** ■1.

La **fertilità** in agricoltura è la capacità di un suolo di far sviluppare e crescere i vegetali coltivati e **dipende dalle sue proprietà**:

- **fisiche**: tessitura e porosità adeguate permettono un'ottimale circolazione di acqua e aria per ossigenare le radici dei vegetali;
- **chimiche**: è necessario un giusto contenuto di minerali, che fungono da nutrienti per le piante;
- **biologiche**: sono indispensabili una certa quantità di materia organica e, soprattutto, la presenza di microorganismi, che svolgono un ruolo fondamentale nella decomposizione della sostanza organica e nella sua trasformazione in *humus*.

Per ottenere un buon suolo agrario è necessario raggiungere un bilanciamento tra tutte queste componenti.

L'agricoltura, tuttavia, può impoverire il suolo agrario e renderlo meno fertile, compromettendo i raccolti.
Per migliorarne e preservarne la **produttività** si utilizzano i **fertilizzanti**, che possono essere suddivisi in due categorie:

- i **concimi**: forniscono al suolo le sostanze nutritive per il fabbisogno dei vegetali (principalmente azoto, fosforo e potassio). I concimi **semplici** contengono un solo elemento, quelli **composti** invece contengono due o più elementi;
- gli **ammendanti**: modificano le caratteristiche fisiche del suolo, migliorando la capacità di trattenere l'acqua, mantenendo la giusta temperatura e permettendo il corretto sviluppo delle radici.

Alcuni fertilizzanti fungono sia da concimi sia da ammendanti: per esempio il **letame** (composto da paglia mescolata agli escrementi di bovini, suini ed equini) è ricco di azoto e altre sostanze minerali, ma è anche in grado di migliorare le caratteristiche fisiche del suolo.

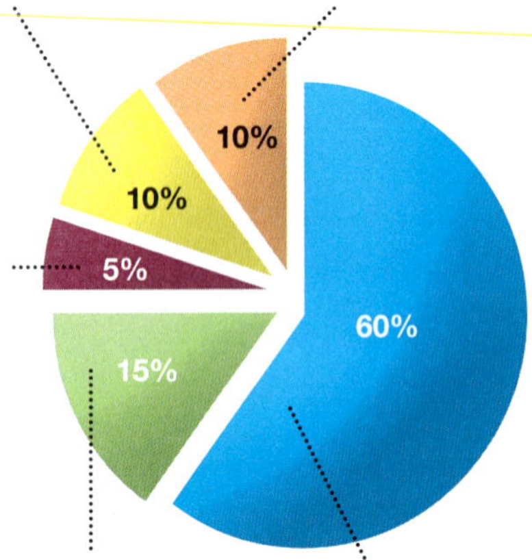

■1 Composizione media di un suolo agrario.

I concimi

Distingui:

- **concimi naturali**, sono di origine biologica, come **letame**, **guano** (formato dagli escrementi degli uccelli marini), **compost** (ottenuto dagli scarti organici della raccolta differenziata, il cosiddetto "umido");
- **concimi chimici**, sono prodotti artificialmente dall'uomo utilizzando composti minerali. Hanno il vantaggio di concentrare molti elementi nutritivi.

Entrambi i tipi di concime, se utilizzati in modo improprio o eccessivo, possono causare un forte inquinamento dei suoli o una contaminazione delle acque in cui vengono disciolti.

Vi sono alcune buone pratiche che migliorano il suolo agricolo e lo mantengono fertile:

- il **sovescio**, una tecnica che prevede la coltivazione di piante erbacee a crescita rapida, che vengono tagliate nel momento della fioritura, lasciate sul terreno per qualche giorno e poi interrate grazie all'**aratura**; questa migliora la porosità del terreno, favorendo la circolazione dell'acqua e dell'aria e facilitando l'espansione delle radici;
- la **rotazione delle colture**, una tecnica che consiste nell'alternare sullo stesso terreno coltivazioni diverse con differenti necessità ■2.
  Si alternano colture **da rinnovo** (per esempio mais, pomodoro e patata), capaci di ripristinare la struttura ottimale del terreno, e colture **miglioratrici** (leguminose, come erba medica e trifoglio), che restituiscono al terreno importanti sostanze nutritive come l'azoto. Queste colture consentiranno la coltivazione di piante come orzo, frumento, riso e avena, considerate **depauperanti** poiché sfruttano e impoveriscono il suolo.
  In alcuni casi per un'annata il terreno è lasciato a **maggese**, ossia senza coltivazioni. Ciò migliora le caratteristiche fisiche del suolo e la sua capacità di assorbire e trattenere l'acqua.

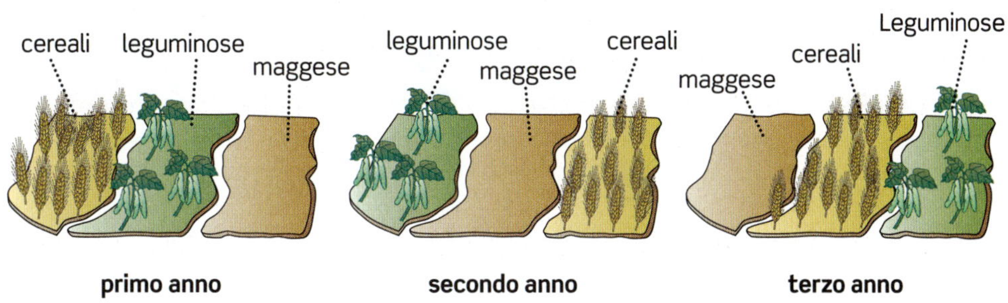

■2 La rotazione delle colture mantiene la fertilità del suolo, alternando coltivazioni diverse, che sfruttano risorse differenti.

Contenuto integrativo

Proprio per gli interventi operati dall'uomo il suolo agricolo non presenta orizzonti, ma si distinguono due strati:

- uno **strato attivo**, ricco di *humus* e ben aerato, dove si sviluppano le radici delle piante;
- uno **strato inerte**, più compatto, povero di ossigeno ma ricco di minerali che l'acqua ha trascinato con sé dallo strato superiore.

■3 Il suolo agrario, a differenza di quello naturale, non ha orizzonti ma due strati, uno superiore, attivo, e uno inferiore, inerte.

Con metodo

Analizzo il testo

1. Sottolinea nel testo con colori diversi le due categorie in cui sono suddivisi i fertilizzanti.

2. Rispondi.
- **a** Che cosa si intende con l'espressione "fertilità di un suolo agricolo"?
- **b** Quali sono le caratteristiche dei concimi naturali che vengono utilizzati come fertilizzanti?
- **c** A che cosa servono gli ammendanti?

Comprendo il testo

3. Completa inserendo la percentuale relativa alla composizione media di un suolo agricolo.
- **a** Sabbia = ...
- **b** Limo = ...
- **c** Argilla = ...
- **d** *Humus* = ...
- **e** Calcare = ...

4. Rispondi.
- **a** In che cosa consiste la tecnica del sovescio?
- **b** In cosa consiste la tecnica della rotazione delle colture? Perché si attua?

Comprendo le parole

5. Scrivi il significato delle seguenti parole.
- **a** Strato attivo: ....
  ....
- **b** Strato inerte: ....
  ....

Collaboro

6. Lavorate in **gruppi di quattro**; ciascuno di voi studi le caratteristiche di sabbia, limo, argilla e *humus* e la loro percentuale nel suolo agricolo. Ognuno esponga poi agli altri compagni le informazioni.

La degradazione del suolo: cause e soluzioni

Audio

Il suolo è una parte molto delicata del nostro pianeta, che l'uomo può facilmente danneggiare.
Lo sviluppo delle città, dell'industria e anche l'agricoltura possono rovinare il suolo, portando a vari tipi di degrado come l'erosione, la desertificazione, la salinizzazione.

Erosione

L'**erosione** è un processo naturale che avviene per opera della pioggia e del vento, che tendono a disgregare e a smantellare il suolo o la roccia 1.
I suoi effetti dipendono dalla composizione del suolo, dalla sua struttura (soprattutto la tessitura), dal clima e dalla copertura vegetale. Arbusti e alberi con le loro radici trattengono il terreno 2, ma l'utilizzo del suolo per l'agricoltura, per l'allevamento e per l'industria richiede il **disboscamento**, cioè il taglio degli alberi presenti. La mancanza di piante, quindi, aumenta il fenomeno erosivo, esponendo il suolo al rischio di **frane**.

1 Erosione naturale del suolo in un terreno in pendenza.

2

Desertificazione

La **desertificazione**, come suggerisce la parola stessa, è la trasformazione in deserto di zone semiaride 3. Questo fenomeno avviene naturalmente, per cause climatiche, in aree ai margini di deserti esistenti. Tuttavia l'uso improprio del suolo da parte dell'uomo ha accelerato il fenomeno.

La desertificazione, dunque, si è estesa anche in zone temperate (come nel sud dell'Italia). Il pascolo eccessivo, per esempio, non permette all'erba di rigenerarsi, mentre l'assenza di rotazione nelle colture porta a un impoverimento di sostanze nutritive, rendendo il suolo improduttivo.

Contenuto integrativo

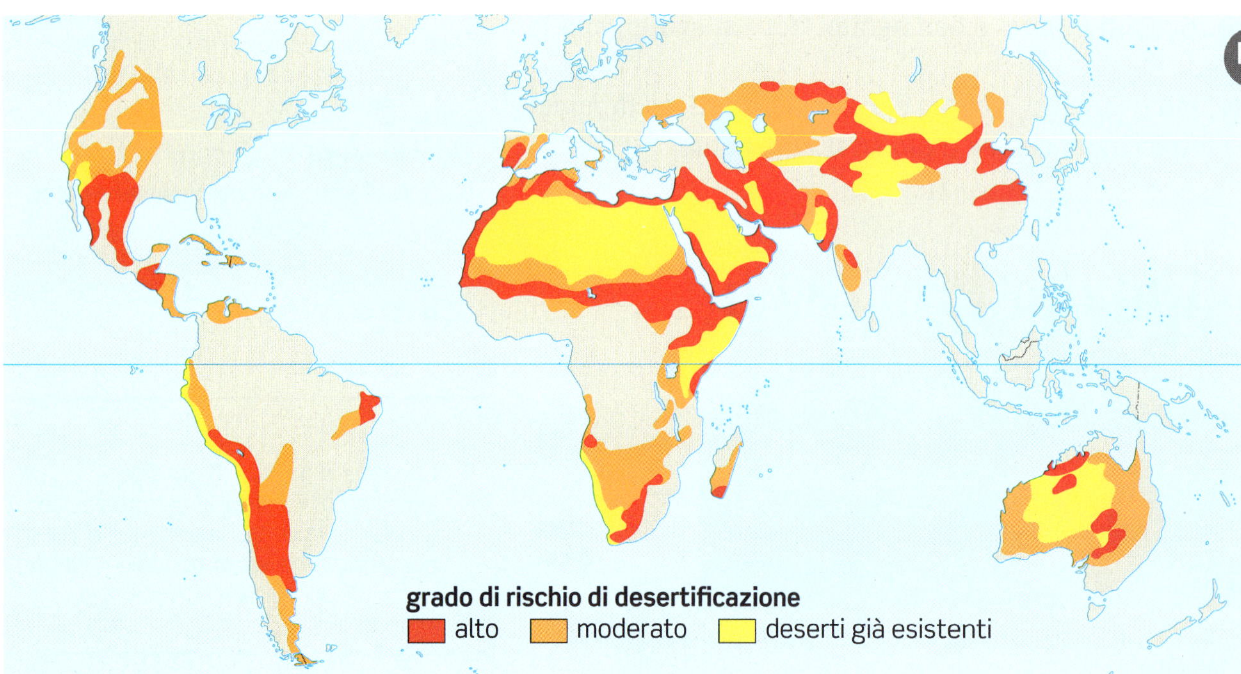

3 Mappa delle aree a rischio desertificazione.

Curiosità

Nel 2012 in Italia, a 8 m di profondità e a 100 m dalla costa di Noli, in Liguria, nasce il progetto "L'Orto di Nemo", in onore del celebre personaggio di Jules Verne.
In alcune piccole serre, ancorate al fondale, è stato coltivato del basilico con la tecnica idroponica.
All'interno di queste "bolle" la germinazione è molto veloce, la temperatura è costante e non possono entrare insetti o parassiti normalmente presenti nel terreno.
Dopo 52 giorni è stato raccolto il primo "basilico di Nemo", che è stato analizzato ed è risultato essere uguale a quello coltivato in modo classico.
Il prodotto non è ancora in vendita, ma potrebbe essere un primo passo per superare il confine delle terre emerse per l'agricoltura del futuro.

La coltivazione idroponica

La continua necessità di suolo agricolo, l'aumento della popolazione e lo sviluppo dell'industria portano al disboscamento e a un utilizzo eccessivo dei suoli. La tecnologia, oggi, cerca soluzioni che permettano di coltivare risparmiando il suolo. La **coltivazione idroponica** (dal greco *hydor* = acqua + *pònos* = lavoro), per esempio, è una tecnica che permette di avere coltivazioni anche in assenza di suolo. I vegetali vengono fatti crescere all'interno di materiali come l'argilla espansa e irrigati con acqua in cui vengono aggiunti i sali minerali di cui la pianta ha bisogno per crescere. Questo tipo di coltivazione porta notevoli vantaggi:

- si utilizza una minor quantità di acqua;
- il suolo non viene inquinato dalle sostanze chimiche usate in agricoltura;
- si può coltivare anche in zone in cui il suolo normalmente non lo permetterebbe, per esempio perché roccioso o sabbioso, o troppo ripido.

Un particolare tipo di coltivazione idroponica è l'**acquaponica**, in cui si combinano l'allevamento dei pesci (acquacoltura) e la coltivazione dei vegetali. L'acqua delle vasche dell'acquacoltura viene utilizzata per irrigare i vegetali, che la filtrano, trattenendo per il proprio nutrimento le sostanze di scarto dei pesci contenenti azoto. L'acqua così ripulita può essere reimmessa nelle vasche dell'acquacoltura.

Salinizzazione

La **salinizzazione** è un processo che provoca l'accumulo di sali all'interno del suolo, rendendolo non adatto alla coltivazione. Questo fenomeno è molto accentuato nelle zone aride, dove l'acqua evapora troppo rapidamente per poter disciogliere i sali presenti. Spesso questi sali si accumulano nel suolo anche a causa di un'irrigazione non adeguata, fatta con acque che ne contengono un'eccessiva quantità.

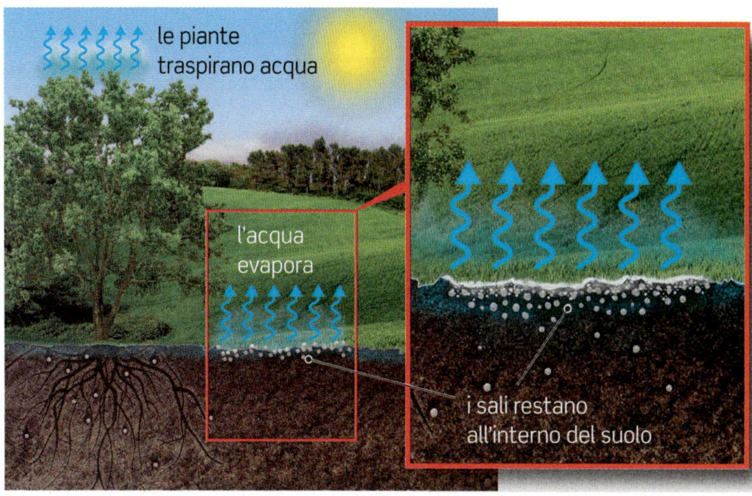

4 Quando l'acqua evapora molto velocemente i sali presenti nel terreno si accumulano, formando uno strato duro e inospitale per la vegetazione.

Mi preparo all'interrogazione

Erickson

Il suolo

Che cos'è il suolo? Da cosa è formato?

Paragrafo 1

Nel paragrafo 1 trovi evidenziata la definizione di suolo e sotto le immagini, in un elenco puntato, le sostanze da cui è composto. Devi ricordarti queste informazioni fondamentali, per proseguire nella comprensione dell'unità. Completa con i termini elencati il brano seguente, ti servirà per lo studio e il ripasso.

organiche • *aria* • humus • *pedologia* • *inorganiche* • *acqua* • *parte emersa*

Il suolo è un sottile strato che riveste la .... del nostro pianeta.
È formato da sostanze .... e sostanze ....; queste ultime formano uno strato di colore scuro chiamato ...., importante per la crescita della vegetazione e la vita degli animali. Fra le particelle solide del suolo sono presenti .... e ....
La .... è la disciplina scientifica che studia il suolo.

Quali e come sono gli strati del suolo?

Paragrafo 1

Osserva lo schema presente nella seconda pagina del paragrafo 1 e riconosci nell'immagine qui sotto i vari strati del suolo. Nella colonna "caratteristiche" sintetizza in poche parole la descrizione di ogni orizzonte. Leggi il glossario "Parole di scienze" e usa con consapevolezza i termini corretti.

sezione del suolo	orizzonte	caratteristiche
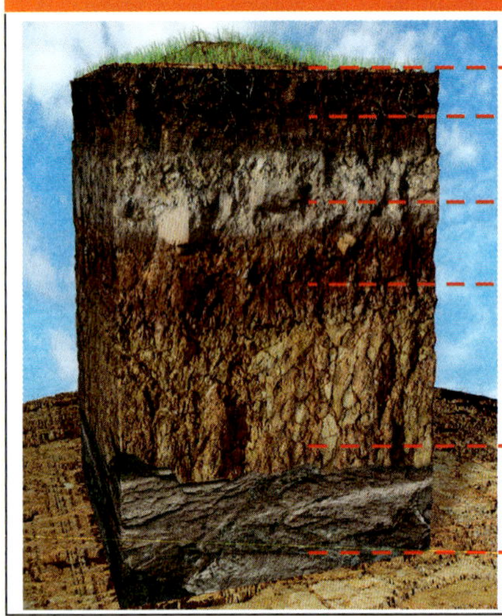	orizzonte O	materia organica non decomposta
	....	....
	....	....
	....	....
	....	....
	....	....

Quali processi permettono ai suoli di formarsi?

Paragrafo 2

Nel titolo del paragrafo 2 trovi i tre processi che permettono al suolo di formarsi. Ricerca nel testo la loro spiegazione ed esponi in che cosa consistono a voce alta. Poi scrivi a fianco dei numeri i tre processi e sintetizzali per iscritto con le tue parole.

1. processi ....: ....
....
2. processi ....: ....
....
3. processi ....: ....
....

Erickson

Caratteristiche e coltivazione del suolo

Quali sono le caratteristiche con cui si possono descrivere i suoli?

Paragrafo 3

Le caratteristiche del suolo sono quattro. Per ricordarle puoi creare una mappa che ti aiuti a distinguerle. Cerca nell'elenco puntato le caratteristiche di ciascuna e compila lo schema.

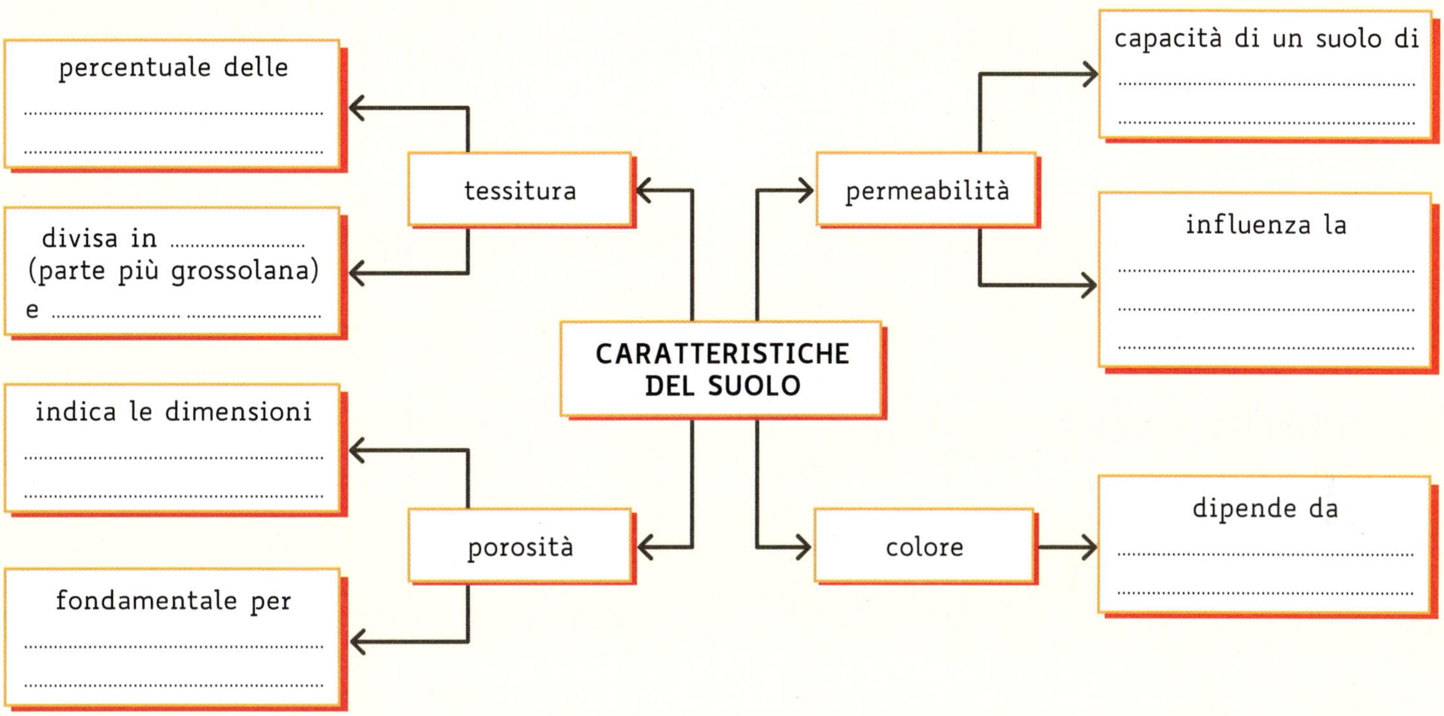

Da cosa dipende la fertilità di un suolo?

Paragrafo 4

Molti sono i fattori che rendono fertile un suolo. Per aiutarti nel ripasso, compila la seguente tabella cercando nel paragrafo 4 tutte le informazioni necessarie: la definizione di fertilità, le proprietà del terreno e le buone pratiche per migliorare il suolo agricolo.

	definizione	dovuta a proprietà	buone pratiche
fertilità	....	....	sovescio: ....
		....	rotazione delle colture: ....
		....	

Mi preparo all'interrogazione

Contenuti multipli

IL SUOLO

- è l'oggetto di studio della → **pedologia**
  - divide il suolo in strati →
    - orizzonte O
    - orizzonte A
    - orizzonte E
    - orizzonte B
    - orizzonte C
    - orizzonte R
- è → **lo strato superficiale che ricopre le terre emerse**
  - costituito da →
    - sostanze organiche (*humus*)
    - sostanze inorganiche
    - aria e acqua
- si forma attraverso → **pedogenesi**
  - costituita dalla sequenza di →
    - **processi fisici** dovuti a → agenti atmosferici che disgregano la roccia madre
    - **processi chimici** dovuti a → modificazioni chimiche dei minerali
    - **processi biologici** dovuti a → organismi presenti nel suolo
- dalle sue proprietà dipende → **la fertilità**
  - può essere migliorata con →
    - fertilizzati (concimi e ammendanti)
    - pratiche agricole (sovescio e rotazione delle colture)
- le sue caratteristiche sono →
  - **tessitura** identifica la grandezza delle particelle solide →
    - terra fina
    - scheletro
  - **porosità** indica → la dimensione dei pori (spazi) fra le particelle solide
  - **permeabilità** dipende da → tessitura e porosità
  - **colore** dipende da → sostanze presenti

verifica

Verifica interattiva

CONOSCO

1 Completa le seguenti frasi scegliendo tra i termini elencati.

chimici • vegetazione • strato • animali • acqua • concimi • nutritive • ammendanti • produttività • geosmina • decompositori • permeabilità • tessitura • colonizzano • minerali • biologici • atmosferici • fisici • pedogenesi • inorganiche • aria • acqua • organiche

a Il suolo è un sottile .... che permette la crescita della .... e la vita degli ....
È formato da sostanze ...., da sostanze ...., da .... e da ....

b Alla ...., cioè l'insieme dei processi che formano il suolo, contribuiscono i processi .... dovuti soprattutto agli agenti .... che disgregano la roccia madre, i processi .... che modificano i .... presenti, i processi .... operati dai primi organismi che .... la roccia madre frantumata

c Per descrivere un suolo si usano alcune caratteristiche come la ...., la porosità, la .... e il colore

d L'odore del suolo è prodotto da un insieme di sostanze, in particolare la .... prodotta dai batteri ....

e Per migliorare la .... di un suolo agricolo si usano i fertilizzanti che si possono dividere in due categorie: ...., che forniscono al suolo sostanze .... e .... che migliorano la capacità di trattenere l'..

2 INVALSI Segna con una crocetta il completamento esatto.

a L'*humus* si forma grazie all'accumulo di:
- ☐ materia organica quasi totalmente decomposta
- ☐ frammenti di roccia madre
- ☐ sostanze inorganiche
- ☐ aria e acqua

b L'orizzonte O è formato da:
- ☐ *humus*
- ☐ roccia madre
- ☐ minerali provenienti dagli strati superiori
- ☐ materia organica non decomposta

c Lo scheletro in un suolo è:
- ☐ l'insieme delle particelle più piccole
- ☐ la parte formata da materiale organico
- ☐ la parte più grossolana
- ☐ la sabbia fine

d Il terreno sabbioso:
- ☐ è impermeabile
- ☐ è molto permeabile
- ☐ è molto fertile
- ☐ reagisce a contatto con l'acido cloridrico

e Il compost:
- ☐ è formato dall'accumulo di escrementi degli uccelli marini
- ☐ è costituito dall'accumulo di escrementi di bovini, suini, equini
- ☐ si ottiene dagli scarti organici della raccolta differenziata
- ☐ è prodotto artificialmente dall'uomo

f Un terreno non coltivato per un anno si dice:
- ☐ a maggese
- ☐ sovescio
- ☐ inerte
- ☐ da rinnovo

g Lo strato inerte di un suolo agricolo:
- ☐ è ricco di *humus*
- ☐ è ricco di minerali trascinati dall'acqua
- ☐ è ben aerato
- ☐ è lo strato più superficiale

h Le leguminose sono colture:
- ☐ miglioratrici
- ☐ da rinnovo
- ☐ depauperanti
- ☐ utilizzatrici

3 Sottolinea il termine corretto.

a La *pedologia/litologia* è la disciplina che studia il suolo

b L'orizzonte R è formato da roccia *madre/iniziale*

c La porosità indica la dimensione dei *pori/granuli* presenti tra le particelle solide

d I suoli molto fertili che trattengono l'acqua sono detti *calcarei/umiferi*

e Il guano è un concime *naturale/chimico*

f Il sovescio prevede la coltivazione di piante erbacee a crescita *rapida/lenta*

verifica

4 **Collega ciascun termine con il significato corretto.**

Orizzonte O ....
Orizzonte A ....
Orizzonte E ....
Orizzonte B ....
Orizzonte C ....
Orizzonte R ....

a composto da *humus* e da sostanze minerali ben amalgamati
b strato roccioso presente prima della formazione del suolo
c di colore chiaro con i minerali allontanati dall'acqua
d poco alterato, quasi totalmente formato da minerali
e l'acqua accumula *humus* e minerali dagli strati superiori
f costituito da materia organica non decomposta

APPLICO

5 **Partendo dall'osservazione dell'immagine, descrivi oralmente che cosa si intende per permeabilità del suolo.**
Rispondi alle domande-guida per creare una scaletta di esposizione.

a Qual è la definizione di permeabilità?
b Da quali fattori dipende?
c Quali sono gli effetti di una scarsa permeabilità del suolo? Quali quelli di una permeabilità eccessiva?
d A che cosa si riferisce l'immagine? Quale esperimento illustra?
e Quali sono i terreni più permeabili? Quali quelli meno permeabili? Perché?
f I suoli raffigurati nell'immagine sono adatti all'agricoltura? Motiva la tua risposta.

6 **Osserva l'immagine qui sotto e completa inserendo le caratteristiche degli strati del suolo agricolo.**

....
....

7 **Osserva l'immagine qui sotto e rispondi alle domande.**

a Quale tecnica colturale si sta attuando?
b Quali sono le fasi che si devono seguire?
c A che cosa serve questa tecnica?

COMPETENZE

1. Leggi il testo e rispondi.

Per una corretta analisi del suolo è fondamentale eseguire bene il campionamento.
Il campione infatti deve rappresentare l'appezzamento a cui si riferisce. Pertanto ci sono regole fondamentali da seguire:

- procurarsi una sonda campionatrice in grado prelevare carote di terreno del diametro di 4-6 cm;
- l'appezzamento da cui si preleva deve essere uniforme per colore, aspetto e coltura;
- il carotaggio deve essere eseguito in almeno 15 punti per ettaro seguendo un andamento a croce o a zig-zag escludendo le zone anomale (affossamenti, zone in vicinanza dei fossi ecc...); […]
- la profondità di prelievo deve essere di 25-40 cm; per le colture arboree si può scendere anche a 40-50 cm;
- una volta raccolte, le carote di terreno devono essere accuratamente mescolate; si potrà poi prelevare una aliquota di circa 2 kg da consegnare al laboratorio;
- il campione va posto in un sacchetto pulito, onde evitare contaminazioni. I cartellini con i dati identificativi del campione […] devono essere applicati sia all'interno del sacchetto sia all'esterno.

[*Testo tratto da http://www.abicisac.it*]

a Scrivi un ipotetico titolo per il testo che hai letto.
b A chi è rivolto secondo te questo testo? Da cosa lo puoi capire?
c Il campione deve "rappresentare l'appezzamento a cui si riferisce".
Sottolinea le parti del testo che mettono in evidenza questo aspetto.
d Sottolinea i termini più difficili che hai trovato nel testo e prova con l'aiuto dei tuoi compagni e dell'insegnante a scoprirne il significato.
e Fai una ricerca in Internet riguardante il "campionamento dei terreni" e scrivi una breve relazione.

2. Fai una ricerca e comunica i risultati.

Fai una ricerca Internet relativa all'inquinamento del suoli, crea una presentazione di almeno 5 slides per comunicare ai tuoi compagni i risultati della tua indagine.

3. Prova tu.

Prova a immaginare un'area in cui sia assente il suolo.
Fai uno schema per descrivere come i diversi processi (fisico, chimico e biologico) possono trasformare la roccia.
Quali differenze potresti notare in una situazione in cui la roccia madre è più tenera e il clima caldo e umido rispetto a una situazione dove la roccia madre è molto dura e il clima freddo e secco?

In English

Verifica interattiva

4. Fill in the blanks.

materials • surface • rocks • living • Earth • soil • slowly • inorganic • organic

.... is formed by the organic and inorganic .... on the .... of the ....
Many different materials make up soil. It develops .... There are .... materials like .... and minerals and .... materials, which come from .... organisms.

CLIL: let's learn English

Objectives
- You can list soil components
- You can name soil types
- You can describe soil properties

Remember
- Soil is made up of rock fragments, humus, living things, air and water.
- Rock fragments, humus, living things, air and water are all components of soil.
- The main types of soil are clay, loam and sand.
- You can test soils for texture and drainage.

Soil

Audio

Soil is vital. It holds the roots of plants in place and provides plants with essential nutrients.
Very few plants grow without soil. Most animals use plants as food; this allows them to grow.

What is soil?

Soil is a mixture. The pie chart shows the main components of soil. Read on to find out more about these components.

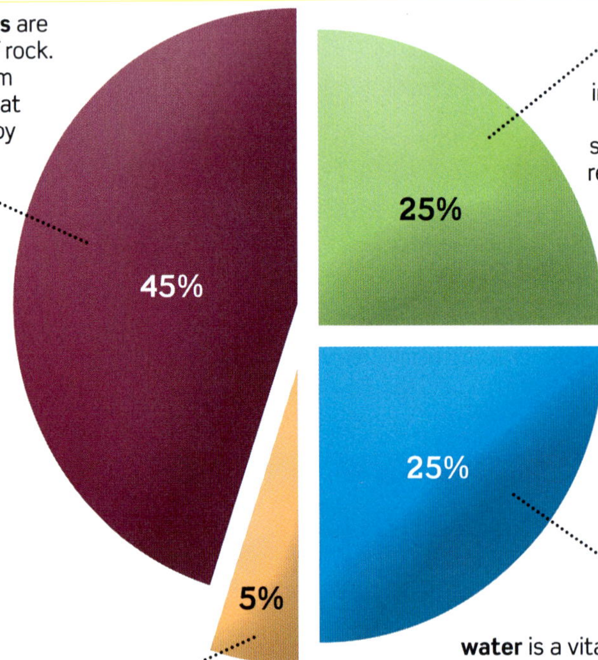

There are also lots of **living things** that live in the soil. These living things are earthworms, insects, and other small animals. They help change the composition of soil and its structure.

Soil types

Rock fragments in soil have different sizes. Their size indicates the properties of a soil and how well plants can grow in a soil.
Scientists classify the size of rock fragments.

name of rock fragment	fragment diameter (mm)
small stones	2-20
sand	2-0.02
silt	0.02-0.002
clay	less than 0.002

Exercises

1. Can you name the four main components of soil?

....

....

2. What are three differences between a sandy soil and a clay soil?

....

....

3. Predict which will drain more quickly – sandy soil or clay soil. Explain why.

....

....

8 La litosfera: minerali e rocce

Digi Scienze

Video

Preparati per la lezione:
- guarda la presentazione multimediale
- compila la scheda

Nelle prossime pagine troverai altri contenuti digitali

- Allegato scaricabile
- Contenuto integrativo
- Audio
- Verifica interattiva

La geologia è una scienza affascinante che studia la Terra, la sua composizione e struttura, la sua storia ed evoluzione e tutti i processi che l'hanno modellata. Si articola in diverse discipline, che si basano su tecniche messe a punto dalla Fisica, dalla Chimica, dalla Matematica, dall'Informatica e dalla Biologia. Queste tecniche hanno permesso negli ultimi decenni di fare passi da gigante a tutto il comparto delle Scienze della Terra.

1 La struttura della Terra

Audio

La Terra ha una struttura interna a gusci concentrici: la crosta, il mantello e il nucleo

Parole di scienze

geologia: dal greco *ghé* = terra e *logos* = discorso.

La **geologia** è la scienza che studia la Terra (dalla sua origine alla sua struttura, sia interna che esterna) e tutti i fenomeni naturali che la modellano.

Questa scienza è a sua volta suddivisa in tante discipline specializzate, per esempio la **mineralogia** e la **petrografia** (che si occupano rispettivamente di minerali e rocce che studieremo in questa unità).

Il nostro pianeta, che ha 4,5 miliardi di anni, è una sfera leggermente schiacciata ai poli con un raggio medio di circa 6371 km.

La parte direttamente osservabile e indagabile è la sua superficie, ma com'è fatta la Terra al suo interno?

I geologi la suddividono in vari **gusci** (o "sfere") **concentrici** in base alla composizione chimica e alle loro caratteristiche fisiche 1.

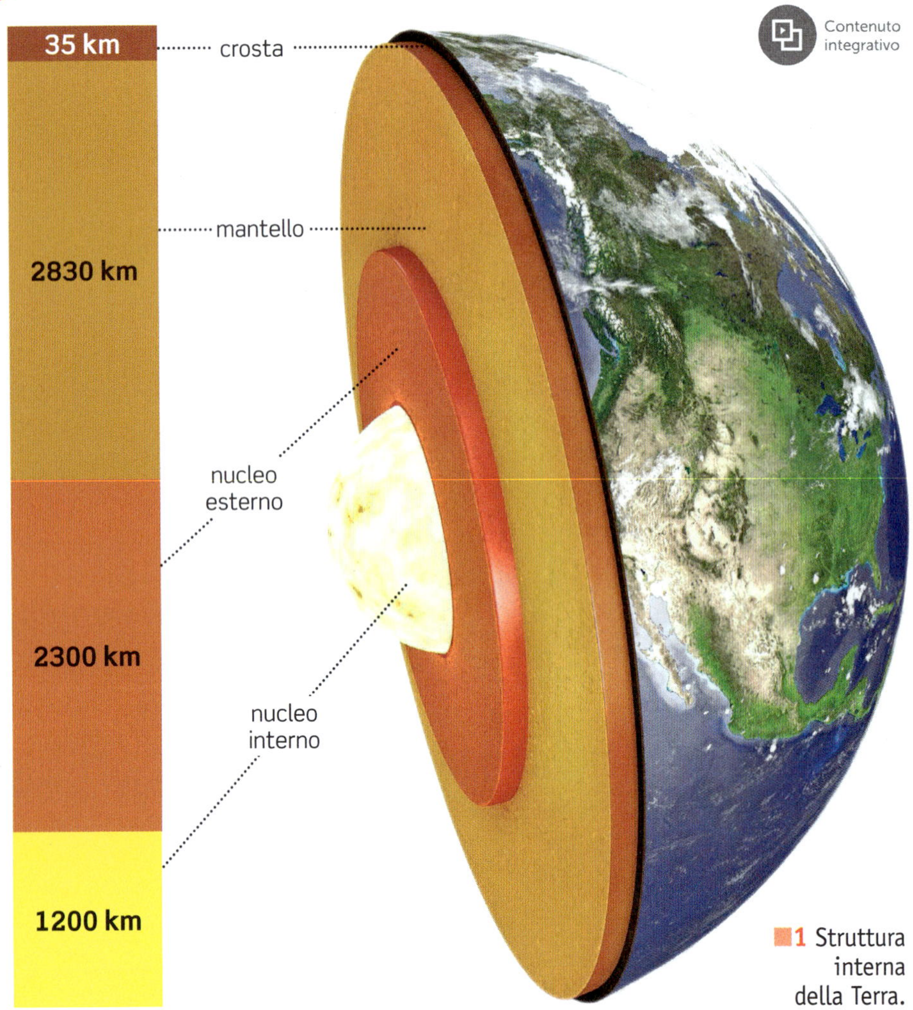

1 Struttura interna della Terra.

Lo strato più esterno è la **crosta terrestre**: ha uno spessore medio di 35 km ed è costituita da materiale solido.

A sua volta si suddivide in **crosta continentale** (più spessa, può arrivare a 70 km sotto le catene montuose) che forma i continenti e **crosta oceanica** (più sottile, circa 5 km) che costituisce i fondali oceanici.

Lo strato sottostante è il **mantello**: ha, mediamente, uno spessore di circa 2830 km, è costituito da materiale solido (con circa il 3-4% di materiale fuso) che nella parte più interna, a causa delle elevate temperature, ha un comportamento duttile.

La porzione più interna del pianeta è il **nucleo**: ha uno spessore di circa 3500 km ed è suddiviso in una parte più esterna (nucleo esterno), liquida, e una parte più interna (nucleo interno), solida.

Qui si raggiungono temperature elevatissime, che superano i 5000 °C.

Audio

2 La litosfera

La litosfera è il guscio roccioso che avvolge la Terra ed è formata da minerali

Il nostro pianeta è un sistema molto complesso che deriva dall'interazione delle "sfere" che lo costituiscono: l'idrosfera, l'atmosfera, la biosfera e la litosfera.
La **litosfera** è il guscio rigido che avvolge la Terra ed è costituita dalla crosta terrestre e dalla parte più superficiale del mantello: ha uno spessore variabile, maggiore sotto i continenti (100-150 km), più sottile sotto gli oceani (70-80 km).

Che cosa sono i minerali?

I **minerali** sono i componenti principali della litosfera.
Sono composti naturali e inorganici, solitamente solidi; la loro composizione chimica è ben definita e i loro atomi si dispongono in modo regolare formando una struttura ordinata, detta struttura cristallina.

Dai minerali alle... rocce

Le rocce sono aggregati naturali di minerali.
Le rocce costituite da un unico minerale si chiamano rocce **omogenee** mentre quelle formate da più minerali si chiamano rocce **eterogenee**.
Per studiare le rocce spesso occorre tagliarle in fettine, dette **sezioni**, molto sottili, tanto da essere quasi trasparenti. In questo modo si possono osservare al microscopio e individuare i minerali che le compongono.

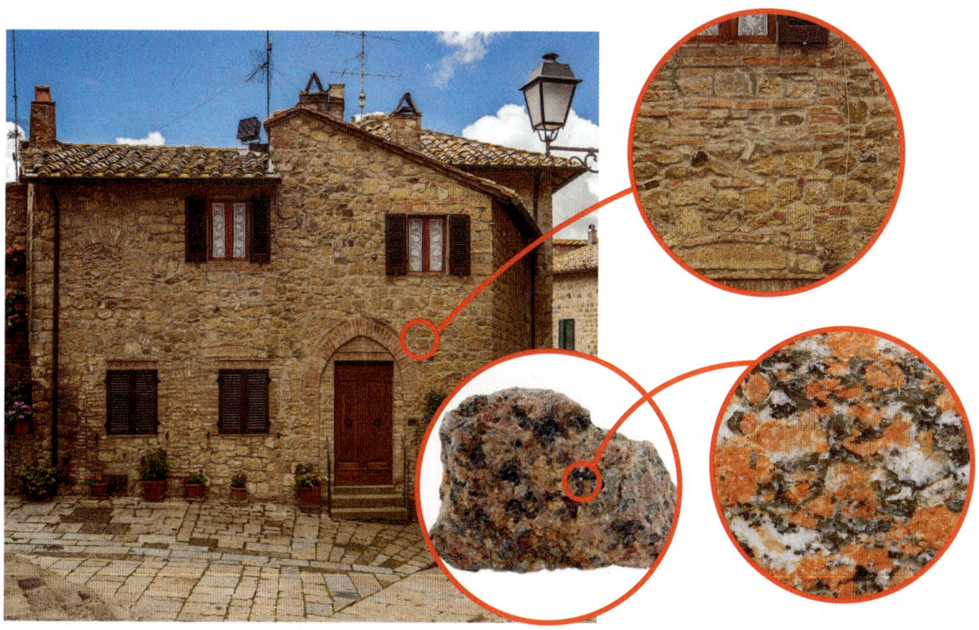

1 Possiamo paragonare una roccia alla parete di una casa: quest'ultima è formata da tanti mattoni così come una roccia è formata da tanti minerali.
I minerali sono i mattoni che costituiscono la roccia.

Parole di scienze

litosfera: dal greco *lithos* che significa pietra e roccia.

Curiosità

POCHI MA BUONI!

Esistono più di cento elementi chimici diversi, ma sono solo quattro quelli che costituiscono il 90% del pianeta Terra: il più abbondante è il **ferro**, seguito da **ossigeno**, **silicio** e **magnesio**. Il ferro e il magnesio sono maggiormente presenti nelle parti più interne del pianeta, mentre sono il silicio e l'ossigeno a costituirne principalmente la parte più superficiale.

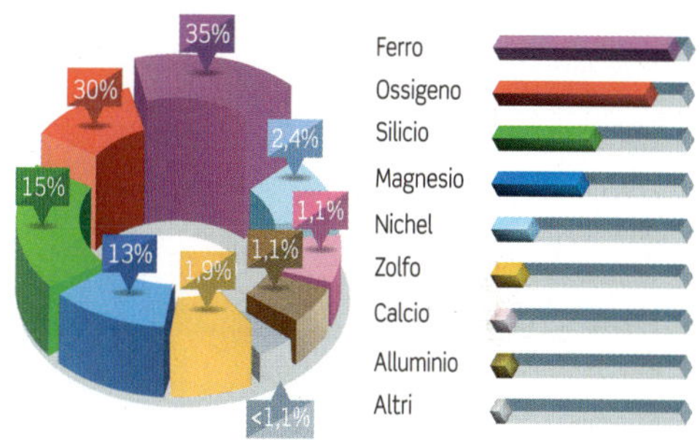

Con metodo

Analizzo

1. Che cos'è la litosfera? Sottolinea nel testo la risposta a questa domanda.
2. Completa.
I minerali sono composti .... e ...., in genere ....; la loro composizione chimica è ben .... e i loro atomi si dispongono formando una struttura .... detta ....

Collaboro

3. Lavorate a **coppie**, provate ad analizzare alcuni pezzi di rocce che potete portare da casa. Provate a fare alcune osservazioni (presenza di minerali visibili, grandezza dei minerali).

3 I minerali

Audio

I minerali hanno una formula chimica e una struttura cristallina

Contenuto integrativo

Poiché i **minerali** hanno una composizione chimica ben definita, è possibile individuare quali e quanti elementi li compongono: di conseguenza possiamo indicare ciascun minerale con una precisa **formula chimica**. Tale formula può essere più o meno complessa in base al numero di elementi che costituiscono il minerale.

La possibilità di individuare in modo preciso la composizione chimica di ciascun minerale permette di raggruppare in **otto classi** le oltre 5000 specie mineralogiche esistenti.

1ª classe: elementi nativi
Gli **elementi nativi** sono i minerali costituiti da un solo elemento chimico, come l'oro, il rame, lo zolfo.

Rame.

2ª classe: solfuri
I **solfuri** sono composti dello zolfo con elementi metallici: sono le materie prime più importanti per l'estrazione di molti metalli (piombo, oro, argento, nichel, mercurio...). Ne sono un esempio la pirite e la galena.

Pirite

3ª classe: alogenuri
Gli **alogenuri** sono una classe di minerali composti da uno dei quattro alogeni (fluoro, cloro, bromo e iodio) che si lega con un metallo.
Il comune sale da cucina (salgemma) fa parte di questa classe.

Salgemma.

Ematite.

4ª classe: ossidi
Gli **ossidi** si formano dall'unione di elementi metallici con l'ossigeno: un esempio è l'ematite, uno dei principali minerali da cui si ottiene il ferro.

5ª classe: carbonati

I **carbonati** sono minerali che contengono carbonio e ossigeno (legati nel gruppo CO_3) e un metallo: fra i più noti ci sono l'aragonite e la calcite.

Aragonite.

Gesso.

6ª classe: solfati

I **solfati** sono minerali che contengono zolfo e ossigeno, legati nel gruppo SO_4, a sua volta legato con un metallo: il gesso appartiene a questa classe.

7ª classe: fosfati

Nei **fosfati** un elemento metallico si lega con il gruppo formato da fosforo e ossigeno (PO_4): l'apatite, che forma le nostre ossa, fa parte di questo gruppo.

Apatite.

Granato.

8ª classe: silicati

I **silicati** sono i minerali più diffusi. La loro caratteristica è la presenza di un atomo di silicio legato a quattro atomi di ossigeno, che si dispongono a formare un tetraedro: tra quelli più noti troviamo i granati, usati anche in gioielleria. Questa classe è talmente ricca e varia che viene a sua volta suddivisa in sottoclassi, in base a come i tetraedri si legano fra loro.

Solo la formula chimica non è sufficiente a descrivere la struttura e le caratteristiche di un minerale. Per classificare correttamente un minerale è necessario conoscere la sua **cella elementare** 1, cioè la disposizione dei suoi atomi o molecole nello spazio.
Tale configurazione è specifica per ogni minerale.
Questa struttura si ripete uguale a se stessa nelle tre dimensioni e costituisce il **reticolo cristallino** 2 che, in condizioni ambientali ottimali di pressione, temperatura, spazio, ecc., si manifesta ai nostri occhi come un **cristallo** (dal greco *cristallos* = ghiaccio) 3.
Questo termine indica un qualsiasi minerale che si presenti sotto forma di solido geometrico delimitato da facce piane.

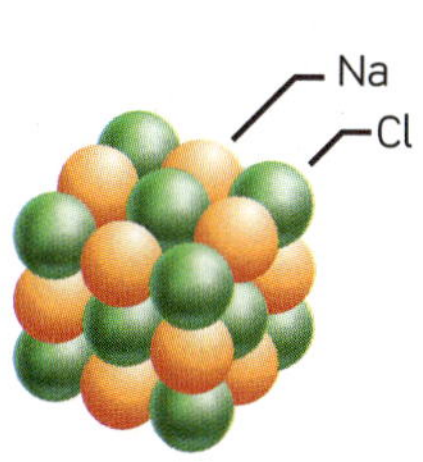

1 Nel salgemma sodio (Na) e cloro (Cl) si legano formando una cella elementare a forma di cubo.

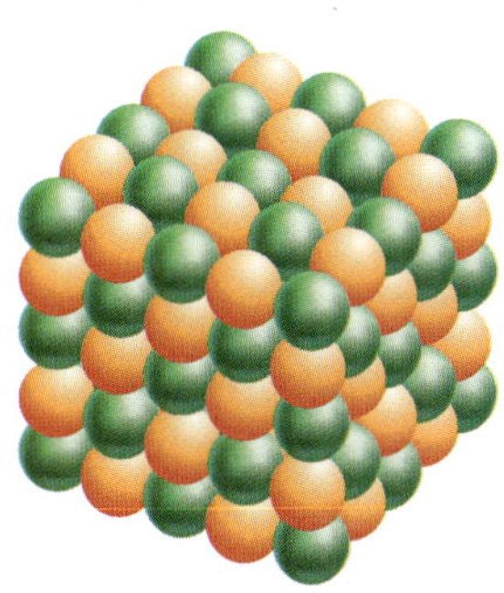

2 L'unione di più celle elementari dà origine al reticolo cristallino cubico.

3 Cristallo di forma cubica.

Non sbagliare anche tu...

C'È "CRISTALLO" E CRISTALLO!

Quante volte hai sentito parlare di bicchieri di cristallo? Nel linguaggio commerciale è definito tale il vetro pregiato, come il "cristallo" di Boemia. La composizione chimica del vetro è molto simile a quella del quarzo (SiO_2), ma la sua struttura interna non ha un'organizzazione geometrica: è disordinata (*amorfa* = senza forma). Il vetro quindi non è un cristallo dal punto di vista mineralogico.

Con metodo

Analizzo

1. Completa.

   Possiamo indicare ciascun ....
   con una precisa formula ....
   Tale formula è più o meno ....
   a seconda del numero di ....
   che formano il minerale.

2. Sottolinea con colori diversi i nomi delle otto classi di specie mineralogiche esistenti.

Comprendo

3. Rispondi.
   - **a** Qual è la caratteristica principale degli elementi nativi?
   - **b** Quali sono le caratteristiche degli alogenuri?

Comprendo le parole

4. Scrivi la definizione delle seguenti parole.
   - **a** Cella elementare
   - **b** Reticolo cristallino
   - **c** Cristallo

In alcuni minerali la cella elementare, durante la costruzione del reticolo cristallino, può dare origine a cristalli di aspetti diversi in base alle condizioni incontrate durante la crescita. Gli **abiti cristallini** sono proprio le diverse forme geometriche che può assumere un cristallo 4.

4 La cella elementare della pirite è cubica, ma può ripetersi nello spazio in modi diversi, dando origine a cristalli con abiti cristallini di forma diversa: cubo (a), ottaedro (b), pentagonododecaedro (c).

Piccoleprove — Far crescere un cristallo!

Materiale occorrente

da qualche giorno fino a 2/3 settimane

- 2 bicchieri
- cucchiaio
- sale da cucina grosso e fino (salgemma)
- colino
- acqua calda

Procedimento

Versa l'acqua calda in un bicchiere e aggiungi lentamente e mescolando il sale fino. Quando il sale non si scioglie più, ma si deposita sul fondo del bicchiere, la tua soluzione è pronta. Filtra l'acqua con un colino, raccogliendola nel secondo bicchiere, in modo da eliminare il sale in eccesso e deposita sul fondo del bicchiere uno o due granelli di sale grosso. Osserva per qualche giorno quello che succede nel bicchiere: man mano che l'acqua evapora, inizierà a depositarsi il sale. Questa deposizione non è casuale, ma segue le regole della cella elementare del salgemma: noterai la caratteristica forma cubica. Devi portare pazienza e non muovere mai il bicchiere: potrebbero servire anche due o tre settimane per vedere dei bei cristalli.

Ci sono casi in cui due minerali sono molto diversi tra loro nonostante abbiano una composizione chimica identica. Ciò avviene perché, in condizioni ambientali diverse, gli elementi che li compongono danno origine a celle elementari differenti. Minerali con uguale composizione chimica ma celle elementari diverse sono detti **polimorfi**. Ne sono un esempio il diamante e la grafite, entrambi composti solo di carbonio: ma il primo si è originato in profondità, mentre la seconda vicino alla superficie terrestre.

Parole di scienze

polimorfi: dal greco *polýs* = tanto e *morphé* = forma.

4 Le proprietà dei minerali

Audio

Le proprietà dei minerali dipendono dalla composizione chimica e dal reticolo cristallino

È noto che il diamante è un minerale durissimo e, al contrario, il gesso è molto tenero: ogni minerale, infatti, ha caratteristiche che lo identificano, chiamate **proprietà**. Alcuni minerali sono riconoscibili perché hanno un **sapore** ben preciso, come il salgemma, oppure perché danno sensazioni particolari al **tatto**, come la grafite o il talco.

La densità

Ciascun minerale ha una sua **densità**, che dipende dagli elementi chimici che lo costituiscono e da quanto questi sono ravvicinati nel reticolo cristallino. Alcuni minerali, come la barite, si riconoscono subito proprio per l'elevata densità.

minerale	densità (g/cm^3)
barite	4,48
quarzo	2,65
ematite	5,2
opale	1,9
rame	8,9
galena	7,4
zolfo	2,1
argento	9,6-12
platino	21,44

Il colore

Alcuni minerali si presentano sempre con lo stesso **colore**, per esempio la pirite, che dipende direttamente dalla formula chimica: questi sono detti *idiocromatici*.
Altri invece non hanno un colore caratteristico, per esempio il quarzo 1-6, e sono definiti *allocromatici*: in questo caso il colore dipende dalle impurità intrappolate dal minerale durante la formazione, oppure da "errori di costruzione" della struttura cristallina.

Con metodo

Analizzo

1. Sottolinea con colori diversi le proprietà che può avere ogni specifico minerale.

Comprendo

2. Rispondi.
   Qual è la differenza tra i minerali idiocromatici e allocromatici?

Il colore del quarzo

1 Quarzo citrino (giallo): presenza di ferro ossidato.

2 Quarzo ialino: è incolore, non ha impurità.

3 Quarzo rosa: contiene manganese in piccole percentuali.

4 Quarzo nero o morione: come il quarzo ialino non contiene impurità, il colore nero è dovuto a errori nella costruzione del reticolo cristallino.

5 Avventurina (quarzo verde): contiene inclusioni di minerali come le miche che gli danno il caratteristico colore verde brillante.

6 Ametista (quarzo viola): contiene impurità di ferro e alluminio.

7a

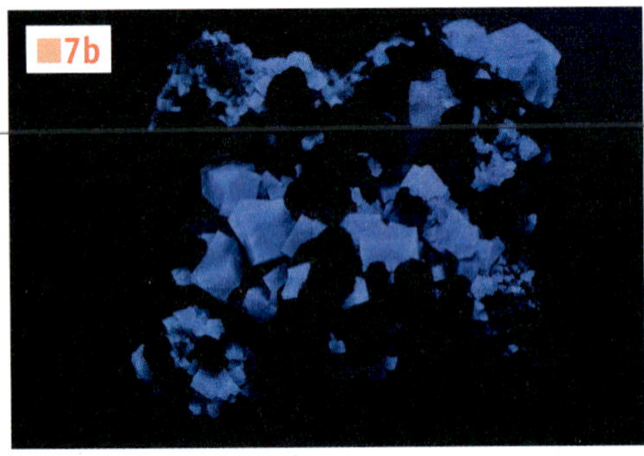

7a La fluorite visibile alla luce.

7b La fluorite illuminata dai raggi UV emette una luce blu. Il fenomeno (fluorescenza) prende il nome proprio da questo minerale.

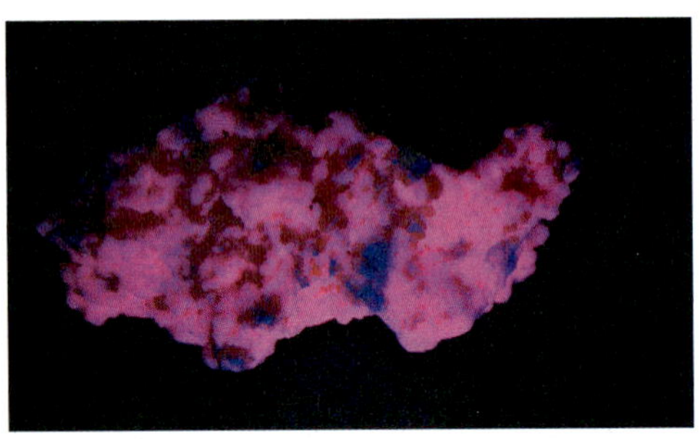

8 La calcite illuminata dai raggi UV.

10 Se si colpisce con un martello un cristallo di calcite questo si rompe in piccoli romboedri.

La lucentezza e la trasparenza

La **lucentezza** e la **trasparenza** indicano come si comporta la luce quando colpisce le facce di un minerale: la luce può essere totalmente riflessa dando una **lucentezza metallica**, può venire riflessa solo in parte dando una **lucentezza non metallica**, oppure può essere totalmente assorbita dal minerale dando una **lucentezza terrosa**. Quando la luce attraversa il minerale questo appare più o meno trasparente.

La fluorescenza

Quando vengono colpiti dai raggi ultravioletti (UV), alcuni minerali emettono luce, per un fenomeno che viene definito **fluorescenza** 7-8; se il cristallo continua a emettere luce anche se non è più sottoposto ai raggi UV si parla di **fosforescenza**.

La durezza

Il grado di **durezza** di un minerale indica quanto questo resista alla scalfittura, cioè la resistenza a essere "inciso", e dipende dalla forza dei legami del reticolo cristallino. Il mineralogista tedesco Friedrich Mohs ha approntato una scala della durezza che prende il suo nome: dieci minerali campione sono ordinati dal più tenero al più duro. I minerali di grado più elevato riescono a graffiare quelli di grado inferiore, ma non viceversa.

9 I dieci minerali della scala di Mohs.

La sfaldatura

La **sfaldatura** è la capacità di un cristallo di rompersi secondo piani paralleli tra loro, dando origine a pezzi più piccoli che mantengono forme regolari 10.

5 Le rocce

Audio

Le rocce si classificano in base alla loro origine

A differenza dei minerali, per classificare le rocce, non basta conoscerne la composizione chimica. Le rocce, infatti, sono suddivise in base ai processi geologici che hanno portato alla loro formazione.

Classificazione delle rocce

All'interno della crosta terrestre si possono individuare tre tipi di rocce:

- **rocce ignee** (o **magmatiche**) ■1, che si formano dalla solidificazione più o meno lenta di materiale fuso;
- **rocce sedimentarie** ■2, che si generano per consolidamento di ghiaie, sabbie, fanghi, materiali organici ecc.;
- **rocce metamorfiche** ■3, che si originano dalla trasformazione di rocce preesistenti.

Il nostro pianeta è un ambiente dinamico, in continua evoluzione. Anche le rocce che lo compongono hanno una loro evoluzione: si originano, si accrescono, vengono erose, ridepositate e trasformate in altri tipi di rocce. Proprio come l'acqua, anche le rocce hanno un loro ciclo, detto **ciclo litogenetico** ■4. Il materiale fuso proveniente dall'interno della Terra, solidificandosi, dà origine alle rocce ignee. Queste vengono erose dagli agenti atmosferici. Il materiale così prodotto, trasportato dal vento, dalle correnti marine, dai ghiacciai ecc., si deposita sulla superficie terrestre e, con il passare del tempo, si consolida dando inizio alla formazione di rocce sedimentarie: questo processo è detto **litificazione**.

Sia le rocce sedimentarie sia quelle ignee possono subire notevoli cambiamenti, dovuti a modificazioni di temperatura e pressione, trasformandosi in altri tipi di rocce, con un aspetto e una composizione mineralogica diversa: le rocce metamorfiche.

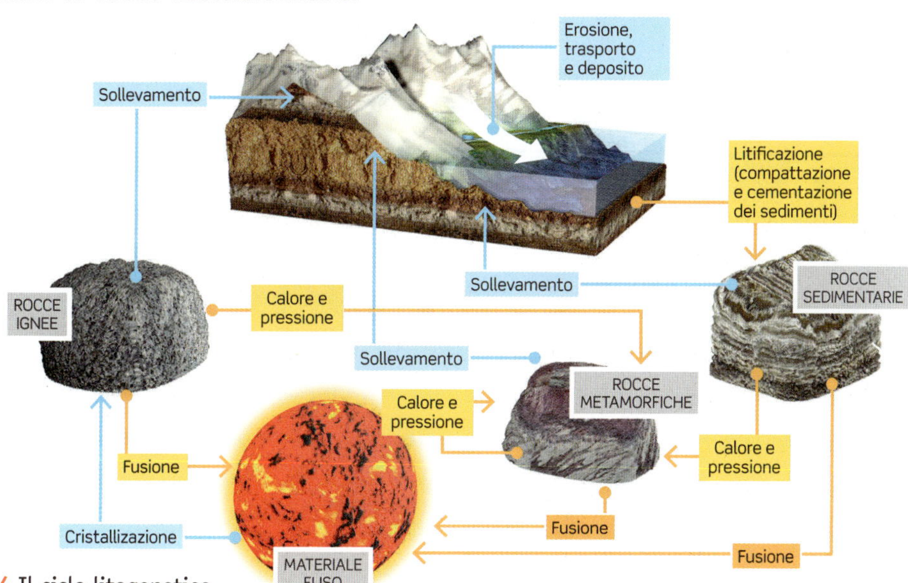

■4 Il ciclo litogenetico.

Parole di scienze

litogenetico: dal greco *lithos* = roccia e *genesis* = nascita.

■1 Il basalto è una roccia ignea tra le più comuni.

■2 L'arenaria è una roccia sedimentaria formata da sabbia compattata.

■3 Lo gneiss è una roccia metamorfica contenente quarzo.

6 Le rocce ignee

Audio

Le rocce ignee derivano dal raffreddamento di materiale fuso

Nelle profondità del nostro pianeta la temperatura è molto elevata (migliaia di gradi Celsius) ma, nonostante questo, l'altissima pressione mantiene le rocce allo stato solido.
Solo in alcune zone si verificano condizioni tali da portare le rocce a fondere: tale materiale fuso è chiamato **magma**, ed è ricco di gas disciolti al suo interno 1.
Quest'ultimo tende a risalire facendosi strada lungo crepe e spaccature delle rocce soprastanti. Giunto in superficie prende il nome di **lava**, ovvero *materiale fuso degassato*, che ha perso, cioè, tutti i gas durante la sua risalita.

Contenuto integrativo

Lungo il suo percorso, il magma può incontrare ostacoli che gli impediscono di raggiungere la superficie, intrappolandolo in sacche, dentro le quali comincia a raffreddare, fino a tornare allo stato solido.
In profondità il raffreddamento è molto lento e si formano le **rocce ignee intrusive**.

In superficie invece la lava raffredda rapidamente, dando origine a **rocce ignee effusive**.

Le rocce ignee si originano quindi in condizioni diverse, e i processi che regolano la loro formazione lasciano la propria firma, permettendoci di identificarli.

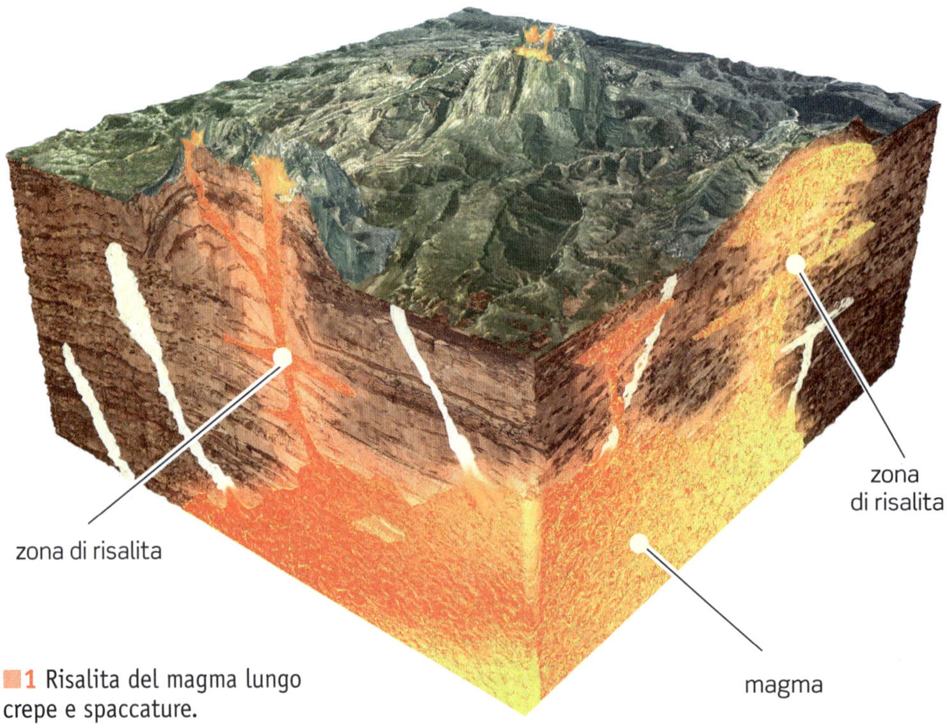

1 Risalita del magma lungo crepe e spaccature.

CLIL for SCIENCE

Audio

rocce ignee: *igneous rocks*

Complete the sentences with the following words.

magma • on • below • metamorphic • solidification

Igneous rock is one of the three main rock types, together with sedimentary and .... rocks. Igneous rock is formed through the cooling and .... of .... Solidification into rock can occur .... the surface (intrusive rocks) or .... the surface (extrusive rocks).

Le rocce ignee intrusive

Le **rocce ignee intrusive** si presentano sempre *ben cristallizzate*, con *minerali visibili* a occhio nudo ■2. Tale aspetto è dovuto proprio al lento raffreddamento che hanno subìto: il magma, rimanendo fluido a lungo, permette ai vari cristalli in via di formazione di muoversi e quindi di entrare in contatto con una notevole quantità di elementi che contribuiranno alla loro crescita, ingrandendo sempre di più il proprio reticolo cristallino.

Le rocce ignee effusive

Nelle **rocce ignee effusive**, invece, i cristalli rimangono molto piccoli, perché gli elementi di cui è composta la lava non hanno avuto molto tempo per aggregarsi, a causa del suo rapido raffreddamento.

I cristalli che le costituiscono sono molto difficili da vedere senza l'uso di una lente o di un microscopio. In alcuni casi, quando il raffreddamento è quasi istantaneo, i cristalli non si formano affatto e il prodotto finale è molto simile al vetro ■3 che, come abbiamo già visto, non è un cristallo dal punto di vista mineralogico.

Il magma, salendo in superficie, perde i gas che contiene (**degassamento**) e prende il nome di **lava**.

Quando la lava solidifica, le bolle di gas che non sono potute fuoriuscire, formano cavità, più o meno grandi, all'interno della roccia. Un esempio evidente di questo fenomeno è la pietra pomice ■4, la cui porosità è proprio dovuta alla formazione di bolle di gas.

■3 L'ossidiana è un esempio di vetro vulcanico.

■4 La pomice è una roccia effusiva ricca di cavità.

Non sbagliare anche tu...

La pietra pomice è solo una delle tante rocce ricche di cavità che si originano dal raffreddamento di una lava. Tra tutte però è una delle più facili da riconoscere: è l'unica che galleggia in acqua.

■2 Granito: tipica roccia ignea intrusiva in cui i minerali sono ben visibili.

Con metodo

Analizzo

1. Che cos'è il ciclo litogenetico?
2. Sottolinea con colori diversi la definizione di magma e di lava.

Comprendo

3. Rispondi.
   - **a** Qual è la differenza nella formazione delle rocce ignee intrusive ed effusive?
   - **b** Com'è l'aspetto delle rocce ignee intrusive? E di quelle effusive?
   - **c** Per quale motivo i due tipi di roccia hanno aspetto diverso?
4. Vero o falso?
   - **a** Le rocce ignee si formano dalla solidificazione del materiale fuso presente all'interno della Terra V F
   - **b** Il magma non contiene gas disciolti al suo interno V F
   - **c** Se la lava si raffredda velocemente si originano rocce ignee effusive V F
   - **d** Le rocce ignee sono sempre ben cristallizzate V F

Schematizzo

5. Prepara uno schema per illustrare il ciclo litogenetico indicando nel dettaglio i passaggi da un tipo di roccia a un altro.

Collaboro

6. Formate **gruppi di tre**, un compagno studia la classificazione delle rocce, un altro il ciclo litogenetico e l'ultimo le caratteristiche delle rocce ignee. Chiudete il libro e provate a ripetere quanto appreso ai vostri compagni.

7

Le rocce sedimentarie

Audio

Le rocce sedimentarie derivano dal deposito di materiale solido non compatto

CLIL for SCIENCE Audio

rocce sedimentarie: *sedimentary rocks*

Look at the pictures. What kind of rocks are they? How can you tell? How do you think they may have originated?

Parole di scienze

clasti: dal greco *klastós* = rotto.

Molti fenomeni che agiscono sul nostro pianeta e che contribuiscono a mutarne l'aspetto, portano alla formazione dei **sedimenti**. Questi ultimi sono materiali solidi non compatti che si depositano e si accumulano in alcune zone della superficie terrestre, dette **bacini sedimentari**.

L'**erosione** è un processo distruttivo in grado di sgretolare le rocce in frammenti, chiamati **clasti**, attraverso l'opera degli agenti meteorologici (pioggia, neve o vento). I sedimenti derivanti da tale processo prendono il nome di **sedimenti clastici**.

Nei fondali marini si possono accumulare i **sedimenti chimici**, formati dal deposito di sali minerali disciolti nell'acqua, o **biochimici**, prodotti dai frammenti di scheletri e gusci di piccoli organismi.

Il mare è il luogo ideale per l'accumulo dei sedimenti mentre le terre emerse sono un ambiente più facilmente soggetto all'erosione.

A mano a mano che i sedimenti si accumulano, strato dopo strato, il peso che grava su quelli più profondi aumenta, compattandoli sempre più.

La compattazione e la formazione di nuovi minerali tra un granulo e l'altro trasformano i sedimenti in rocce: questo processo si chiama **litificazione** e le rocce così formate sono le **rocce sedimentarie** 1.

Questa famiglia rappresenta il 66% delle rocce che affiorano sulla superficie terrestre.

Contenuto integrativo

1 Spettacolare formazione di strati di rocce sedimentarie nel Bryce Canyon in cui sono evidenti i vari strati derivati dalla sedimentazione.

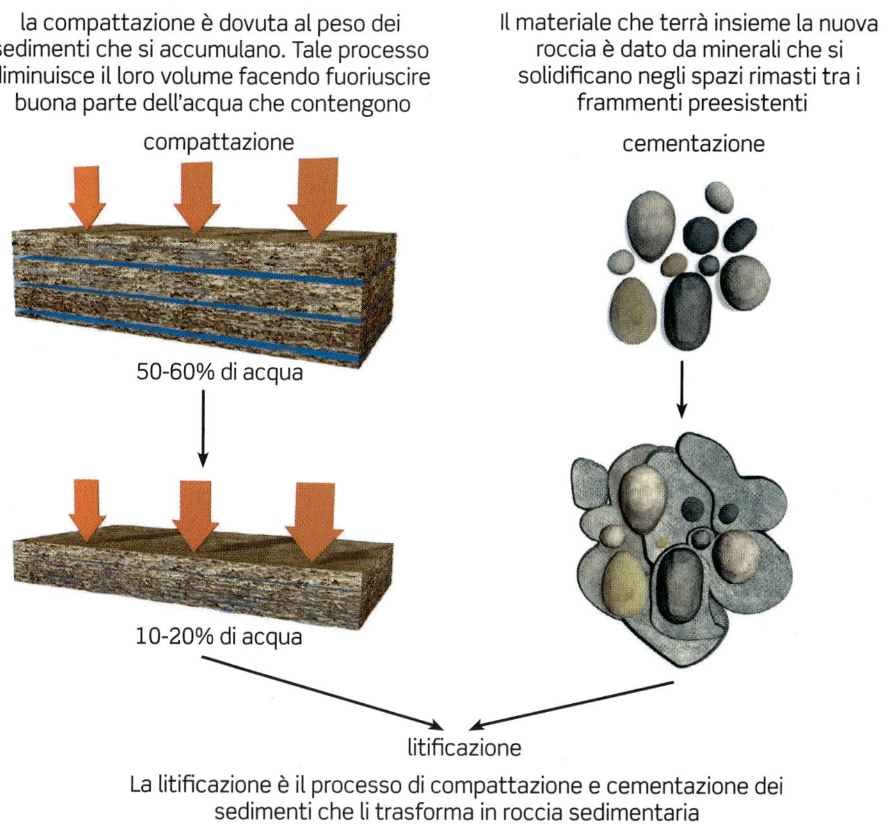

Le diverse tipologie di sedimenti danno origine ad altrettanti tipi di rocce sedimentarie.

- Le **rocce sedimentarie clastiche** sono il risultato della litificazione dei sedimenti clastici e vengono ulteriormente suddivise in base alla dimensione dei clasti che le compongono: i *conglomerati* (con clasti maggiori di 2 mm) derivano dalle ghiaie; le *arenarie* (comprese tra 2 mm e 0,06 mm) si originano dalla trasformazione delle sabbie; le *argilliti* (inferiori a 0,06 mm) derivano dalle argille. Queste rocce sono dette anche *terrigene* poiché i sedimenti provengono principalmente dalle terre emerse.
- Le **rocce sedimentarie chimiche** derivano dall'accumulo di sedimenti chimici sui fondali marini o lacustri. Esse comprendono i *calcari* e le *dolomie*, rocce molto comuni, formate dalla precipitazione del carbonato di calcio in mari poco profondi con intensa evaporazione.
- Le **rocce biochimiche**, o **organogene**, si originano dalla sedimentazione dei resti duri degli organismi viventi (gusci, esoscheletri di coralli e spugne, ecc.). Le rocce così formate sono principalmente *calcari*, *dolomie* e *selci organogene*.

2 Alcune rocce sedimentarie: a conglomerato, b calcare, a calcare organogeno.

Con metodo

Analizzo

1. A quali termini corrispondono le seguenti definizioni? Sottolineali nel testo.

- **a** Materiali solidi non compatti che si accumulano in alcune zone della superficie terrestre
- **b** Sedimenti che derivano dall'erosione a opera degli agenti meteorologici

Comprendo

2. Rispondi.

- **a** Come si formano le rocce sedimentarie clastiche?
- **b** Dove si formano le rocce sedimentarie chimiche?
- **c** Qual è la componente principale delle rocce biochimiche?

3. Vero o falso?

- **a** Molti fenomeni che modificano l'aspetto del nostro pianeta portano alla formazione di sedimenti [V] [F]
- **b** I materiali solidi non compatti che si accumulano sono detti bacini magmatici [V] [F]
- **c** Nei fondali oceanici possono formarsi sedimenti chimici o biochimici [V] [F]
- **d** Le arenarie sono rocce sedimentarie chimiche [V] [F]

Schematizzo

4. Completa il seguente schema.

	descrizione
rocce sedimentarie clastiche	
rocce sedimentarie chimiche	
rocce sedimentarie organogene	

Collaboro

5. Lavorate **a coppie**, ognuno studia il paragrafo per almeno dieci minuti. Chiudete il libro e provate a ripetere al vostro compagno quanto appreso.

8 Le rocce metamorfiche

Audio

Le rocce metamorfiche derivano dalla trasformazione di altre rocce

Il termine **metamorfosi** significa trasformazione, cambiamento.
Proprio da questa parola deriva il termine **metamorfismo** con cui in geologia si indica la trasformazione che subisce una roccia al variare delle condizioni ambientali. Le principali cause del metamorfismo sono i cambiamenti di **temperatura** e **pressione** a cui è sottoposta una roccia quando viene a trovarsi in profondità o quando resta intrappolata nel cuore di una catena montuosa in formazione. Le **rocce metamorfiche** sono il risultato delle trasformazioni di rocce preesistenti in cui è avvenuto un cambiamento nella struttura e/o nella composizione chimica ■1. Tutte queste trasformazioni avvengono allo stato solido, senza che ci sia una fusione del materiale che compone la roccia, e prendono il nome di **reazioni metamorfiche**. Il tipo di metamorfismo dipende dalle condizioni che innescano le reazioni metamorfiche e le rocce che si formano vengono classificate in base alle rocce di partenza. Possiamo individuare due principali tipi di metamorfismo:

- il **metamorfismo regionale**, che si manifesta su aree molto vaste e interessa rocce che si trovano in profondità, su cui agiscono temperature e pressioni elevate;
- il **metamorfismo di contatto**, dovuto al surriscaldamento delle rocce che vengono a contatto, appunto, con grandi masse di magma che si sta raffreddando in profondità o sta risalendo verso la superficie.

Questi due tipi di metamorfismo possono agire, in tempi diversi, su una stessa roccia, sommando così i propri effetti. Il metamorfismo è un processo estremamente complesso: una roccia metamorfica può quindi derivare anche da un'altra roccia metamorfica e così via.

Contenuto integrativo

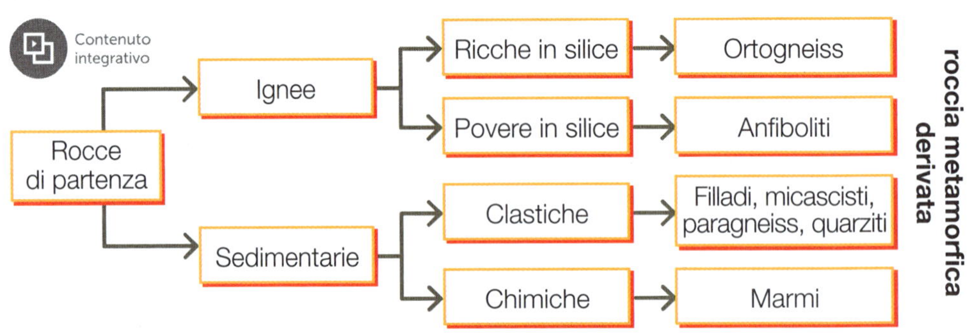

Il geologo in città

Pensi che per fare il geologo sia necessario scalare montagne o affrontare grotte buie? Ti sbagli! Passeggiando per le vie della tua città non potrai evitare di imbatterti in numerose rocce, utilizzate in diversi modi: le panchine di un parco, i bordi dei marciapiedi, i monumenti, alcune strade... Osservale ed esercitati a riconoscerne le caratteristiche e magari prova a ipotizzare quale sia stata la loro origine: cristalli bene evidenti, di colori diversi, sono indizio di una roccia ignea, mentre la presenza di conchiglie fossili danno la certezza che si tratta di una roccia sedimentaria.

Parole di scienze

metamorfosi: dal greco *metá*, preposizione che indica "cambiamento" + *morphé* = forma.

■1 Alcune tra le principali rocce metamorfiche.

Con metodo

Analizzo

1. Che cosa significa metamorfismo in geologia? Sottolinea la risposta nel testo.

Comprendo

2. Rispondi.
   a Quali sono le cause del metamorfismo?
   b Che cos'è e come avviene una reazione metamorfica?
3. Vero o falso?
   a Il metamorfismo di contatto è dovuto al surriscaldamento di rocce con magma che si sta raffreddando V F
   b Il metamorfismo regionale si manifesta su aree molto ristrette in rocce che si trovano in profondità. V F

Collaboro

4. Lavorate a **coppie**, ognuno studia il paragrafo per almeno cinque minuti. Chiudete il libro e provate a ripetere al vostro compagno quanto appreso.

Sulle spalle dei giganti

Déodat de Dolomieu

Audio

Déodat de Dolomieu (1750-1801) è stato un geologo francese che, proprio grazie alle sue competenze scientifiche, riuscì a scampare alla Rivoluzione francese, nonostante fosse un nobile.

Viaggiò molto, anche in Italia: alle Isole Lipari ed Eolie dedicò il libro *Voyage aux iles de Lipari fait en 1781, ou Notices sur les iles Eoliennes, pour servir a l'Histoire des Volcans*. I suoi studi sugli effetti del terremoto calabro-siculo del 1783 vennero pubblicati in francese, italiano, tedesco e inglese: già allora egli aveva capito che un terremoto provoca danni più o meno gravi agli edifici a seconda del tipo di terreno su cui sono costruiti.

Durante i suoi numerosi viaggi descrisse molti minerali: la celestina ■1, il berillo ■2 (lo smeraldo è la sua variante verde), lo psilomelano e tanti altri.
Nel 1791 scoprì sulle Alpi una roccia che lui definì *pietra calcarea molto poco effervescente con gli acidi e fosforescente per collisione.*
Il geologo inviò un campione di questa roccia a un chimico svizzero, Theodore-Nicolas de Saussure che, nel 1792, le diede il nome di **dolomia** in onore del suo scopritore. La dolomia è costituita principalmente dal minerale **dolomite** ■3, da cui presero il nome, anni più tardi, le nostre Dolomiti.

■1 Celestina.

■2 Berillo.

■3 Dolomite.

La dolomite quindi prende il nome dal suo scopritore. In generale come viene scelto il nome di un minerale? Per prima cosa non deve essere troppo simile a uno già esistente (per evitare confusioni) e deve essere tassativamente scelto seguendo uno di questi quattro criteri:

- essere una dedica a una personalità della mineralogia ■4;
- far riferimento a una caratteristica del minerale ■5;
- dare informazioni sulla composizione chimica del minerale ■6;
- richiamare il luogo geografico in cui è stato scoperto ■7.

■4 La smithsonite prende il nome dal mineralogista inglese J. Smithson.

■5 La rodocrosite dal greco *rhodon* = rosa e *chromos* = colore.

■6 La cavansite prende il nome dalla sua composizione: calcio (Ca), vanadio (Van) e silicio (SI).

■7 La brasilianite deve il suo nome al luogo del primo ritrovamento: il Brasile.

un fiore di roccia

La rosa del deserto è una formazione minerale tipica di ambienti desertici caldi e, come il fiore di cui porta il nome, per crescere ha bisogno di acqua.

1

La tipica struttura a petali della rosa del deserto deriva dall'**abito cristallino** del gesso, il minerale di cui è composta. Il suo colore, invece, è dovuto ai granelli di sabbia (quarzo) che ingloba durante la sua formazione. Per questo la sua **durezza** è maggiore di quella del gesso puro.

2

Se l'acqua sotterranea, risalendo per capillarità, incontra depositi di gesso, lo scioglie e lo porta con sé. Quando quest'acqua, ricca di **solfati**, raggiunge gli strati di sabbia più superficiali evapora e il gesso **cristallizza**. Si forma così una rosa del deserto. Gli abitanti del deserto spesso raccontano che le "rose" si originano grazie all'urina dei dromedari... Ma questa è solo una leggenda!

3

A volte capita di vedere una "rosa" spuntare dalle dune di sabbia. Questo evento però segna l'inizio della sua distruzione: esposta agli agenti atmosferici viene **erosa** dal vento e dalle rare piogge del deserto.

un fiore di roccia

Erickson

I minerali

In quante classi possono essere divisi i minerali?

Paragrafo 3

Leggi le descrizioni delle classi di minerali all'interno dei box del paragrafo 3 e ristruttura le informazioni nella tabella.

elementi nativi	....
solfuri	....
alogenuri	....
ossidi	....
carbonati	....
solfati	....
fosfati	....
silicati	....

Quali sono le proprietà dei minerali?

Paragrafo 4

Nei titoli del paragrafo 4 vengono elencate le proprietà dei minerali: descrivile all'interno della tabella.

densità	colore	lucentezza e trasparenza	fluorescenza e fosforescenza	durezza	sfaldatura
....	....	....	....	....	....

Le rocce

Che caratteristiche hanno le rocce ignee e quelle sedimentarie?

Paragrafi 5-6-7

Leggi la definizione di roccia ignea all'interno dell'elenco puntato del paragrafo 5 nel paragrafo 6. Sottolinea poi le caratteristiche di questo tipo di roccia e riportale nella tabella. Osserva anche le immagini e riporta il loro nome nella colonna degli esempi. Fai lo stesso al paragrafo 7 per le rocce sedimentarie.

tipo di roccia	sottotipo	descrizione	esempio
ignee	intrusive	....	....
	effusive	....	....
sedimentarie	clastiche	....	....
	chimiche	....	....
	organogene	....	....

Come si formano le rocce metamorfiche?

Paragrafo 8

Leggi il paragrafo e sintetizza le informazioni principali nella mappa. Leggi con attenzione le parti evidenziate e l'elenco puntato!

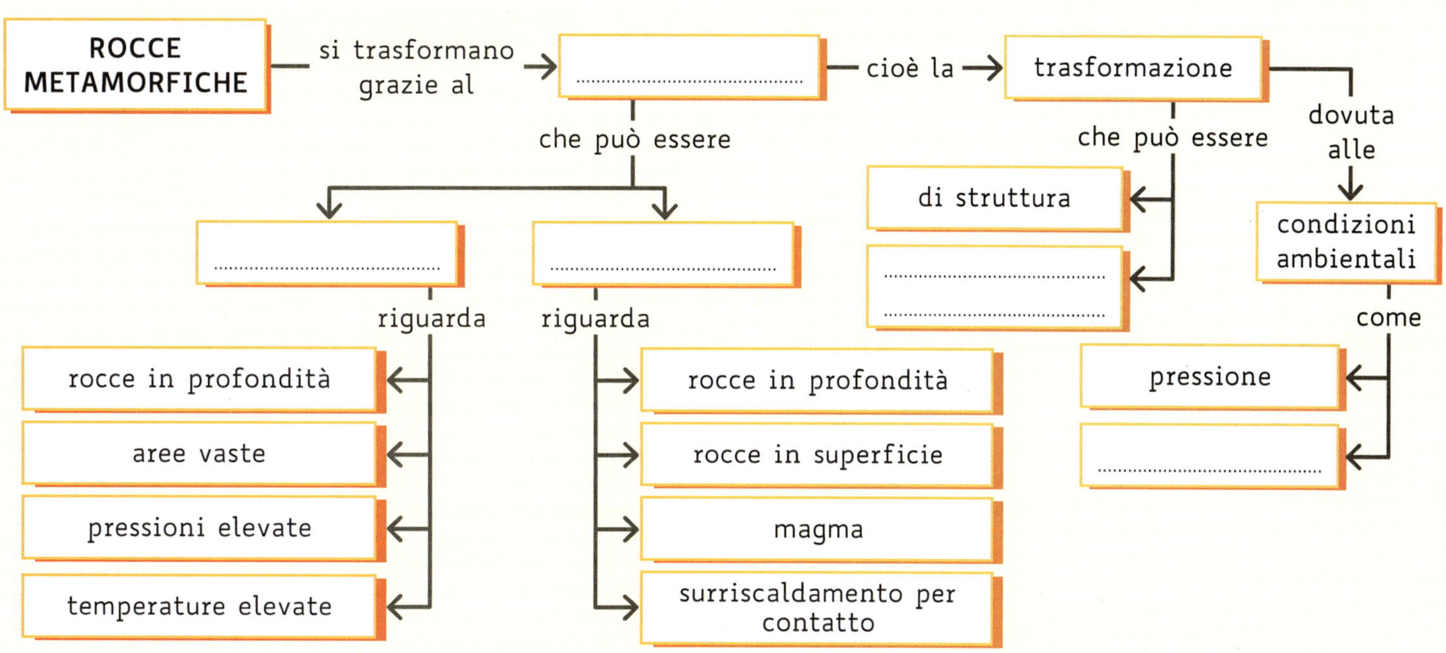

Mi preparo all'interrogazione

Contenuti multipli

LA LITOSFERA

- costituisce → la parte rigida più esterna della Terra
- è composta da → **minerali**
  - quando si aggregano formano → **rocce**
    - si classificano in base ai processi geologici da cui si sono formate
      - rocce ignee o magmatiche
        - possono essere
          - intrusive
          - effusive
      - rocce sedimentarie
        - si classificano in
          - clastiche
          - chimiche
          - biochimiche (o organogene)
      - rocce metamorfiche
  - sono → composti inorganici e solidi
  - sono caratterizzati da →
    - specifica composizione chimica
    - struttura cristallina
    - che definiscono le proprietà
      - densità
      - colore
      - lucentezza e trasparenza
      - fluorescenza
      - durezza
      - sfaldatura
    - permettono di classificare i minerali in classi
      1. elementi nativi
      2. solfuri
      3. alogenuri
      4. ossidi
      5. carbonati
      6. solfati
      7. fosfati
      8. silicati

verifica

Verifica interattiva

CONOSCO

1 Completa le seguenti frasi scegliendo tra i termini elencati.

sedimentarie • consolidamento • metmorfismo • litificazione • regionale • profondità • intrusive • accrescersi • solidi • ordinato • cristallina • aggregati • scalfittura • legami • solidificazione • trasformazione • litogenetico • erose • lava • degassato • lento • effusive • piccoli • naturali • fondere • gas • rapido • clastici • chimici • biochimici • compattano • pressioni

a I minerali sono composti .... e inorganici, in genere ....; hanno una composizione chimica ben definita e i loro atomi si dispongono in modo ...., formando una struttura ....

b Le rocce sono .... naturali di un minerale o di più minerali

c Il grado di durezza di un minerale indica la sua resistenza alla .... e dipende dalla forza dei .... del reticolo cristallino

d Le rocce ignee si formano dalla .... più o meno lenta di materiale fuso; le rocce sedimentarie si generano per .... di materiali; le rocce metamorfiche si originano dalla .... di rocce preesistenti

e Le rocce hanno un loro ciclo detto ciclo ....: si originano, crescono, vengono ...., ridepositate e trasformate in altri tipi di rocce

f Nelle profondità del pianeta le rocce possono ....: tale materiale fuso è detto magma, ricco di .... disciolti nel suo interno. Quando il magma risale prende il nome di ...., materiale fuso ....

g Le rocce ignee .... sono sempre ben cristallizzate con minerali ben visibili a occhio nudo che hanno fatto in tempo ad .... a causa del .... raffreddamento

h Le rocce ignee .... hanno i cristalli molto .... perché gli elementi non hanno avuto molto tempo per aggregarsi a causa del .... raffreddamento

i I sedimenti che derivano dall'erosione prendono il nome di sedimenti .... Nei fondali marini si possono accumulare sedimenti .... o ....

l Quando i sedimenti si accumulano si .... e si formano nuovi minerali trasformando i sedimenti in rocce: questo processo si chiama .... e forma le rocce ....

m La trasformazione di una roccia al variare delle condizioni ambientali si definisce ....

n Il metamorfismo .... si manifesta su aree molto vaste e interessa rocce che si trovano in ...., con temperature e .... elevate

2 INVALSI **Segna con una crocetta il completamento esatto.**

a La litosfera:
- ☐ è più spessa sotto i continenti, più sottile sotto gli oceani
- ☐ è più spessa sotto gli oceani, più sottile sotto i continenti
- ☐ ha uno spessore omogeneo in tutto il globo terrestre
- ☐ è più spessa nell'emisfero settentrionale, più sottile in quello meridionale

b Minerali con uguale composizione chimica, ma celle elementari diverse sono detti:
- ☐ polimeri
- ☐ metamorfici
- ☐ isomorfi
- ☐ polimorfi

c Se i minerali emettono luce quando sono colpiti da luce ultravioletta e la mantengono anche successivamente si ha:
- ☐ trasparenza
- ☐ fluorescenza
- ☐ fosforescenza
- ☐ nessuna delle tre risposte precedenti è corretta

d I minerali che presentano sempre lo stesso colore si dicono:
- ☐ allocromatici
- ☐ monocromatici
- ☐ idiocromatici
- ☐ cromatici

e Se un minerale riesce a riflettere solo in parte la luce si ha:
- ☐ lucentezza metallica
- ☐ lucentezza terrosa
- ☐ lucentezza semimetallica
- ☐ lucentezza non metallica

f Nei silicati un atomo di silicio si lega con:
- ☐ un atomo di ossigeno
- ☐ un metallo
- ☐ quattro atomi di ossigeno
- ☐ quattro atomi di idrogeno

verifica

g All'interno della crosta terrestre si possono individuare:
- ☐ due tipi di rocce
- ☐ tre tipi di rocce
- ☐ quattro tipi di rocce
- ☐ nessun completamento è corretto

h Il ciclo litogenetico:
- ☐ avviene solo all'interno della Terra
- ☐ avviene solo all'esterno della Terra
- ☐ non coinvolge fenomeni atmosferici
- ☐ coinvolge fenomeni atmosferici

i Calcari e dolomie si formano:
- ☐ in mari poco profondi
- ☐ negli abissi oceanici
- ☐ all'interno della Terra
- ☐ dentro alle camere magmatiche

l Le cause principali del metamorfismo sono:
- ☐ la profondità e la pressione
- ☐ la temperatura e la pressione
- ☐ la temperatura e l'umidità
- ☐ l'erosione e la sedimentazione

3 Sottolinea il termine corretto tra quelli proposti in corsivo.

a La sfaldatura è la capacità di un cristallo di rompersi secondo piani *paralleli/perpendicolari* tra loro

b Per classificare un minerale si deve conoscere la sua cella elementare che si ripete uguale nelle tre dimensioni e forma *il reticolo cristallino/l'abito cristallino*

c Se il magma comincia a raffreddare prima di arrivare in superficie si formano le rocce ignee *effusive/intrusive*

d I sedimenti sono materiali che si accumulano in zone dette bacini *sedimentari/morenici*

e Le rocce sedimentarie *organogene/chimiche* si originano dalla sedimentazione dei resti duri di organismi viventi

f Secondo la scala di Mohs il minerale più duro è il *diamante/topazio*

g Il granito è una tipica roccia *effusiva/intrusiva*

h La pietra pomice è molto *leggera/pesante*

i Le rocce della superficie terrestre sono sottoposte a *fusione/erosione*

4 Vero o falso?

a I minerali costituiti da un unico elemento chimico sono detti elementi nativi V F

b Il metamorfismo è causato esclusivamente dai cambiamenti di pressione a cui è sottoposta la roccia in profondità o intrappolata in una catena montuosa in formazione V F

c Il metamorfismo di contatto è dovuto al surriscaldamento di rocce a contatto con masse di magma che si sta raffreddando in profondità o sta risalendo verso la superficie V F

d Il minerale che forma le nostre ossa, l'apatite, contiene fosforo V F

e Il raffreddamento istantaneo della lava porta alla formazione di materiali simili al vetro V F

f Gli agenti meteorologici non possono sgretolare le rocce V F

g Nel mare si accumulano molti sedimenti V F

h Il marmo è una roccia sedimentaria V F

i Le rocce metamorfiche si ottengono solo dalla trasformazione di rocce ignee V F

APPLICO

5 L'immagine rappresenta il ciclo litogenetico: completalo inserendo i termini mancanti.

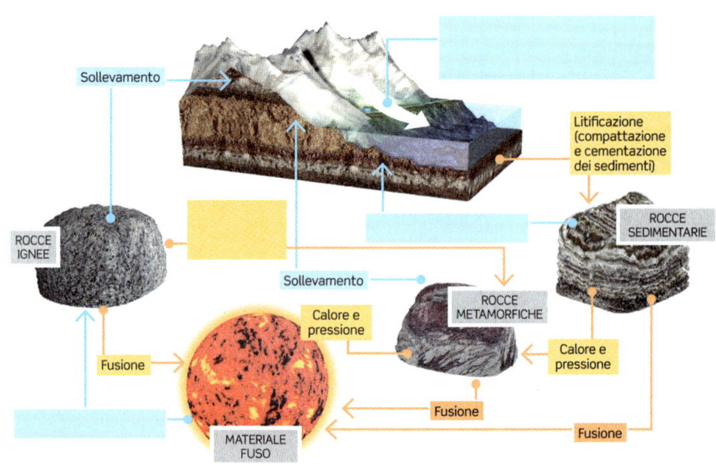

6 Osserva le seguenti immagini e descrivi quali sono le caratteristiche delle rocce rappresentate.

7 **Classifica le seguenti rocce inserendo sotto a ciascuna immagine uno dei seguenti termini:**

roccia ignea intrusiva • *roccia ignea effusiva* • *roccia sedimentaria* • *roccia metamorfica*

....

....

....

....

9 **All'interno di quale tipo di roccia è più probabile ritrovare dei fossili? Giustifica la tua risposta.**

COMPETENZE

1. Leggi il testo e rispondi.

Forse adesso stiamo davvero esagerando: inquiniamo così tanto che le tracce delle nostre attività sono arrivate addirittura… nei sassi.
Lo sostiene la geologa canadese Patricia Corcoran che ha recentemente concluso un viaggio nel Pacifico a bordo della nave oceanografica Alguita.
La scienziata ha trovato sulla spiaggia hawaiana di Kamilo Beach delle formazioni di sabbia, roccia e conchiglie tenute insieme da frammenti di plastica semifusa. Questi reperti, prontamente ribattezzati **plastiglomerati**, sono diventati in breve tempo un caso scientifico. Secondo la Corcoran la loro origine è probabilmente molto poco esotica: un falò acceso sulla spiaggia da qualche turista potrebbe aver sciolto la plastica che, raffreddandosi, si sarebbe legata agli altri materiali. Ma per la ricercatrice l'argomento merita di essere approfondito: quanto sono diffusi i plastiglomerati? Qual è il loro ciclo di vita? Quanto tempo sono in grado di resistere agli agenti atmosferici? E che impatto possono avere sull'ecosistema? Tutte domande alle quali, ad oggi, non esistono risposte ma che meritano sicuramente attenzione.

[www.focus.it]

a Quale potrebbe essere il titolo dell'articolo?
b Come si formano i plastiglomerati?
c Per quale motivo i plastiglomerati meritano di essere studiati approfonditamente?
d Qual è la tua opinione riguardo a questa scoperta?

2. Calcola e ragiona.

Calcola il peso di un cubo di marmo avente il volume di 5 dm^3 sapendo che la densità del marmo è 2,3 kg/dm^3.

3. Ricerca e comunica.

Cerca in Internet alcune informazioni relative al ciclo delle rocce e sintetizza le tue scoperte in almeno cinque *slides*.

4. Prova tu.

In gruppi di quattro, considerate alcune rocce che sono disponibili a scuola o portate da casa e provate a valutare quali sono ignee intrusive o effusive, quali sedimentarie clastiche o organogene, quali metamorfiche sulla base delle loro caratteristiche.

In English Verifica interattiva

5. Fill in the blanks.

Mohs • *hardness* • *minerals* • *softer* • *scratch*

The Mohs scale of mineral .... is an ordinal scale that characterizes the .... resistance of various .... through the ability of a harder material to scratch a .... material. It was created in 1812 by the German geologist and mineralogist Friedrich ....

CLIL: let's learn English

Rocks

Audio

Substances that exist naturally as crystals are called **minerals**. Most rocks are a mixture of minerals. Minerals also occur on their own.

Grouping rocks

The pictures show three types of rocks. They have very different properties.

Basalt, an igneous rock.

Limestone, a sedimentary rock.

Gneiss, a metamorphic rock.

There are many different types of rocks. Scientists classify rocks into three groups:

- igneous rocks
- sedimentary rocks
- metamorphic rocks.

Igneous rocks

Igneous rocks are made when magma (melted material) cools and solidifies. Granite consists of interlocking crystals, strongly joined together. The crystals are quite big – you can see them easily. Each crystal is made of one substance. Another igneous rock is basalt, which makes up much of the seabed. Igneous rocks are hard and durable.

Sedimentary rocks

The structure of a sedimentary rock explains its properties. They are made of grains.
There are small spaces between the grains.
Different types of sediment make different types of rock. Each rock type has its own properties and uses.

Metamorphic rocks

Metamorphic rocks form when heat, or high pressure, or both, change igneous or sedimentary rocks. The rocks remain solid during the process. They do not get hot enough to melt.
All igneous and sedimentary rocks can be changed into metamorphic rocks. So there are many different metamorphic rocks.

Objectives

- Describe the igneous rocks
- Describe sedimentary rock
- Explain how metamorphic rocks are made

Remember

- There are three types of rocks: igneous, sedimentary, and metamorphic.
- Igneous rocks formed from magma.
- Rock uses are linked to their properties.
- Metamorphic rocks form when rocks are changed by high temperatures or pressures.

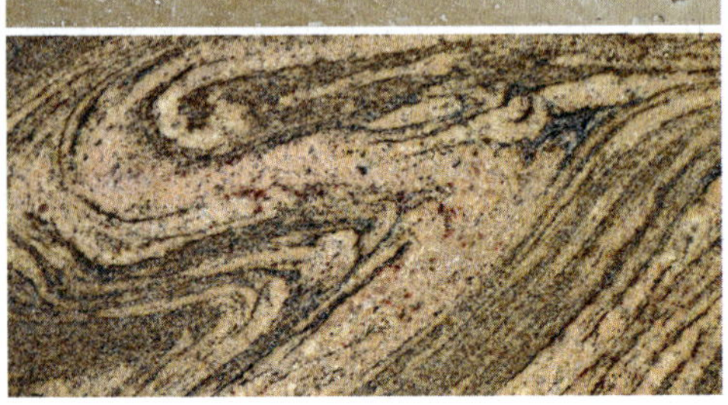

Exercises

1. What is a mineral?
2. Basalt has smaller crystals than granite. Explain why.
3. Explain how metamorphic rocks are formed.

9

Vulcani e terremoti

I fenomeni connessi all'attività vulcanica e sismica evocano disastri e devastazioni ma sono la testimonianza della dinamicità del nostro pianeta, un sistema in continua evoluzione. Conoscere le dinamiche dei processi geologici è un passo fondamentale verso la prevenzione, la strategia più efficace per mitigare gli effetti disastrosi di questi eventi.

Digi Scienze

Classe capovolta

Contenuto integrativo

Preparati per la lezione:
- guarda la presentazione multimediale
- compila la scheda

Nelle prossime pagine troverai altri contenuti digitali

Allegato scaricabile

Contenuto integrativo

Audio

Verifica interattiva

1 I vulcani

Audio

Le parti che caratterizzano un vulcano sono: il cratere, il camino, l'edificio e la camera magmatica

L'altissimo calore presente all'interno della Terra arriva addirittura a fondere il materiale roccioso presente in alcune zone sotto la superficie.
Questo materiale fuso, meno denso della roccia circostante, tende a risalire e, dove trova una spaccatura, raggiunge la superficie.
Un **vulcano** è una spaccatura sulla superficie terrestre dalla quale fuoriesce materiale fuso.

Contenuto integrativo

1 Il vulcano Holuhraun è un esempio di vulcano fissurale.

I vulcani possono presentarsi con morfologia diversa in base al tipo di spaccatura:

- **vulcani fissurali** o **lineari**: la spaccatura è una lunga e stretta fessura, che raggiunge anche molti kilometri di lunghezza, da cui fuoriesce la lava. Alcuni vulcani islandesi hanno questa morfologia 1;
- **vulcani centrali**: presentano una spaccatura, più o meno circolare. L'Etna e il Vesuvio ne sono un esempio 2.

Spesso il termine vulcano fa pensare a una montagna sulla quale si manifestano colate laviche ed esplosioni più o meno violente. In realtà, la montagna si chiama **edificio vulcanico** (il vulcano vero e proprio è rappresentato solo dalla spaccatura).
L'edificio vulcanico è tipicamente conico, ma può anche assumere forme diverse che dipendono dalla temperatura della lava e dalla violenza delle eruzioni.

2 L'Etna è un vulcano centrale, il cratere, di forma circolare, si trova alla sommità.

All'interno dell'edificio vulcanico si trova il **camino**, il condotto che porta il materiale fuso dagli strati più profondi alla superficie del pianeta. All'estremità inferiore del camino si trova la **camera magmatica**, il serbatoio dove si accumula temporaneamente il magma proveniente dalle zone più profonde, per poi raggiungere la superficie terrestre durante un'eruzione; all'estremità superiore si trova il **cratere** 3, apertura alla sommità del camino che permette al magma di fuoriuscire dall'edificio vulcanico.

In alcuni edifici vulcanici sono presenti più condotti, che si diramano da quello principale e che prendono il nome di **condotti** (o **camini**) **secondari**: ciascuno di essi si manifesta in superficie con il proprio cratere 4.

3 Cratere.

4 Apparato vulcanico.

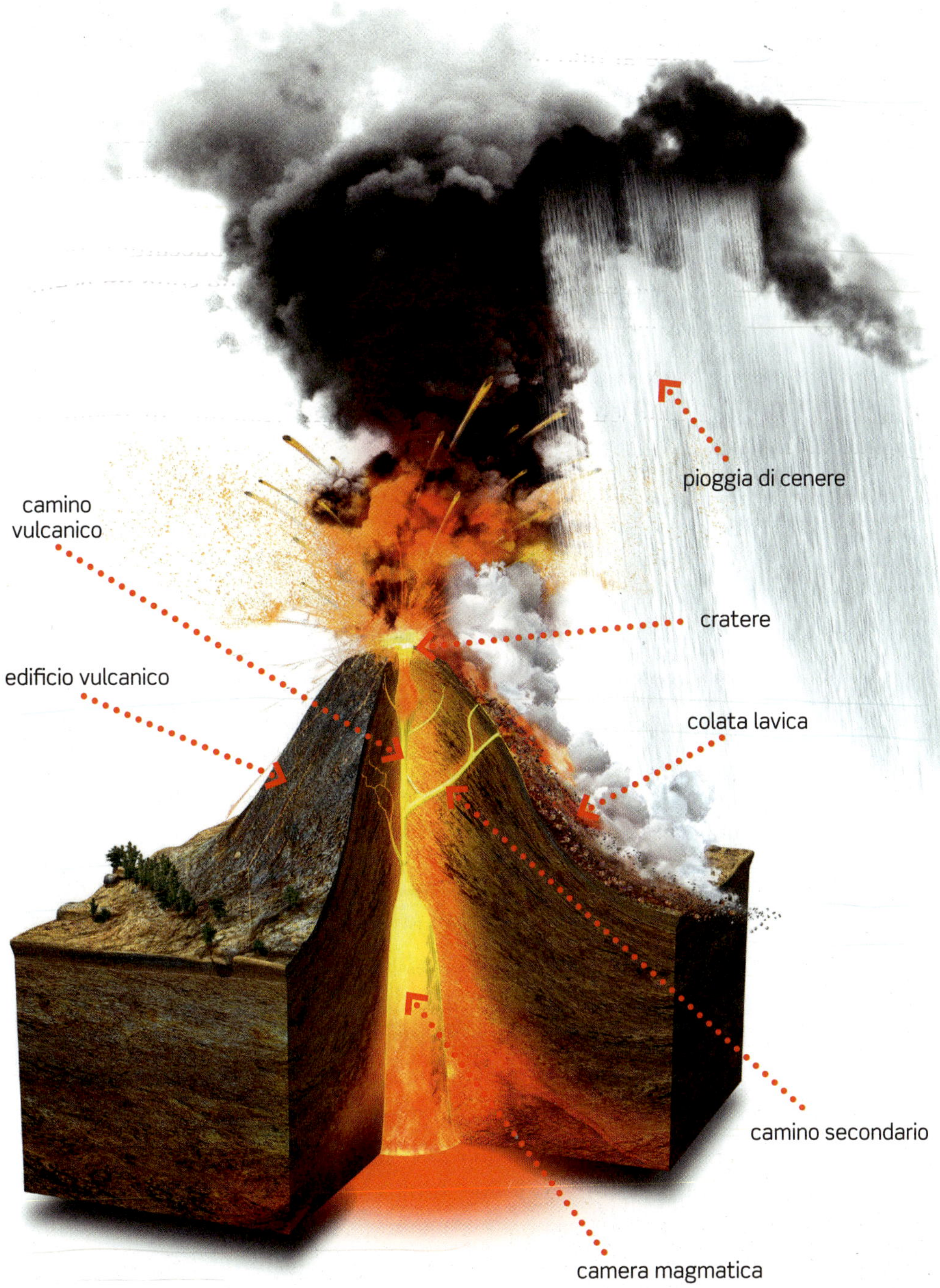

Con metodo

Comprendo il testo

1. Rispondi.
   - **a** Quali tipi di vulcani si distinguono in base al tipo di spaccatura? Descrivili in modo sintetico.
   - **b** Da quali parti è composto un vulcano?

Comprendo le parole

2. Scrivi la definizione dei seguenti termini.
   - **a** Edificio vulcanico
   - **b** Camino vulcanico
   - **c** Camera magmatica
   - **d** Cratere

Collaboro

3. Lavorate a **coppie** e realizzate una piccola ricerca sulla presenza nella vostra regione di vulcani, geyser, sorgenti termali e fumarole. Preparate una relazione da esporre alla classe.

2 Tipi di attività vulcanica

Audio

Il comportamento di un vulcano dipende dal tipo di magma

Come abbiamo visto, la formazione di un vulcano è dovuta alla risalita di magma che, una volta arrivato in superficie, prende il nome di **lava**. In base alle caratteristiche chimiche e alla temperatura della lava si originano edifici vulcanici con forme differenti; la morfologia di un vulcano dipende quindi dalle caratteristiche e dalle modalità con cui il materiale fuso risale in superficie. La **temperatura** del magma permette di fare una prima suddivisione delle lave in **fredde** e **calde**. Parlare di caldo e freddo in riferimento a un materiale incandescente può sembrare strano, ma se analizziamo la sua temperatura possiamo osservare valori molto diversi: dai **500 °C** ai **1200 °C**. Un'altra fondamentale caratteristica che differenzia un magma da un altro è, ovviamente, la sua **composizione chimica** (chimismo) che si mantiene quasi inalterata nelle lave che ne derivano: questo permette di dividerle in **acide**, **basiche** e **neutre** in base al loro **contenuto di silice** (SiO_2, quarzo fuso). Il contenuto di silice nelle lave **acide** è superiore al 65%, in quelle **basiche** è inferiore al 50%, e in quelle **neutre** la quantità di silice è intermedia tra le prime due.

Contenuto integrativo

Che effetto hanno temperatura e chimismo sul comportamento della lava? Questi due fattori agiscono sulla **viscosità**, cioè sulla capacità della lava di scorrere:

- se due lave hanno lo stesso chimismo, quella a temperatura superiore è meno viscosa (cioè più fluida) e quindi scorre più velocemente;
- se, invece, due lave hanno la stessa temperatura, la loro viscosità dipende dalla composizione chimica: le lave acide sono molto più viscose di quelle basiche. Più è alto il contenuto in silice, maggiore è la viscosità.

La viscosità della lava influisce sul tipo di **attività** di un vulcano, che può essere **effusiva** o **esplosiva**.

Vulcani con attività effusiva

Questo tipo di vulcani è caratterizzato da colate laviche che possono percorrere diverse decine di kilometri prima di raffreddarsi e solidificarsi. La **lava** che emettono è molto **calda** e **basica**; la sua **bassa viscosità** fa sì che le bolle di gas contenuto nel magma originario fuoriescano facilmente, evitando esplosioni. È bene ricordare che il magma che risale dal mantello è composto da materiali fusi mescolati a sostanze gassose (come idrogeno, anidride carbonica e anidride solforosa) e a vapore acqueo. Durante le eruzioni il magma risale e, grazie alla diminuzione della pressione, i gas vengono rilasciati. Sulle isole Hawaii troviamo vulcani con attività effusiva; si riconoscono facilmente in quanto il loro edificio è molto ampio, con un'altezza ridotta rispetto alla larghezza della loro base. Assomigliano a uno scudo rovesciato appoggiato a terra, proprio per questo vengono definiti **vulcani a scudo** 1.

1 Veduta aerea del Mauna Loa, un vulcano a scudo delle Hawaii.

La colata lavica assume il caratteristico aspetto a corde (**lava a corde**): la lava si raffredda e solidifica in superficie, mentre continua a scorrere più in profondità, trascinando e ripiegando la parte superficiale. Questo tipo di lava viene chiamata anche **pahoehoe**, che in hawaiano significa "lava su cui si può camminare a piedi nudi", in riferimento al fatto che forma una superficie abbastanza liscia una volta indurita e raffreddata 2.

Vulcani con attività esplosiva

Una lava molto viscosa (acida e "fredda") imprigiona più facilmente i gas. Questo fa sì che si formino al suo interno grosse bolle che scoppiano improvvisamente, scagliando, ad altezze anche molto elevate, frammenti di lava, detti **prodotti piroclastici** che, raffreddatisi, prendono nomi diversi in base alla loro dimensione:

- **cenere**: meno 2 mm;
- **lapilli** 3: dai 2 ai 64 mm;
- **bombe vulcaniche** 4: dai 64 mm fino ad arrivare alle dimensioni di un frigorifero. Spesso, durante il volo, le bombe vulcaniche assumono una forma "a fuso" che ricorda una palla da rugby.

3 Lapilli.

4 Bomba.

Durante un'eruzione i prodotti piroclastici più fini possono mescolarsi ai gas espulsi, originando una **colata piroclastica**. Questa è un'enorme nube di gas e ceneri che scorre lungo il fianco dell'edificio vulcanico con temperature e velocità elevate 5. Questo fenomeno (indicato, soprattutto in passato, con il nome di **nube ardente**) ha causato la distruzione dell'abitato di Ercolano durante l'eruzione del Vesuvio nel 79 d.C.

Può succedere che le ceneri possano mescolarsi all'acqua, soprattutto quando l'eruzione è accompagnata da forti piogge o la colata piroclastica incontra neve o ghiaccio. In questo caso si originano delle vere e proprie colate di fango chiamate **lahar** 6. Questi possono essere molto pericolosi poiché sono molto veloci ed è difficile prevederne il percorso.

5 Colata piroclastica.

6 Lahar.

2 **Lava a corde:** la parte superficiale si raffredda più velocemente mentre quella sottostante continua a scorrere.

Con metodo

Analizzo il testo

1. Sottolinea nel testo le due caratteristiche principali che consentono di classificare le lave.
2. Completa.
   a I vulcani con attività effusiva emettono lava molto CALDA, dotata di elevata ....
   b I vulcani con attività esplosiva emettono lava molto VISCOSA che intrappola i GAS che contiene.

Comprendo il testo

3. I vulcani a scudo sono caratterizzati da:
   - [x] un'attività esplosiva
   - [ ] un'attività effusiva
4. Nelle lave acide il contenuto di silice è:
   - [x] superiore al 65%
   - [ ] inferiore al 65%

Schematizzo

5. Completa la mappa.

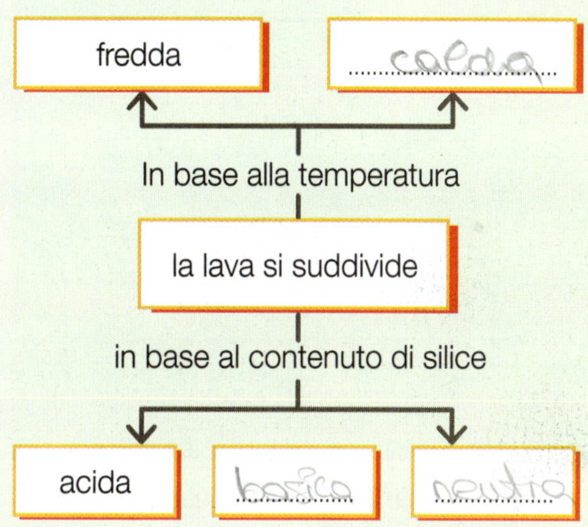

7 Vulcano a cono: Villarica in Cile.

8 Duomo di lava del Mount St. Helens negli Stati Uniti.

9 Il Monte Fuji è uno stratovulcano, la cui morfologia esterna è conica.

I vulcani ad attività esplosiva hanno generalmente forme coniche e fianchi ripidi, poiché la lava scorre molto lentamente e quindi inizia a solidificarsi già vicino al cratere. Questi vulcani vengono quindi definiti come **vulcani a cono** 7.

In alcuni casi, la viscosità è talmente elevata che la lava si solidifica all'interno del camino o poco fuori dal cratere: si forma così un tappo vero e proprio (**duomo**) 8, che può "saltare" come il tappo di una bottiglia di spumante, con un'esplosione molto violenta, a causa della spinta del materiale sottostante. L'esplosione può portare alla distruzione e al collasso della sommità dell'edificio vulcanico.

Un vulcano non sempre ha un'attività solo esplosiva o solo effusiva, perché le caratteristiche del magma possono cambiare nel tempo. È il caso del Monte Fuji in Giappone 9, le cui eruzioni sono state a volte effusive e a volte esplosive. Quest'attività mista alterna strati di ceneri e colate laviche, che si accumulano sui suoi fianchi con stratificazioni successive. Questo tipo di vulcano prende il nome di **stratovulcano**.

Piccoleprove — Miele come lava

Materiale occorrente — Contenuto integrativo — 20 minuti

- miele
- 1 pentolino
- 1 tagliere
- carta da forno
- 1 bacinella larga quanto il tagliere

Procedimento

Ricopri il tagliere con la carta da forno e posizionalo inclinato nella bacinella.
Fai scaldare del miele in un pentolino (fatti aiutare da un adulto) oppure mettilo su un termosifone acceso.
Ora posiziona un cucchiaio di miele caldo e uno di miele a temperatura ambiente sul lato superiore del tagliere e osserva la loro velocità di discesa.
Pur essendo la stessa sostanza, la differenza di temperatura influisce sulla viscosità del miele: quello caldo è più veloce perché meno viscoso di quello freddo.

Vulcanismo secondario

Contenuto integrativo

Ai vulcani sono collegate altre attività geotermiche, che sono considerate fenomeni vulcanici secondari:

- i **geyser**: si tratta di strutture a sifone (una curva a U), caratterizzate da rocce permeabili in cui circola acqua molto calda perché poste vicine a un accumulo di materiale incandescente. Finché resta in profondità, l'acqua bollente si mantiene allo stato liquido; risalendo in superficie, però, la pressione cui era sottoposta diminuisce, dando origine ai caratteristici getti periodici di acqua mista a vapore, che possono arrivare a 400 m di altezza. L'intervallo fra un getto e l'altro può essere di pochi minuti o alcuni giorni, il tempo necessario al sistema di "ricaricarsi" 10;

10 I geyser sono getti periodici di acqua e vapore (nella foto il geyser Strokkur in Islanda).

- le **sorgenti termali**: quando le acque che circolano nel sottosuolo vengono in contatto con rocce fuse a temperature elevatissime, si scaldano e, risalendo in superficie, danno origine a sorgenti di acqua calda 11;
- le **fumarole**: sono spaccature del suolo nei pressi di crateri e sui fianchi di vulcani attivi o nelle aree termali. Da esse fuoriescono vapore e altri gas prodotti dall'attività vulcanica. La temperatura di tali gas varia da 100 °C a 900 °C e quando vengono a contatto con l'aria più fredda condensano dando origine ai caratteristici "fumi". Questi ultimi contengono diversi composti dello zolfo, che conferiscono loro il caratteristico odore di "uova marce" 12.

11 A sinistra: le acque delle sorgenti termali contengono sostanze con proprietà curative (nella foto la sorgente della città di Beppu in Giappone).

12 Sotto: la solfatara di Pozzuoli è un cratere di un antico vulcano ancora attivo che ha attività di fumarole di anidride solforosa e getti di fango caldo.

Con metodo

Comprendo il testo

1. Rispondi.

a Che cosa emettono i vulcani con attività esplosiva? Che forma assume l'edificio vulcanico?

b Che cos'è una colata piroclastica?

c Quali caratteristiche ha una lava acida?

2. Colora con i colori corrispondenti le definizioni che si riferiscono all'attività effusiva e all'attività esplosiva.

- Attività effusiva
- Attività esplosiva

Lava calda e basica	Bombe vulcaniche
Lava viscosa	Vulcani a scudo
Stratovulcano	Lava a corde

Collaboro

3. A **gruppi di tre**, scegliete un vulcano presente nel territorio italiano e analizzate la sua struttura e le caratteristiche del suo magma. Presentate la ricerca alla classe mediante un poster.

3 I terremoti

Audio

I terremoti sono rilasci improvvisi di energia

Oltre ai vulcani esiste sulla Terra un altro fenomeno che spesso si manifesta in modo distruttivo: il **terremoto**, chiamato anche **sisma**.
I terremoti sono vibrazioni della parte più esterna della Terra. Le rocce che compongono questa porzione del nostro pianeta le conferiscono una certa rigidità e sono sottoposte a pressioni e tensioni elevatissime; per tale ragione queste rocce accumulano **energia potenziale**. Quando questa energia raggiunge un livello tale da superare la resistenza delle rocce stesse, si libera improvvisamente.
Il punto esatto in cui l'energia viene liberata, cioè dove si verifica il terremoto, è chiamato **ipocentro**. In questo punto si forma una **frattura**, lungo la quale c'è uno scivolamento dei blocchi rocciosi che prende il nome di **faglia**.
Gli effetti di un sisma però non sono limitati all'ipocentro, ma si manifestano anche a molti kilometri di distanza. Essi, infatti, sono dovuti alle **onde sismiche** che, come le onde generate da un sasso lanciato in un lago, si allontanano in tutte le direzioni, in modo concentrico, dall'ipocentro 1.

1 Le onde sismiche si propagano dall'ipocentro come accade alle onde formate da un sasso lanciato in acqua.

Tutte le zone che si trovano sul percorso di tali onde subiranno una vibrazione, che sarà tanto più intensa quanto più sono vicine all'ipocentro. Questo si può trovare anche a parecchi kilometri di profondità.
Il punto sulla superficie terrestre situato verticalmente sopra l'ipocentro si chiama **epicentro** 2. Qui si manifestano gli effetti più devastanti del sisma, che si attenuano man mano che ci si allontana da esso 3.

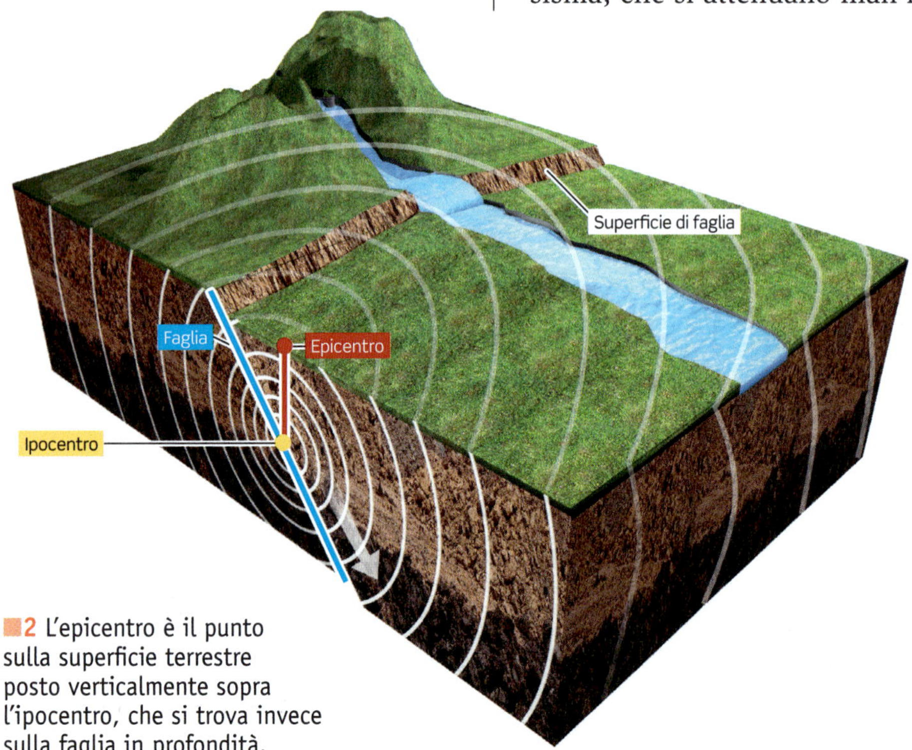

2 L'epicentro è il punto sulla superficie terrestre posto verticalmente sopra l'ipocentro, che si trova invece sulla faglia in profondità.

3 Gli effetti di un sisma sono più evidenti in prossimità dell'epicentro.

Non sbagliare anche tu

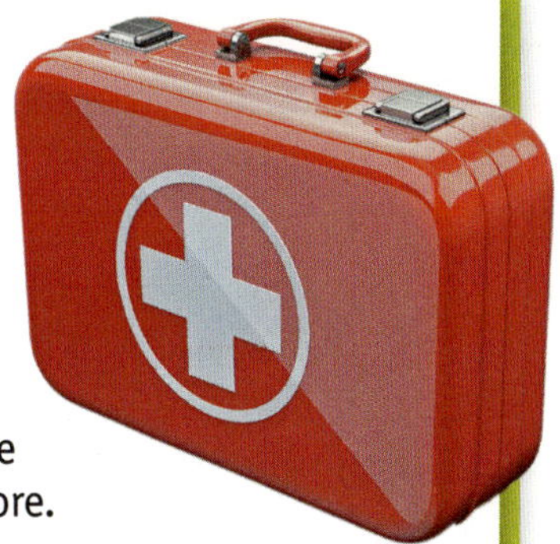

In caso di evento sismico ci sono delle regole di comportamento da seguire.
Sarebbe opportuno, infatti, non agire d'impulso presi dal panico, ma avere ben chiaro in mente ciò che va fatto. Per prima cosa, è sempre utile essere informati sulla probabilità che avvengano terremoti nella zona di residenza.
È bene avere a disposizione sempre una cassetta del pronto soccorso, una torcia elettrica, una radio a pile (potrebbe mancare la corrente elettrica) e un estintore.

DURANTE IL SISMA, SE SEI IN UN LUOGO CHIUSO

- Mettiti sotto una trave, nel vano di una porta, vicino a una parete portante oppure sotto un tavolo (se sei a scuola, il banco è una buona soluzione). Ciò può proteggerti da eventuali crolli.
- Evita di stare vicino a mobili o a oggetti pesanti che, cadendo, potrebbero farti male.
- Non stare vicino a finestre, i vetri potrebbero rompersi!
- Fai attenzione alle scale: spesso sono la parte meno resistente dell'edificio e quindi potrebbero danneggiarsi durante le scosse.
- Non utilizzare l'ascensore, potrebbe essere fuori uso o bloccarsi a causa di un'improvvisa mancanza della corrente elettrica.

DURANTE IL SISMA, SE SEI IN UN LUOGO APERTO

- Non stare vicino agli edifici, ai lampioni o, in generale, a costruzioni che potrebbero crollare.
- In auto, presta attenzione a non fermarti sui ponti (o sotto): sono strutture che potrebbero danneggiarsi.

DOPO IL SISMA

- Raggiungi uno spazio aperto e una zona di attesa come previsto dal piano di emergenza del tuo comune.
- Stai lontano da laghi o mari: potrebbero verificarsi delle onde anomale.
- Evita di usare il telefono e l'auto: bisogna lasciare le linee e le strade libere per i soccorsi.
- Non spostare le persone ferite, è necessaria una preparazione per farlo: aspetta i soccorsi.
- Se il terremoto ti sveglia nel cuore della notte, ricordati sempre di indossare le scarpe: potrebbe sembrare una cosa inutile, ma pensa che potrebbero esserci frammenti di vetro o altri oggetti taglienti sul pavimento. Le scarpe evitano ferite ai piedi.

Fonte: www.protezionecivile.gov.it

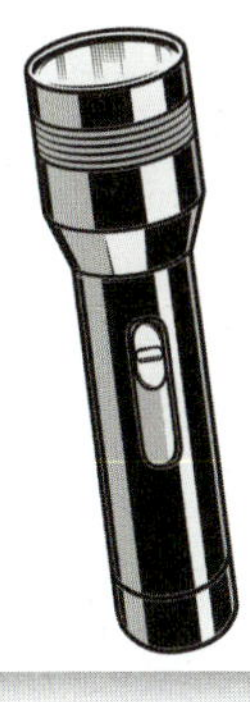

Con metodo

Analizzo il testo

1. Che cos'è un terremoto? Evidenzia nel testo la risposta.

2. Completa.
Le rocce all'interno della .... accumulano enormi quantità di energia ....; quando questa energia supera la .... delle rocce, si libera ....

Comprendo il testo

3. Come si origina un terremoto?

4. Il terremoto viene chiamato anche:
☐ sisma ☐ sismogramma

5. Gli effetti del sisma:
☐ sono limitati all'ipocentro
☐ si manifestato a molti kilometri di distanza

6. Le onde sismiche si propagano in modo:
☐ lineare ☐ concentrico

7. Durante un sisma se si è in casa è bene:
☐ stare vicino a una parete portante
☐ scappare subito fuori

8. Le scale di un'abitazione sono
☐ l'elemento meno resistente
☐ il posto più sicuro

Comprendo le parole

9. Abbina ogni termine al significato corretto.
- faglia ....
- ipocentro ....
- epicentro ....

a punto del sottosuolo dove si verifica il terremoto
b punto sulla superficie terrestre situato verticalmente sopra l'ipocentro
c frattura con scivolamento dei blocchi rocciosi

Collaboro

10. A **gruppi di tre** prendete in analisi la piantina della vostra classe (ed eventualmente della vostra scuola) e identificate con una croce verde i luoghi più sicuri dove rifugiarsi in caso di terremoto e con una croce rossa i luoghi che al contrario sono i più pericolosi. Condividete il vostro lavoro con quello degli altri gruppi e preparate una piantina collettiva da appendere in classe.

4 Le onde sismiche

Audio

Le onde sismiche rivelano la consistenza dei materiali che attraversano

L'energia liberata durante un terremoto si propaga in tutte le direzioni sotto forma di onde.
Queste producono una vibrazione, cioè un piccolo movimento, nelle particelle del materiale che attraversano. Proprio il **tipo di movimento prodotto** ci permette di classificare le onde sismiche.
Possiamo così distinguere due tipi di onde principali:

- **onde P**: il loro nome deriva dal fatto che sono le più veloci e sono, quindi, le prime a essere avvertite (**P** = **primarie**).
  Al loro passaggio le particelle vengono spinte avanti e indietro, come in una molla, producendo prima una compressione e poi un'espansione del materiale attraversato. Per questo sono dette anche onde **compressionali** 1.

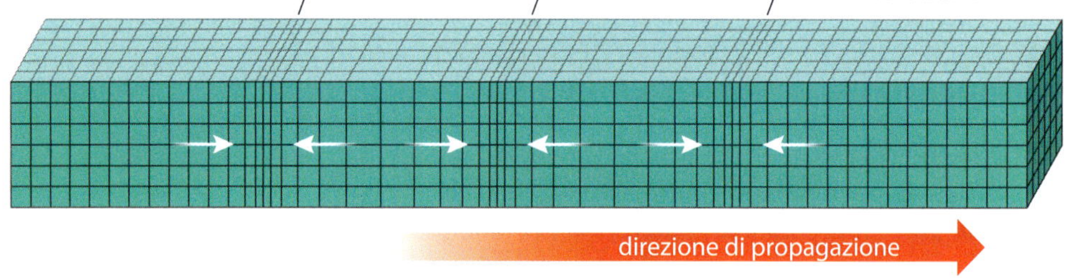

1 Onde primarie o compressionali.

- **onde S**: sono le onde che vengono avvertite dopo le onde P, poiché la loro velocità è inferiore (**S** = **secondarie**).
  L'effetto sul materiale attraversato è lo stesso di una corda mossa alle due estremità: le particelle si spostano perpendicolarmente rispetto alla direzione del movimento dell'onda. Esse sono dette anche onde **trasversali** 2.

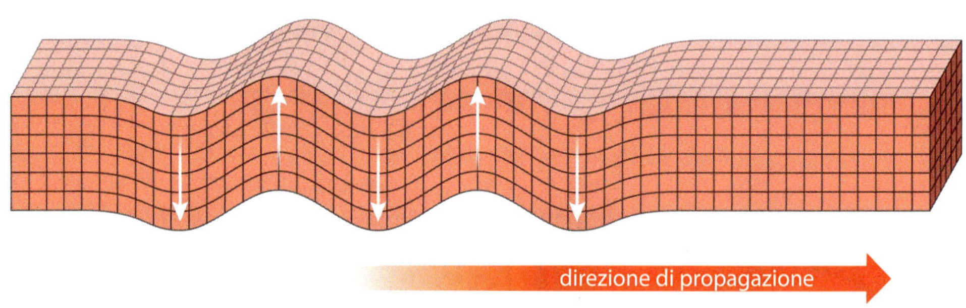

2 Onde secondarie o trasversali.

Le onde P e le onde S si propagano in tutto il volume del materiale attraversato (**onde volumetriche**) e, quando arrivano in superficie, producono a loro volta nuove onde: le **onde superficiali**.

CLIL for SCIENCE Audio

terremoto: ***earthquake***

Fill in the blanks.

seismograph • *waves* • *energy* • *primary* • *earthquakes* • *secondary*

.... can suddenly release .... in the ground and this energy propagates as .... A .... is an instrument that detects vibrations in the ground.

Come abbiamo visto, le onde sismiche hanno velocità diverse che dipendono dal tipo di movimento che producono ma anche dalle caratteristiche del materiale attraversato: più è rigido e compatto più le onde sono veloci, più il materiale è deformabile più rallentano. Le onde S addirittura si fermano e non si propagano se incontrano dei liquidi.

Il **sismografo** 3 è lo strumento che rileva le vibrazioni del suolo prodotte dal passaggio delle onde sismiche, traducendole in un tracciato che prende il nome di **sismogramma** 4.

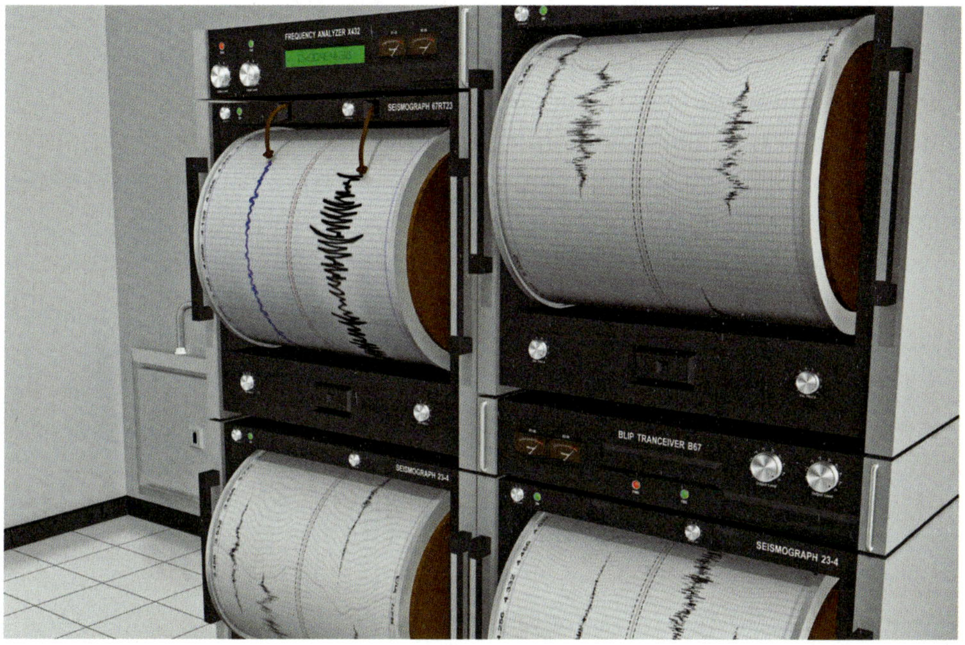

3 Il sismografo registra le onde sismiche disegnando un tracciato su un rotolo di carta.

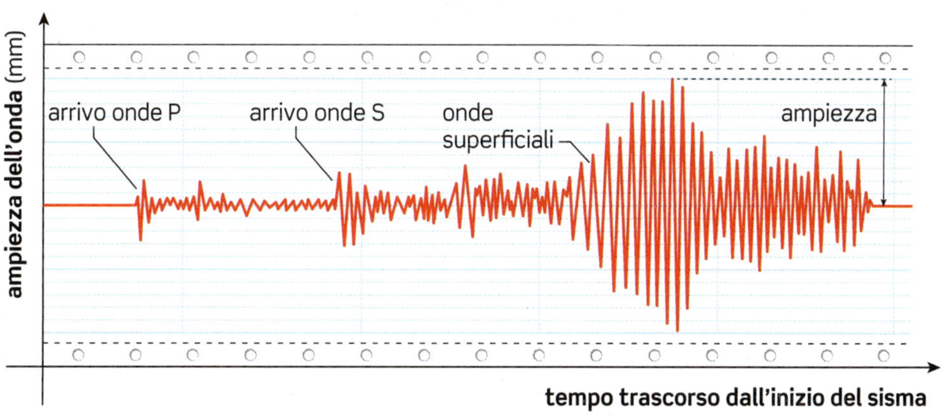

4 Il sismogramma è un tracciato che indica l'ampiezza delle onde sismiche e il ritardo fra le diverse onde. L'ampiezza delle onde aumenta all'aumentare dell'energia rilasciata dal sisma.

La lettura di un sismogramma ci fornisce tutte le informazioni necessarie a studiare un terremoto, compresa la distanza alla quale si è verificato. Ovviamente il sismografo registrerà prima il passaggio delle onde P e, con un certo ritardo di tempo, quello delle onde S, essendo queste più lente. La differenza di tempo trascorso fra il passaggio delle due onde è maggiore quanto più sismografo che le registra è lontano dall'epicentro. L'altezza del tracciato indica, in mm, l'**ampiezza** delle onde e fornisce un'indicazione dell'energia rilasciata dal sisma: maggiore è l'ampiezza, più grande è l'energia rilasciata.

Con metodo

Analizzo il testo

1. Quale parametro viene usato per classificare le onde sismiche?
2. Cerchia con colori diversi i nomi dei due tipi di onde che si generano durante un terremoto.

Comprendo il testo

3. Rispondi.
   Quali sono le onde più veloci? Che tipo di movimento provocano nelle particelle?
4. Completa.
   - **a** Le onde P sono dette anche onde ....
   - **b** Le onde S sono dette anche onde ....
   - **c** Per rilevare e registrare le .... prodotte dal passaggio delle .... si utilizza il .... che produce un tracciato detto .... su un rotolo di carta
5. Vero o falso?
   - **a** Le onde sismiche si originano dall'epicentro V F
   - **b** L'ampiezza delle onde fornisce un'indicazione dell'energia rilasciata dal sisma V F
   - **c** In corrispondenza dell'epicentro si manifestano gli effetti più devastanti di un sisma V F
   - **d** Le onde P sono le più lente V F

5 La scala Richter e la scala Mercalli

Audio

La scala Richter misura l'energia rilasciata dal sisma, la scala Mercalli valuta i danni provocati

Non sbagliare anche tu

Anche se sembra strano, la magnitudo può assumere valori negativi. Il valore 0 corrisponde a un'ampiezza d'onda di 0,001 mm: quindi, un terremoto che provoca su un sismogramma (a 100 km all'epicentro) un'onda di ampiezza minore ha magnitudo negativa.

Contenuto integrativo

Nel corso degli anni, sono stati messi a punto molti metodi, denominati **scale**, per classificare gli eventi sismici: le principali che vengono oggi utilizzate sono la **scala Richter** e la **scala Mercalli** modificata.

La scala Richter prende il nome dal suo ideatore, **Charles Richter** (1900-1985), un sismologo americano, che la ideò nel 1935.

Questa scala si basa sulla **magnitudo** (termine latino che significa grandezza), cioè la misura dell'energia rilasciata durante un terremoto nel punto in cui si è generato (ipocentro).

Il valore di magnitudo 0 è stato assegnato a un terremoto che produce un sismogramma con onde di ampiezza di 0,001 mm (rilevato da un sismografo posto a 100 km di distanza dall'epicentro).

Non esiste un valore massimo per questa scala, anche se non si è mai registrato un terremoto con magnitudo superiore a 9,5 (terremoto di Valdivia in Cile nel 1960).

Passando da una magnitudo 1 a una magnitudo 2, l'ampiezza delle onde è 10 volte superiore mentre l'energia rilasciata è 31,6 volte maggiore.

Quindi, due terremoti con un solo grado di magnitudo di differenza in realtà sviluppano una quantità di energia molto diversa.

La **scala Mercalli** è stata proposta nel 1902 alla comunità scientifica da **Giuseppe Mercalli** (1850-1914), vulcanologo e sismologo italiano, e rivista lo stesso anno da **Adolfo Cancani** (1856-1904) un fisico, che portò i gradi da 10 a 12. In seguito **August Heinrich Sieberg** (1875-1945), un geofisico tedesco, la riscrisse completamente: la scala oggi è conosciuta come **scala Mercalli-Cancani-Sieberg** (**MCS**).

A differenza della scala Richter, la scala MCS misura l'intensità di un terremoto attraverso gli **effetti che provoca** alle costruzioni umane.

1 Macerie provocate dal catastrofico terremoto di Haiti del 2010.

Proprio per questo, due terremoti con uguale magnitudo possono avere due intensità diverse, quindi essere classificati con gradi diversi nella scala MCS. Non ha senso quindi cercare di trovare corrispondenze fra le due scale. In base alla scala MCS un terremoto può avere diverse intensità in base alla distanza dall'epicentro; ciò non può avvenire per la scala Richter, che misura invece l'effettiva energia prodotta dal sisma.

grado	tipo di scossa	descrizione
I	impercettibile dall'uomo	solo dagli strumenti
II	molto leggera	avvertita da persone molto sensibili ai piani alti
III	leggera	avvertita da poche persone
IV	moderata	avvertita da molte persone
V	abbastanza forte	avvertita anche da persone che dormono, cadono oggetti
VI	forte	piccole lesioni agli edifici, finestre rotte
VII	molto forte	lesione agli edifici
VIII	rovinosa	crollo parziale di qualche edificio
IX	distruttiva	crollo totale di alcuni edifici
X	completamente distruttiva	crollo di molti edifici, crepacci nel suolo
XI	catastrofica	distruzione di intere città, crepacci e frane, maremoto
XII	apocalittica	distruzione di ogni costruzione umana

Un evento sismico, ma anche vulcanico, ha effetti diversi in base a dove si verifica. Dobbiamo quindi distinguere la **pericolosità** di un evento e il suo **rischio**:

- la **pericolosità** è la probabilità che un dato evento accada. Ci sono zone, che per la loro natura geologica, hanno un'elevata probabilità di subire forti scuotimenti del terreno al verificarsi di un terremoto: la pericolosità è quindi alta;
- il **rischio** invece prende in esame i danni che un evento può provocare alla popolazione e alle costruzioni umane. Il rischio sarà tanto più elevato quanto più è popolata la zona in cui si verifica l'evento. In un deserto, quindi, il rischio sarà basso, indipendentemente dalla pericolosità.

Con metodo

Analizzo il testo

1. Cerchia con colori diversi i nomi delle due scale utilizzate per classificare i sismi.

Comprendo il testo

2. Rispondi.

a Che cosa misura la scala Richter?

b Su che cosa si basa la scala MCS?

3. In un terremoto di magnitudo 3 l'energia rilasciata:

- [ ] è 31,6 volte maggiore rispetto a uno di magnitudo 2
- [ ] è 10 volte maggiore rispetto a uno di magnitudo 2

4. Un sisma di VIII grado della scala MCS:

- [ ] equivale sempre a un sisma di magnitudo 8
- [ ] può non avere una magnitudo 8

5. Vero o falso?

a Se durante un terremoto si ha la lesione degli edifici significa che la sua magnitudo è pari a 7 V F

b La Scala MCS si basa sugli effetti provocati da un terremoto V F

c Un terremoto di XII grado della scala MCS è definito apocalittico V F

d La scala Richter si basa sulla magnitudo V F

Maremoto

Il **maremoto** è un movimento ondoso anomalo, che in mare aperto non viene percepito, ma in prossimità delle coste concentra la sua forza e le onde possono arrivare a superare vari metri di altezza e spingersi per centinaia di metri nell'entroterra. Questo fenomeno, conosciuto anche con il termine giapponese **tsunami** (onda di porto), può essere devastante per le coste e mettere in pericolo molte vite umane.

Sulle spalle dei giganti

Lo studio dei vulcani da Plinio ai coniugi Krafft

Audio

La vulcanologia è la scienza che si occupa dello studio dei fenomeni vulcanici e quelli a essi collegati, come i tremori vulcanici, gli effetti delle eruzioni sulla composizione dell'atmosfera, i rischi per l'uomo e la possibilità di sfruttare energia geotermica collegata al vulcanismo. Nell'ambito della vulcanologia vengono coinvolte molte discipline: la geochimica, la geologia, la petrografia e la geofisica.

Anche se la vulcanologia è una scienza recente, fin dall'antichità l'uomo è stato affascinato dai fenomeni vulcanici. Gaio Plinio Secondo, noto come **Plinio il Vecchio** 1, fu uno scrittore e naturalista dell'antica Roma, nato a Como nel 23 d.C.

1 Plinio il Vecchio.

Plinio può essere considerato un vero e proprio reporter della storia: amava, infatti, descrivere i fatti osservandoli dal vivo.

Proprio questa sua passione ne provocò la morte, avvenuta durante la famosa eruzione del Vesuvio del 79 d.C. che distrusse Pompei ed Ercolano.

Come ci verrà descritto dal nipote, **Plinio il Giovane**, lo zio morì a causa delle esalazioni sulfuree mentre cercava di osservare da vicino il fenomeno vulcanico. Proprio per questo a lui spetta l'onore di essere considerato il primo vulcanologo della storia. Fu il nipote, Plinio il Giovane, a descrivere l'eruzione del Vesuvio del 79 d.C.: in quei giorni, infatti, si trovava a Miseno (nei pressi di Napoli) insieme alla famiglia. Nella stessa lettera in cui racconta come lo zio trovò la morte descrive anche l'evento eruttivo: «Si elevava una nube, ma chi guardava da lontano non riusciva a precisare da quale montagna [si seppe poi che era il Vesuvio]: nessun'altra pianta meglio del pino ne potrebbe riprodurre la forma. Infatti, slanciatosi in su in modo da suggerire l'idea di un altissimo tronco, si allargava poi in quelli che si potrebbero chiamare dei rami.» In una seconda lettera a un amico scrive ancora sull'eruzione e sulle scosse di terremoto dei giorni precedenti: «Crebbero talmente da far sembrare che ogni cosa si rovesciasse». E riferendosi al mare: «Pareva che il mare si ripiegasse su se stesso, quasi respinto dal tremare della terra», così che «la spiaggia s'era allargata e molti animali marini giacevano sulle sabbie rimaste in secco». Per avere altre ricerche dobbiamo arrivare al 1700, in Inghilterra con **James Hutton** 2, geologo scozzese considerato il fondatore della geologia moderna. Egli riconobbe la natura delle rocce intrusive e ipotizzò la loro origine da un magma primordiale. Fu inoltre il primo che suppose che le eruzioni vulcaniche fossero un'espressione del calore interno della Terra.

2 James Hutton.

Il primo approccio rigorosamente scientifico fu adottato da Sir **William Hamilton** che nella seconda metà del 1700 fu ambasciatore inglese presso la corte di Napoli, dove studiò i terremoti e i fenomeni vulcanici scrivendo un libro su Pompei.
Sempre a Napoli, a partire dal 1892, la cattedra di vulcanologia e sismologia dell'Università fu occupata da **Giuseppe Mercalli** 3 (Milano 1850 - Napoli 1914) che diede il nome alla scala che misura gli effetti dei terremoti. A lui va il merito, una volta diventato direttore nel 1911 dell'Osservatorio Vesuviano, di aver avviato un programma di ricerca basato sullo studio del vulcano napoletano, delle sue eruzioni e della registrazione dell'attività sismica.

In alcuni casi la passione per lo studio di questi potenti fenomeni può costare anche la vita, come accadde a Johnston e ai coniugi Kraft.

David Alexander Johnston (1949-1980) 4 è stato un vulcanologo statunitense. Il 18 maggio del 1980 si trovava alle pendici del Mount St. Helens, nello stato di Washington (Stati Uniti) per fare dei rilevamenti sul vulcano che da qualche mese aveva ripreso la sua attività: fu il primo a intuire che il vulcano avrebbe eruttato lateralmente con un'attività di tipo esplosivo.
In effetti, alle 8:32 il fianco nord della montagna si staccò e franò a valle; contemporaneamente si sprigionò una nube di cenere incandescente che si spostava a una velocità di oltre 100 kilometri all'ora distruggendo tutto ciò che trovava sul suo percorso.
Il corpo di Johnston non fu mai ritrovato, fu rinvenuta solo una parte della sua attrezzatura.

3 Mercalli.

4 Johnston.

I coniugi **Maurice** (1946-1991) e **Katia** (1942-1991) **Krafft** 5 furono tra i primi a utilizzare macchine fotografiche e videocamere per documentare le eruzioni vulcaniche, addirittura stando con i piedi in mezzo a colate laviche. Morirono nel 1991 in Giappone durante l'eruzione del Monte Unzen.

5 I coniugi Krafft.

In che cosa consistono i rilevamenti sul luogo di un'eruzione? Si possono eseguire indagini dirette, prelevando lava liquida e gas per studiarne la composizione chimica, protetti da tute ignifughe alluminizzate 6 e maschere antigas 7. Inoltre, con l'utilizzo di termometri che permettono di rilevare temperature elevatissime, i **pirometri** 8, i vulcanologi possono misurare la temperatura della lava.
Oppure si possono rilevare, a distanza, i dati forniti dagli strumenti posizionati in prossimità dell'eruzione:

- i **geofoni**: rilevano i rumori che provengono dal vulcano;
- i **sismografi**: rilevano i tremori provocati dal magma che risale nel camino vulcanico;
- gli **inclinometri** e gli **altimetri**: rilevano i cambiamenti di pendenza e di altitudine di un edificio vulcanico.

6 Tuta alluminizzata che permette di resistere alle elevate temperature.

7 Maschera antigas per proteggersi dalle esalazioni.

8 Pirometro per rilevare la temperatura della lava.

Vulcani e terremoti in Italia

Audio

L'Italia, per la sua particolare posizione, si trova in una zona in cui la crosta terrestre è sottoposta a numerose forze ed è interessata, oggi come in passato, da numerosi eventi sismici. Analizzando la mappa ■1 in cui sono segnalati gli eventi degli ultimi 30 anni, notiamo che i terremoti sono localizzati in zone distribuite principalmente lungo la fascia degli Appennini, delle Alpi e fra Sicilia e Calabria. In questo periodo sono stati registrati 190 000 eventi sismici, di cui solo 45 hanno avuto una magnitudo superiore a 5. I terremoti più forti sono stati quattro: quello che ha colpito l'Abruzzo, il 6 aprile 2009 (M6,1), quello dell'Emilia Romagna, il 20 maggio 2012 (M5,8), quello del Lazio-Marche del 24 agosto 2016 (M6) e quello in provincia di Perugia del 30 ottobre 2016 (M6,5). Se ampliassimo la nostra ricerca anche agli anni precedenti, noteremmo che le aree colpite dai terremoti sono sempre le stesse.

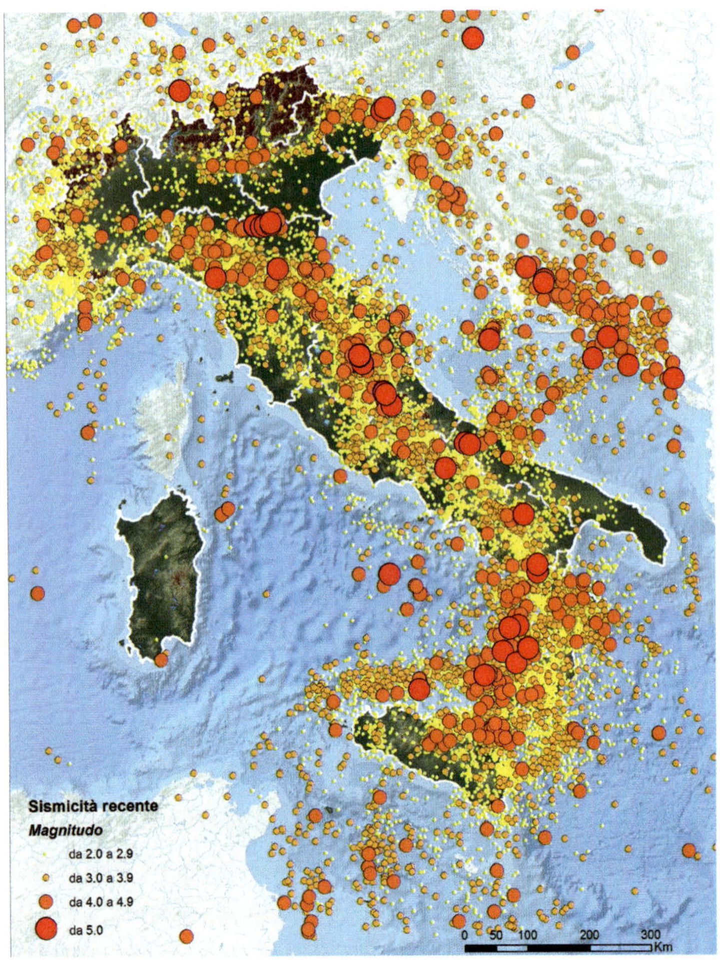

■1 Localizzazione degli eventi sismici degli ultimi 30 anni.

È importante quindi fare un'analisi storica per individuare le aree a rischio sismico e progettare edifici idonei, **costruzioni antisismiche** in grado di evitare crolli.
Della stessa importanza è la conoscenza dei vulcani per la valutazione della pericolosità a essi associata.

■2 Localizzazione dei vulcani attivi e quiescenti in Italia.

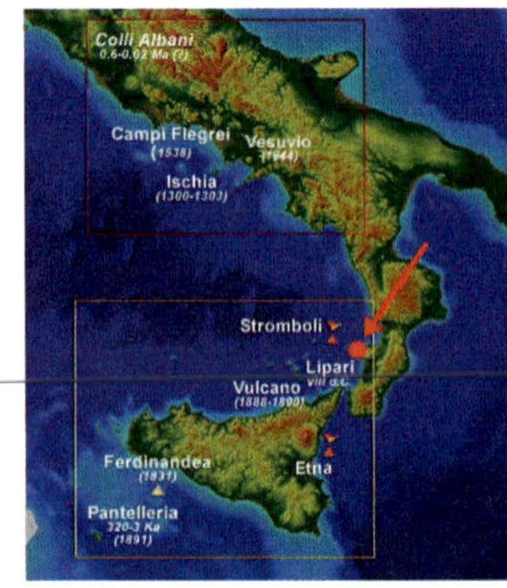

Sul territorio italiano ci sono nove vulcani considerati attivi ma quiescenti ■2, cioè che hanno dato una qualche manifestazione di attività negli ultimi 10 000 anni.

Stromboli ed **Etna** sono invece **attivi**, cioè hanno eruzioni continue o separate da brevi periodi di riposo, dell'ordine di mesi o di pochissimi anni.
Questi vulcani sono costantemente **monitorati**, in modo da riconoscere le attività tipiche di ciascuno e poter stimare le probabilità che avvengano o meno dei fenomeni eruttivi. Ci sono poi vulcani **estinti**, la cui attività risale a oltre 10 000 anni fa: ne sono un esempio i monti Vulsini nel Lazio.

Il lago di Bolsena (VT) si è originato dal riempimento da parte dell'acqua di una **caldera**, una depressione formata dallo sprofondamento di un edificio vulcanico dovuto allo svuotamento improvviso della camera magmatica dopo una violenta eruzione.
Sempre a Bolsena si trovano degli affioramenti di **basalti colonnari** chiamate "pietre lanciate", prismi di roccia di origine vulcanica come testimonianza della passata attività eruttiva avvenuta nella zona. ■3

■3 Basalti colonnari a Bolsena.

Calcolare l'epicentro di un terremoto

Audio

Quando si verifica un terremoto i sismografi dislocati in varie aree della superficie terrestre lo rilevano. Ciò è utile per capire dove si trova l'epicentro; ma come si fa esattamente a calcolarne la posizione?
Per eseguire i calcoli che permettono di localizzarlo si sfrutta la diversa velocità delle onde sismiche P ed S. Le onde S, infatti, sono più lente rispetto alle P, quindi, maggiore è la distanza del sismografo dall'epicentro, maggiore sarà l'intervallo di tempo trascorso fra l'arrivo delle due onde.
Per calcolare la distanza si utilizza un grafico, nel quale, in ordinata, viene riportato il tempo trascorso dall'inizio del terremoto e, in ascissa, la distanza dall'epicentro.

Si ottengono così due curve, dette **dromocrone**, una per le onde P e una per le onde S: confrontando l'intervallo di tempo rilevato dal sismografo preso in esame si può facilmente ricavare la distanza a cui è avvenuto il sisma. Come si vede dalla figura 1 il sismogramma rileva un intervallo di 8 minuti fra le due onde: ciò significa che l'epicentro di quel terremoto si trova a 5600 km di distanza dal sismografo.

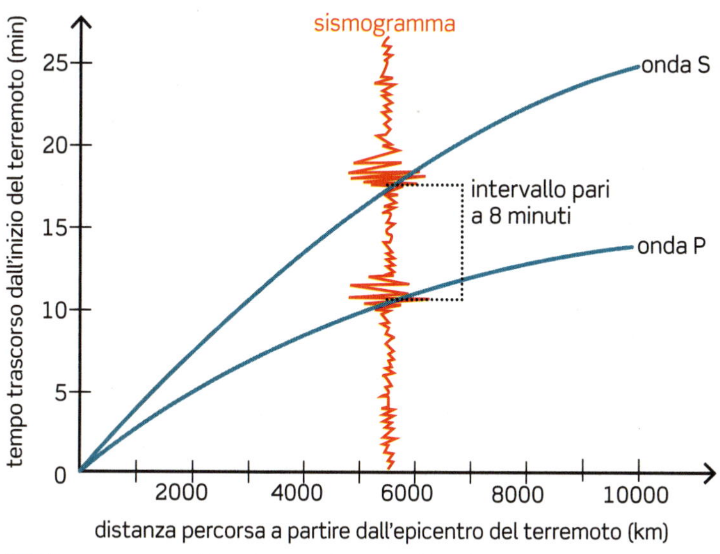

1 Sismogramma di un terremoto e relative dromocrone.

Sapere la distanza dell'epicentro, però, non significa aver localizzato un punto preciso sulla superficie terrestre: infatti, in questo caso sappiamo che il sisma si è verificato a 5600 km dal sismografo. Ciò vuol dire che l'epicentro è un punto su una circonferenza che ha per raggio 5600 km e per centro il sismografo analizzato 2.

2 Con i dati rilevati da un solo sismografo, l'epicentro risulta localizzato su una circonferenza che ha come centro il sismografo stesso.

Per localizzare l'epicentro di un dato terremoto quindi bisogna rilevare i dati da almeno tre sismografi, posizionati in tre punti diversi della superficie terrestre. In questo modo si ottengono tre circonferenze: il loro punto di intersezione ci darà la posizione dell'epicentro 3.

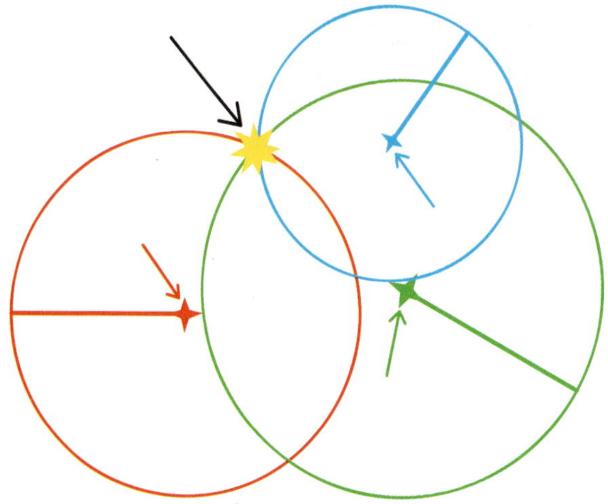

3 Le tre circonferenze hanno come centro i tre sismografi e ciascun raggio corrisponde alla distanza dall'epicentro; si intersecano in un unico punto: l'epicentro del sisma.

Per quanto riguarda l'Italia, dopo solo 2 minuti dal sisma si può avere una prima stima della localizzazione dell'epicentro e della magnitudo del terremoto.
Tale valutazione avviene in modo automatico e si basa sui dati inviati dai sismografi più vicini all'evento.
Dopo 5 minuti sono invece disponibili i sismogrammi di tutte le stazioni della **Rete Sismica Nazionale**.

Mi preparo all'interrogazione

Erickson

I vulcani e le altre attività geotermiche

Quali sono le attività geotermiche presenti sulla Terra?
Quali parti costituiscono un vulcano?

Paragrafi 1-2

I paragrafi 1 e 2 spiegano che le attività geotermiche sono manifestazioni del calore interno della Terra. Osserva il disegno del vulcano del paragrafo 1, sottolinea le parti che costituiscono l'edificio vulcanico e scrivile nella figura a sinistra. Ora osserva le tre immagini a destra e scrivi i nomi delle diverse attività geotermiche spiegate nel paragrafo 2.

Edificio vulcanico

Fenomeni vulcanici secondari

L'attività vulcanica

Quali sono e da che cosa dipendono le attività vulcaniche?

Paragrafi 1-2

Il paragrafo 2 spiega nel dettaglio le attività vulcaniche.
Creati una scaletta prendendo spunto dai titoli di paragrafo e sottoparagrafo e prendendo come riferimento le parole in grassetto.
Ricordati di osservare anche le immagini e, partendo dalla tua sintesi scrivi autonomamente un breve paragrafo che contenga tutte le informazioni indicate nella scaletta. Se ti serve aiuto usa il seguente suggerimento come spunto.

- Temperatura e viscosità del magma
- Tipologie di colate
- Attività effusive ed esplosive

Memo studio

Riscrivere un paragrafo è un'attività molto utile perché: ti chiarisce i concetti espressi nel testo, ti obbliga a riformulare con le tue parole l'argomento ed è un primo modo di studiare.
Se scrivi, infatti, l'argomento della tua esposizione diventerà sempre più chiaro nella tua mente e quando rileggerai per studiare (perché la tua riscrittura deve diventare il tuo nuovo strumento di studio) sarà tutto più facile, perché starai studiando un testo scritto da te. Ricordati sempre che non esiste strumento di studio migliore di quello che ti crei da solo!

I terremoti

Che cos'è un terremoto? Come si verifica e come si misura?

Paragrafi 3-4

Il paragrafo 3 spiega che cos'è un terremoto, mentre il paragrafo 4 descrive le onde generate da un terremoto. Elabora una sintesi scritta usando come traccia i testi che ti vengono proposti.

A causa delle tensioni e delle pressioni a cui sono sottoposte, le rocce più esterne della Terra accumulano un'energia chiamata .... che a un certo momento si libera improvvisamente causando un terremoto. L'.................................... è il punto esatto in cui l'energia viene liberata, mentre il punto sulla superficie terrestre situato .... sopra l'ipocentro si chiama ....: è in questo luogo che si manifestano gli effetti più gravi di un terremoto.

L'energia liberata durante un sisma si propaga in modo concentrico sotto forma di ....

Esistono due tipi di onde. Le onde .... (primarie) sono le più veloci e al loro passaggio spingono le particelle avanti e ...., producendo un'espansione e una compressione del materiale attraversato.

Le onde S (....................................) sono meno veloci e vengono avvertite dopo le onde P. Al loro passaggio le particelle si spostano perpendicolarmente rispetto alla .... dell'onda.

Quando le onde P e le onde S arrivano in superficie producono le onde ....

Il .... è lo strumento che rileva le vibrazioni del suolo prodotte dalle onde sismiche e le rappresenta in un tracciato chiamato ....

I terremoti sono classificati attraverso due sistemi: la scala ...., che misura la .... di un sisma, e la scala .... che ne valuta le conseguenze sulle costruzioni umane.

Ipocentro ed epicentro

Paragrafo 3

Ricerca nel paragrafo 3 i termini ipocentro, epicentro, faglia e superficie di faglia. Indicali sull'immagine e scrivi poi la loro definizione.

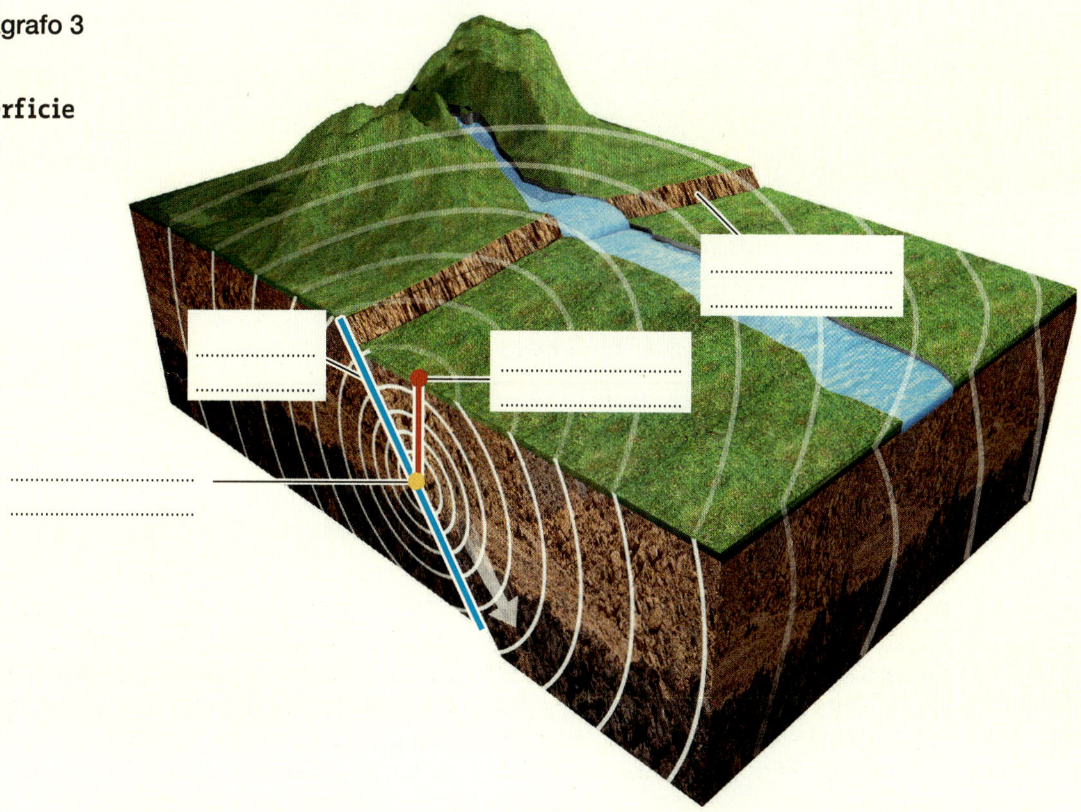

Mi preparo all'interrogazione

Contenuti multipli

I VULCANI

- la loro attività testimonia → il calore interno della Terra
- sono composti da →
  - cratere
  - camino
  - edificio vulcanico
  - camera magmatica
- il loro comportamento dipende da →
  - temperatura della lava
  - composizione chimica della lava
  - che determinano → viscosità della lava
    - distingue l'attività del vulcano in →
      - effusiva (vulcani a scudo)
      - esplosiva (vulcani a cono)
- sono collegati ad attività geotermiche come →
  - geyser
  - sorgenti termali
  - fumarole

I TERREMOTI

- sono → improvvisi rilasci di energia
  - rilevabili attraverso → sismografo
- sono sempre identificati da →
  - ipocentro (in profondità)
  - epicentro (in superficie)
- vengono valutati attraverso →
  - scala Richter → misura → l'energia rilasciata (magnitudo)
  - scala Mercalli → misura → gli effetti provocati
- producono → onde sismiche
  - si distinguono in →
    - onde P (di compressione)
    - onde S (trasversali)

verifica

Verifica interattiva

CONOSCO

1 Completa le seguenti frasi scegliendo tra i termini elencati.

S • centrale • ceneri • rottura • sismografo • viscosa • ipocentro • lineare • energia • sismogramma • fluidità • onde sismiche • calda • veloci • Richter • frattura • basica • vibrazioni • MCS

a Un vulcano è una .... della crosta terreste dal quale fuoriesce materiale fuso. Può essere .... o ....

b I vulcani con attività effusiva emettono lava .... e .... caratterizzata da una elevata .... I vulcani con attività esplosiva emettono lava .... che intrappola i gas, generando espulsioni violente di ...., lapilli e bombe

c I terremoti sono .... della crosta terrestre provocate dalla .... di grandi masse rocciose con rilascio di una grande quantità di ....

d L'energia liberata dall'.................... si propaga per mezzo di ....: le onde P, le più ...., le onde .... o secondarie e le onde superficiali

e Le vibrazioni prodotte dal passaggio delle onde sono registrate da uno strumento detto .... che le traduce in un tracciato detto ....

f Per classificare l'entità degli eventi sismici sono state elaborate due scale: la scala .... e la scala Mercalli (....................)

2 INVALSI Segna con una crocetta il completamento esatto.

a Il cratere si trova:
- ☐ vicino alla camera magmatica
- ☐ sulla sommità del camino
- ☐ lungo il camino
- ☐ lungo i condotti secondari

b Un vulcano può avere:
- ☐ solo un'attività esplosiva
- ☐ solo un'attività effusiva
- ☐ entrambe
- ☐ sono corrette tutte e tre le affermazioni

c L'epicentro è il punto:
- ☐ dove si origina il terremoto
- ☐ da cui partono le onde sismiche
- ☐ situato verticalmente sopra l'ipocentro
- ☐ dove le onde sismiche si annullano

d Le onde che non si propagano nei liquidi sono:
- ☐ le onde S
- ☐ le onde superficiali
- ☐ le onde P
- ☐ le onde compressionali

e La scala Richter misura la magnitudo di un sisma, cioè:
- ☐ la sua grandezza
- ☐ la sua profondità
- ☐ l'energia rilasciata nell'ipocentro
- ☐ gli effetti provocati sulle costruzioni

f Quale fenomeno è rappresentato nell'immagine?

- ☐ Una fumarola
- ☐ Una nube ardente
- ☐ Un geyser
- ☐ Una colata di fango

g I vulcani a scudo:
- ☐ sono caratteristici delle isole Hawaii
- ☐ emettono lava calda e basica
- ☐ non espellono piroclasti
- ☐ sono corretti tutti e tre i completamenti

3 Vero o falso?

a La camera magmatica accumula temporaneamente il magma V F

b La lava viscosa non riesce a intrappolare le bolle di gas V F

c Il Vesuvio è un vulcano spento V F

d Esistono nove gradi della scala Mercalli V F

e I vulcani con attività effusiva emettono nubi ardenti V F

f I geyser hanno un'attività intermittente V F

4 Sottolinea il termine corretto tra i due proposti in corsivo.

a Le fumarole sono delle attività geotermiche collegate ai *vulcani/terremoti*

b I vulcani fissurali presentano una spaccatura *circolare/lunga e stretta*

c La roccia fusa che fuoriesce da un vulcano prende il nome di *magma/lava*

d Un terremoto di magnitudo *9/10* non è mai stato registrato

verifica

5 Collega ciascun termine con la caratteristica corretta.

Lava fredda	**a** silice superiore al 65%
Lava calda	**b** 500 °C
Lava acida	**c** silice inferiore al 50%.
Lava basiche	**d** silice compresa tra 50% e 65%
Lava neutra	**e** 1200 °C

APPLICO

6 Completa l'immagine inserendo i nomi delle parti che costituiscono un vulcano.

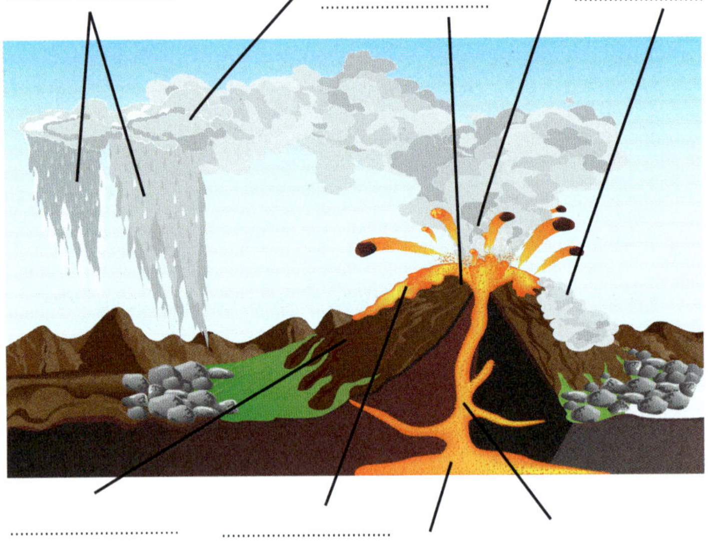

7 Indica quale immagine si riferisce alle onde P e quale alle onde S.

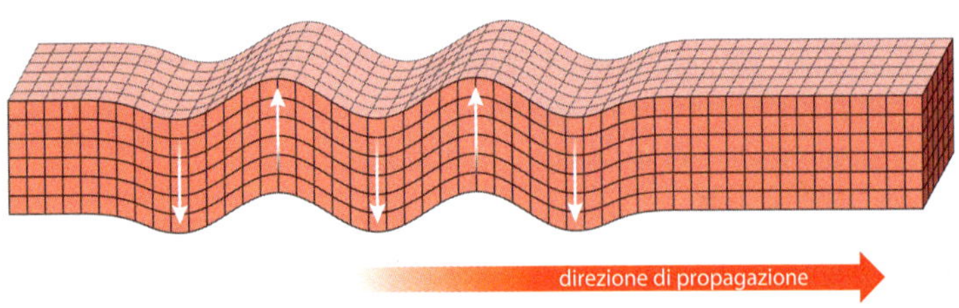

....

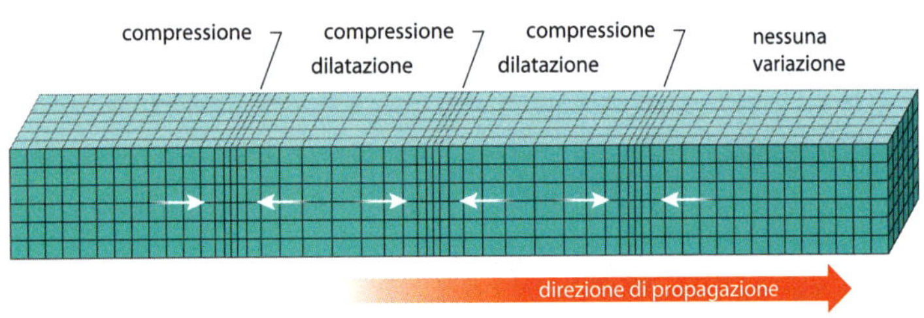

....

8 Completa il sismogramma e rispondi alle domande.

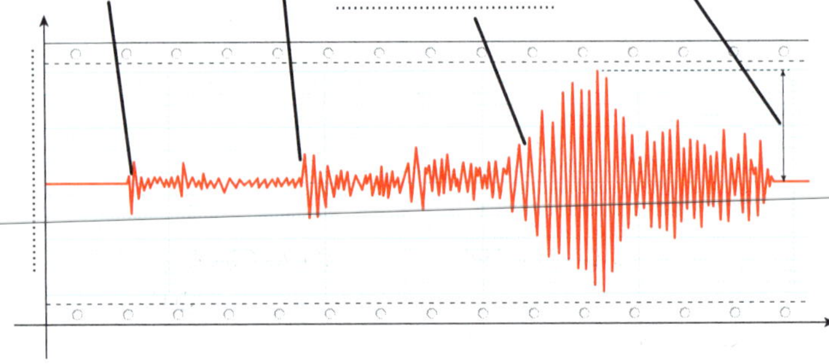

a Quali grandezze sono riportate nell'asse orizzontale e in quello verticale?

b Perché il tracciato non ha un andamento regolare?

c Che informazioni si possono ricavare valutando la differenza del tempo di registrazione tra le onde P e quelle S?

d Che significato ha l'ampiezza del segnale delle ultime onde registrate?

9 Scrivi, sotto a ciascuna immagine la tipologia di vulcano che rappresenta (lineare o centrale).

....

....

....

....

COMPETENZE

1. Leggi il testo e rispondi.

L'avvento del prossimo, violento terremoto in California è diventato ormai solo una questione di "quando", e non più di "se". Quattro faglie distribuite nell'area metropolitana della Baia di San Francisco hanno infatti accumulato un'energia sufficiente a causare eventi sismici potenzialmente distruttivi. A lanciare l'allarme è uno studio apparso sul *Bulletin of the Seismological Society of America*. Le faglie (quella di Hayward, del Rodgers Creek, della Green Valley e di Calaveras) sono segmenti della più estesa e famosa Faglia di Sant'Andrea, una fenditura della crosta terrestre che si snoda per 1.300 chilometri nel territorio californiano. Lungo queste spaccature si accumula lo stress meccanico dovuto ai movimenti delle placche tettoniche. Il problema è che tutte e quattro le fratture si trovano in corrispondenza di aree ricche di infrastrutture e densamente popolate, dove un sisma avrebbe effetti ancora più distruttivi.
Jim Lienkaemper, ricercatore dell'*U.S. Geological Survey's Earthquake Science Center* di Menlo Park (California) e colleghi hanno analizzato gli impercettibili movimenti superficiali del suolo registrati a livello delle faglie. Spostamenti dell'ordine di 1 centimetro all'anno, che causano crepe sui marciapiedi o sui muri degli edifici e costituiscono una "cartina al tornasole" di quanto accade nel sottosuolo. Questi dati sono stati confrontati con modelli matematici delle faglie e dati storici, come l'occorrenza degli ultimi grandi terremoti nelle rispettive regioni. Le faglie di Hayward e Calaveras hanno accumulato energia sufficiente a causare un terremoto di magnitudo 6,8, quelle di Rodgers Creek e Green Valley di 7,1. Ma è la faglia di Hayward a fare più paura: nel 1868 fu all'origine di un devastante terremoto, soprannominato "Big One" prima dell'avvento del sisma di magnitudo 8,6 che nel 1906 colpì San Francisco. Esiste il 30% di probabilità che la faglia di Hayward generi un terremoto di 6,7 nei prossimi 30 anni, ed è stato osservato che, per gli ultimi 5, violenti terremoti, la faglia si è rotta, in media, ogni 140 anni. Ne sono passati 146, ma non è detto che il sisma avvenga ora (esiste un margine di errore di un centinaio di anni).
Particolarmente imprevedibili e pericolose risultano le faglie - sottolinea lo studio - che rimangono bloccate per anni, a 5-10 kilometri di profondità, accumulando una quantità di energia che porta più facilmente a un punto di rottura. La faglia di Rodgers Creek è per l'89% bloccata. [...]

[www.focus.it]

- **a** Scrivi un ipotetico titolo dell'articolo appena letto.
- **b** Per quale motivo i ricercatori ritengono molto probabile che si verificherà un terremoto in California?
- **c** Che cosa misura la magnitudo?
- **d** Fai una piccola ricerca sul terremoto che colpì San Francisco nel 1906.

2. Ricerca e comunica.

Realizza una ricerca sui terremoti che si sono verificati nel territorio italiano a partire dal 1900. Crea una tabella che consenta di visualizzare in modo chiaro e sintetico per ogni sisma la località dove è avvenuto, la sua magnitudo (se nota) il grado della scala Mercalli, il numero di vittime, quali danni si sono verificati. Localizza i terremoti su una cartina dell'Italia e presenta i risultati del tuo lavoro alla classe in poche slides.
A conclusione dell'attività rifletti e rispondi.

- **a** È stato facile reperire le informazioni?
- **b** Dove si sono verificati gli eventi più catastrofici? Perché?
- **c** Chi gestisce l'emergenza sismica?

In English Verifica interattiva

3. This is a cross-section through a volcano. Complete the image with one of the following words.

magma chamber • vent • flank • lava • crater • ash cloud • secondary vent

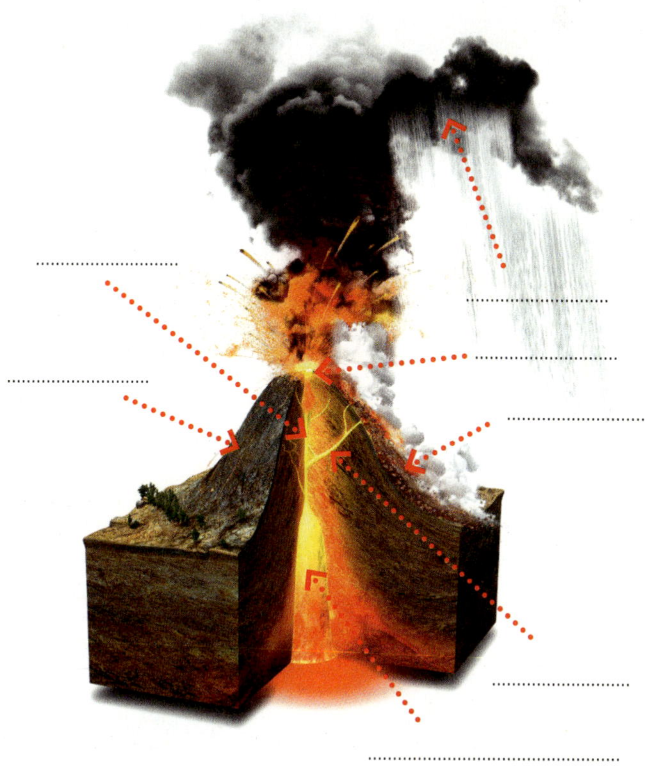

CLIL: let's learn English

Earthquake

Audio

Objectives

- Describe what an earthquake is
- Describe what a tsunami is

Remember

- An earthquake is the shaking of the surface of the Earth.
- A tsunami is a series of waves in a water body caused by the displacement of a large volume of water.

What is an earthquake?

An earthquake is what happens when two blocks of rock suddenly slip past one another. The surface where they slip is called **fault** or **fault plane**. The location below the Earth's surface, where the earthquake starts, is called **hypocenter** and the location directly above it, on the surface of the Earth, is called **epicenter**.
Instruments called seismographs record earthquakes. The recording they make is called a seismogram. The seismograph has a base that is set firmly in the ground and a heavy weight that hangs free. When an earthquake causes the ground to shake, the base of the seismograph shakes too, but the hanging weight does not. Instead, the spring or string that it is hanging absorbs all of the movement caused by the earthquake. The difference in position between the shaking part of the seismograph and the motionless part is what is recorded.

What is a Tsunami?

Tsunami is a Japanese word: 'tsu' means "harbour" and 'nami' means "wave." The phenomenon is usually associated with earthquakes, landslides or volcanic eruptions in, or near oceans and it results in the sudden movement of the water column. A tsunami is different from a wind-generated surface wave on the ocean. The passage of a tsunami involves the movement of water from the surface to the seafloor, which means its speed is controlled by water depth.
When an earthquake, volcano or landslide happens on the ocean floor, water is displaced. This water forms the start of the tsunami.
When the waves reach shallower water:

- their height can increase by several metres
- the shallow water slows the wave
- the waves get closer together

It is hard to see that a tsunami is approaching. The most obvious sign is the coastal water, which retreats just before the waves reach the shore.

Can scientists predict earthquakes?

No, they can't. Moreover, it is unlikely they will ever be able to predict them. Scientists have tried many different ways of predicting earthquakes, but none have been successful.

Exercises

1. How are earthquakes recorded?
2. What causes a tsunami?

10 La struttura della Terra

Digi Scienze

Classe capovolta

Contenuto integrativo

Preparati per la lezione:
- guarda la presentazione multimediale
- compila la scheda

Nelle prossime pagine troverai altri contenuti digitali

- Allegato scaricabile
- Contenuto integrativo
- Audio
- Verifica interattiva

Com'è strutturato al suo interno il nostro pianeta? Per rispondere a questa domanda negli ultimi decenni sono stati sviluppati complessi studi scientifici che hanno coinvolto numerose discipline; questi enormi sforzi hanno consentito di passare da ipotesi qualitative a teorie numeriche articolate in un ambito delle scienze ancora giovane ma ricco di interessanti prospettive.

1 L'interno della Terra

Audio

Per scoprire com'è fatto l'interno della Terra ci si basa su prove indirette

Il calore interno della Terra

Quando sentiamo che un vulcano è entrato in eruzione subito ci immaginiamo la lava che scorre lungo i suoi fianchi: fiumi di roccia fusa a temperatura elevatissima. Da dove arriva il calore necessario a fondere la roccia? Il calore proviene dall'interno della Terra e i vulcani sono la manifestazione più clamorosa della sua esistenza.

Le eruzioni vulcaniche hanno permesso, già in passato, di capire che l'interno della Terra è più caldo della sua superficie e oggi sappiamo anche quale temperatura indicherebbe un termometro se potessimo portarlo al centro del nostro pianeta: circa 5500 °C, più o meno la stessa temperatura della superficie del Sole. Come si spiega questa elevata temperatura?

Si potrebbe pensare che ci sia ancora del calore "residuo" dalla formazione della Terra, ma è passato ormai troppo tempo: se quello fosse l'unica fonte di calore presente, il pianeta si sarebbe già raffreddato da tempo.

Tutto è diventato più chiaro tra la fine dell'800 e l'inizio del '900 con la scoperta della **radioattività**: alcuni elementi (come l'uranio, il torio, il rubidio, il plutonio ecc.) non sono stabili, ma si trasformano naturalmente in altri elementi, producendo energia sotto forma di calore 1.

Se potessimo calare un termometro nella profondità della Terra, **potremmo calcolare anche il gradiente geotermico**, cioè **la variazione della temperatura con la profondità**. La temperatura aumenta molto rapidamente (circa 1 °C ogni 33 m di profondità) negli strati superiori del pianeta, per poi rallentare 2. Se così non fosse la temperatura al centro della Terra sarebbe molto più elevata di quello che già è. Questo ci dice che gli elementi radioattivi sono concentrati nella parte più superficiale del pianeta e sono sempre più rari in profondità.

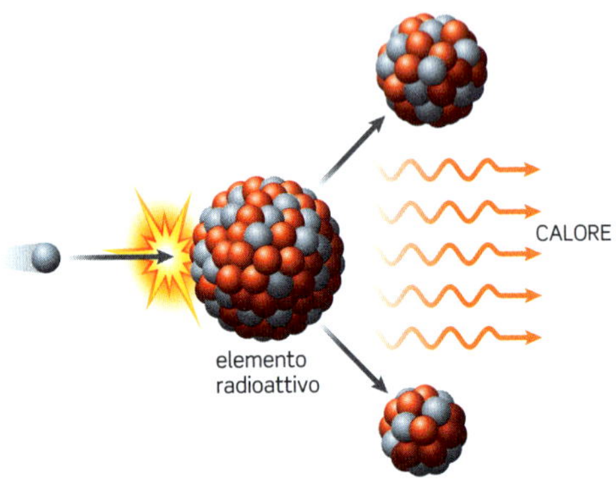

1 Gli elementi radioattivi si trasformano in altri elementi producendo calore.

Contenuto integrativo

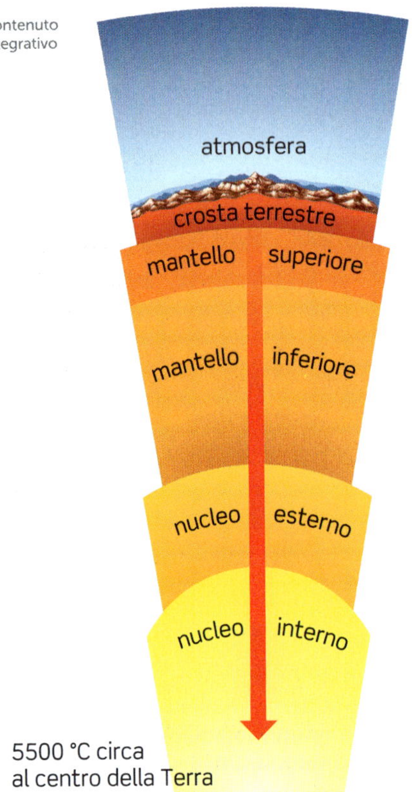

2 La temperatura aumenta molto velocemente nei primi km di profondità per poi rallentare, fino a raggiungere i 5500 °C.

Studiare l'interno della Terra

Capire com'è fatto il nostro pianeta nelle sue parti più interne è sempre stato un obiettivo dei geologi. Per raggiungerlo cercano di sfruttare tutti i **metodi di indagine** possibili: da quelli **diretti**, come le perforazioni della superficie 3, a quelli **indiretti** come lo studio dei terremoti, dei meteoriti e del materiale eruttato dai vulcani.

La tecnologia odierna ci consente di eseguire perforazioni che superano di poco i 12 km: sebbene utili per studiare le parti più superficiali del pianeta non ci dicono quasi niente dei restanti 6300 km che ci separano dal suo centro.

3 Scalpelli da perforazione.

Le informazioni sulle parti più profonde, quindi, le otteniamo tramite i metodi indiretti tra i quali lo studio di:

- **vulcani**: analizzando i diversi tipi di lava possiamo risalire alla composizione chimica dei magmi da cui esse derivano, che si sono formati anche a elevate profondità, addirittura centinaia di kilometri. In questo modo i geologi possono capire qual è la composizione chimica degli strati più interni;
- **terremoti**: le onde sismiche si comportano in modo diverso in base al materiale attraversato 4. L'analisi dei sismogrammi registrati dai sismografi sparsi sulla superficie terrestre ha permesso di capire che la Terra è composta da una serie di strati concentrici.

  Le onde sismiche, attraversando ciascuno di essi, vengono deviate in modo diverso: infatti, lo stesso terremoto viene registrato dai sismografi in modo differente nelle varie parti del mondo. Esiste una zona, sulla superficie terrestre, opposta rispetto a quella in cui si è verificato il terremoto, i cui sismografi non registrano le onde S. Ciò significa che tali onde hanno incontrato nel proprio percorso dei materiali liquidi in cui non si possono propagare. Questo ci permette di sapere con certezza che, all'interno della Terra, ci sono strati di materiale non solido;
- **meteoriti** 5: le caratteristiche della Terra sono direttamente legate alla sua formazione. I meteoriti sono considerati come residui dei materiali che costituivano il sistema solare primordiale: sono quindi delle "fotografie" di come poteva essere il nostro pianeta alla sua nascita. Alcuni meteoriti, costituiti da **ferro e nichel**, sembrano essere frammenti di aree molto profonde di corpi celesti andati distrutti in violenti impatti spaziali: possono quindi darci informazioni sulla composizione delle parti più profonde della Terra.

Utilizzando tutte queste informazioni i geologi sono riusciti a ricostruire gli strati che costituiscono il nostro pianeta 6:

- la **crosta**, più esterna;
- il **mantello**, intermedio;
- il **nucleo**, in profondità.

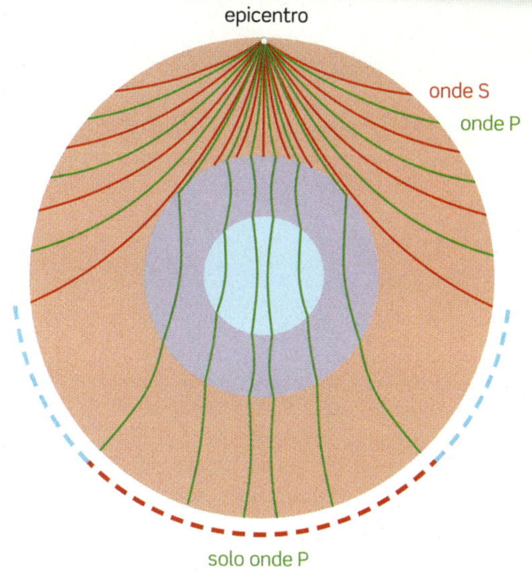

4 Onde sismiche.

5 Meteorite.

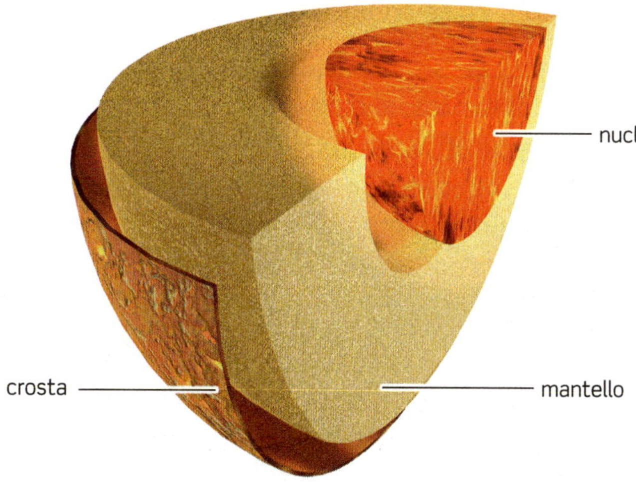

6 Crosta, mantello e nucleo.

Con metodo

Analizzo il testo

1. Sottolinea con colori diversi i metodi indiretti impiegati dai geologi per indagare le parti più interne della Terra.
2. Quali parti della Terra consentono di indagare i metodi diretti?

Comprendo il testo

3. Lo studio delle lave fornisce informazioni relative:
   - ☐ alla composizione chimica delle montagne
   - ☐ alla composizione chimica degli strati più interni
4. L'assenza di onde S nel tracciato di alcuni sismografi consente:
   - ☐ di sapere che ci sono strati di materiale non solido
   - ☐ di conoscere la composizione chimica delle rocce

Collaboro

5. Dividetevi in **gruppi di tre** e ciascuno di voi studi uno dei metodi indiretti utilizzati per ottenere informazioni sulla composizione della Terra. A turno ogni compagno riferisce quanto studiato.

2 La crosta terrestre

Audio

La crosta oceanica è diversa dalla crosta continentale

I dati ottenuti dallo studio dei vulcani e delle onde sismiche dicono ai geologi che la Terra possiede una sorta di pelle che la ricopre, a cui hanno dato il nome di **crosta**.

Il suo spessore medio è di circa 35 km: è massimo sotto i continenti (70-75 km in corrispondenza delle catene montuose), mentre raggiunge il minimo sotto gli oceani (6-7 km di media).

La crosta può essere studiata anche direttamente tramite le perforazioni, grazie alle quali si può prelevare il materiale che la compone.

Questi studi, uniti alle informazioni sul suo spessore ottenute con le onde sismiche, permettono di identificare due tipi di crosta 1.

Contenuto integrativo

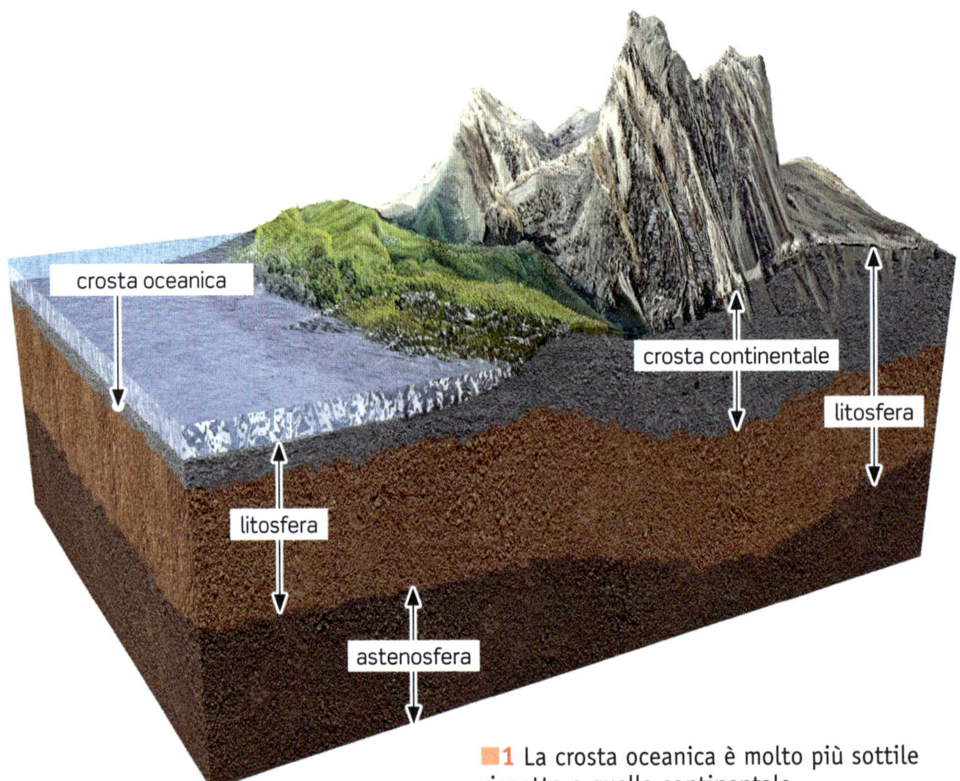

1 La crosta oceanica è molto più sottile rispetto a quella continentale.

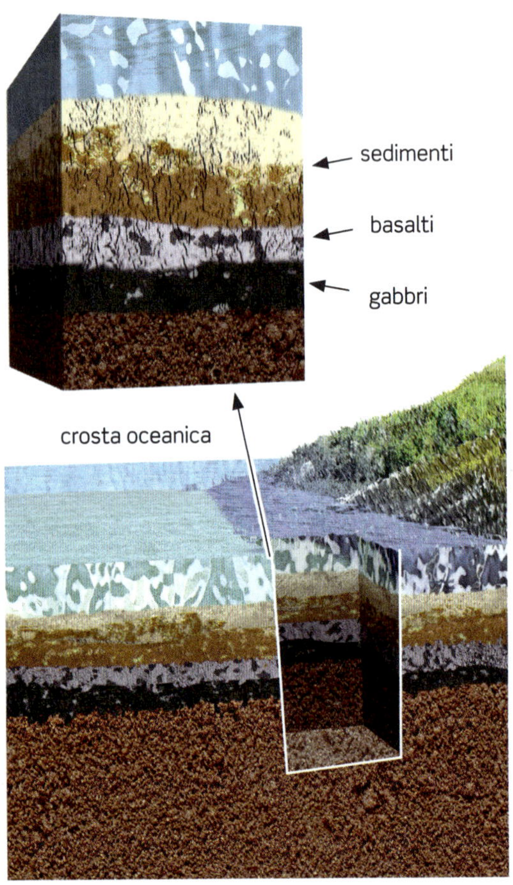

2 La stratificazione della crosta oceanica.

La **crosta oceanica**: si trova sotto gli oceani, ha spessori ridotti ed è composta di tre strati.

Quello più superficiale è formato dai **sedimenti oceanici** (principalmente fanghi e gusci di organismi) che si depositano sui due strati sottostanti, costituiti da rocce ignee basiche (povere in silice).

Lo strato intermedio è formato da rocce ignee effusive costituite per il 45%-50% da silice e ricche di ossidi di magnesio e calcio: i **basalti**.

Lo strato più profondo ha la stessa composizione chimica di quello intermedio, ma le rocce che lo compongono si sono solidificate in profondità (rocce ignee intrusive): i **gabbri** 2. L'età massima della crosta oceanica non supera i 200 milioni di anni.

La **crosta continentale** ha uno spessore superiore rispetto a quella oceanica ed è composta da una varietà di rocce molto ampia: sedimentarie, ignee e metamorfiche. La sua composizione chimica media è paragonabile a quella di una roccia **acida** (ricca in silice) ■3. La crosta continentale è molto antica: in alcune zone supera i 4 miliardi di anni.

■3 La crosta continentale è costituita da una varietà di rocce maggiore rispetto a quella oceanica.

Alla base della crosta, le onde sismiche subiscono un brusco aumento della velocità: questo significa che incontrano materiali con caratteristiche diverse rispetto a quelli più superficiali.
I geologi chiamano questa zona di passaggio **discontinuità di Mohorovičić** o **Moho**, dal nome del suo scopritore.
La Moho coincide con la fine della crosta terrestre e l'inizio della zona sottostante, chiamata **mantello** ■4.

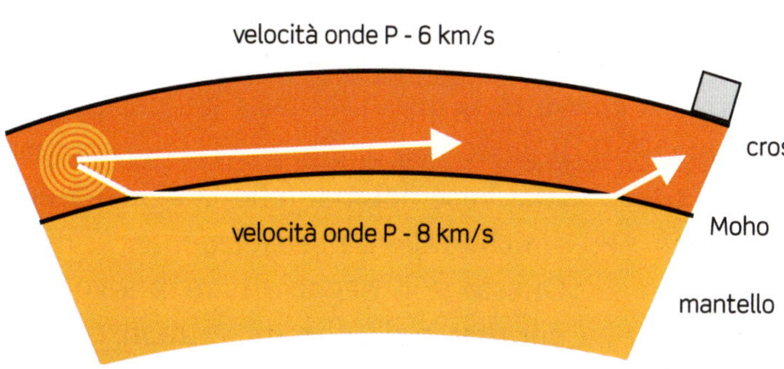

■4 La velocità delle onde P aumenta al di sotto della Moho.

crosta	composizione	spessore medio	età massima
oceanica	sedimenti e rocce ignee (gabbri e basalti)	6-7 km	200 milioni di anni
continentale	rocce sedimentarie, ignee e metamorfiche	35 km	4,4 miliardi di anni

Con metodo

Analizzo il testo

1. Completa.
Lo strato più superficiale della Terra costituisce la .... e viene suddiviso in crosta .... (forma i continenti) e crosta oceanica (forma i fondali ....).

Comprendo il testo

2. Rispondi.
- **a** Quali sono le caratteristiche della crosta oceanica?
- **b** Quali sono le caratteristiche della crosta continentale?

3. La Moho segna il passaggio tra la crosta terrestre e il ....

4. In corrispondenza dei rilievi montuosi lo spessore della crosta:
- ☐ è di circa 70 km
- ☐ è di circa 35 km

5. Le rocce tipiche della crosta oceanica sono:
- ☐ graniti e marmi
- ☐ basalti e gabbri

6. La crosta oceanica:
- ☐ è relativamente giovane
- ☐ è molto antica

7. Rocce ricche in silice si trovano:
- ☐ nella crosta continentale
- ☐ nella crosta oceanica

Collaboro

8. A **coppie**, studiate accuratamente i contenuti dei paragrafi e preparate delle domande; interrogatevi a vicenda utilizzando le domande preparate.

3 Il mantello

Audio

Il mantello è costituito da roccia ma non tutto è allo stato solido

Le rocce della crosta poggiano, quasi galleggiando, su quelle sottostanti, dette **peridotiti** (rocce ricche di ferro e magnesio), che costituiscono il **mantello**.
Il mantello occupa più dell'80% del volume della Terra e il suo limite inferiore si trova a 2900 km di profondità.
Il suo enorme spessore fa sì che la temperatura al suo interno passi da qualche centinaio di gradi Celsius, subito sotto la crosta, a circa 3000 °C alla sua base. Questa differenza di temperatura è la causa del diverso comportamento delle rocce che costituiscono il mantello: più rigido vicino alla crosta e con zone più deformabili in profondità.
Avvicinandosi alla base del mantello, oltre alla temperatura, aumenta anche la pressione.
È proprio l'enorme pressione a cui sono sottoposte le peridotiti più profonde a impedire loro di fondere completamente alla temperatura a cui si trovano: infatti solo una minima parte di esse (non più del 3%) si trova allo stato fuso. Per una loro fusione totale servirebbe una temperatura ben più alta. La parte superiore del mantello si divide in:

- **mantello litosferico**, che si trova a contatto con la crosta soprastante e che costituisce con essa la litosfera;
- **mantello astenosferico** o **astenosfera**, subito sotto la litosfera fino a circa 400 km;
- **mantello inferiore** o **mesosfera**, la parte restante, cioè la più profonda.

Nell'astenosfera e nella mesosfera il materiale è solido, ma il comportamento delle rocce in queste due zone è particolare, poiché in alcuni casi esse si comportano come fluidi: danno infatti origine a movimenti circolari lentissimi (**moti convettivi**) in cui il materiale più caldo, in profondità, sale scambiandosi di posto con quello più freddo soprastante 1.

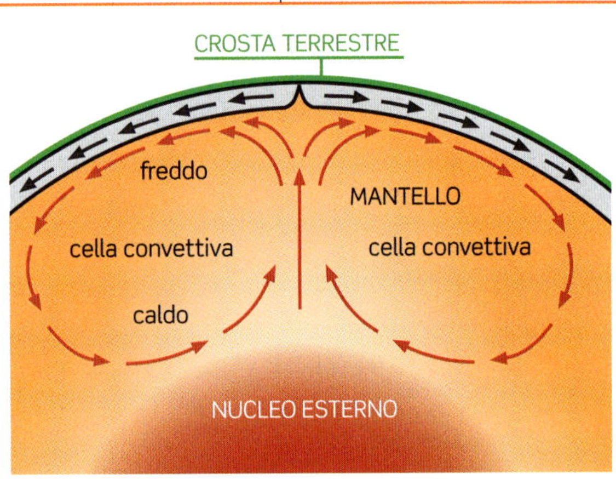

1 Nel mantello si creano moti convettivi: il materiale caldo risale prendendo il posto del materiale più freddo soprastante che a sua volta scende, si riscalda e risale.

Alla base del mantello la velocità delle onde sismiche rallenta bruscamente.
Questo è il segno di un nuovo cambiamento del materiale che incontrano e, se consideriamo che in questo punto la velocità delle onde S si azzera, questo significa che tale materiale si trova allo stato liquido. Si giunge così alla parte più profonda del nostro pianeta: il **nucleo**.
La superficie che separa il mantello dal nucleo è stata individuata nel 1914 da Beno Gutenberg (sismologo tedesco) e si chiama, appunto, **discontinuità di Gutenberg**.

Piccoleprove — I moti convettivi

Materiale occorrente — 20 minuti

- contenitore in vetro pyrex (resistente al calore)
- 1 candela scalda vivande
- 2 mattoni
- olio e colorante alimentare

Procedimento

Metti l'olio nel contenitore di vetro, riempiendolo per metà circa, e aggiungi qualche goccia di colorante alimentare.
Accendi la candela posta fra i due mattoni.
Appoggia il contenitore di vetro con olio e colorante sui mattoni esattamente sopra la candela.

Il colorante sul fondo del contenitore si scalda e risale... una volta in superficie si raffredda e scende di nuovo... hai creato un moto convettivo!

Con metodo

Analizzo il testo

1. Sottolinea nel testo le principali caratteristiche relative alla composizione chimica e alla temperatura del mantello.
2. Completa.
   - **a** Le rocce che compongono il mantello sono ricche di .... e di .... Il mantello si suddivide in mantello .... a contatto con la crosta, astenosfera e mantello inferiore o ....
   - **b** Nel mantello la temperatura passa da poche .... di gradi a circa .... °C.

Comprendo il testo

3. La crosta terrestre e la parte superficiale del mantello costituiscono:
   - ☐ la discontinuità
   - ☐ la litosfera
4. Nell'astenosfera si verificano:
   - ☐ i moti convettivi
   - ☐ i terremoti
5. Alla base del mantello la velocità delle onde sismiche:
   - ☐ rallenta ☐ aumenta
6. Rispondi.
   - **a** Che cosa separa la discontinuità di Gutenberg?
   - **b** Quale importante fenomeno si verifica all'interno del mantello?

4 Il nucleo

Audio

Nel nucleo terrestre sono presenti metalli parzialmente fusi

A circa 2900 km di profondità incontriamo il **nucleo terrestre**. Il contatto con il soprastante mantello non è però una superficie liscia: i geologi pensano sia simile a una catena montuosa capovolta, le cui vette rocciose (mantello) sprofondano in un materiale liquido (nucleo).

Oggi sappiamo che il nucleo terrestre non è in realtà tutto liquido.

Nel 1936, la sismologa danese Inge Lehmann pubblicò un articolo scientifico che divenne famoso per due ragioni: per avere il titolo più corto di qualunque altro, "P", e per il suo contenuto. Studiando le onde P, appunto, Lehmann era riuscita a capire che il nucleo terrestre non era omogeneo, ma diviso in due parti concentriche ■1.

- Il **nucleo esterno**, composto da materiale metallico fuso, a una temperatura compresa tra 3000 °C e 4000 °C; in questo strato le onde P rallentano bruscamente. Nel nucleo esterno sono presenti moti convettivi simili a quelli del mantello, ma decisamente più vigorosi. Proprio questi movimenti generano il campo magnetico terrestre.
- Il **nucleo interno**, una vera e propria sfera di metallo solido. A 5150 km di profondità, infatti, le onde sismiche (in particolare le P) accelerano improvvisamente. Questo cambiamento di velocità è dovuto al fatto che l'elevata pressione (3300 Pa, ovvero 3 000 000 atm) presente in questa zona impedisce ai metalli costituenti il nucleo di fondere, nonostante la temperatura superi i 5500 °C. Nei passaggi di stato, infatti, esiste una correlazione tra pressione e temperatura: se aumenta la pressione è necessaria una temperatura molto più alta perché avvenga il cambiamento di stato, in questo caso la fusione del nucleo.

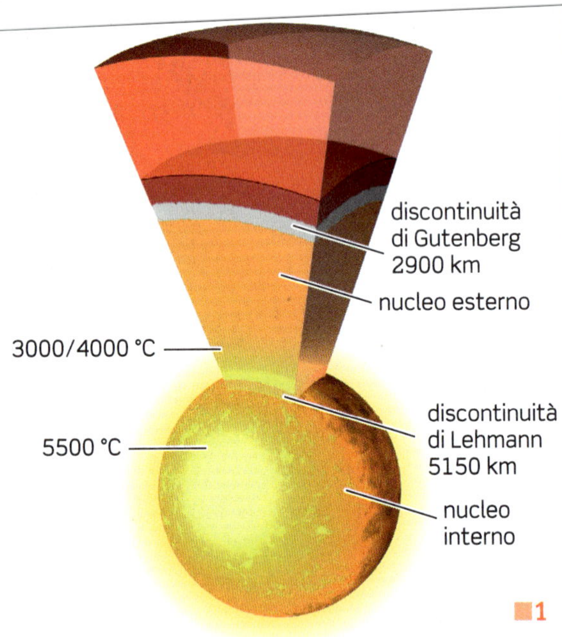

■1

La superficie di separazione tra il nucleo esterno e interno prende il nome dalla sua scopritrice: **discontinuità di Lehmann**. I materiali che compongono la Terra hanno densità sempre maggiore man mano che si scende in profondità. Nel nucleo, infatti, sono concentrati i materiali con la densità più elevata. Tra questi troviamo il **ferro**, a cui si aggiunge una piccola percentuale (circa il 6%) di un altro metallo, il **nichel**.

A sostegno dell'ipotesi che il nucleo sia composto di ferro e nichel ci sono le analisi effettuate sui meteoriti. Un gruppo particolare di questi, le **ottaedriti**, sono composte proprio da minerali di ferro e nichel. La loro struttura cristallina testimonia che si sono formati in una situazione di pressione e temperatura simile a quella ipotizzata per il nucleo terrestre. I geologi pensano quindi che queste rocce **extraterrestri** siano dei frammenti del **nucleo di antichi** pianeti distrutti.

■2 La struttura delle ottaedriti (rocce extraterrestri) indica che si sono formate a temperature e pressioni molto elevate che possono essere presenti solo nel nucleo di un pianeta.

Viaggio al centro della Terra

Audio

Nel 1864, **Jules Verne**, scrittore francese considerato un precursore della moderna fantascienza, scrive il romanzo d'avventura *Viaggio al centro della Terra*.
Il racconto narra di un fantastico viaggio compiuto da un professore di mineralogia, Otto Lidenbrock, e suo nipote Alex all'interno del nostro pianeta.
Il professore trova un manoscritto con antichi caratteri che, una volta decifrato, contiene le indicazioni per raggiungere il centro del pianeta, passando da un vulcano islandese: lo Snæffels 1.
Dopo numerose peripezie, i protagonisti tornano in superficie, risalendo attraverso lo Stromboli, in Italia 2.
Leggendo il romanzo ci potremmo chiedere se Verne pensasse veramente che fosse possibile raggiungere il centro della Terra: probabilmente no! Infatti già ai tempi dello scrittore si ipotizzavano le elevatissime temperature interne al nostro pianeta.

1 Il ghiacciaio Snæfellsjökul ricopre il vulcano Snæffels.

2 Stromboli.

Se Verne fosse ancora vivo, oggi potrebbe veramente fare un viaggio, non proprio al centro della Terra, ma in un vulcano sì, in Islanda.
A sud di Reykjavik si trova il Thrihnukagigur, un vulcano che non presenta nessun tipo di attività da più di 4000 anni.
La sua camera magmatica è completamente vuota 3, non contiene nessuna traccia di magma: non si prevede, quindi, una ripresa di attività almeno in tempi brevi, anche se viene ancora considerato un vulcano attivo.

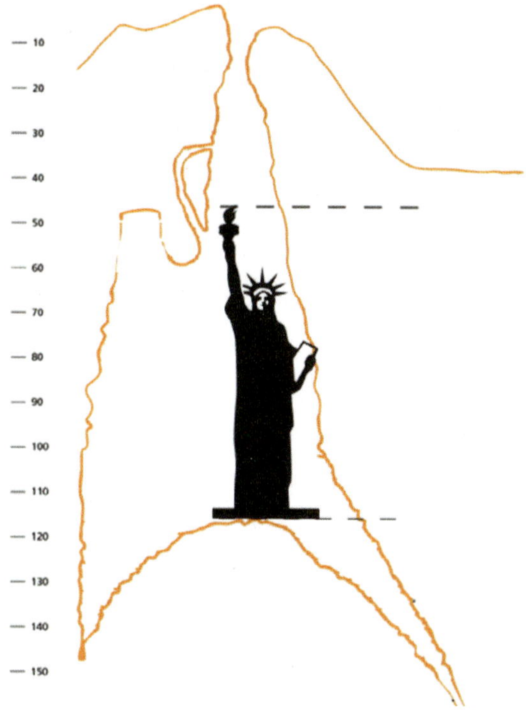

3 Forma della camera magmatica del Thrihnukagigur ottenuta con scansioni tridimensionali.

Come afferma **Haraldur Sigurðsson**, uno dei vulcanologi che ha studiato il vulcano, «Il Thrihnukagigur è unico, sembra che qualcuno sia venuto e abbia tolto il tappo facendo fuoriuscire tutto il magma».
È possibile, quindi, calarsi all'interno di uno dei tre crateri del Thrihnukagigur, o meglio, dal 2012, vengono organizzate vere e proprie escursioni tramite un ascensore che porta i visitatori a 120 m di profondità. In questo modo si può visitare la camera magmatica, che continua poi fino a 200 m di profondità. Anche se per il momento non è possibile fare un viaggio al centro della terra possiamo comunque calarci in un vulcano: proprio come nei più fantasiosi romanzi di Jules Verne.

4 Ascensore che porta all'interno della camera magmatica del Thrihnukagigur.

Mi preparo all'interrogazione

Erickson

L'interno della Terra

Su quali prove ci si basa per descrivere l'interno della Terra?

Paragrafo 1

Nel paragrafo 1 vengono spiegati i metodi di indagine utilizzati per studiare l'interno della Terra. Evidenzia le due tipologie di metodo e, nel loro ambito, sottolinea poi i fenomeni che vengono presi in esame. Completa il seguente schema.

METODI DI STUDIO

- metodo ....
  - perforazioni
- metodo ....
  - ....
  - ....
  - ....

Nella seconda pagina sottolinea quali sono le informazioni che i geologi traggono dai metodi di studio indiretti e completa le seguenti frasi.

Vulcani: analizzando i diversi tipi di lava ....

I geologi possono così capire ....

Terremoti: le onde sismiche si comportano ....

L'analisi dei sismogrammi ha permesso di capire che la Terra è ....

Meteoriti: si ritiene che i meteoriti siano ....

La loro composizione (.............................. e ....) ci fa dedurre che ....

La crosta terrestre

Quali sono i due tipi di crosta terrestre e come sono costituiti?

Paragrafo 2

Nel paragrafo 2 vengono presentati i due tipi di crosta terrestre. Individuali, evidenziali, osserva l'immagine che li illustra e completa la seguente figura. Poi, aiutandoti con l'immagine, spiega perché i due tipi di crosta terrestre sono differenti.

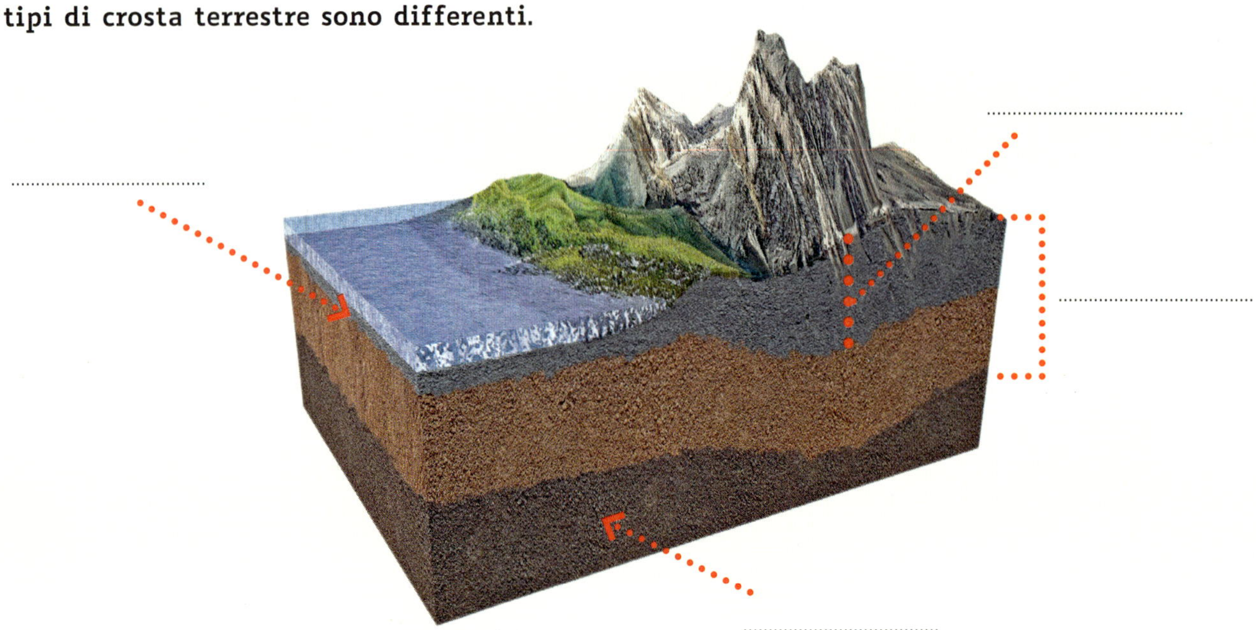

Il mantello

Da che cosa è costituito il mantello terrestre?

Paragrafo 3

Nel paragrafo 3 viene descritto il mantello terrestre. Sottolinea le informazioni più importanti facendo attenzione alle parole in grassetto e agli elenchi puntati. Poi completa il seguente testo.

Le rocce della crosta terrestre poggiano sulle peridotiti che costituiscono il .... Il mantello occupa oltre l'..................% del volume della Terra e arriva alla profondità massima di .... km. La sua temperatura varia da qualche centinaio di gradi a circa .... °C nella parte più profonda.
Le rocce che compongono il mantello non si fondono a causa dell'elevatissima ....
presente nella parte più interna. La parte superiore del mantello si divide in: mantello ...., mantello astenosferico o ...., mantello inferiore o ....
Nell'astenosfera e nella mesosfera il materiale è ...., ma in alcuni casi le rocce si comportano come ...., dando origine a dei moti .... in cui il materiale più caldo risale scambiandosi di posto con quello più .... soprastante.

Memo studio

Come già suggerito, la registrazione della voce mentre ripeti può essere uno strumento di autoverifica delle tue capacità di esposizione, ma è difficile capire come fare per essere bravi a parlare.
Ricordati che il modello che devi raggiungere quando spieghi la lezione è il tuo insegnante: chiedi a lui come esporre meglio e in modo efficace gli argomenti che diventeranno oggetto dell'interrogazione. Non c'è cosa peggiore di conoscere la lezione ma non essere in grado di esprimersi correttamente.

Il nucleo

Da che cosa è costituito il nucleo della Terra?

Paragrafo 4

Nel paragrafo 4 viene descritto il nucleo terrestre. Evidenzia le due parti in cui viene distinto, sottolinea le informazioni che riguardano composizione e temperatura e completa la seguente tabella. Individua poi nella figura presente accanto al testo quali sono gli strati del nucleo e sintetizza il tutto nella tabella.

parti del nucleo	materiali	stato dei materiali	temperatura
nucleo	....	....	....................-4000 ....
nucleo	....	....	....

Mi preparo all'interrogazione

Contenuti multipli

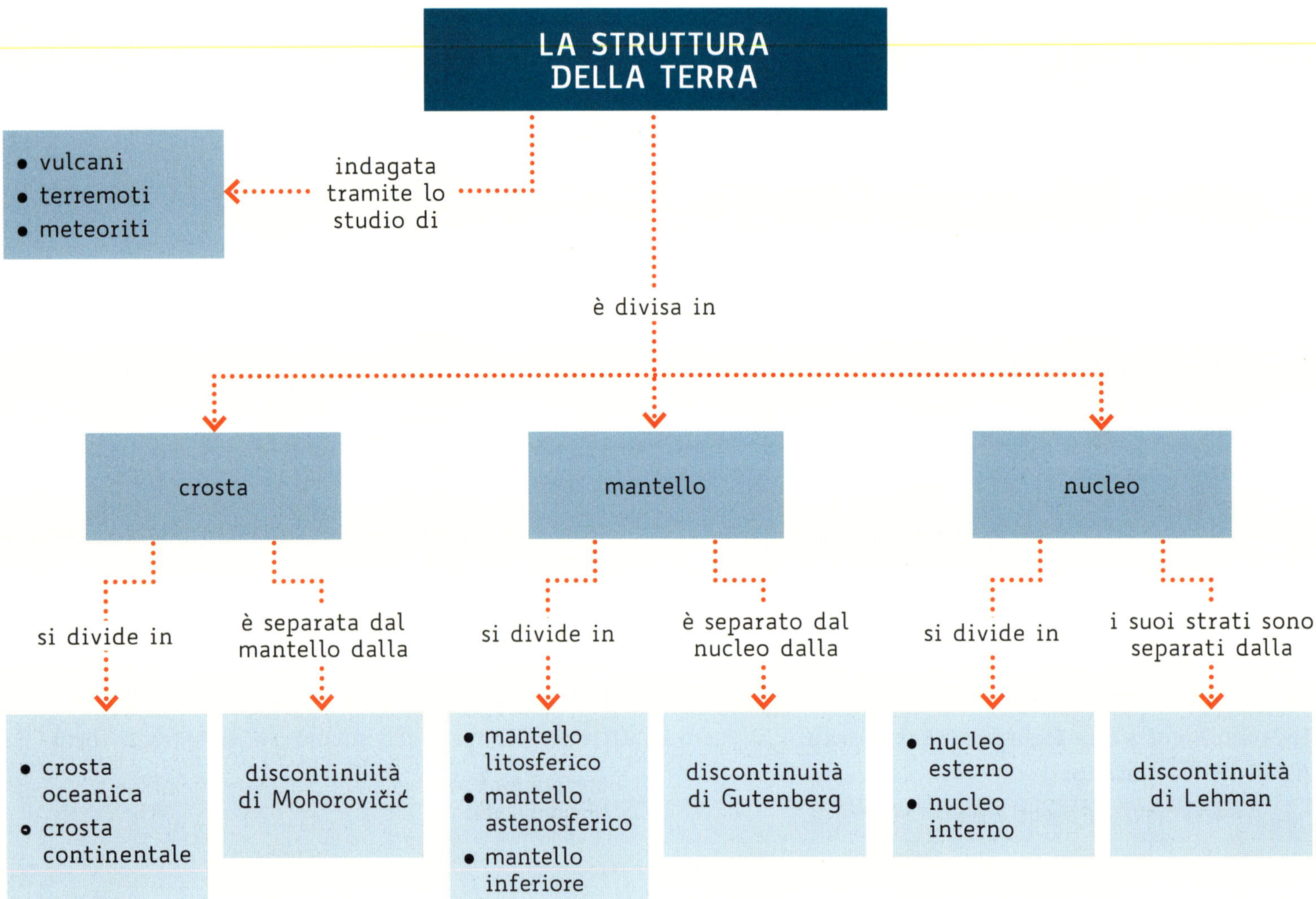

verifica

Verifica interattiva

CONOSCO

1 Completa le seguenti frasi scegliendo tra i termini elencati.

indiretti • *mantello* • *calore* • *oceanica* • *terremoti* • *litosfera* • *35* • *fondere* • *tre* • *astenosfera* • *due* • *spessa* • *mesosfera* • *metallo* • *radioattivo* • *silice* • *rigido*

a Il .... presente all'interno della Terra deriva dal decadimento .... di alcuni elementi chimici concentrati soprattutto nella parte superficiale del pianeta. Questo calore può .... il materiale roccioso presente sotto la superficie terrestre

b L'indagine della parte più interna del nostro pianeta si basa su metodi .... quali lo studio di vulcani, ... e meteoriti

c La Terra è composta da .... gusci concentrici: crosta, ... e nucleo. La crosta terrestre è spessa in media .... km; è più sottile sotto gli oceani (crosta ....) mentre la parte emersa (crosta continentale) è più .... e formata da rocce ricche in ....

d Il mantello è formato da uno strato .... che, unito alla crosta terrestre, forma la ...., da uno strato plastico, l'.. e da uno strato più profondo, la ....

e Il nucleo è suddiviso in .... parti concentriche: il nucleo esterno composto da materiale fuso e il nucleo interno formato da .... solido

2 INVALSI **Segna con una crocetta il completamento esatto.**

a La temperatura al centro della Terra è di circa:

☐ 4000 °C ☐ 5500 °C
☐ 2500 °C ☐ non è possibile stabilirlo

b È stato possibile comprendere che la Terra è formata da gusci concentrici:

☐ studiando il comportamento delle onde sismiche
☐ studiando la composizione della lava
☐ studiando i meteoriti
☐ studiando i geyser e le fumarole

c La crosta è separata dal mantello dalla:

☐ discontinuità di Gutenberg
☐ astenosfera
☐ discontinuità di Mohorovičić
☐ litosfera

d I moti convettivi avvengono:

☐ all'interno di tutto il mantello
☐ nella litosfera
☐ solo nell'astenosfera
☐ nell'astenosfera e nella mesosfera

e La pressione elevata:

☐ impedisce ai metalli del nucleo interno di fondere
☐ impedisce l'aumento di temperatura nel nucleo
☐ impedisce ai metalli del nucleo esterno di fondere
☐ non influisce sullo stato fisico delle rocce

3 Vero o falso?

a La variazione della temperatura con la profondità è detta gradiente geotermico V F
b Le perforazioni della crosta superano di poco i 12 km V F
c Nella crosta oceanica sono presenti i basalti V F
d La discontinuità di Gutenberg separa il mantello dal nucleo V F
e Il metallo più presente nel nucleo è il magnesio V F

4 Sottolinea il termine corretto tra i due proposti in corsivo.

a I meteoriti rappresentano i residui del Sistema Solare *attuale/primordiale*
b La crosta terrestre è più spessa sotto *le catene montuose/gli oceani*
c Le rocce del mantello sono ricche di *ferro/sodio* e magnesio
d La temperatura del nucleo interno supera i *4000 °C/5500 °C*

APPLICO

5 Completa lo schema inserendo i nomi degli strati che compongono il nostro pianeta e i nomi delle discontinuità.

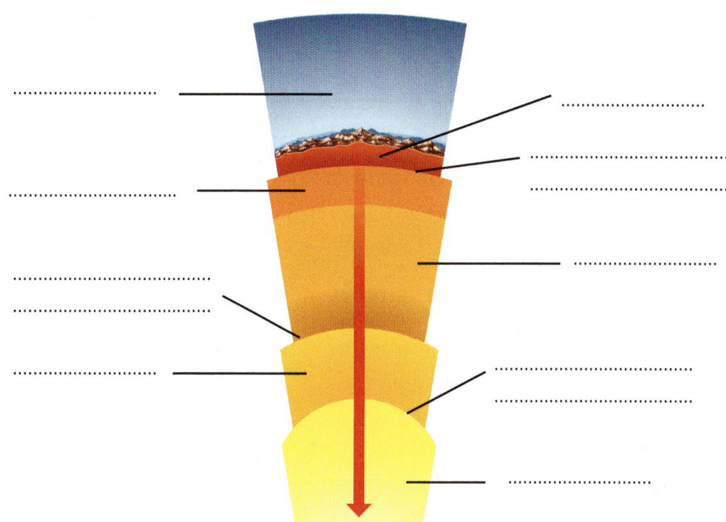

verifica

COMPETENZE

1. Leggi il testo e rispondi.

[...] Dal momento che non è possibile osservare direttamente l'interno della Terra, siamo costretti a servirci di altri metodi, e rivolgerci ancora una volta ai terremoti: nella maggior parte dei casi si tratta infatti di interpretare l'andamento delle onde sismiche che si propagano attraverso la Terra.
Qualche conoscenza sul mantello terrestre ci deriva però anche dai cosiddetti camini kimberlitici, autentici messaggeri degli Inferi.
Essi hanno questa origine: il magma che si forma a grande profondità risale, lungo canali e spaccature attraverso le rocce, fino alla superficie.
Qui il materiale fuso incontra le acque freatiche e il surriscaldamento improvviso dell'acqua genera un aumento esplosivo della pressione di vapore, che schianta le rocce con la potenza della dinamite, scagliando in aria grosse quantità di detriti. [...]
Questi camini possono essere giacimenti di prim'ordine. Salendo verso la superficie, infatti, il materiale si trascina dietro tutta la roba possibile, tra cui rocce e minerali che normalmente non si troverebbero affatto vicino alla superficie: per esempio peridotite (la roccia più tipica del mantello superiore, composta principalmente da minerali come l'olivina e i pirosseni), singoli cristalli di olivina e del tutto occasionalmente anche diamanti (in un camino su cento).
Uno di questi camini kimberlitici ha reso Johannesburg, in Sudafrica, la capitale mondiale dell'industria diamantifera.
I geologi sanno che da qualche parte a nord-ovest dello Stato dell'Indiana ci sono indizi dell'esistenza di un camino vulcanico o addirittura un gruppo di camini di enormi dimensioni.
In diversi siti di questa regione sono stati rinvenuti diamanti fino a 20 carati, ma nessuno è finora riuscito a determinarne il luogo di origine. [...]

[www.focus.it]

a Scrivi un ipotetico titolo dell'articolo appena letto.
b Quali sono i motivi che rendono interessante lo studio di questi camini per i geologi?
c Quali altri fenomeni legati al riscaldamento dell'acqua sotterranea hai studiato?
d Fai una piccola ricerca per scoprire l'origine del nome dato a questi camini.

2. Esegui i calcoli.

Devi realizzare un disegno della crosta terreste con scala 1 : 700 000. Considerando che la crosta oceanica ha in media uno spessore di 7 km, la crosta continentale di 35 km e in corrispondenza delle catene montuose arriva a 70 km, calcola le misure corrette da riportare nel disegno.

3. Prova tu.

A gruppi di tre o quattro studenti, preparate un modellino della struttura della Terra, mettendo in evidenza gli strati da cui è composta e le discontinuità.

11 La dinamica della Terra

Digi Scienze

Contenuto integrativo

Preparati per la lezione:
- guarda la presentazione multimediale
- compila la scheda

Nelle prossime pagine troverai altri contenuti digitali

Allegato scaricabile

Contenuto integrativo

Audio

Verifica interattiva

La Terra è un pianeta vivo e tutti i cambiamenti provocati dall'energia racchiusa al suo interno si ripercuotono sulla litosfera, l'involucro roccioso più esterno.

1 La tettonica

Audio

La tettonica studia la struttura e le deformazioni della litosfera

La Terra è un pianeta vivo e dinamico, in continua trasformazione, perché ha **energia al suo interno** 1.

1

L'energia interna della Terra si manifesta in vari modi: alcuni terrificanti e spettacolari, come eruzioni vulcaniche e terremoti, altri più silenziosi e lenti cosicché i loro effetti si percepiscono con più difficoltà. Anche se non ce ne accorgiamo, sul nostro pianeta le montagne crescono, gli oceani si allargano, i continenti si spostano...

La **tettonica** studia i cambiamenti provocati dall'energia interna della Terra sulla litosfera, il guscio rigido e roccioso che costituisce l'involucro più esterno del pianeta. Rispetto ad altre branche della geologia, la tettonica è una scienza "giovane". Infatti, solo dopo la Seconda Guerra Mondiale sono state formulate teorie in grado di spiegare con pochi meccanismi tutte le diverse manifestazioni dell'energia interna terrestre. Tuttavia la Terra è stata oggetto di studio fin dall'antichità, ed è importante ricordare che le teorie tettoniche più moderne sono costruite anche sul lavoro di tanti scienziati del passato, che hanno raccolto dati preziosi pur senza arrivare a conclusioni completamente corrette.

Parole di scienze

tettonica: dal greco *tektoniké* = (arte del) costruire.

Non sbagliare anche tu

La Luna, che ha circa la stessa età della Terra ma è molto più piccola, ha completamente disperso nell'Universo il calore che aveva al momento della sua formazione: per questo sulla Luna oggi non ci sono né terremoti né vulcani attivi. Tuttavia i cosiddetti *"mari"* lunari, cioè le chiazze scure visibili sulla sua superficie, sono in realtà antiche colate di lava. Essi testimoniano che, in un lontano passato, c'era attività vulcanica anche sulla Luna.

Alfred Wegener e la teoria della deriva dei continenti

Nel 1915 una vera rivoluzione scientifica nel campo della geologia ebbe luogo in Germania.

Alfred Wegener (1880-1930) 2, giovane meteorologo (cioè uno studioso del clima) ed esploratore polare, pubblicò *L'origine dei continenti e degli oceani*, un libro in cui sosteneva un'ipotesi davvero affascinante: i continenti possono spostarsi con il passare dei millenni. Questa è la **teoria della deriva dei continenti**.

L'idea era già stata espressa nel lontano 1590 dal cartografo olandese Andreas Ortelius, ma a quel tempo non c'era alcuna prova scientifica che potesse sostenerla.
Il grandissimo merito di Wegener fu quello di portare prove evidenti del movimento dei continenti, in parte grazie a sue personali ricerche e in parte unificando e armonizzando i dati raccolti da altri scienziati in varie parti del mondo.
L'opera di Wegener non fu per niente apprezzata dai suoi contemporanei. Quando nel 1912 presentò per la prima volta la teoria della deriva dei continenti, le sue idee furono messe in ridicolo da alcuni geologi del tempo, che trovarono oltraggioso che un meteorologo provasse a occuparsi di geologia. Inoltre lo scoppio della Prima Guerra Mondiale fece sì che il libro di Wegener rimanesse ignorato per anni al di fuori della Germania.
La teoria conteneva anche una grave mancanza dal punto di vista scientifico.
Wegener, infatti, illustrò con abbondanza di dati le prove del movimento dei continenti, ma non fu in grado di identificare le cause di tale movimento. Non seppe dare una risposta credibile alla domanda "Quale forza può essere così potente da spostare un continente?"
Per tutte queste ragioni la teoria della deriva dei continenti venne rifiutata. Wegener intanto aveva ripreso la sua attività di esploratore e perse la vita nel 1930 durante una missione in Groenlandia.
Solo dopo la Seconda Guerra Mondiale, il mondo scientifico riconobbe che le intuizioni di Wegener erano corrette, e la teoria della deriva dei continenti, modificata e migliorata, permise di ricostruire come è cambiata la geografia della Terra nel tempo.

2 Wegener (a sinistra) fotografato durante la sua ultima spedizione in Groenlandia (1930).

Alfred Lothar Wegener (geologo, meteorologo ed esploratore tedesco nato a Berlino nel 1880 e morto in Groenlandia nel 1930) iniziò a elaborare la sua teoria, sulla deriva dei continenti, già nel 1910. Wegener notò la straordinaria coincidenza di forma tra le coste affacciate sull'Oceano Atlantico dell'America del sud e dell'Africa e nel 1912 annunciò la teoria della deriva dei continenti, in una conferenza della Società Geologica di Francoforte sul Meno dal titolo *La formazione dei continenti e la geofisica*. Questa teoria tuttavia non fu accettata dalla comunità scientifica, in quanto non riusciva a spiegare perché e come si muovessero i continenti. Bisognerà aspettare fino alla metà del '900 per trovare le spiegazioni che mancavano a Wegener.

Con metodo

Analizzo il testo

1. Quali sono gli effetti dell'energia interna alla Terra? Evidenziali nel testo.

2. Completa.
La tettonica studia i .... provocati dall'energia .... della Terra sulla ...., il guscio rigido e roccioso che forma l'involucro .... del nostro pianeta

Comprendo il testo

3. Rispondi.
- **a** Quale era l'ipotesi sostenuta da Wegener?
- **b** Per quale motivo la sua ipotesi venne rifiutata dagli scienziati del tempo?
- **c** Quando venne rivalutata l'ipotesi di Wegener?

4. Wegener pubblicò le sue idee nel:
☐ 1967 ☐ 1912

5. I mari lunari sono:
☐ antiche colate di lava
☐ montagne lunari

6. Secondo Wegener i continenti:
☐ si sono spostati nel corso dei millenni
☐ sono rimasti sempre nella stessa posizione

Schematizzo

7. Prova a scrivere in breve un riassunto delle idee sviluppate da Wegener.

2 La Pangea

Audio

In passato i continenti formavano un unico grande supercontinente: la Pangea

Contenuto integrativo

a

b

c

1a Il supercontinente Pangea: aspetto delle terre emerse 280 milioni di anni fa.

1b Laurasia e Gondwana: aspetto delle terre emerse tra 145 e 65 milioni di anni fa.

1c Distribuzione attuale dei continenti.

Cerchiamo ora di approfondire i contenuti della teoria della deriva dei continenti. **Pangea** è un termine che deriva dal greco con il significato di *tutta terra*.

Wegener lo usò per dare il nome a un supercontinente, formato da tutte le terre emerse, esistito tra i 300 e 200 milioni di anni fa, circondato da un unico grande oceano, la **Panthalassa** (*tutto mare*) 1.

Successivamente la Pangea si frammentò in due masse principali: **Laurasia** a nord e **Gondwana** a sud, separate dal **mare della Tetide**.

Con il passare dei millenni le masse di terraferma si frammentarono ulteriormente e continuarono a spostarsi. Questo portò alla formazione degli oceani moderni e delle catene montuose (quando i frammenti entravano in collisione), fino a raggiungere l'aspetto e la posizione dei continenti attuali.

Oggi, alla luce di nuove informazioni, possiamo aggiungere alcuni dati alla teoria di Wegener. Sappiamo, per esempio, che la Pangea non è stata il primo supercontinente: i continenti si sono uniti in un'unica massa almeno altre quattro volte prima della Pangea, la prima volta circa 3,6 miliardi di anni fa.

I continenti si muovono fin da quando esiste la Terra e **il movimento sta continuando ancora oggi**. Il suolo su cui poggiamo i piedi, e che ci sembra così stabile, si muove di qualche centimetro ogni anno: le carte geografiche del futuro saranno molto diverse da quelle di oggi!

Le prove a sostegno della deriva dei continenti

Abbiamo più volte ricordato l'eccellente lavoro svolto da Wegener nel documentare la deriva dei continenti con prove scientifiche molto solide. Possiamo raggruppare tali prove in quattro categorie.

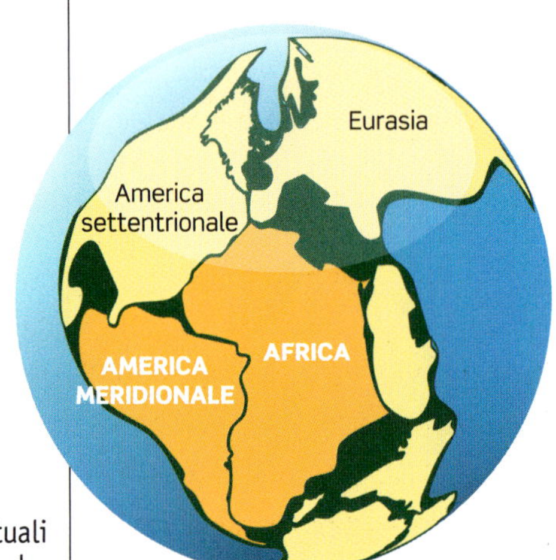

2 I contorni dei continenti attuali combaciano come le tessere di un puzzle.

1. Prove geografiche

Se osserviamo la forma dei continenti, notiamo che i contorni combaciano come i pezzi di un puzzle. Questo sarebbe ancora più evidente se immaginassimo di abbassare di qualche metro il livello del mare così da considerare il limite della piattaforma continentale, che è il reale confine esterno dei continenti.

La forma complementare dei continenti è quindi una prova del fatto che essi derivino dalla frammentazione di un'unica massa, la Pangea 2.

2. Prove paleontologiche

La paleontologia è la scienza che studia i fossili, cioè i resti di organismi vissuti nel passato. I ritrovamenti fossili dimostrano che territori oggi lontanissimi, come il Brasile e il Sudafrica, in passato erano popolati dalle stesse specie di esseri viventi, come la *Glossopteris* (una specie di felce) o il mesosauro (un rettile d'acqua dolce) ■3.

Poiché sarebbe stato impossibile per queste specie attraversare migliaia di kilometri di oceano, la loro presenza in terre oggi così lontane si spiega ipotizzando che in passato tali territori fossero uniti.

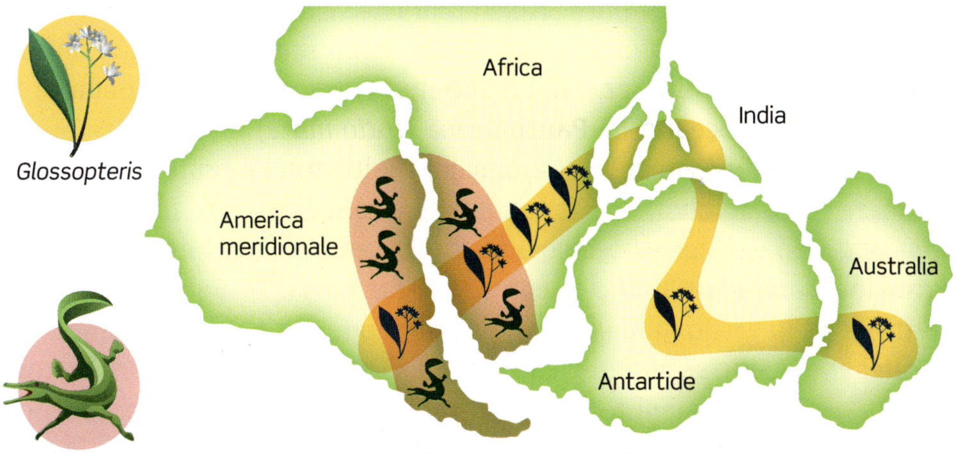

■3 Resti fossili di organismi della stessa età e appartenenti alla medesima specie sono stati ritrovati in continenti oggi lontani.

3. Prove climatologiche

Attraverso lo studio delle rocce sedimentarie, che si formano dal deposito di detriti, si può risalire al clima del passato. Wegener scoprì che le rocce sedimentarie che risalgono a circa 200 milioni di anni fa sono di origine glaciale in tutti i continenti dell'emisfero meridionale. Ciò prova che tali masse continentali erano unite fra loro e avevano un clima glaciale perché erano collocate più vicine al polo Sud rispetto a oggi. Così Wegener riuscì a dimostrare l'esistenza del continente Gondwana, che univa tutte le parti meridionali degli attuali continenti.

4. Prove geologiche

Anche le tipologie di rocce presenti negli attuali continenti ci danno una testimonianza del fatto che la disposizione delle terre emerse non è sempre stata come la conosciamo oggi. Infatti, esiste una continuità degli strati rocciosi lungo le coste dei continenti che un tempo erano saldate tra loro. Anche le catene montuose più antiche del nord Europa hanno una sorta di "gemelle" nel continente americano, a comprova del fatto che un tempo nord Europa e Canada erano uniti tra loro.

Alla luce di quanto fin qui esposto, possiamo dire che Wegener aveva ragione? Sì e no.

Wegener ebbe il merito di dimostrare che i continenti si spostano, ma non riuscì a spiegarne il perché. Inoltre non è del tutto corretto pensare che "solo" i continenti si spostino, come se fossero zattere alla deriva: bisogna considerare anche ciò che avviene sui fondali oceanici che però, al tempo di Wegener, dovevano ancora essere esplorati.

Con metodo

Analizzo il testo

1. Che cosa indicano i termini Pangea e Panthalassa? Evidenzia con colori diversi la descrizione.

2. Completa.
La Pangea si frammentò in due masse principali: .... a nord e .... a sud separate dal mare della ....

Comprendo il testo

3. Rispondi.
- **a** La Pangea è stata davvero il primo supercontinente?
- **b** Il movimento dei continenti si è arrestato?

4. Vero o falso?
- **a** I contorni di alcuni continenti sembrano combaciare come pezzi di un puzzle V F
- **b** I fossili di alcune specie vissute nel passato sono sempre diversi in continenti oggi lontanissimi V F
- **c** Ci sono rocce sedimentarie di 200 milioni di anni di origine glaciale in tutti i continenti dell'emisfero meridionale V F
- **d** Attualmente si sa che solo i continenti si spostano come zattere alla deriva V F

Schematizzo

5. Completa il seguente schema riportando la descrizione delle prove portate da Wegener a sostegno della sua ipotesi.

prove	descrizione
geografiche	
paleontologiche	
climatologiche	
geologiche	

Collaboro

6. Lavorate in **gruppi di tre**; ciascuno di voi studi una delle prove individuate da Wegener per sostenere la sua ipotesi. Chiudete il libro e condividete quanto appreso con i compagni del gruppo.

3 La tettonica delle placche

La ricerca oceanografica ha fornito nuovi dati per capire la tettonica

Fino alla metà del XX secolo, con due drammatiche guerre mondiali in poco più di trent'anni, il mondo ebbe problemi più urgenti da affrontare rispetto alla ricerca scientifica. Negli anni che seguirono ci fu invece una rinascita degli studi in tutti i campi, anche allo scopo di scoprire nuove risorse da sfruttare. Furono due le principali direzioni in cui si spinse la nuova esplorazione: il cielo, con lo sviluppo dell'astronautica (che porterà nel 1961 il primo uomo nello spazio e nel 1969 i primi uomini sulla Luna), e il **mare**. Fino ad allora, gli oceani erano considerati delle distese piatte, prive di qualsiasi interesse geologico, simili a enormi vasche da bagno collocate tra i continenti. In breve tempo le prime navi oceanografiche, fornite di strumenti in grado di mappare i fondali oceanici, rivelarono la presenza di catene vulcaniche, montagne, profondissime fosse e si scoprì che qui si verificavano fenomeni tettonici del tutto simili a quelli che si possono osservare sui continenti 1.

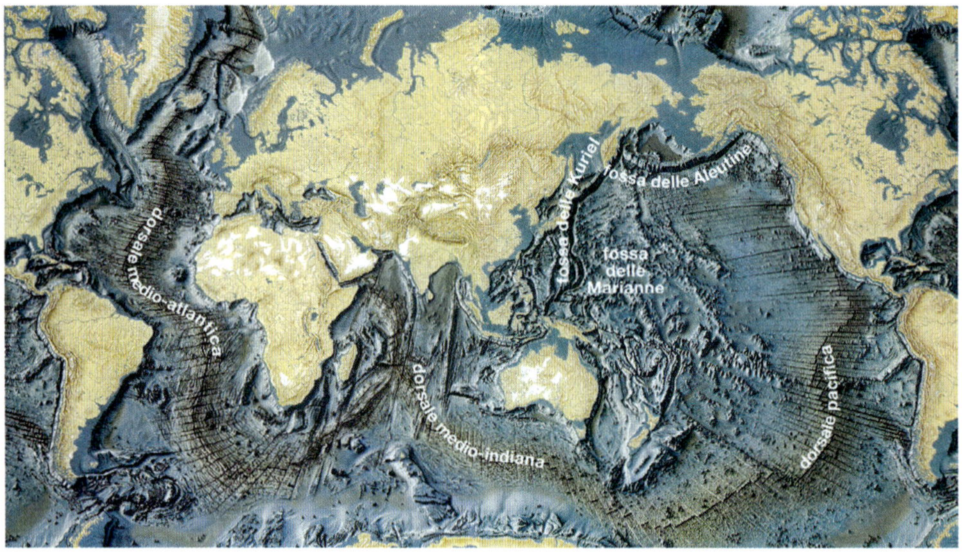

1 Immagine dei fondali oceanici.

Si realizzarono esplorazioni dirette grazie a batiscafi (particolari sottomarini capaci di sopportare l'enorme pressione delle profondità abissali) e vennero raccolti campioni di rocce oceaniche per essere analizzati 2.

I dati scientifici dimostrano che è in atto l'espansione dei **fondali oceanici**, ovvero che gli oceani si allargano, crescendo di qualche centimetro ogni anno: è questa spinta che allontana i continenti e ne spiega la "deriva".

La presenza nelle rocce di particolari elementi radioattivi consente di datarle, cioè di capire la loro età. La datazione delle rocce oceaniche rivelò che i fondali oceanici sono la parte più giovane del nostro pianeta e che gli oceani attuali (Pacifico, Atlantico, Indiano) hanno iniziato a formarsi circa 200 milioni di anni fa, mentre prima non esistevano: tali dati confermano l'ipotesi della Pangea.

2 I moderni robot sottomarini sono piccoli sommergibili utilizzati nella ricerca oceanografica.

La **tettonica delle placche** è oggi la teoria più accettata per spiegare tutti i fenomeni tettonici. Fu formulata tra il 1965 e il 1967 grazie al lavoro di diversi scienziati che si sforzarono di trovare un'interpretazione unica dei dati fino ad allora raccolti in vari campi della geologia: lo studio dei terremoti, la vulcanologia, le prove della deriva dei continenti e le nuove informazioni sui fondali oceanici. In precedenza esistevano tante "piccole" teorie per spiegare i singoli fenomeni. Oggi il modello della tettonica delle placche ci permette di dare una spiegazione unica che vale per ogni fenomeno e anche di prevedere il comportamento futuro della litosfera.

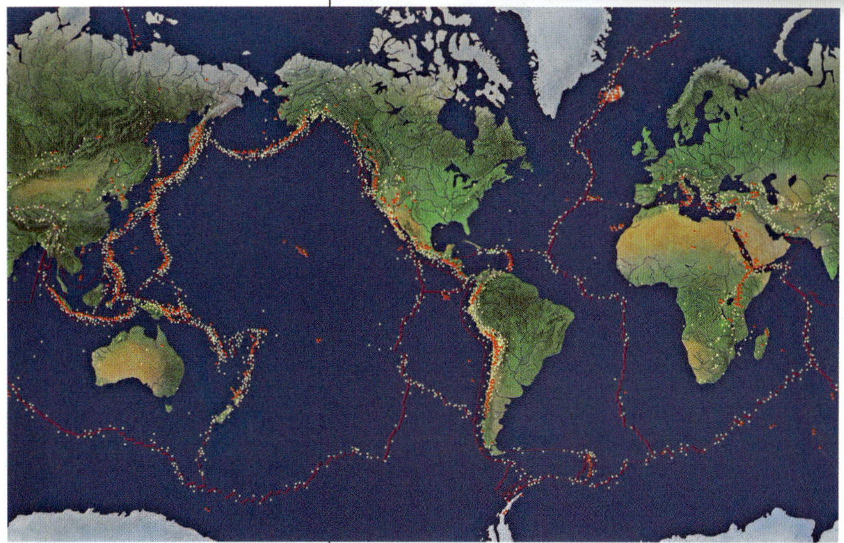

■3 Epicentri dei principali terremoti e vulcani attivi.

Per capire bene la tettonica delle placche, iniziamo a osservare la mappa in figura ■3 su cui sono riportati gli epicentri dei principali terremoti e le posizioni dei vulcani attivi.

Che cosa notiamo? È evidente che la distribuzione delle zone attive del pianeta non è uniforme. Vulcani e terremoti sembrano allinearsi lungo particolari direzioni, mentre vaste aree del pianeta ne sono quasi prive. Da questa osservazione deriva il punto fondamentale della tettonica delle placche: la litosfera è divisa in circa 20 frammenti, detti **placche**, tutti adiacenti fra loro ■4. Le placche hanno dimensioni e forme diverse e i loro confini coincidono con le zone più ricche di terremoti e vulcani, ma non necessariamente con i margini dei continenti. Infatti ci sono placche formate da crosta continentale, placche formate da crosta oceanica, e anche placche miste.

■4 Le principali placche in cui è suddivisa la crosta terrestre.

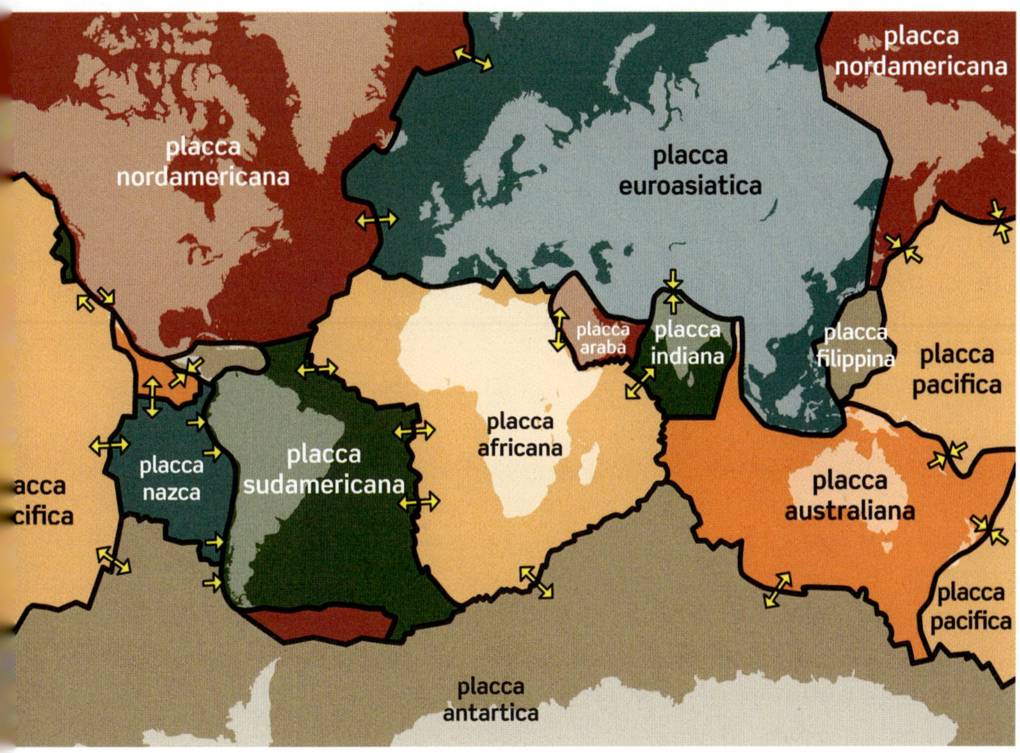

Con metodo

Analizzo il testo

1. Come erano considerati gli oceani fino alla metà del XX secolo? Evidenzialo nel testo.
2. Le prime navi ...., con strumenti in grado di .... i fondali degli oceani, rivelarono la presenza di catene ...., montagne, ... e fenomeni tettonici come quelli che si osservano sui continenti.

Comprendo il testo

3. Rispondi.
   - **a** Che cosa afferma la teoria dell'espansione dei fondali oceanici?
   - **b** Che cosa sono le placche? Che cosa avviene nei loro margini?
   - **c** Le placche coincidono con i margini dei continenti?
4. Vero o falso?
   - **a** Gli oceani si allargano crescendo di qualche metro all'anno V F
   - **b** Gli oceani sono la parte più giovane del nostro pianeta V F
   - **c** Le placche sono tutte adiacenti tra loro V F
   - **d** I confini delle placche coincidono con le zone più ricche di terremoti e vulcani V F

4 I movimenti delle placche

Audio

I movimenti delle placche spiegano tutte le trasformazioni della litosfera

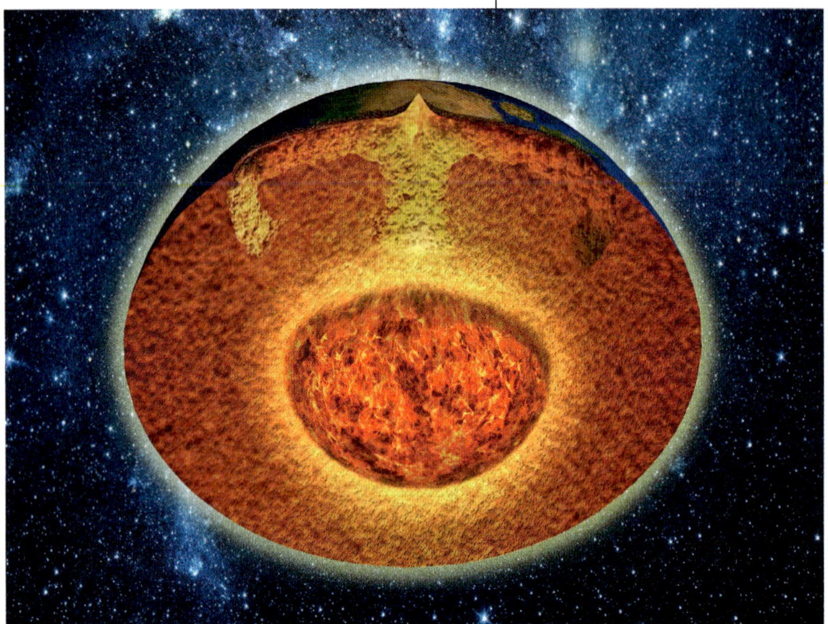

La maggioranza dei fenomeni geologici si concentra lungo i margini delle placche, mentre le aree centrali delle placche sono zone relativamente tranquille.

Perché? Per capirlo occorre scoprire che cosa c'è sotto. Ricorderai, dopo avere studiato la struttura interna della Terra, che nello spessore del mantello, circa 200 km sotto i nostri piedi, c'è uno strato duttile chiamato **astenosfera**.

Le placche di litosfera galleggiano su questo strato.

Quando il calore proveniente dall'interno della Terra raggiunge l'astenosfera, genera dei **movimenti convettivi** che hanno l'effetto di trascinare le placche soprastanti, che sono quindi in perenne lento movimento 1.

1 Movimenti convettivi del magma nell'astenosfera.

Nella teoria della tettonica delle placche si è quindi trovata la risposta che mancava a Wegener: il motore del movimento delle placche (che a loro volta trasportano i continenti) è l'**energia interna** della Terra dovuta alle elevate temperature raggiunte dal nucleo.

Le placche possono muoversi in tre diversi modi:

- possono **allontanarsi** l'una dall'altra: si crea così un **margine divergente**;
- possono **scontrarsi** fra loro: si crea così un **margine convergente**;
- possono **scorrere lateralmente** l'una rispetto all'altra: si crea così un **margine trasforme**.

La crosta continentale e quella oceanica hanno caratteristiche diverse, che ci permetteranno di capire il diverso comportamento delle placche corrispondenti. Perciò è molto importante ricordare che:

I tre possibili movimenti, uniti con le diverse caratteristiche delle placche oceaniche e continentali, giustificano tutti i fenomeni tettonici che possiamo osservare presso i margini.

I margini divergenti

Quando i moti convettivi trascinano due placche in direzioni opposte, la litosfera si frattura e le placche si separano: si dice che divergono. Allora il magma dell'astenosfera ha la possibilità di risalire lungo la spaccatura e, una volta giunto in superficie, si solidifica generando nuove rocce ignee. Per questo motivo i margini divergenti sono detti anche **costruttivi**: infatti qui avviene la costruzione di nuova litosfera, a spese del magma dell'astenosfera.

Se la frattura avviene sul fondale oceanico si forma una **dorsale medio-oceanica** ■2.

È una catena sottomarina di vulcani lineari che eruttano costantemente una lava scura e basica oltre a gas e vapori. Presso la dorsale si verificano continue scosse sismiche dovute alla risalita del magma; la dorsale risulta interrotta da faglie.

Ci sono dorsali in tutti gli oceani e la loro lunghezza complessiva arriva a 60 000 km.

Lungo le dorsali gli oceani si espandono, poiché la frattura tra le placche è continuamente colmata dalle nuove rocce derivanti dal magma.

Se invece la frattura avviene nel continente si forma un **rift continentale** (dal termine inglese che significa "spaccatura") ■3.

È una profonda valle con pareti a gradoni, caratterizzata da intensa attività vulcanica spesso di tipo esplosivo e attività sismica frequente. Con il passare dei millenni il rift si allarga, si approfondisce sempre più e gradualmente tende a riempirsi d'acqua, inizialmente acque continentali (laghi anche di notevoli dimensioni) e infine acque marine. Il destino di un rift è spesso quello di originare un nuovo oceano.

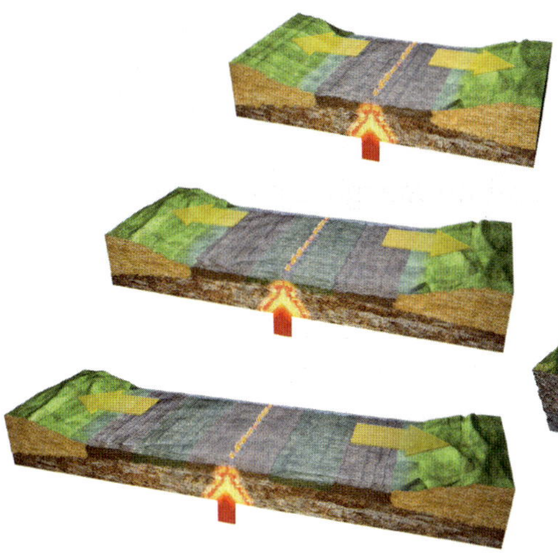

■2 Da un margine divergente sottomarino si origina una dorsale oceanica.

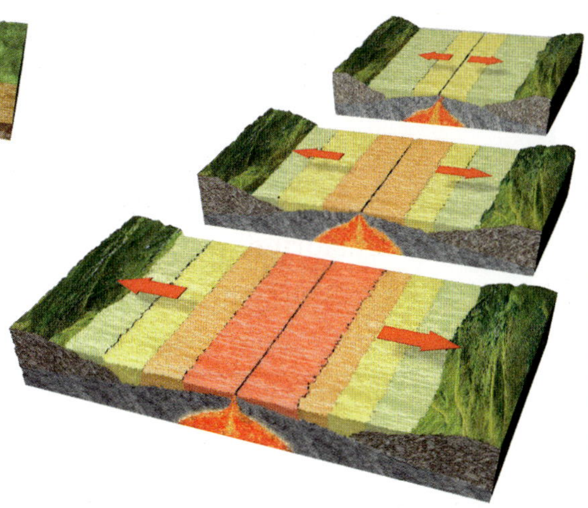

■3 Da un margine divergente continentale si origina un rift.

Osserva nella ■4 la Great Rift Valley africana. Seguendola da sud a nord si può notare che ospita grandi laghi e che la spaccatura prosegue nel Mar Rosso: se il movimento continuerà senza variazioni, la parte orientale dell'Africa si staccherà dal resto del continente e, dove ora c'è il rift continentale, si originerà un nuovo oceano.

Con metodo

Analizzo il testo

1. Come sono detti i margini divergenti? Sottolinealo nel testo.
2. Che cos'è una dorsale medio-oceanica? Evidenzia nel testo la risposta.

Comprendo il testo

3. Rispondi.
   - **a** Che cosa avviene quando due placche sono trascinate in direzioni opposte?
   - **b** Come sono anche chiamati i margini divergenti e perché?
   - **c** Che cosa si forma se il margine divergente è su un fondale oceanico?
4. Vero o falso?
   - **a** La dorsale medio-oceanica è una catena sottomarina che erutta lava basica V F
   - **b** Lungo la dorsale si verificano raramente scosse sismiche V F
   - **c** Presso le dorsali gli oceani si restringono V F
   - **d** Se il margine divergente è in ambiente continentale si forma un rift continentale V F

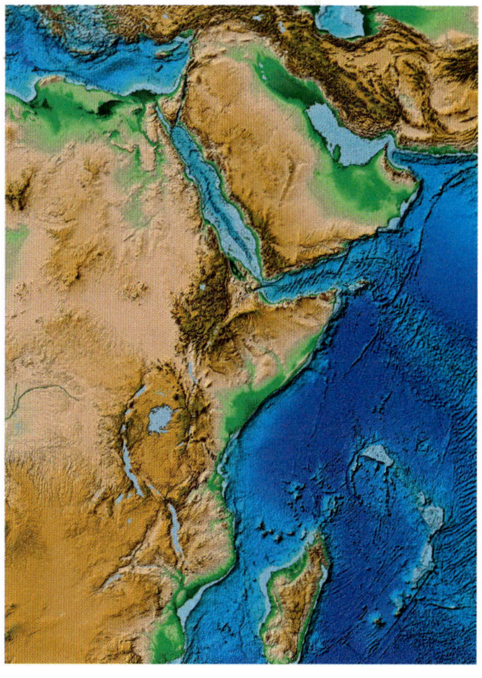

■4 La Rift Valley africana tende ad allargarsi nel tempo.

■5 Margini convergenti di una placca oceanica e una continentale portano alla formazione di catene montuose costiere.

Non sbagliare anche tu

Trovare rocce di origine marina non significa che queste si siano formate su una placca oceanica. I continenti veri e propri, infatti, non sono solo le terre emerse, ma terminano con la fine della "piattaforma carbonatica", una vasta area di crosta continentale, intorno alle terre emerse, già ricoperta dalle acque marine.

Curiosità

Forse non sei mai stato in Giappone, ma potresti aver visto dei cartoni animati ambientati in quel paese. L'architettura tradizionale giapponese degli edifici è basata sul legno, e le finestre o gli armadi hanno carta di riso al posto dei vetri. Secondo te c'è una relazione tra queste scelte e la storia tettonica del Giappone?

I margini convergenti

Quando i moti convettivi trascinano le placche una contro l'altra, avviene uno scontro. Generalmente una delle due placche sprofonda lungo un piano inclinato nell'astenosfera; questo fenomeno prende il nome di **subduzione**. In altri casi le due placche si accartocciano distruggendosi interamente o in parte. Per questo i margini convergenti sono chiamati anche **distruttivi**. Il paesaggio che si origina dipende da quali placche sono coinvolte, perciò dobbiamo distinguere tre casi.

1. Scontro tra una placca oceanica e una continentale
La placca oceanica, più densa, va in subduzione immergendosi sotto la placca continentale sollevandola. Questo origina una **fossa oceanica** lungo il margine del continente e una catena montuosa che corre parallela alla costa: questo tipo di catene montuose costiere è solitamente indicato con il termine di **cordigliera** ■5. Le Ande in Sudamerica o le Montagne Rocciose in Nordamerica sono esempi di cordigliere. Nella parte inferiore della placca continentale sovrastante, si produce del magma che tende a risalire in superficie. Infatti, nelle cordigliere sono spesso presenti vulcani, caratterizzati da attività fortemente esplosiva. Anche l'attività sismica è molto violenta: ricordiamo che proprio sulle Ande avvenne il terremoto più forte mai registrato (Terremoto del Cile, anno 1960, magnitudo 9,5).

2. Scontro tra due placche continentali
La placca continentale è meno densa dell'astenosfera sottostante, perciò è difficile che si verifichi il fenomeno della subduzione ■6.

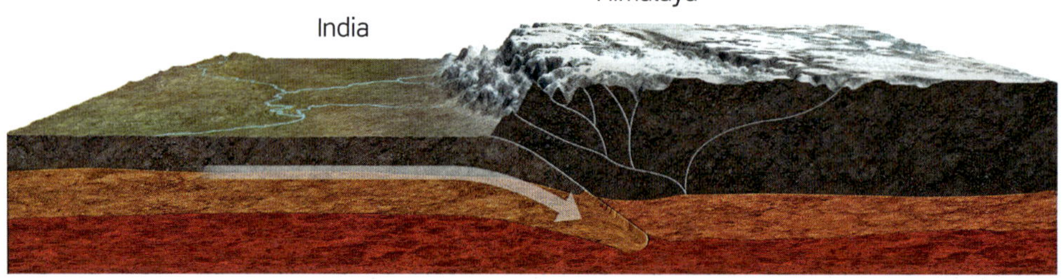

■6 Margini convergenti di placche continentali con formazione di sistemi montuosi.

Le due placche, quindi, a causa della continua spinta, si accartocciano l'una sull'altra spingendosi sempre più verso l'alto: si origina così una **catena montuosa**. Hanno avuto questa origine le Alpi, l'Himalaya, gli Urali.
Questo modello permette di spiegare perché spesso in montagna si trovino fossili di animali marini e sedimenti tipicamente oceanici: le rocce che oggi formano quelle montagne un tempo costituivano un fondale marino, spinto ad alta quota dalle potentissime forze tettoniche ■7. La formazione delle catene montuose prende il nome di **orogenesi**. Lo scontro tra placche continentali determina spesso fenomeni sismici, mentre l'attività vulcanica è pressoché assente.

■7 Un tipico pesce fossile marino ritrovato in montagna, testimonianza della risalita del fondale marino.

3. Scontro tra due placche oceaniche

Le placche oceaniche sono molto dense e quella più vecchia (più fredda e densa) tende a sprofondare nell'astenosfera ■8. La placca che va in subduzione trascina verso il basso anche il bordo dell'altra, cosicché lungo il margine si forma una profonda **fossa oceanica**.

La placca sprofondata, a causa delle alte temperature che incontra, scendendo, finirà con l'uniformarsi al materiale caldo che la circonda. Nella parte inferiore della placca sovrastante, invece, a causa dell'enorme attrito che si genera, si produce del magma che tende a risalire, formando un arcipelago di **isole vulcaniche** a forma di arco (**arco insulare**).

Questo paesaggio prende così il nome di **sistema arco-fossa** ■9. Ne sono esempi il Giappone, le Filippine, l'Indonesia, le isole Aleutine.

Tale tipo di margine è caratterizzato da attività sismica molto frequente (per esempio in Giappone si registrano in media 3 terremoti al giorno di intensità percepibile dall'uomo) e attività vulcanica di tipo intermedio: ciò significa che si alternano eruzioni effusive ed eruzioni esplosive. Cerca gli arcipelaghi sopra nominati sull'atlante e prova a individuare altri sistemi arco-fossa.

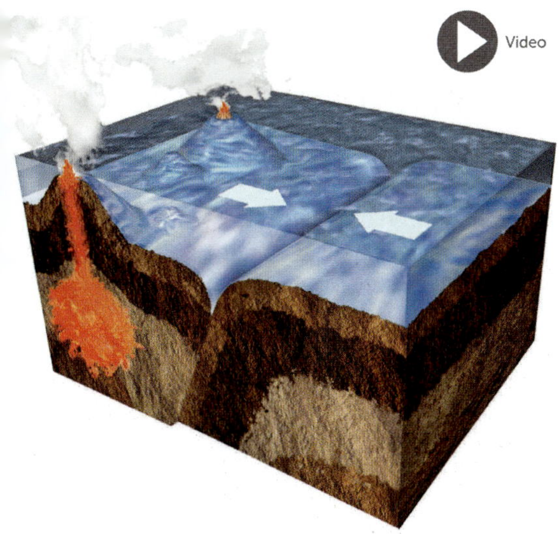

■8 I margini convergenti di placche oceaniche in subduzione.

■9 Il Krakatoa è un vulcano posizionato su un arco-fossa indonesiano che causò nel 1883 un'eruzione catastrofica esplosiva, considerata come la più imponente mai avvenuta nella storia.

La fossa delle Marianne

Nella parte nord-ovest dell'Oceano Pacifico, poco a est delle Isole Marianne, si trova la depressione più profonda finora conosciuta: è la Fossa delle Marianne, che arriva a quasi 11000 metri sotto il livello del mare. La fossa venne individuata da una spedizione oceanografica, la *Challenger*, tra il 1870 e il 1880, ma fu solo nel 1960, grazie al batiscafo *Trieste* progettato da Auguste Piccard e realizzato in Italia, che il famoso oceanografo svizzero Jacques Piccard, figlio di Auguste, insieme al capitano Don Walsh, riuscì, in un affascinante viaggio, a toccare il fondo in un'area della fossa conosciuta come *Deepsea Challenger*. L'esplorazione dei fondali marini è storia recente, ma molto si sta facendo in questi ultimi anni per ampliare le nostre conoscenze su questo mondo ancora in gran parte sconosciuto. Una delle ultime spedizioni guidata da un team internazionale di scienziati ha inviato un robot nelle profondità della fossa delle Marianne che ha prelevato alcuni campioni dal fondale, rivelando l'esistenza di una grande quantità di microorganismi.

Con metodo

Comprendo il testo

1. Rispondi.
- **a** Che cosa avviene quando due placche si scontrano?
- **b** Come sono anche chiamati i margini convergenti e perché?
- **c** Che cos'è il fenomeno della subduzione?

2. Vero o falso?
- **a** Le placche oceaniche tendono a sprofondare nell'astenosfera V F
- **b** Nello scontro tra due placche oceaniche si forma una dorsale oceanica V F
- **c** Nello scontro fra una placca oceanica e una continentale si forma una catena montuosa costiera V F
- **d** Un esempio di sistema arco-fossa è l'arcipelago delle Filippine V F

3. Dallo scontro tra due placche continentali si genera:
- ☐ una catena montuosa
- ☐ una cordigliera

4. Le Alpi e l'Himalaya si sono generati dallo scontro tra:
- ☐ due placche continentali
- ☐ una placca continentale e una placca oceanica

5. Dallo scontro tra una placca oceanica e una continentale si genera:
- ☐ una fossa oceanica lungo il margine del continente e una catena montuosa costiera
- ☐ solo una catena montuosa

Schematizzo

6. Prepara uno schema per illustrare le caratteristiche dello scontro tra due placche continentali e dello scontro tra una placca continentale e una oceanica.

10 Esempio di movimento trasforme.

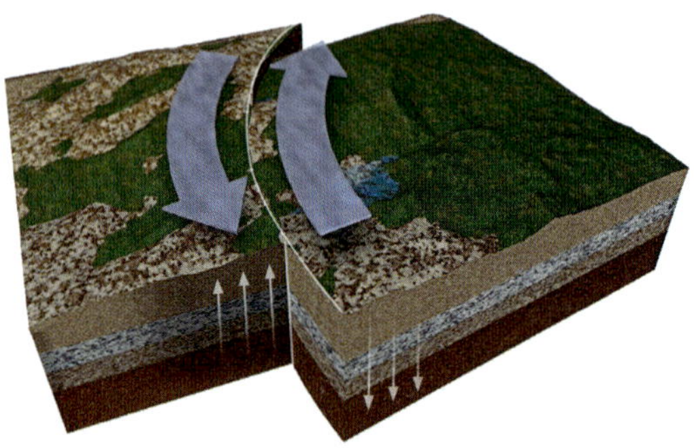

11 Margini trasformi modificano il paesaggio.

I margini trasformi

Osserva la foto 10: è piuttosto evidente che il corso del fiume è stato deviato secondo una direzione precisa.

Tale spostamento è di origine naturale e non è imputabile all'azione dell'uomo: è collegato alla presenza di un **margine trasforme**, cioè il confine tra due placche trascinate in due opposte direzioni lungo la superficie di contatto 11. Il margine trasforme più conosciuto si trova in Nordamerica: è la faglia di San Andreas (*San Andreas Fault*), lungo la costa pacifica degli Stati Uniti. Siamo al confine tra la placca pacifica, che si muove verso nordovest, e la placca nordamericana che viaggia verso sudest.

Presso i margini trasformi è frequente l'attività sismica, perché di norma lo scorrimento reciproco delle placche non avviene in modo regolare: le rocce si deformano accumulando energia che si libera improvvisamente generando terremoti, anche di notevole intensità, come quello che nel 1906 distrusse la città di San Francisco. L'attività vulcanica invece è molto rara, perché non c'è risalita di magma. Lungo i margini trasformi la litosfera non si crea né si distrugge: per questo sono chiamati anche margini **conservativi**.

I punti caldi

Contenuto integrativo

È vero che la maggior parte dei vulcani attivi si trova lungo i margini delle placche, ma non è sempre così. Per esempio, le Hawaii sono isole vulcaniche: anzi, sono i vulcani più alti e attivi del pianeta e si trovano nel bel mezzo della placca pacifica, a migliaia di kilometri da qualsiasi margine.

Per spiegare la presenza di vulcani al centro delle placche è necessario ipotizzare l'esistenza dei cosiddetti **punti caldi**. Questi sono dei punti in cui il magma dell'astenosfera risale con particolare forza, tale da bucare la sottile litosfera delle placche oceaniche e generare un vulcano. Si tratta di vulcani ad attività effusiva, perché sono alimentati dal magma basico dell'astenosfera (similmente a quelli delle dorsali medio-oceaniche). I punti caldi rimangono fissi mentre le placche soprastanti, come ben sappiamo, sono in continuo movimento 12. Ciò determina la formazione di una serie di vulcani allineati secondo il movimento della placca. I vulcani più antichi della serie sono spenti: vuol dire che lo spostamento della placca ha impedito al punto caldo di continuare ad alimentare il vulcano. La posizione dei vulcani più giovani e attivi mostra la posizione del punto caldo.

12 Il punto caldo presente nell'astenosfera, con lo scorrimento della placca sovrastante, dà origine a una catena di vulcani via via più recenti.

Con metodo

Comprendo il testo

1. Rispondi.
- **a** Che cos'è un margine trasforme?
- **b** Come sono anche chiamati i margini trasformi e perché?
- **c** Dove si trova il margine trasforme più conosciuto?
- **d** Quali fenomeni avvengono con più frequenza lungo i margini trasformi?

2. Vero o falso?
- **a** Le isole vulcaniche Hawaii si trovano lungo i margini di una placca V F
- **b** I punti caldi si possono trovare al centro di una placca V F
- **c** I vulcani nei punti caldi hanno attività esplosiva perché il magma è acido V F

Collaboro

3. Lavorate a **coppie** e ognuno studi il paragrafo. Chiudete il libro e provate a ripetere al vostro compagno quanto appreso.

Bande anomale nei fondali oceanici

Audio

Il nostro pianeta può essere paragonato a una grossa calamita, un oggetto in grado di attirare i materiali ferrosi grazie a forze magnetiche.

Tali forze hanno una loro zona di azione: il campo magnetico. Nel caso della Terra esso è definito come **campo geomagnetico**.

Proprio come in una calamita, anche nel nostro pianeta ci sono due poli magnetici: polo Nord magnetico e polo Sud magnetico (non lontani dal polo Nord e polo Sud geografico).

I poli però nel corso della storia geologica del pianeta hanno cambiato la loro posizione e si sono invertiti varie volte.

La forza magnetica del campo stesso non è rimasta costante nel tempo.

Il **paleomagnetismo** è una disciplina della Fisica che studia le proprietà magnetiche delle rocce e le caratteristiche del campo magnetico del passato, sia riguardo alla direzione sia all'intensità.

Le anomalie registrate sono diverse nelle rocce della crosta continentale rispetto a quella oceanica.

Nel 1963, uno studente di geofisica inglese, F. Vine e il suo professore di Cambridge D. Matthews pensarono che queste particolari anomalie paleomagnetiche della crosta oceanica potessero essere correlate all'espansione dei fondali oceanici stessi.

La lava che usciva lungo la dorsale si poneva ai due lati della spaccatura, allontanando la colata precedente nelle due direzioni opposte; solidificandosi, manteneva traccia della direzione del campo magnetico presente in quel momento. Se il campo s'invertiva, l'evento rimaneva registrato nella nuova lava che continuamente usciva 1.

1 La lava, solidificandosi, registra le caratteristiche magnetiche, come le inversioni del campo stesso. Le bande chiare e scure rappresentano tali inversioni.

Sui fondali si possono osservare, quindi, delle bande magnetiche parallele e simmetriche rispetto alla dorsale: questo si riscontra in tutti gli oceani del pianeta. Ciò ha fornito un'ulteriore prova dell'espansione dei fondali e quindi della teoria della tettonica delle placche 2. In base alla larghezza delle bande, Vine stimò che i fondali oceanici si espandevano da 1 a 4,5 cm all'anno.

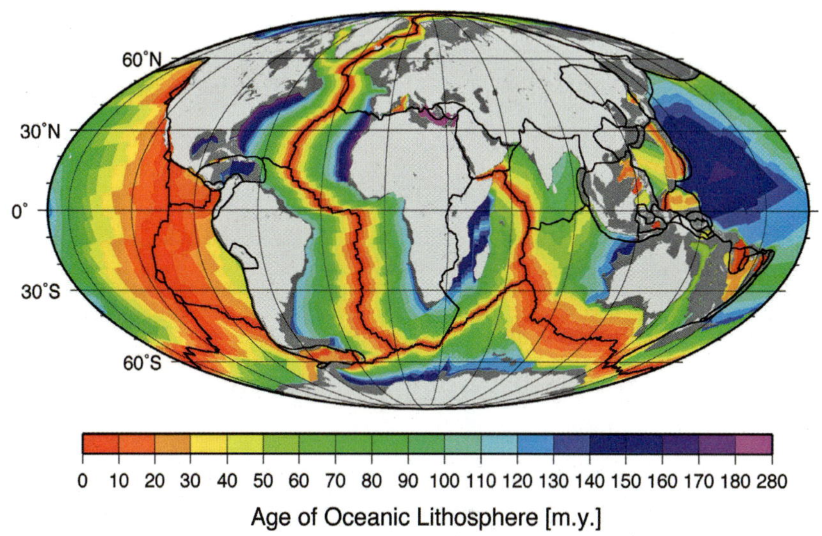

2 Nei fondali oceanici le inversioni del campo magnetico si dispongono in bande speculari rispetto alle dorsali oceaniche. (fonte: www.ngdc.noaa.gov)

Alla fine degli anni Cinquanta, **Harry Hammond Hess**, geologo e ammiraglio statunitense, elaborò la sua teoria nota come "Espansione dei fondali oceanici".

Tale teoria deriva dallo studio dei fondali effettuato dallo stesso Hess durante la Seconda Guerra Mondiale grazie al sonar applicato alla sua nave.

Gli studi paleomagnetici di Vine e Matthews, negli anni Sessanta, confermarono la teoria di Hess, che così fu riassunta:

«I continenti non avanzano attraverso la crosta oceanica spinti da forze sconosciute. Al contrario, essi viaggiano passivamente sul materiale del mantello che arriva in superficie alla cresta della dorsale e poi se ne allontana spostandosi lateralmente.

Su questa base la cresta della dorsale medio atlantica dovrebbe avere solo sedimenti recenti, e i fianchi solo sedimenti recenti e terziari.

L'intero Atlantico, e forse tutti gli oceani, dovrebbero avere poco sedimento più vecchio del Mesozoico».

Mi preparo all'interrogazione

Erickson

La tettonica

Che cos'è la tettonica? Che cosa sosteneva Wegener?

Paragrafi 1-2

Nei primi due paragrafi vengono spiegate la tettonica e la teoria di Wegener. Ricerca nel primo paragrafo che cos'è la tettonica e che cosa sosteneva Wegener. Nel secondo paragrafo concentrati invece sulla prima parte leggendo con attenzione le parole in grassetto. Compila poi una sintesi completando il seguente testo.

Panthalassa • oceani • Laurasia • rifiutata • energia • spostarsi • causa • vivo • Pangea • litosfera • mare • prove • cambiamenti • deriva

La Terra è un pianeta .... e dinamico perché al suo interno è presente ....

La tettonica è la scienza che studia i .... che l'energia interna della Terra provoca sulla .... Nel 1915, il meteorologo tedesco Alfred Wegener pubblicò un'opera nella quale sosteneva che i continenti potessero .... con il passare dei millenni. Questa tesi fu detta teoria della .... dei continenti. Wegener portò numerose .... a sostegno della sua teoria, ma poiché non riuscì a spiegare la .... di questi movimenti, essa venne .... dagli altri scienziati.

Wegener chiamò .... (tutta terra) il super-continente che esisteva 200 milioni di anni fa ed era circondato da un unico immenso oceano, ... (tutto mare).

In seguito Pangea si divise in due parti, ... e Gondwana, separate dal .... della Tetide. Con il passare dei millenni queste due grandi masse si divisero ancora e continuarono a spostarsi: si formarono così i continenti, gli .... e le catene montuose.

Le prove della deriva dei continenti

Quali prove dimostrano la validità della teoria della deriva dei continenti?

Paragrafo 2

Il paragrafo 2 spiega le varie prove a sostegno della teoria della deriva dei continenti. Evidenzia le categorie in cui si raggruppano queste prove e sottolinea le informazioni che ritieni più significative. Poi completa la tabella seguente.

1. prove	2. prove paleontologiche	3. prove	4. prove ....
I contorni dei continenti .... e questa è la prova che essi derivano dalla	I ritrovamenti di fossili dimostrano che terre che oggi sono lontane, in passato .... Visto che è impossibile che queste specie abbiano .... queste terre un tempo erano	Wegener scoprì che le rocce sedimentarie che risalgono a .... nei continenti dell'emisfero meridionale. Questo dimostra che le masse continentali erano .... e avevano tutte .... perché erano più vicine al Polo rispetto a oggi.	La geologia afferma che esiste una continuità .... che un tempo erano unite tra di loro .... Lo stesso accade per le catene montuose ....

3. Scontro tra due placche oceaniche

Le placche oceaniche sono molto dense e quella più vecchia (più fredda e densa) tende a sprofondare nell'astenosfera 8. La placca che va in subduzione trascina verso il basso anche il bordo dell'altra, cosicché lungo il margine si forma una profonda **fossa oceanica**.

La placca sprofondata, a causa delle alte temperature che incontra, scendendo, finirà con l'uniformarsi al materiale caldo che la circonda. Nella parte inferiore della placca sovrastante, invece, a causa dell'enorme attrito che si genera, si produce del magma che tende a risalire, formando un arcipelago di **isole vulcaniche** a forma di arco (**arco insulare**).

Questo paesaggio prende così il nome di **sistema arco-fossa** 9. Ne sono esempi il Giappone, le Filippine, l'Indonesia, le isole Aleutine.

Tale tipo di margine è caratterizzato da attività sismica molto frequente (per esempio in Giappone si registrano in media 3 terremoti al giorno di intensità percepibile dall'uomo) e attività vulcanica di tipo intermedio: ciò significa che si alternano eruzioni effusive ed eruzioni esplosive. Cerca gli arcipelaghi sopra nominati sull'atlante e prova a individuare altri sistemi arco-fossa.

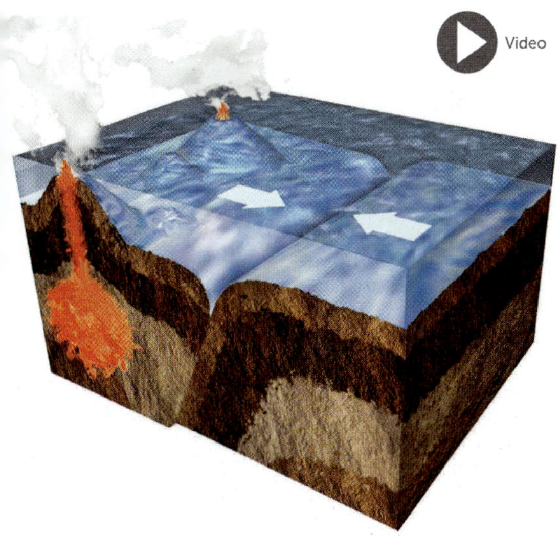

8 I margini convergenti di placche oceaniche in subduzione.

9 Il Krakatoa è un vulcano posizionato su un arco-fossa indonesiano che causò nel 1883 un'eruzione catastrofica esplosiva, considerata come la più imponente mai avvenuta nella storia.

La fossa delle Marianne

Nella parte nord-ovest dell'Oceano Pacifico, poco a est delle Isole Marianne, si trova la depressione più profonda finora conosciuta: è la Fossa delle Marianne, che arriva a quasi 11000 metri sotto il livello del mare. La fossa venne individuata da una spedizione oceanografica, la *Challenger*, tra il 1870 e il 1880, ma fu solo nel 1960, grazie al batiscafo *Trieste* progettato da Auguste Piccard e realizzato in Italia, che il famoso oceanografo svizzero Jacques Piccard, figlio di Auguste, insieme al capitano Don Walsh, riuscì, in un affascinante viaggio, a toccare il fondo in un'area della fossa conosciuta come *Deepsea Challenger*. L'esplorazione dei fondali marini è storia recente, ma molto si sta facendo in questi ultimi anni per ampliare le nostre conoscenze su questo mondo ancora in gran parte sconosciuto. Una delle ultime spedizioni guidata da un team internazionale di scienziati ha inviato un robot nelle profondità della fossa delle Marianne che ha prelevato alcuni campioni dal fondale, rivelando l'esistenza di una grande quantità di microorganismi.

Con metodo

Comprendo il testo

1. Rispondi.
   - a Che cosa avviene quando due placche si scontrano?
   - b Come sono anche chiamati i margini convergenti e perché?
   - c Che cos'è il fenomeno della subduzione?
2. Vero o falso?
   - a Le placche oceaniche tendono a sprofondare nell'astenosfera V F
   - b Nello scontro tra due placche oceaniche si forma una dorsale oceanica V F
   - c Nello scontro fra una placca oceanica e una continentale si forma una catena montuosa costiera V F
   - d Un esempio di sistema arco-fossa è l'arcipelago delle Filippine V F
3. Dallo scontro tra due placche continentali si genera:
   - ☐ una catena montuosa
   - ☐ una cordigliera
4. Le Alpi e l'Himalaya si sono generati dallo scontro tra:
   - ☐ due placche continentali
   - ☐ una placca continentale e una placca oceanica
5. Dallo scontro tra una placca oceanica e una continentale si genera:
   - ☐ una fossa oceanica lungo il margine del continente e una catena montuosa costiera
   - ☐ solo una catena montuosa

Schematizzo

6. Prepara uno schema per illustrare le caratteristiche dello scontro tra due placche continentali e dello scontro tra una placca continentale e una oceanica.

■10 Esempio di movimento trasforme.

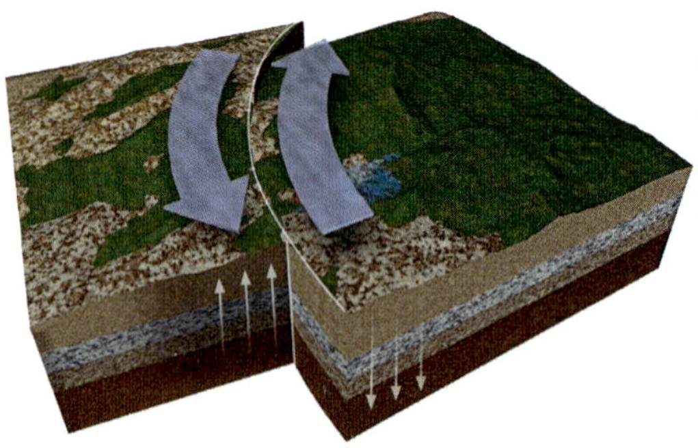

■11 Margini trasformi modificano il paesaggio.

Con metodo

Comprendo il testo

1. Rispondi.
   - **a** Che cos'è un margine trasforme?
   - **b** Come sono anche chiamati i margini trasformi e perché?
   - **c** Dove si trova il margine trasforme più conosciuto?
   - **d** Quali fenomeni avvengono con più frequenza lungo i margini trasformi?
2. Vero o falso?
   - **a** Le isole vulcaniche Hawaii si trovano lungo i margini di una placca V F
   - **b** I punti caldi si possono trovare al centro di una placca V F
   - **c** I vulcani nei punti caldi hanno attività esplosiva perché il magma è acido V F

Collaboro

3. Lavorate a **coppie** e ognuno studi il paragrafo. Chiudete il libro e provate a ripetere al vostro compagno quanto appreso.

I margini trasformi

Osserva la foto ■10: è piuttosto evidente che il corso del fiume è stato deviato secondo una direzione precisa.
Tale spostamento è di origine naturale e non è imputabile all'azione dell'uomo: è collegato alla presenza di un **margine trasforme**, cioè il confine tra due placche trascinate in due opposte direzioni lungo la superficie di contatto ■11. Il margine trasforme più conosciuto si trova in Nordamerica: è la faglia di San Andreas (*San Andreas Fault*), lungo la costa pacifica degli Stati Uniti. Siamo al confine tra la placca pacifica, che si muove verso nordovest, e la placca nordamericana che viaggia verso sudest.
Presso i margini trasformi è frequente l'attività sismica, perché di norma lo scorrimento reciproco delle placche non avviene in modo regolare: le rocce si deformano accumulando energia che si libera improvvisamente generando terremoti, anche di notevole intensità, come quello che nel 1906 distrusse la città di San Francisco. L'attività vulcanica invece è molto rara, perché non c'è risalita di magma. Lungo i margini trasformi la litosfera non si crea né si distrugge: per questo sono chiamati anche margini **conservativi**.

I punti caldi

Contenuto integrativo

È vero che la maggior parte dei vulcani attivi si trova lungo i margini delle placche, ma non è sempre così. Per esempio, le Hawaii sono isole vulcaniche: anzi, sono i vulcani più alti e attivi del pianeta e si trovano nel bel mezzo della placca pacifica, a migliaia di kilometri da qualsiasi margine.
Per spiegare la presenza di vulcani al centro delle placche è necessario ipotizzare l'esistenza dei cosiddetti **punti caldi**. Questi sono dei punti in cui il magma dell'astenosfera risale con particolare forza, tale da bucare la sottile litosfera delle placche oceaniche e generare un vulcano. Si tratta di vulcani ad attività effusiva, perché sono alimentati dal magma basico dell'astenosfera (similmente a quelli delle dorsali medio-oceaniche). I punti caldi rimangono fissi mentre le placche soprastanti, come ben sappiamo, sono in continuo movimento ■12. Ciò determina la formazione di una serie di vulcani allineati secondo il movimento della placca. I vulcani più antichi della serie sono spenti: vuol dire che lo spostamento della placca ha impedito al punto caldo di continuare ad alimentare il vulcano. La posizione dei vulcani più giovani e attivi mostra la posizione del punto caldo.

■12 Il punto caldo presente nell'astenosfera, con lo scorrimento della placca sovrastante, dà origine a una catena di vulcani via via più recenti.

Bande anomale nei fondali oceanici

Audio

Il nostro pianeta può essere paragonato a una grossa calamita, un oggetto in grado di attirare i materiali ferrosi grazie a forze magnetiche.

Tali forze hanno una loro zona di azione: il campo magnetico. Nel caso della Terra esso è definito come **campo geomagnetico**.

Proprio come in una calamita, anche nel nostro pianeta ci sono due poli magnetici: polo Nord magnetico e polo Sud magnetico (non lontani dal polo Nord e polo Sud geografico).

I poli però nel corso della storia geologica del pianeta hanno cambiato la loro posizione e si sono invertiti varie volte.

La forza magnetica del campo stesso non è rimasta costante nel tempo.

Il **paleomagnetismo** è una disciplina della Fisica che studia le proprietà magnetiche delle rocce e le caratteristiche del campo magnetico del passato, sia riguardo alla direzione sia all'intensità.

Le anomalie registrate sono diverse nelle rocce della crosta continentale rispetto a quella oceanica.

Nel 1963, uno studente di geofisica inglese, F. Vine e il suo professore di Cambridge D. Matthews pensarono che queste particolari anomalie paleomagnetiche della crosta oceanica potessero essere correlate all'espansione dei fondali oceanici stessi.

La lava che usciva lungo la dorsale si poneva ai due lati della spaccatura, allontanando la colata precedente nelle due direzioni opposte; solidificandosi, manteneva traccia della direzione del campo magnetico presente in quel momento. Se il campo s'invertiva, l'evento rimaneva registrato nella nuova lava che continuamente usciva ■1.

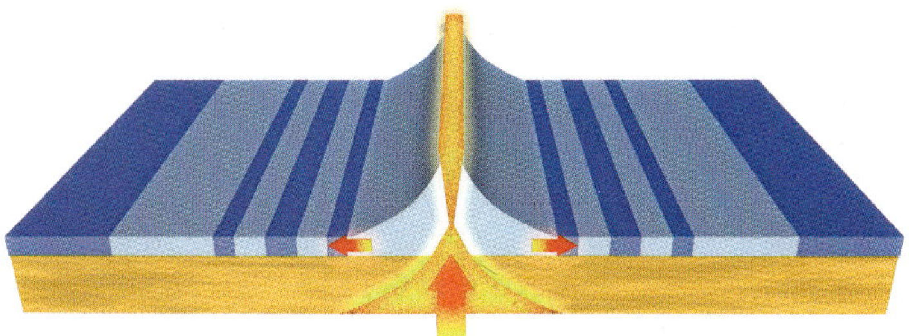

■1 La lava, solidificandosi, registra le caratteristiche magnetiche, come le inversioni del campo stesso. Le bande chiare e scure rappresentano tali inversioni.

Sui fondali si possono osservare, quindi, delle bande magnetiche parallele e simmetriche rispetto alla dorsale: questo si riscontra in tutti gli oceani del pianeta. Ciò ha fornito un'ulteriore prova dell'espansione dei fondali e quindi della teoria della tettonica delle placche ■2. In base alla larghezza delle bande, Vine stimò che i fondali oceanici si espandevano da 1 a 4,5 cm all'anno.

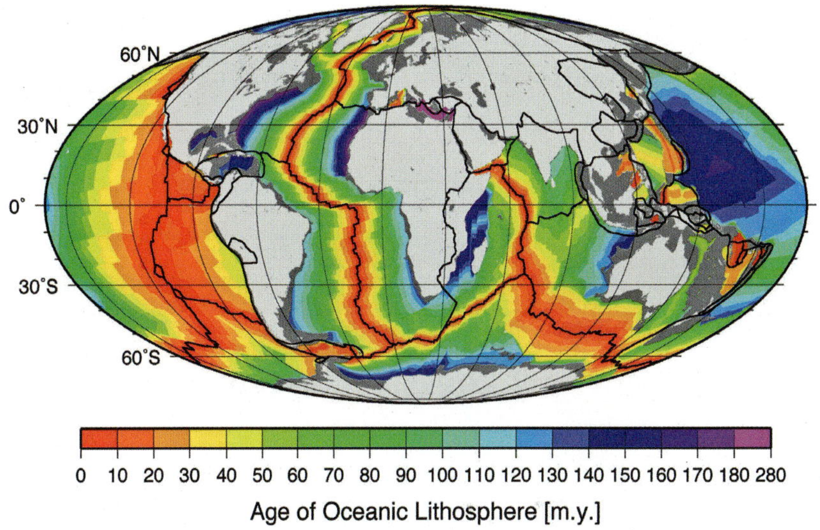

■2 Nei fondali oceanici le inversioni del campo magnetico si dispongono in bande speculari rispetto alle dorsali oceaniche. (fonte: www.ngdc.noaa.gov)

Alla fine degli anni Cinquanta, **Harry Hammond Hess**, geologo e ammiraglio statunitense, elaborò la sua teoria nota come "Espansione dei fondali oceanici".

Tale teoria deriva dallo studio dei fondali effettuato dallo stesso Hess durante la Seconda Guerra Mondiale grazie al sonar applicato alla sua nave.

Gli studi paleomagnetici di Vine e Matthews, negli anni Sessanta, confermarono la teoria di Hess, che così fu riassunta:

«I continenti non avanzano attraverso la crosta oceanica spinti da forze sconosciute. Al contrario, essi viaggiano passivamente sul materiale del mantello che arriva in superficie alla cresta della dorsale e poi se ne allontana spostandosi lateralmente.

Su questa base la cresta della dorsale medio atlantica dovrebbe avere solo sedimenti recenti, e i fianchi solo sedimenti recenti e terziari.

L'intero Atlantico, e forse tutti gli oceani, dovrebbero avere poco sedimento più vecchio del Mesozoico».

Erickson

La tettonica

Che cos'è la tettonica? Che cosa sosteneva Wegener?

Paragrafi 1-2

Nei primi due paragrafi vengono spiegate la tettonica e la teoria di Wegener. Ricerca nel primo paragrafo che cos'è la tettonica e che cosa sosteneva Wegener. Nel secondo paragrafo concentrati invece sulla prima parte leggendo con attenzione le parole in grassetto. Compila poi una sintesi completando il seguente testo.

Panthalassa • oceani • Laurasia • rifiutata • energia • spostarsi • causa • vivo • Pangea • litosfera • mare • prove • cambiamenti • deriva

La Terra è un pianeta ………… e dinamico perché al suo interno è presente …………. La tettonica è la scienza che studia i ………… che l'energia interna della Terra provoca sulla …………. Nel 1915, il meteorologo tedesco Alfred Wegener pubblicò un'opera nella quale sosteneva che i continenti potessero ………… con il passare dei millenni. Questa tesi fu detta teoria della ………… dei continenti. Wegener portò numerose ………… a sostegno della sua teoria, ma poiché non riuscì a spiegare la ………… di questi movimenti, essa venne ………… dagli altri scienziati.

Wegener chiamò ………… (tutta terra) il super-continente che esisteva 200 milioni di anni fa ed era circondato da un unico immenso oceano, ………… (tutto mare).

In seguito Pangea si divise in due parti, ………… e Gondwana, separate dal ………… della Tetide. Con il passare dei millenni queste due grandi masse si divisero ancora e continuarono a spostarsi: si formarono così i continenti, gli ………… e le catene montuose.

Le prove della deriva dei continenti

Quali prove dimostrano la validità della teoria della deriva dei continenti?

Paragrafo 2

Il paragrafo 2 spiega le varie prove a sostegno della teoria della deriva dei continenti. Evidenzia le categorie in cui si raggruppano queste prove e sottolinea le informazioni che ritieni più significative. Poi completa la tabella seguente.

1. prove …………	2. prove paleontologiche	3. prove …………	4. prove …………
I contorni dei continenti ………… e questa è la prova che essi derivano dalla …………	I ritrovamenti di fossili dimostrano che terre che oggi sono lontane, in passato ………… ………… Visto che è impossibile che queste specie abbiano ………… queste terre un tempo erano ………… …………	Wegener scoprì che le rocce sedimentarie che risalgono a ………… nei continenti dell'emisfero meridionale. Questo dimostra che le masse continentali erano ………… e avevano tutte ………… perché erano più vicine al Polo rispetto a oggi.	La geologia afferma che esiste una continuità ………… che un tempo erano unite tra di loro ………… Lo stesso accade per le catene montuose ………… …………

La tettonica delle placche

Che cosa studia la tettonica delle placche? Paragrafo 3

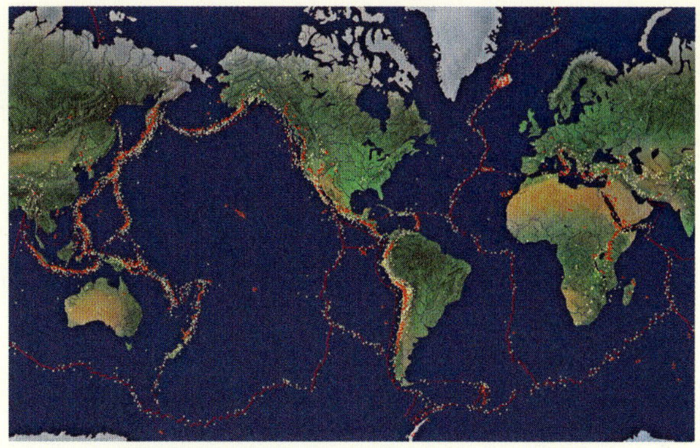

Leggi con attenzione la seconda pagina del paragrafo 3 e osserva bene le immagini. Ricerca nel testo il collegamento tra la collocazione di vulcani e epicentri di terremoti con la tettonica. Concentrati soprattutto sull'immagine ■3 durante la lettura e poi confrontala con l'immagine ■4. Riformula di seguito con le tue parole la tettonica delle placche senza rileggere il testo ma osservando l'immagine qui accanto.

....

....

....

....

....

....

....

....

....

I movimenti delle placche

Quali sono i movimenti delle placche e che cosa formano? Paragrafo 4

Il paragrafo 4 spiega come i movimenti delle placche siano la causa delle trasformazioni della litosfera. Questi movimenti sono di tre tipi: evidenziali nel testo e sottolinea le parole in grassetto che spiegano come e dove avvengono questi movimenti e quali sono le loro conseguenze. Poi cerca di completare il seguente schema.

- LE PLACCHE SI ALLONTANANO
  - lungo i margini si crea ....
    - nei fondali oceanici si forma una dorsale medio-oceanica
    - sui continenti ....
- LE PLACCHE ....
  - lungo i margini la litosfera ....
    - scontro tra due placche oceaniche
      - si forma una fossa oceanica
    - scontro tra due ....
      - si forma .... (orogenesi)
    - scontro tra una .... e una ....
      - si formano ....
- ....
  - lungo i margini le placche scorrono
    - si forma ....

Mi preparo all'interrogazione

Contenuti multipli

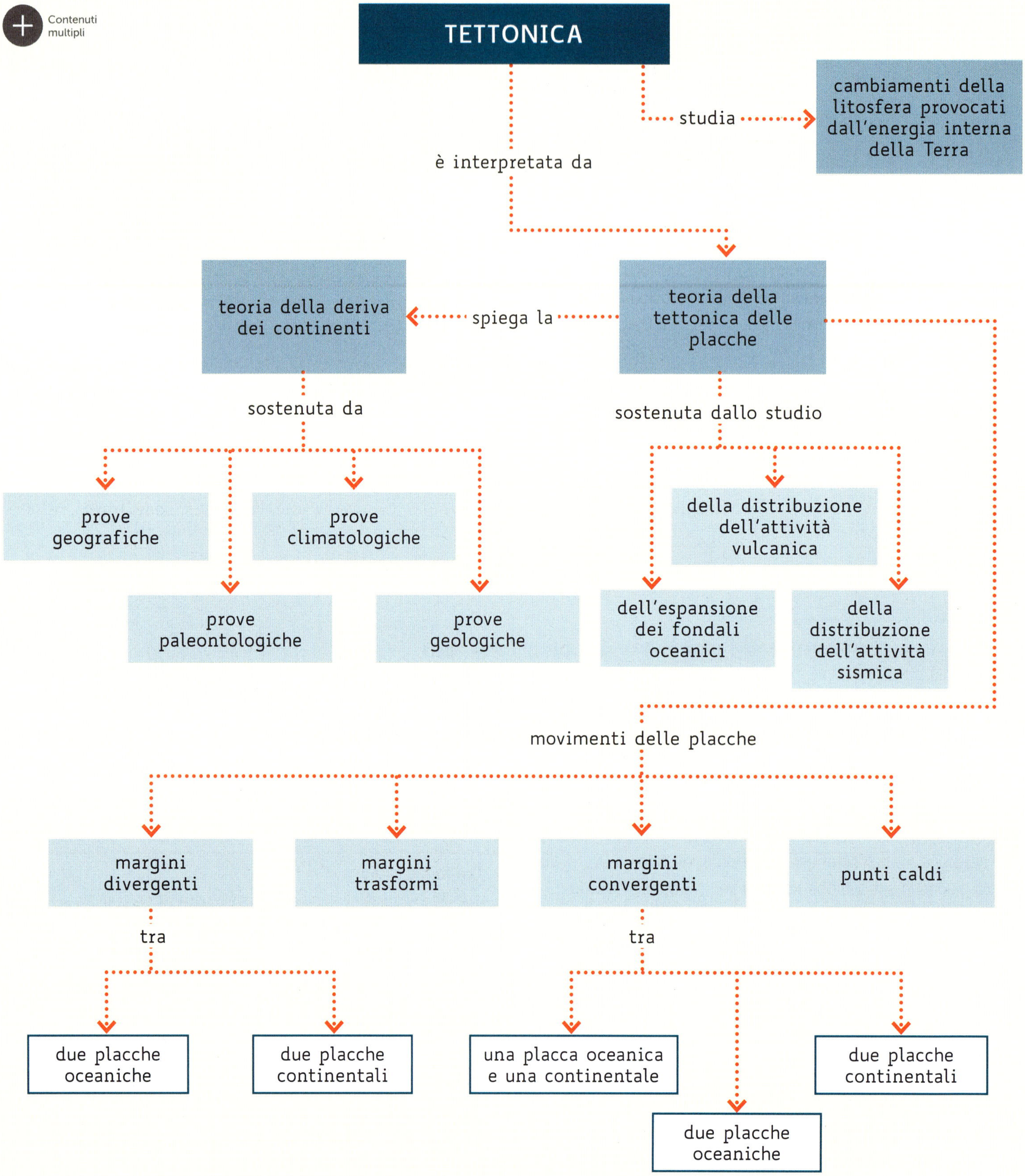

verifica

Verifica interattiva

CONOSCO

1 Completa le seguenti frasi scegliendo tra i termini elencati.

lateralmente • *bucare* • *cordigliera* • *subduzione* • *fossa* • *tettonica* • *interna* • *esterno* • *Pangea* • *Panthalassa* • *fossili* • *convergente* • *sismica* • *caldi* • *Glossopteris* • *placche* • *Hawaii* • *vulcani* • *calore* • *astenosfera* • *divergente* • *trasforme* • *dorsale* • *accartocciano* • *immerge*

a La .... studia i cambiamenti provocati dall'energia .... della Terra sulla litosfera, guscio rigido e rotondo che forma l'involucro .... del pianeta

b Secondo Wegener 200 milioni di anni fa vi era un unico supercontinente, la ...., circondato da un unico grande oceano, la ....

c I .... dimostrano che terre ora lontanissime come Brasile e Sudafrica erano popolate dalle stesse specie di viventi, come la .... o il mesosauro

d Le .... hanno forme e dimensioni diverse e i loro confini coincidono con le zone più ricche di terremoti e ....

e Il .... proveniente dall'interno della Terra raggiunge l'.............................. generando dei moti convettivi che trascinano le placche soprastanti che sono quindi in perenne movimento

f Le placche possono allontanarsi tra loro, creando un margine ....; scontrarsi, creando un margine ....; scorrere lateralmente, creando un margine ....

g Se la separazione avviene sul fondale oceanico si forma una .... medio-oceanica

h Se due placche oceaniche si scontrano, una tende a sprofondare nell'astenosfera, fenomeno detto ....; la placca in subduzione trascina verso il basso il bordo dell'altra formando una .... oceanica

i Se si scontrano due placche continentali le placche si .... una sull'altra spingendosi sempre più in alto e generando una catena montuosa

l Se si scontrano una placca oceanica e una continentale quella oceanica, più densa, si .... sotto la placca continentale; si origina una fossa oceanica lungo il margine del continente e una catena montuosa costiera detta ....

m Se le placche scorrono .... si parla di margine trasforme, dove è frequente l'attività ....

n I punti .... sono punti in cui il magma dell'astenosfera risale con grande forza tale da .... la litosfera delle placche oceaniche e generando un vulcano, come nel caso delle isole ....

2 INVALSI **Segna con una crocetta il completamento esatto.**

a Le placche di litosfera galleggiano su uno strato duttile molto denso chiamato:
☐ nucleo ☐ mantello ☐ astenosfera ☐ crosta

b Se la frattura avviene nel continente si forma:
☐ una dorsale oceanica ☐ un piano inclinato
☐ una zona di subduzione ☐ un rift continentale

c La formazione delle catene montuose si chiama:
☐ subduzione ☐ vulcanesimo
☐ tettonica ☐ orogenesi

3 Sottolinea il termine corretto tra i due proposti in corsivo.

a Secondo la teoria della tettonica delle placche la litosfera è divisa in circa *dieci/venti* frammenti detti placche

b Presso le dorsali gli oceani si *espandono/restringono*

c I margini divergenti sono detti *costruttivi/distruttivi*

d Lungo i margini trasformi la litosfera non si crea né si distrugge, per cui si parla di margini *conservativi/immutabili*

APPLICO

4 Sottolinea i termini errati del seguente testo.

Le placche oceaniche sono molto dense, perciò tendono a sprofondare nell'astenosfera: il fenomeno prende il nome di *subduzione/sprofondamento*, che avviene lungo un piano *inclinato/dritto*. La placca che va in subduzione trascina verso il basso anche il bordo dell'altra, cosicché lungo il margine si forma una profonda *fossa oceanica/buca continentale*. A causa dell'enorme attrito che si genera si produce *del magma/della lava* che tende a risalire formando un arcipelago di isole vulcaniche a forma di arco (arco insulare). Questo paesaggio prende così il nome di *sistema arco-fossa/arco-freccia*.

COMPETENZE

1. Calcola e ragiona.

Secondo alcuni studi, l'India si è avvicinata all'Asia al ritmo di 15 cm all'anno. Quanti anni ci sarebbero voluti per un avvicinamento di 30 km?

In English

Verifica interattiva

2. Fill in the blanks.

earthquakes • *plates* • *move apart* • *crash* • *slide* • *volcano*

Earthquakes and volcanoes occur in similar areas because of the .... of the lithosphere, which move all the time. When they .... together they cause .... and create volcanoes, when they .... and paste each other they cause lots of earthquakes and when they .... magma from the earth's core creates a .... and earthquakes happen along the fault lines.

CLIL: let's learn English

Plate tectonics

Audio

Objectives

- Describe the theory of plate tectonics

Remember

- The plates move because of convection currents in the Earth's mantle.
- Plate tectonics explains why earthquakes and volcanoes were concentrated in specific places.

Alfred Wegener.

The Earth's crust and upper part of the mantle are broken into large pieces called tectonic plates. These are constantly moving at a few centimetres each year. Although this doesn't sound like very much, over millions of years the movement allows whole continents to shift thousands of kilometres apart. This process is called continental drift.
The plates move because of convection currents in the Earth's mantle. These are driven by the heat produced by the decay of radioactive elements and heat left over from the formation of the Earth.
The Earth's crust becomes unstable where tectonic plates meet,as the plates push against each other or ride under or over each other. Earthquakes and volcanic eruptions happen at the boundaries between plates, and the crust may 'crumple' to form mountain ranges.

Alfred Wegener

A German scientist, called Alfred Wegener, first proposed the theory of plate tectonics and continental drift at the beginning of the last century. Before his time, it was believed that the planet's features, such as mountains, were caused by the crust shrinking due to the cooling of the Earth after it was formed.

It took more than 50 years for Wegener's theory to be accepted because it was difficult to understand the mechanism that could make whole continents move. It was not until the 1960s that enough evidence was discovered to support the theory fully.

Evidence for plate tectonics

So what was the evidence for Wegener's theory?
Plate tectonics explained why earthquakes and volcanoes were concentrated in specific places - around the boundaries of moving plates.
The match in shape between the east coast of South America and the west coast of Africa suggests both were once part of a single continent. There are similar patterns of rocks and similar fossils on both sides of the Atlantic - including the fossil remains of land animals that would have been unable to swim across an ocean.

BEFORE

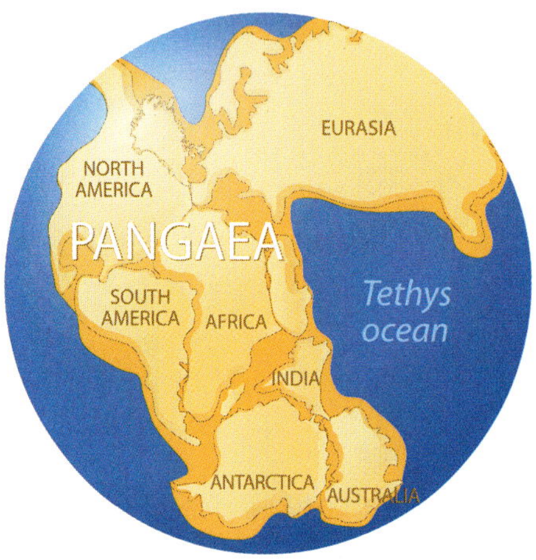

AFTER

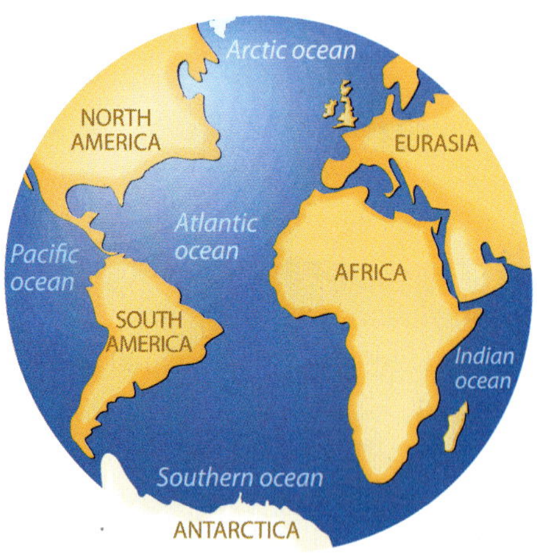

Exercises

1. What is plate tectonics?
2. What are the evidences to support this theory?

12 La paleontologia

I fossili sono la testimonianza di esseri viventi del passato: ossa, gusci, impronte ed escrementi sono le preziosissime informazioni che ci aiutano a ricostruire il passato.

Digi Scienze

Video

Preparati per la lezione:
- guarda il video
- compila la scheda

Nelle prossime pagine troverai altri contenuti digitali

- Allegato scaricabile
- Contenuto integrativo
- Audio
- Verifica interattiva

1 I fossili

Audio

I fossili sono resti o tracce di antichi esseri viventi

Parole di Scienze

fossili: dal latino *fodere* = scavare.
paleontologia: dal greco *palaios* = antico, *onton* = essere, creatura e *logos* = studio.

I dinosauri, rettili del passato che colpiscono molto la fantasia di grandi e piccoli, negli ultimi anni sono stati spesso protagonisti di film di successo. Oggi questi animali sono estinti: come si può allora conoscerne l'aspetto? Ci viene in aiuto lo studio dei loro fossili.

I **fossili** sono resti o tracce, riconoscibili, di esseri viventi del passato che si sono conservati fino a oggi all'interno delle rocce sedimentarie, dopo aver subito trasformazioni chimico-fisiche chiamate **processi di fossilizzazione**.
Sono quindi considerati fossili non solo ossa, gusci ecc. 1, ma anche le tracce lasciate dagli esseri viventi del passato, come le impronte 2, gli escrementi (**coproliti** 3) o le uova 4.

3 Coprolite.

1 Fossili di ammonite.

2 Impronte di dinosauri nella cava Pontrelli di Altamura.

4 Uova di dinosauro.

Il termine *fossile* è stato coniato nel XIV secolo da Georg Bauer, un mineralogista tedesco.
Inizialmente tale termine indicava tutto ciò che si poteva estrarre dal terreno, quindi non solo i resti di organismi vegetali o animali, ma anche le rocce e i minerali. Solo all'inizio del XIX secolo la parola *fossile* ha acquisito il significato attuale.

La **paleontologia** è la scienza che studia i fossili e cerca di ricostruire gli antichi ambienti.

Tale termine diventò di uso comune, fra gli scienziati che si occupavano di fossili, solo dopo che un geologo inglese, Charles Lyell, lo utilizzò nel 1838 in un suo trattato di geologia. Da allora questi studiosi sono chiamati **paleontologi**.

La paleontologia è una scienza molto complessa che si può suddividere in due grandi rami:

- la **paleontologia generale**, che studia la natura dei fossili e i processi di fossilizzazione;
- la **paleontologia sistematica**, che si occupa dello studio dell'anatomia dei resti fossili e della loro classificazione. La paleontologia sistematica, a sua volta, si può ulteriormente suddividere in quattro diversi settori: la **paleozoologia**, che studia i fossili di animali, la **paleobotanica**, che si occupa dei fossili di vegetali, la **paleoantropologia**, che si occupa dello studio dei resti umani fossili e la **micropaleontologia**, che studia resti fossili di microorganismi, sia animali sia vegetali.

La fossilizzazione è un evento eccezionale, che si verifica solo in determinate condizioni

I fossili che sono stati ritrovati fino a oggi, seppur numerosi, rappresentano solo una piccola parte degli organismi vissuti nel passato, questo perché la fossilizzazione è un evento eccezionale che richiede particolari condizioni ambientali per verificarsi.

La **tafonomia** è la branca della paleontologia generale che si occupa di studiare i processi di fossilizzazione.

Subito dopo la morte, gli organismi vengono attaccati dagli **agenti distruttori**, cioè quei fenomeni *biologici* (animali che si cibano di cadaveri o batteri che decompongono la sostanza organica), *atmosferici* (vento, onde e correnti) o *chimici* (l'acqua che scioglie ciò che resta degli organismi) che portano alla *distruzione* dell'organismo stesso 5a.

Perché la fossilizzazione abbia inizio, è necessario che gli organismi siano sottratti il prima possibile agli agenti distruttori tramite un **rapido seppellimento** da parte dei sedimenti 5b. Gli ambienti più adatti affinché ciò avvenga sono quelli con elevata e continua sedimentazione (bacini marini, laghi, paludi) oppure ambienti in cui si depositano i sedimenti trasportati dal vento (depositi di sabbia) o dall'acqua (grotte).

Anche dopo il seppellimento spesso la decomposizione delle parti molli, a opera dei batteri, continua. È facile quindi intuire che raramente gli organismi si fossilizzano integralmente: di solito sono le parti più resistenti (ossa, denti, conchiglie, legno ecc.) che si conservano, mentre i tessuti molli vengono quasi sempre perduti 5c.

Una volta che l'organismo è stato seppellito, i processi chimici che portano alla formazione del fossile vero e proprio possono iniziare e nella maggior parte dei casi ciò comporta la trasformazione del resto in roccia 5d. Questo richiede tempi lunghissimi. Essendo ricoperto da numerosi strati di sedimenti, ormai litificati, è necessario uno scavo per il ritrovamento del fossile, salvo che fenomeni erosivi non lo riportino alla luce.

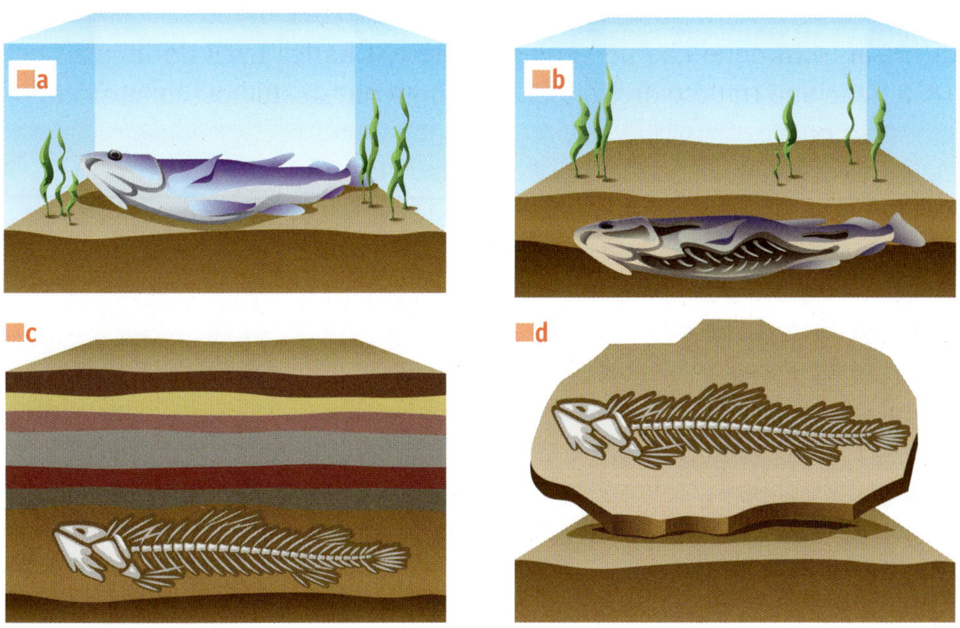

5 Formazione di un fossile:
a l'organismo, dopo la morte, si deposita sul fondale marino, dove inizia l'opera degli agenti distruttori;
b i sedimenti lo ricoprono limitando l'azione degli agenti distruttori;
c le parti molli si decompongono;
d se la trasformazione in fossile si completa, ciò che resta dell'organismo, trasformato in roccia, si conserva fino ai giorni nostri.

Con metodo

Analizzo il testo

1. Che cosa sono i fossili? Sottolinea nel testo la risposta a questa domanda.
2. Che cosa studia la tafonomia? Evidenzialo nel testo.
3. Completa.
   La .... è la scienza che studia i ....e cerca di ricostruire gli antichi ambienti. Il termine divenne di uso comune dopo che un geologo inglese, Charles ...., lo usò nel .... in un trattato di geologia

Comprendo il testo

4. Rispondi.
   - **a** Qual è la differenza tra paleontologia generale e paleontologia sistematica?
   - **b** Quali sono gli agenti distruttori che attaccano gli organismi subito dopo la morte?
   - **c** Quali sono le condizioni necessarie affinché abbia inizio la fossilizzazione? Quali ambienti sono più adatti?
5. Abbina ogni termine al suo oggetto di studio.
   Paleozoologia ....
   Paleoantropologia ....
   Paleobotanica ....
   Micropaleontologia ....
   - **a** resti fossili di vegetali
   - **b** resti fossili di microrganismi
   - **c** fossili di animali
   - **d** resti umani fossili

Collaboro

6. A **coppie**, scrivete su un foglio alcune domande relative ai concetti spiegati nel paragrafo. Scambiatevi i fogli e ciascuno di voi provi a rispondere alle domande del compagno.

2 I tipi di fossilizzazione

I fossili si possono formare attraverso diversi meccanismi

La formazione di un fossile non è per niente semplice: è necessario un rapido seppellimento, ma non è sufficiente.
Dopo che l'organismo è stato seppellito dai sedimenti, va incontro a una serie di processi chimico-fisici che prendono il nome di **diagenesi**: tali processi possono portare alla completa distruzione del resto oppure alla sua conservazione allo stato fossile.
Il principale processo di fossilizzazione è la **mineralizzazione**: con questo termine si indica la *sostituzione* della materia organica da parte di quella inorganica a seguito dell'ingresso, in ciò che resta dell'organismo, dei sali minerali disciolti nelle acque che circolano nei sedimenti.
Proprio il ruolo chiave dell'acqua, come "trasportatore" di minerali, rende gli ambienti acquatici i più adatti alla formazione di fossili. Questo tipo di fossilizzazione, in alcuni casi, può essere molto precisa, tanto da conservare i particolari microscopici dell'organismo, sostituendo cellula per cellula. In altri casi i sali minerali si limitano a *impregnare* (riempire) gli spazi vuoti che si sono formati durante la decomposizione delle parti molli, con un risultato meno preciso, ma pur sempre riconoscibile 1.

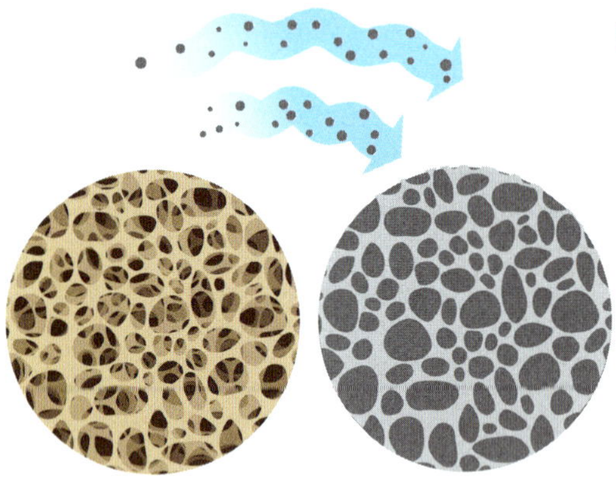

1 L'impregnazione da parte dei sali minerali degli spazi vuoti permette la conservazione fossile delle ossa.

In alcune particolari circostanze, per esempio all'interno delle grotte, il seppellimento e la mineralizzazione possono avvenire contemporaneamente. Questo accade quando acque con altissime concentrazioni di sali minerali schizzano direttamente sull'organismo, formando attorno a esso una crosta mineralizzata: questo particolare processo prende, appunto, il nome di **incrostazione** 2.

2 Queste foglie sono state incrostate per opera di acque molto ricche di sali minerali. Non sono ancora fossili, ma con il trascorrere del tempo la materia organica verrà decomposta lasciando l'impronta nella crosta minerale.

A seconda del minerale principale che ha contribuito a conservare l'organismo si parla di fossili **piritizzati** (pirite) 3, **silicizzati** (silice, una generica varietà di quarzo) e così via.

3 Ammonite piritizzata: quando la mineralizzazione avviene grazie alla pirite, il fossile assume una lucentezza metallica.

La mineralizzazione non è l'unico processo che permette la conservazione sotto forma di fossile: soprattutto per quanto riguarda i vegetali (in alcuni casi anche insetti e raramente i vertebrati) la fossilizzazione avviene mediante **carbonificazione**. Tale processo si svolge in assenza di ossigeno (ambiente anossico) per opera di batteri che estraggono dalla materia organica l'ossigeno e l'azoto, lasciando così il carbonio. In questo modo si sono formati i depositi di **carbon fossile** 4. Man mano che la trasformazione procede la percentuale di carbonio aumenta: i resti fossili sono riconoscibili solo nelle prime fasi di questa trasformazione.

4 Felce carbonificata.

Non sbagliare anche tu...

Il carbon fossile, nonostante il suo nome, non è propriamente un fossile, ma una roccia sedimentaria organogena, originata dall'accumulo di vegetali.

In alcune particolari circostanze l'organismo si conserva interamente, quindi restano non solo le parti resistenti, come le ossa, ma anche i tessuti molli: si parla in questo caso di **conservazione totale**.

La **mummificazione** naturale è un processo abbastanza raro che permette la conservazione anche di parti molto delicate. Perché questo avvenga, deve esserci una forte disidratazione (perdita di acqua) dell'organismo dopo la morte, che ne impedisce la decomposizione.

Un altro esempio di conservazione totale è la **crioconservazione** (conservazione al freddo). Questo è un processo tipico di fossili che risalgono all'ultimo periodo glaciale (da 110 000 a 12 000 anni fa) e solitamente si conservano nel suolo permanentemente gelato della tundra (permafrost) 5.

Un caso molto particolare di conservazione è l'**inglobamento in fluidi**: si tratta di un tipo di seppellimento che avviene all'interno di materiali fluidi che funzionano da trappola. I *laghi di petrolio*, famosi quelli di Rancho La Brea in California 6, sono stati una trappola micidiale per numerosissimi vertebrati. Il petrolio, una volta fuoriuscito dal sottosuolo e nascosto da un velo di acqua piovana, traeva in inganno gli animali. Questi, entrandoci per abbeverarsi, ne rimanevano intrappolati, vi morivano e andavano incontro a fossilizzazione.

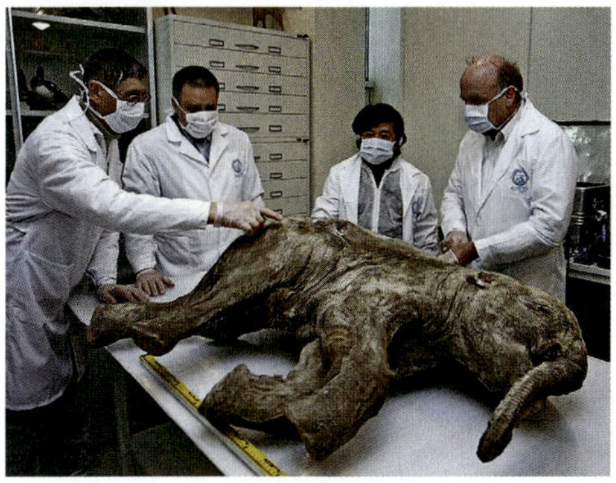

5 Lyuba è un cucciolo femmina di mammut scoperto nel maggio del 2007 in Siberia. Dopo essere morta circa 41 000 anni fa, si è conservata intatta nel gelido terreno siberiano.

6 Affioramento di petrolio a Rancho la Brea (California).

Un altro esempio di trappola è la resina prodotta dagli alberi. Questa cola lungo il tronco ed essendo appiccicosa ingloba insetti, altri piccoli organismi o frammenti di vegetali, sottraendoli all'azione degli agenti distruttori. Tale resina può subire processi chimici che ne provocano l'indurimento. Quando questo processo si completa, abbiamo la formazione di una "paleoresina" che viene chiamata **ambra** 7. Perché questa si formi, generalmente, occorrono almeno 5 milioni di anni. Degli organismi che sono stati inglobati all'interno della resina, pur essendo perfettamente visibili, solitamente rimane una sottile pellicola di carbonio. In casi eccezionali sono state ritrovate anche le parti molli. Nel 2016, in Birmania, è stata ritrovata un'ambra con una coda di dinosauro perfettamente conservata.

7 Spesso nelle resine fossili restano intrappolati insetti o piccoli organismi, di cui si conserva una sottile pellicola che ne riproduce perfettamente la forma.

Con metodo

Analizzo il testo

1. Che cos'è la diagenesi? Sottolinea nel testo la risposta a questa domanda.
2. Completa.
   Il principale processo di fossilizzazione è la ...., cioè la .... della materia .... da parte di quella inorganica a seguito dell'ingresso dei sali .... disciolti nelle acque che circolano nei sedimenti

Comprendo il testo

3. Rispondi.
   - **a** Come avviene il processo detto "incrostazione"?
   - **b** Per quale motivo si parla di fossili piritizzati o silicizzati?
   - **c** Come avviene il processo detto carbonificazione?

Schematizzo

4. Completa la tabella.

nome processo	descrizione
mineralizzazione	
carbonificazione	
mummificazione	
crioconservazione	
inglobamento in fluidi	
inglobamento in resina	

Collaboro

5. A **gruppi di tre**, ricercate informazioni tramite Internet e/o testi sui principali processi che portano alla formazione di resti fossili. Preparate una semplice relazione da esporre alla classe.

Contenuto integrativo

3 Lo studio dei fossili

Audio

I fossili permettono di ordinare gli eventi dal più antico al più recente

La datazione relativa

La ricostruzione della storia della Terra avviene tramite lo studio della **serie stratigrafica**, ovvero la successione degli strati rocciosi che compongono la crosta terrestre. La **stratigrafia** è la scienza che si occupa di stabilire la giusta sequenza degli eventi geologici e biologici che si sono avvicendati nel corso della storia del nostro pianeta. Per fare ciò ci si basa sul principio della sovrapposizione di Niels Stensen, naturalista e geologo danese vissuto nel 1600: "Gli strati sedimentari sono depositati in una sequenza di tempo, con il più vecchio in basso e il più giovane in alto" 1.

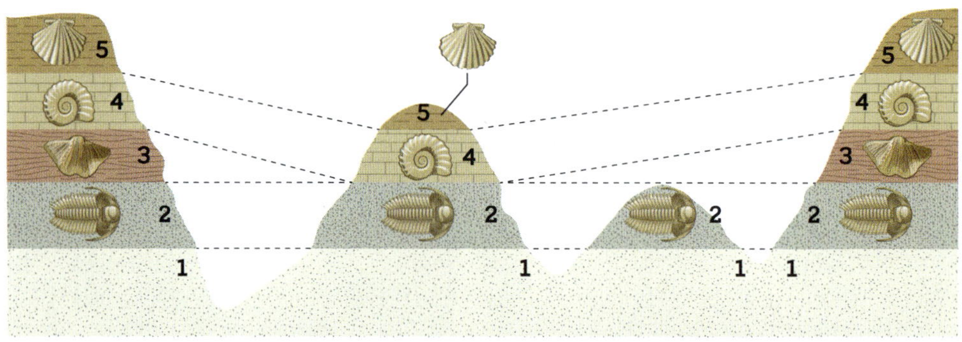

1 Grazie alla presenza dei fossili è possibile ricostruire la storia e l'età degli strati rocciosi, anche nel caso in cui, in certe zone, a causa dell'erosione, alcuni strati manchino. Ciò permette quindi di ricostruire la giusta cronologia.

Purtroppo però tale principio è valido solo in parte, poiché spesso le successioni stratigrafiche possono subire dei ribaltamenti. Per avere una successione cronologica corretta sono utilizzati i fossili contenuti nei vari strati.
Perché i fossili sono indispensabili per questo tipo di datazione?

- I fossili e il sedimento che li contiene si sono formati contemporaneamente.
- Spesso si possono collegare i resti fossili di una determinata specie a una determinata era geologica.
- La successione cronologica del loro cambiamento è oggi conosciuta.

I fossili, dunque, permettono di riconoscere una successione di eventi, dal più antico al più recente, senza però ottenerne un'età precisa: si parla di **datazione relativa**. Questa consente di stabilire quale strato sia più giovane o più vecchio in relazione a un altro. Particolarmente utili per le ricostruzioni stratigrafiche sono i **fossili guida**. Per essere ritenuto tale un fossile deve appartenere a organismi che hanno avuto un'ampia distribuzione geografica, che hanno popolato la Terra per un periodo limitato di tempo e sono appartenuti a un gruppo caratterizzato da un rapido cambiamento nel tempo. Ovviamente devono anche essere facili da trovare. Le **ammoniti**, molluschi cefalopodi marini ormai estinti, sono un esempio di fossile guida per quanto riguarda l'era Mesozoica (252-66 milioni di anni fa), mentre i **trilobiti**, artropodi marini estinti, lo sono per l'era Paleozoica (541-252 milioni di anni fa) e i **foraminiferi**, protozoi marini, per quella Cenozoica (66 milioni di anni fa) 2.

2 Trilobiti, Ammoniti e Foraminiferi sono fossili guida.

Non sbagliare anche tu...

Uno dei metodi di datazione più famosi e citati da stampa e televisione è quello del **radiocarbonio**. In effetti, è un metodo molto importante, perché permette di datare direttamente la materia organica e si basa sul contenuto di due isotopi del carbonio (C): il C-14 e il C-12. Durante la loro vita gli organismi assorbono questi due isotopi dall'ambiente e il loro rapporto resta costante. Dopo la morte dell'individuo, il C-14 contenuto nel suo corpo decade, trasformandosi in azoto (N), quindi la percentuale del C-14 rispetto al C-12 diminuisce. Misurando nel resto organico il rapporto fra i due, si può ottenere la data della morte dell'organismo. Purtroppo il tempo di dimezzamento del C-14 è molto breve, solo 5730 anni, quindi non è possibile datare reperti più vecchi di circa 60 000 anni. Per datare fossili molto antichi come i dinosauri, non si può utilizzare questo metodo, al contrario di quello che viene spesso trasmesso in televisione.

La datazione assoluta

La datazione relativa delle rocce ci permette di ordinare gli eventi geologici e biologici che si sono succeduti nel tempo, ma non di dar loro un'età precisa. Ovviamente, l'evento più antico è la nascita del nostro pianeta, ma quando è avvenuto?

Questo è sempre stato un grande mistero per gli studiosi delle Scienze della Terra. Fino al 1654 si pensava che il nostro pianeta avesse circa 5600 anni e fosse stato creato in una data ben precisa, calcolata da un vescovo tedesco utilizzando la successione delle generazioni bibliche: il 26 ottobre del 4004 a.C. Lo studio di fenomeni geologici, come l'erosione, che avvengono in tempi molto lenti, fece però dedurre che la Terra fosse molto più antica, senza però riuscire a stabilirne l'età esatta. La scoperta, nel 1896, della radioattività naturale ha permesso ai geologi di stabilire l'età delle rocce.

La radioattività è un insieme di processi fisici che avvengono nei nuclei di alcuni elementi instabili (**radioattivi**) come radio, uranio e torio, che portano al loro decadimento, cioè alla loro trasformazione in altri elementi solitamente più leggeri.

Il decadimento di un elemento instabile (padre) in uno stabile (figlio) avviene a velocità costante, indipendentemente dalla quantità di elemento iniziale. Il tempo necessario a trasformare la metà dell'elemento padre nel figlio viene detto **tempo di dimezzamento**: anch'esso è costante e non dipende dalla quantità dell'elemento. Queste caratteristiche rendono gli elementi radioattivi dei veri e propri **orologi naturali**. Misurando il rapporto fra elemento padre ed elemento figlio nella roccia che si deve datare e conoscendone il tempo di dimezzamento, si riesce a calcolare l'età della roccia 3.

Questo tipo di datazione che permette di ottenere l'età della roccia è definita **datazione assoluta**: solitamente viene applicata per le rocce ignee, in quanto gli elementi radioattivi si sono formati insieme alla roccia. Per questo motivo, non si può datare direttamente un fossile con questi metodi, poiché i fossili si trovano in rocce sedimentarie. Solitamente si cerca uno strato di rocce ignee, il più vicino possibile al fossile, che sia databile. In questo modo si può ottenere molto realisticamente anche l'età del fossile. La datazione assoluta viene sempre affiancata da quella relativa per avere datazioni il più possibile precise.

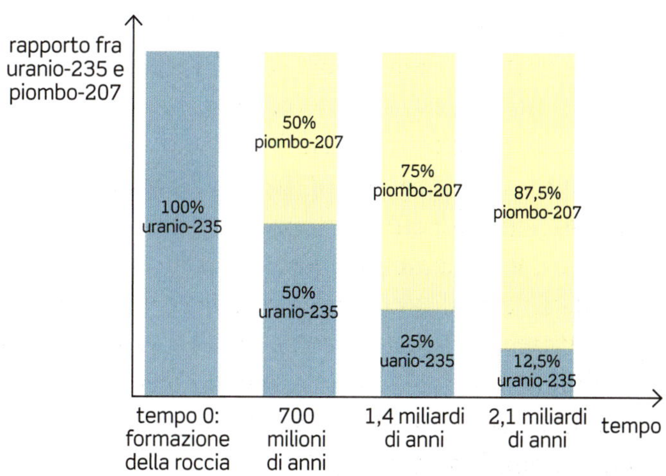

3 Al momento della formazione della roccia avremo il 100% di uranio-235, dopo 700 milioni di anni (il tempo di dimezzamento) metà dell'uranio-235 si sarà trasformato (decaduto) in piombo-207. Dopo altri 700 milioni di anni (quindi dopo 1,4 miliardi di anni dalla formazione della roccia) la metà dell'uranio-235 sarà decaduto in piombo-207: resta solo il 25% dell'uranio iniziale.

Con metodo

Analizzo il testo

1. Che cosa significa serie stratigrafica? Evidenzia nel testo la risposta a questa domanda.
2. Quali caratteristiche deve avere un fossile guida per essere tale? Cerchia nel testo ciascuna caratteristica.

Comprendo il testo

3. Completa.
   - **a** Secondo il principio della ...., gli strati sedimentari sono depositati in una sequenza di ...., con il più vecchio in .... e il più giovane in ....
   - **b** La radioattività è un insieme di processi .... che avvengono nei .... di alcuni elementi instabili (radioattivi) come radio, ... e torio, che portano al loro ...., cioè alla loro trasformazione in altri elementi solitamente più ....
4. Rispondi.
   - **a** Perché il principio di sovrapposizione di Stensen è valido solo in parte?
   - **b** Per quale motivo i fossili contenuti nei vari strati sono utilizzati per avere una successione cronologica corretta?
   - **c** Quale è la differenza tra datazione "relativa' e datazione "assoluta"?
   - **d** Qual è il ruolo dei fossili guida?

Comprendo le parole

5. Scrivi per ogni fossile guida l'era per la quale è importante.
   - **a** Ammoniti ....
   - **b** Trilobiti ....
   - **c** Foraminiferi ....

Collaboro

6. A **coppie** scegliete un fossile guida tra quelli elencati nel testo; ricercate informazioni su di esso tramite Internet e/o testi e preparate una semplice relazione da esporre alla classe.

4 La storia della vita sulla Terra

Audio

La storia della vita sulla Terra si può ricostruire grazie ai fossili

1 La targa denominata *Golden Spike* (chiodo dorato), che segna il passaggio tra il periodo Criogeniano e il periodo Ediacariano, nella catena dei Monti Flinders (Australia meridionale).

Grazie ai sempre più precisi metodi di datazione delle rocce, oggi sappiamo che la Terra ha circa 4,6 miliardi di anni, anche se le rocce più antiche del nostro pianeta hanno 4,37 miliardi di anni. Come facciamo a sapere che in realtà la Terra è più vecchia delle rocce più antiche presenti su di essa? Questa informazione si ottiene datando i meteoriti, rocce formatesi, come la Terra, alla nascita del Sistema Solare ma che, a differenza delle rocce terrestri, non hanno subito alcuna trasformazione.

Utilizzando i fossili è stato possibile individuare le tappe fondamentali della storia della vita sul nostro pianeta. Ciò ha permesso di dividere la vastità del tempo geologico in parti più piccole e di istituire la **scala geocronologica**.

Tale scala è suddivisa in quattro **eoni**, che sono le **unità geocronologiche** più grandi, a loro volta divisi in dieci **ere**. Queste ultime sono ulteriormente ripartite in **periodi**, che hanno comunque una durata di alcune decine di milioni di anni. Queste grandi suddivisioni si basano su eventi biologici di primaria importanza; gli avvenimenti minori, invece, sono stati utilizzati per ripartizioni più piccole, **epoche** ed **età**.

I tempi della geologia, però, sono estremamente più lunghi dei tempi della storia e per questo possono risultare difficili da comprendere. Per rendere tutto più semplice proviamo a condensare la storia della Terra in un solo anno. Alla mezzanotte del 1° gennaio si è formato il nostro pianeta, ma non è ancora come lo conosciamo ora: bisogna aspettare la prima metà di febbraio perché si formino nucleo, mantello e crosta.
Intorno al 17 febbraio si ipotizza la nascita delle più semplici forme di vita, ma la prima traccia fossile viene lasciata all'inizio di marzo. Durante la primavera, l'estate e i primi giorni d'autunno le trasformazioni della superficie terrestre hanno portato alla formazione delle prime terre emerse e dei primi oceani. Nel frattempo, il 18 luglio, compaiono le prime forme di vita pluricellulari, mentre solo il 18 di novembre troviamo i primi organismi marini complessi dotati di guscio. Tra il 21 e il 22 dello stesso mese appaiono i primi vertebrati acquatici. Il 2 di dicembre si scorgono sulle terre emerse i primi anfibi: la vita animale esce parzialmente dall'acqua!
Le terre emerse sono colonizzate definitivamente dai primi rettili il 4 di dicembre e i dinosauri mesozoici sono vissuti sul nostro pianeta per soli 13 giorni, dal 13 al 26 di dicembre. Il 15 di dicembre fanno la loro comparsa i primi mammiferi e la nostra specie, *Homo sapiens*, solo alle 23:37 del 31 dicembre. 19 secondi prima della mezzanotte dell'ultimo giorno dell'anno viene fondata Roma e poco meno di un decimo di secondo prima delle 24 siete nati voi che state leggendo.

CLIL for SCIENCE Audio

scala geocronologica: *geological time scale*

See the table on the next page: how many millions of years ago did the Jurassic period start? When did it finish?

Il passaggio fra due ere o fra due periodi spesso è segnato dalla comparsa di grandi gruppi di organismi (per esempio gli invertebrati marini dotati di guscio) o dalla scomparsa di numerose specie nelle **estinzioni di massa**. Per i primi 4 miliardi di anni, quando le testimonianze di vita erano praticamente inesistenti, la suddivisione in eoni, ere e periodi è stata decisa in modo teorico dalla Commissione Internazionale di Stratigrafia (I.C.S.). Invece, i limiti che segnano il passaggio tra le unità che costituiscono gli ultimi 720 milioni di anni (dal Criogeniano in poi) sono quasi tutti visibili in una o più parti del pianeta. Di queste parti, quella più rappresentativa viene scelta come punto di riferimento a livello globale e la I.C.S. vi appone una targa ■1.

	EONE	ERA	PERIODO	ETÀ IN milioni di anni	PRINCIPALI EVENTI (età in milioni di anni)
	Fanerozoico	Cenozoico	Quaternario	2,58	0,2 Comparsa *Homo sapiens* 2,8 Comparsa del genere *Homo* 65 Diffusione dei mammiferi
			Neogene	23,03	
			Paleogene	66,00	
		Mesozoico	Cretaceo	145,00	66 Estinzione di massa 135 Comparsa delle angiosperme 200 Comparsa dei mammiferi e divisione di Pangea 230 Primi dinosauri
			Giurassico	201,30	
			Triassico	251,90	
		Paleozoico	Permiano	298,90	252 Si verifica la più grande estinzione conosciuta 290 Diffusione delle gimnosperme 300 Formazione del supercontinente Pangea 350 Comparsa dei rettili e foreste di pteridofite 360 Primi anfibi 440 Prime piante terrestri 500 Primi vertebrati marini 540 Primi invertebrati marini complessi dotati di guscio
			Carbonifero	358,90	
			Devoniano	419,20	
			Siluriano	443,80	
			Ordoviciano	485,40	
			Cambriano	541,00	
Precambriano	Proterozoico	Neo-proterozoico	Ediacariano	635,00	750 Divisione della Rodinia 760 Comparsa dei primi organismi animali 1000 Formazione del supercontinente Rodinia
			Criogeniano	720,00	
			Toniano	1000	
		Meso-proterozoico	Steniano	1200	
			Ectasiano	1400	
			Calimniano	1600	
		Paleo-proterozoico	Stateriano	1800	2100 Primi organismi pluricellulari, scoperti in Gabon, che rubano il primato a quelli australiani dell'Ediacariano 2500 L'ossigeno comincia a diffondersi in atmosfera e alla fine del Paleo-proterozoico raggiunge una concentrazione pari all'1% di quella attuale
			Orosiano	2050	
			Riaciano	2300	
			Sideriano	2500	
	Archeano	Neo-archeano		2800	
		Meso-archeano		3200	3450 Primi organismi autotrofi
		Paleo-archeano		3600	3800 Prime forme di vita unicellulari 4000 Prime molecole organiche
		Eo-archeano		4000	
	Adeano			≈4600	4370 Età delle più antiche rocce conosciute 4530 Formazione della Luna

■2 Scala geocronologica semplificata. In corrispondenza dei limiti, l'orologio indica una divisione teorica, mentre il chiodo indica l'esistenza materiale del limite sulla superficie terrestre. Il Precambriano non è un'unità geocronologica ufficiale, ma accettata per raggruppare i primi tre eoni.

Con metodo

Analizzo il testo

1. Come è possibile sapere che la Terra è più vecchia delle rocce più antiche presenti sul nostro pianeta? Evidenzia nel testo la risposta a questa domanda.

2. Che cosa significa la sigla I.C.S.? Sottolinea la risposta nel testo.

Comprendo il testo

3. Rispondi.

a Che cosa si intende per scala geocronologica?

b Se condensiamo la storia della Terra in un solo anno, a che cosa corrisponde il 18 luglio? E che cosa è avvenuto alle 23:37 del 31 dicembre?

c Da quali eventi è segnato il passaggio tra due ere o tra due periodi nella scala geocronologica?

d Leggendo la scala geocronologica semplificata, quali avvenimenti hanno caratterizzato l'era del Paleo-proterozoico? E quali invece l'era del Mesozoico? Quanti milioni di anni è durata ciascuna di queste due ere?

4. Completa.

La scala geocronologica è suddivisa in quattro .... a loro volta divisi in dieci .... Queste ultime sono ulteriormente ripartite in .... Queste suddivisioni si basano su eventi biologici di primaria importanza; gli avvenimenti minori sono stati utilizzati per ripartizioni più piccole, le .... e le ....

Lavoro sulle immagini

5. In un cartellone o sul tuo quaderno ricopia la scala geocronologia inserita nel testo, indicando eoni, ere, periodi e principali avvenimenti.

Collaboro

6. A **coppie**, ciascuno di voi prova a memorizzare i periodi in cui sono state suddivise le ere Paleozoico, Mesozoico e Cenozoico. Chiudete il libro e provate a ripetere la sequenza corretta.

Polifemo e altre storie... di fossili!

Audio

Non sempre i fossili hanno avuto la corretta interpretazione, soprattutto nel caso di organismi ormai estinti e quindi mai visti.

Spesso nelle storie che narrano di giganti mitologici o di altre bizzarre creature potrebbero nascondersi proprio dei ritrovamenti di fossili non riconosciuti come tali.

Nell'Odissea, il poema greco che narra il viaggio di Ulisse (o Odisseo in greco) per far ritorno nella sua amata Itaca, il protagonista e i suoi compagni arrivano nelle terre dei Ciclopi. Qui vengono catturati da Polifemo, il più terribile di tutti, che Ulisse descrive come un uomo di enorme grandezza e con un unico occhio. Occhio che il protagonista acceca per poter scappare dalla grotta del ciclope che si era già mangiato sei dei suoi dodici compagni. I Ciclopi però compaiono in molti altri miti antichi e anche scrittori più recenti ne parlano. Boccaccio, scrittore e poeta italiano vissuto nel 1300, scrive di "gigantesche ossa" o "ossa di Polifemo" trovate in una caverna nei pressi di Trapani. Dopo la seconda metà del 1800 alcuni studiosi, esplorando le grotte della Sicilia, trovarono ossa di elefanti: non elefanti come quelli conosciuti oggi, ma notevolmente più piccoli, con un'altezza di soli 90 cm. Questi animali erano diffusi più di centomila anni fa in molte isole del Mediterraneo e le loro ridotte dimensioni erano dovute a un adattamento ad ambienti insulari, con poco spazio e scarse risorse di cibo.

I loro crani presentano un buco al centro della fronte (la cavità nasale) che potrebbe sembrare una grossa orbita per l'occhio e la loro forma ricorda quella di un cranio umano di notevoli dimensioni.

Una delle ipotesi è che la leggenda dei Ciclopi sia proprio nata da ritrovamenti di ossa e crani di elefanti nani, animali ormai estinti, di cui non si conosceva l'esistenza e quindi interpretati in modo fantasioso ■1.

Nella raccolta di novelle orientali "Le Mille e una notte" una storia colpisce per un curioso ritrovamento: Sindbad il marinaio.

Nel suo quinto viaggio, dopo una lunga navigazione, insieme ai suoi compagni, Sindbad approda su un'isola, dove trova l'uovo del Roc, di cui si ciba.

Il Roc è un gigantesco uccello che si nutre di elefanti.

Anche in questo caso si è cercato di far luce sulla possibile identificazione di questo animale e scoprire se fosse esistito realmente.

In Madagascar sono vissuti fino al XVI secolo degli uccelli non volatori di dimensioni gigantesche (*Aepyornis maximus*) che potevano arrivare a 3 m di altezza e pesare 500 kg.

Le loro uova avevano una circonferenza di 1 m e un'altezza di 35 cm ■2.

Potrebbe forse essere lui il Roc delle leggende?

■1 La leggenda dei Ciclopi, esseri giganteschi con un occhio solo, potrebbe derivare dai ritrovamenti di crani di elefanti nani (*Palaeoloxodon falconeri*) in Sicilia o in altre isole del Mediterraneo.

■2 *Aepyornis maximus* è un uccello ormai estinto, le cui uova potrebbero aver ispirato la leggenda del Roc.

Sulle spalle dei giganti

Mary Anning

Audio

Mary Anning è stata una grande paleontologa inglese, vissuta a Lymes Regis nella prima metà del 1800 ■1.

La ragazza seguì le orme del padre che, pur facendo il falegname, si dilettava a raccogliere e rivendere ai turisti i fossili che trovava sulle spiagge.

■1 Mary Anning.

Nel 1811 il fratello di Mary trovò un cranio, lungo più di un metro, di un ittiosauro, un rettile marino estinto ■2. Qualche mese dopo Mary scoprì anche il resto dello scheletro, che inizialmente fu scambiato per quello di un coccodrillo.

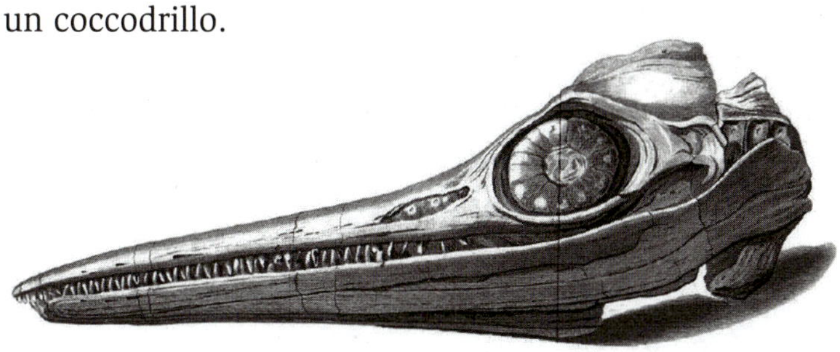

■2 Cranio di ittiosauro scoperto nel 1811 da Joseph Anning.

Nel 1820 Mary individuò il primo scheletro di plesiosauro, un altro rettile acquatico ■3.

Per il grande numero di vertebre del collo, mai trovate in nessun altro animale, l'autenticità del fossile fu messa in dubbio da Georges Cuvier, il famoso naturalista francese.

Lo studioso accusò Mary di falsificazione. Per fortuna in seguito venne rinvenuto un esemplare completo di plesiosauro, che fugò i dubbi di Cuvier.

Nel 1828 Mary scoprì il primo fossile di rettile volante inglese, uno pterosauro classificato successivamente come *Dimorphodon macronyx* ■4.

Mary Anning ha dato un contributo fondamentale alla paleontologia, anche se in vita non ha mai avuto grandi riconoscimenti.

Nonostante ciò, la ragazza aveva sempre seguito metodi di scavo e studio molto rigorosi e spesso famosi studiosi le chiedevano opinioni sui fossili.

Alla sua epoca la ricerca era praticamente preclusa alle donne, escluse infatti da ogni associazione scientifica. Le sue umili origini poi contribuirono a peggiorare le cose e le sue scoperte vennero quasi sempre attribuite ad altri.

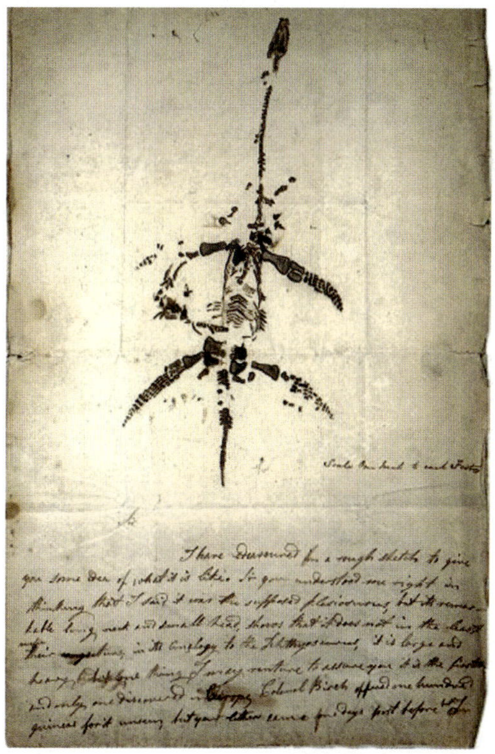

■3 Disegno accompagnato da una lettera di Mary che annuncia la scoperta del plesiosauro.

■4 Disegno delle ossa di *Dimorphodon macronyx*.

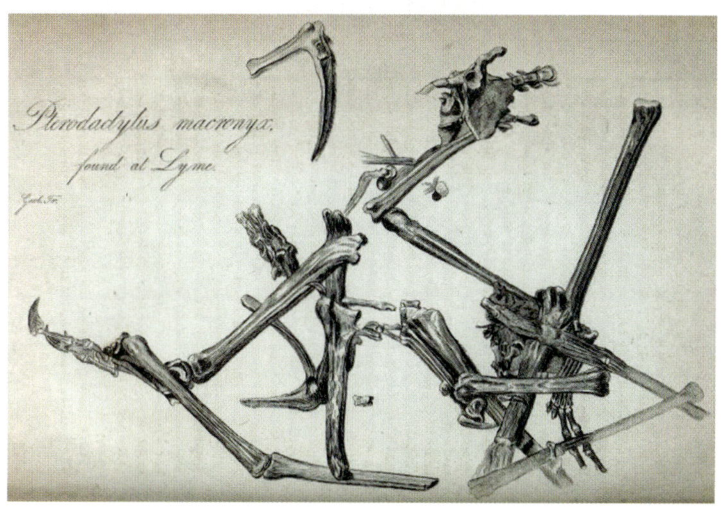

Mi preparo all'interrogazione

I fossili

Che cosa sono i fossili e la paleontologia?

Paragrafo 1

Ricerca nel paragrafo la definizione di fossili, che cos'è la paleontologia e in quali branche si suddivide. Completa poi la seguente mappa ed espandila sul tuo quaderno per approfondire i singoli nodi.

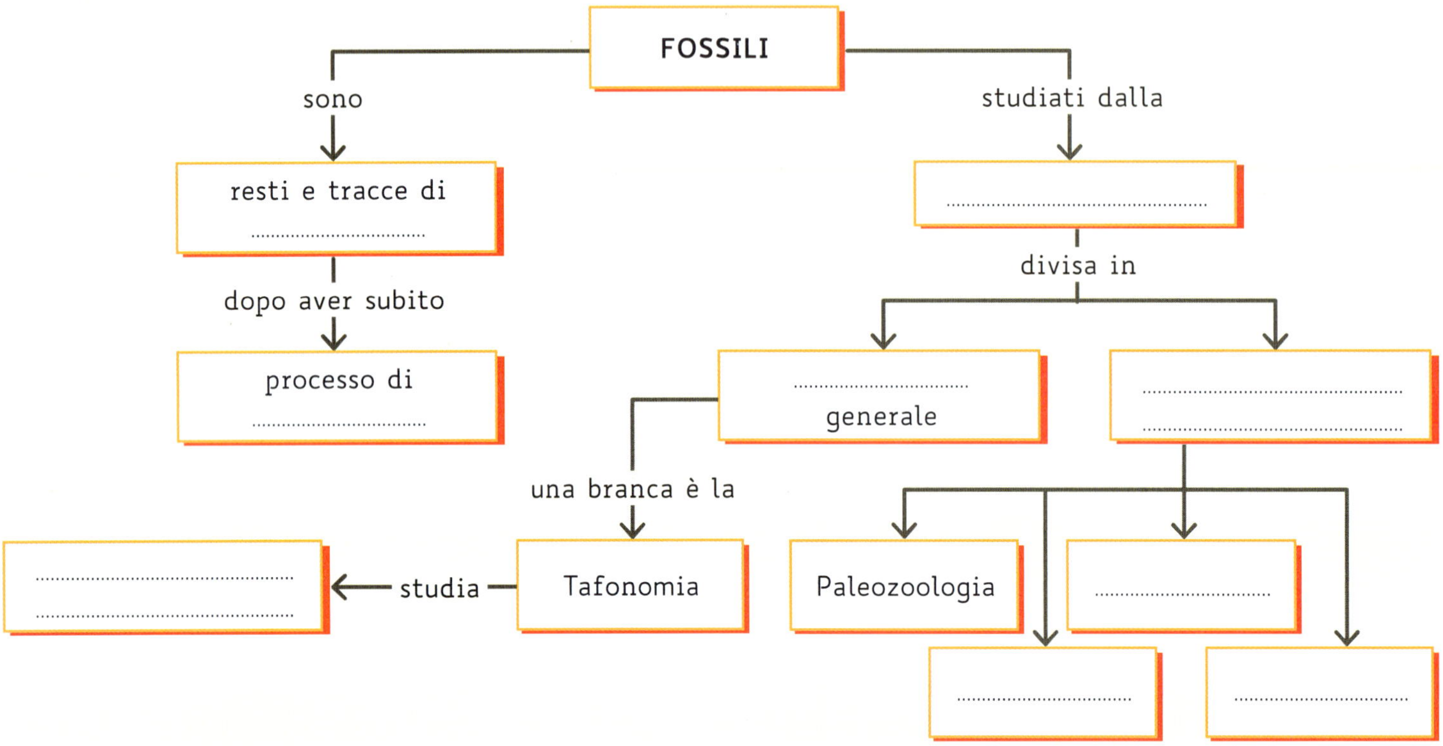

I tipi di fossilizzazione

Quali processi portano alla fossilizzazione?

Paragrafo 2

Individua i diversi processi di fossilizzazione nel paragrafo 2, evidenziali con colori diversi e cerca di comprendere come avvengono osservando anche le figure che ti vengono proposte. Ora osserva le seguenti immagini di fossili, scrivi qual è il processo che ha portato alla loro formazione e descrivilo brevemente.

… … La materia organica viene sostituita da sali minerali	INCROSTAZIONE … … … … …	CARBONIFICAZIONE … … … … …	… … … … … …

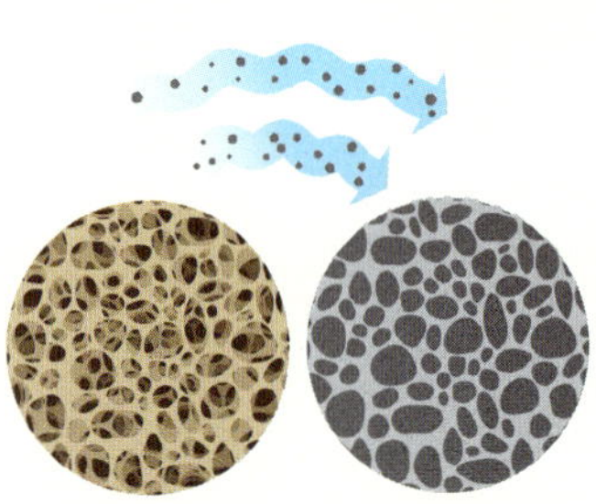

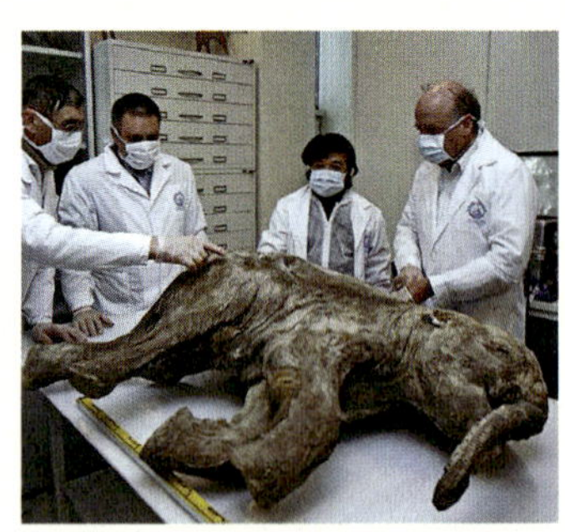

Lo studio dei fossili e la datazione

Come avviene la datazione degli eventi che riguardano la Terra?

Paragrafo 3

Cerca nel paragrafo 3 che cos'è e di che cosa si occupa la stratigrafia e perché è importante lo studio dei fossili. Sintetizza le informazioni completando le frasi. Poi completa la tabella con le informazioni richieste per creare un riassunto dell'intero paragrafo.

- La stratigrafia è la scienza che ....
....
- La serie stratigrafia è ....
- Grazie allo studio dei fossili è possibile ....
- Grazie alla stratigrafia si possono determinare due tipi di datazioni: ....
....

	datazione relativa	datazione assoluta
metodo	....	studio del decadimento di alcuni elementi radioattivi di cui si conosce il tempo esatto di dimezzamento.
risultati	la successione degli eventi, dal più antico al più recente. Non permette	....

La storia della vita sulla Terra

Come è stato possibile ricostruire la storia della vita sulla Terra? Come è suddivisa la scala geocronologica?

Paragrafo 4

Il paragrafo 4 spiega l'importanza dei fossili e l'uso della scala geocronologica. Spiega con le tue parole questi due argomenti creando la tua personale sintesi di studio.

....
....
....
....
....
....
....
....
....
....
....
....
....
....

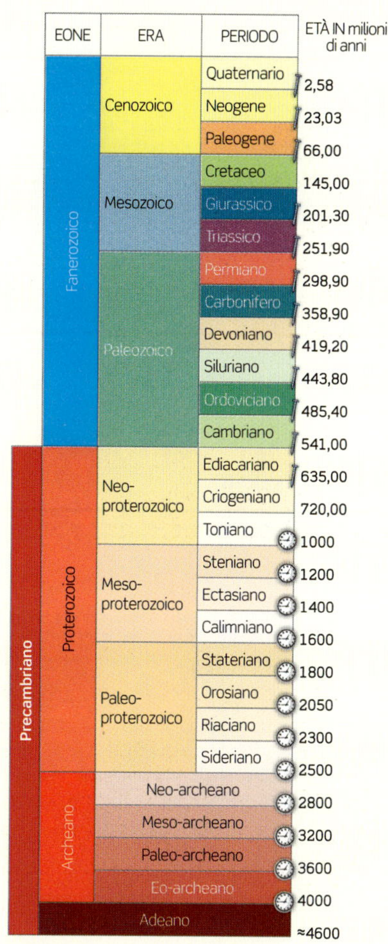

Mi preparo all'interrogazione

Contenuti multipli

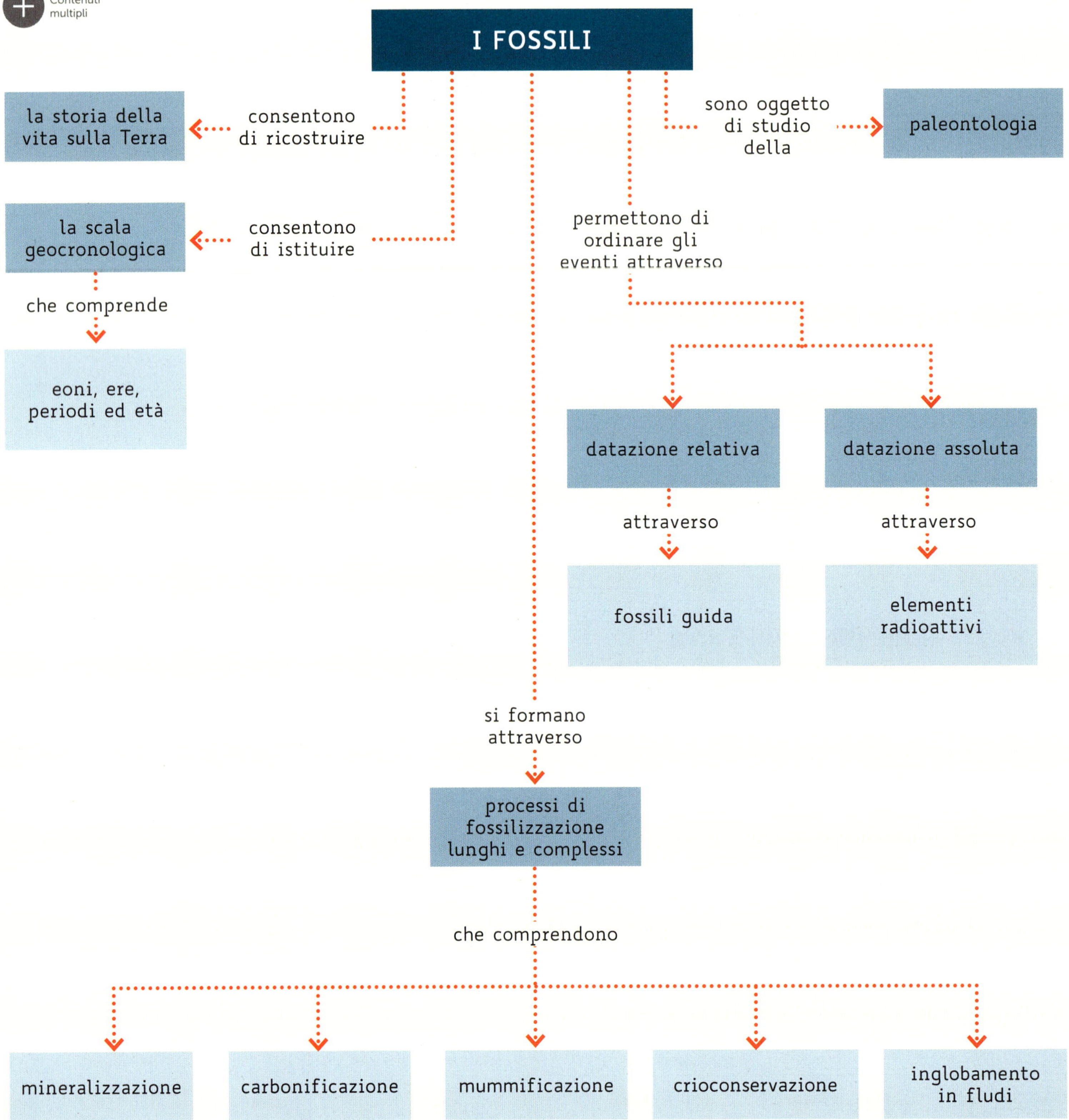

verifica

Verifica interattiva

CONOSCO

1 Completa le seguenti frasi scegliendo tra i termini elencati.

diagenesi • processi • rapporto • chimici • fossilizzazione • costante • seppellimento • dimezzamento • dividere • geologico • eoni • ere • periodi • sedimenti • carbonificazione • batteri • mummificazione • paleontologia • distruttori • stratigrafia • geologici • antico • relativa • guida • fossili • viventi • sedimentarie • ampia • limitato • rapido • decadimento • disidratazione

a I .... sono resti o tracce di esseri .... del passato che si sono conservati fino a oggi all'interno delle rocce ...., dopo aver subito trasformazioni chimico-fisiche chiamate .... di fossilizzazione

b La .... è la scienza che studia i fossili e cerca di ricostruire gli antichi ambienti

c Dopo la morte, gli organismi vengono attaccati dagli agenti ...., cioè quei fenomeni biologici, atmosferici, o .... che portano alla distruzione dell'organismo stesso

d Perché la .... avvenga, è necessario che gli organismi siano sottratti agli agenti distruttori, tramite un rapido .... da parte dei sedimenti

e Dopo che l'organismo è stato seppellito dai ...., va incontro a una serie di processi chimico-fisici che prendono il nome di ....

f La .... si svolge in assenza di ossigeno per opera di .... che estraggono dalla materia organica l'ossigeno e l'azoto, lasciando così il carbonio

g Affinché avvenga la .... naturale deve esserci una forte .... (perdita di acqua) dell'organismo dopo la morte, che ne impedisce la decomposizione

h La .... è la scienza che si occupa di stabilire la giusta sequenza degli eventi .... e biologici che si sono avvicendati nel corso della storia del nostro pianeta

i I fossili permettono di riconoscere una successione di eventi, dal più .... al più recente, senza però ottenerne un'età precisa: si parla di datazione ....

l I fossili .... sono resti di organismi che hanno avuto un'.............................. distribuzione geografica, che hanno popolato la Terra per un periodo .... di tempo e sono appartenuti a un gruppo caratterizzato da un .... cambiamento nel tempo

m Il .... di un elemento instabile (padre) in uno stabile (figlio) avviene a velocità ...., indipendentemente dalla quantità di elemento iniziale

n Misurando il .... fra elemento padre ed elemento figlio nella roccia che si deve datare e conoscendone il tempo di ...., si riesce a calcolare l'età della roccia

o Utilizzando i fossili è stato possibile individuare le tappe fondamentali della storia della vita sul nostro pianeta. Ciò ha permesso di .... la vastità del tempo .... in parti più piccole e di istituire la scala geocronologica

p La scala geocronologica è suddivisa in quattro ...., che sono le unità geocronologiche più grandi, a loro volta divisi in nove .... Queste ultime sono ulteriormente ripartite in ...., che hanno comunque una durata di alcune decine di milioni di anni

2 INVALSI Segna con una crocetta il completamento esatto.

a I fossili si conservano all'interno delle rocce:
- ☐ ignee
- ☐ metamorfiche
- ☐ sedimentarie
- ☐ meteoritiche

b Quando il seppellimento e la mineralizzazione avvengono contemporaneamente il processo di fossilizzazione si chiama:
- ☐ carbonificazione
- ☐ crioconservazione
- ☐ incrostazione
- ☐ mummificazione

c La radioattività avviene:
- ☐ nei nuclei di alcuni elementi instabili
- ☐ nei gas nobili
- ☐ nei nuclei di idrogeno ed elio
- ☐ negli elettroni degli elementi gassosi

d Il tempo necessario a trasformare la metà dell'elemento padre nel figlio viene detto:
- ☐ tempo di ionizzazione
- ☐ tempo di radioattività
- ☐ tempo di dimezzamento
- ☐ tempo di instabilità

e Secondo gli studi più recenti la Terra ha circa:
- ☐ 3 miliardi di anni
- ☐ 5,2 milioni di anni
- ☐ 4,6 miliardi di anni
- ☐ 5600 anni

verifica

f L'eone più recente, secondo la scala geocronologica, è detto:

- ☐ Proterozoico
- ☐ Fanerozoico
- ☐ Archeano
- ☐ Adeano

g Gli eoni sono suddivisi a loro volta in:

- ☐ ere
- ☐ età
- ☐ periodi
- ☐ epoche

3 Vero o falso?

a Le tracce lasciate dagli esseri viventi del passato, come le impronte o gli escrementi, sono considerate fossili V F

b La paleontologia generale si occupa dell'anatomia dei resti fossili e della loro classificazione V F

c Gli ambienti più adatti affinché la fossilizzazione avvenga sono quelli con continua sedimentazione (bacini marini, laghi, paludi) oppure ambienti in cui si depositano i sedimenti trasportati dal vento (depositi di sabbia) o dall'acqua (grotte) V F

d Nella carbonificazione i resti fossili si riconoscono solo nelle prime fasi V F

e I fossili guida devono essere facili da trovare V F

f Le ripartizioni più piccole nella scala geocronologica sono gli eoni e le ere V F

g La comparsa delle angiosperme avvenne nel Paleozoico V F

h La comparsa dei primi organismi animali avvenne nel Neo-proterozoico V F

APPLICO

4 Completa.

La .... è la scienza che studia i fossili, si suddivide in due grandi rami: la .... e la ....

Questa a sua volta si può suddividere in quattro settori specifici: la .... che studia i fossili di animali, la .... che si occupa dei vegetali fossili, la .... che studia i resti umani fossili e la .... che si interessa dei microorganismi fossili.

5 Completa la seguente tabella.

agenti distruttori		
....	atmosferici	....
animali che si nutrono di cadaveri oppure .... che decompongono la sostanza organica	....	l'acqua discioglie ciò che resta degli organismi

6 Commenta le quattro fasi della fossilizzazione che portano alla formazione del fossile.

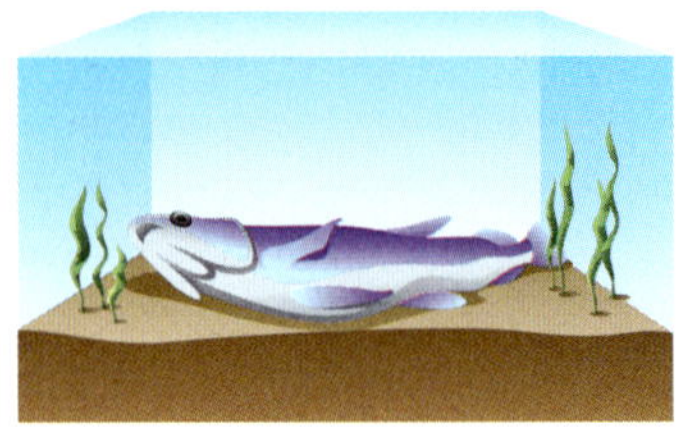

....

....

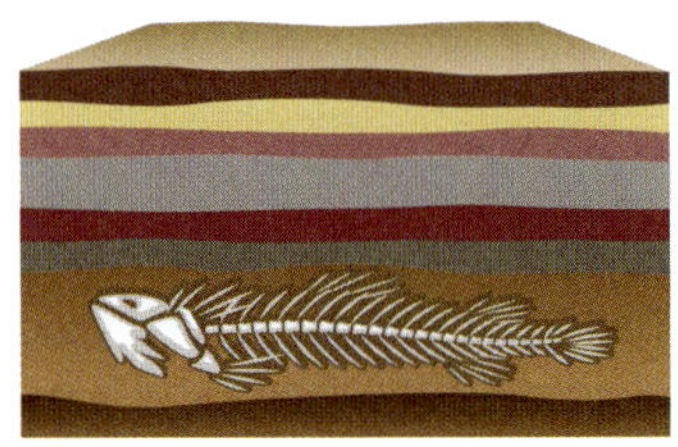

....

....

7 Collega ciascun termine con la definizione corretta.

Stratigrafia ....

Datazione relativa ....

Fossili guida ....

a resti fossili di organismi che hanno avuto un'ampia distribuzione geografica, che sono vissuti per poco tempo e sono appartenuti a un gruppo caratterizzato da un rapido cambiamento nel tempo

b scienza che consente di ordinare gli eventi dal più vecchio al più giovane

c scienza che si occupa di stabilire la successione degli eventi geologici e biologici che sono avvenuti sul nostro pianeta

8 Completa il grafico inserendo le età della roccia sapendo che il tempo di dimezzamento dell'uranio-235 è 700 milioni di anni.

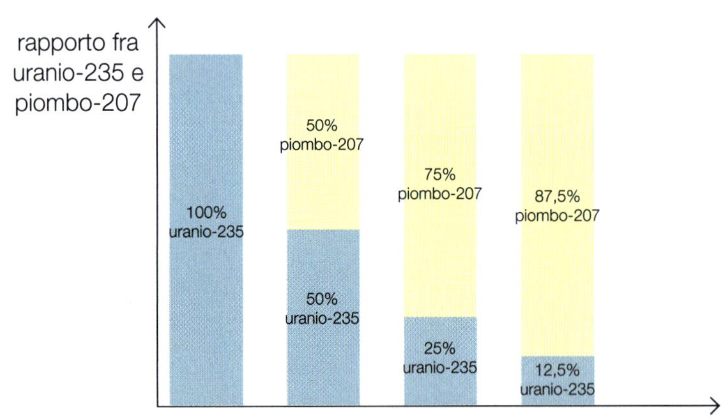

....

9 **Di seguito ci sono i nomi di alcune unità geocronologiche: individua quali fra loro sono eoni, quali ere e quali periodi colorandoli con lo stesso colore (per esempio colora gli eoni in rosso, le ere in verde e i periodi in giallo).**

Adeano	Proterozoico	neo-proterozoico
meso-archeano	Paleozoico	Permiano
Fanerozoico	Ediacariano	Neogene
Giurassico	Mesozoico	Cenozoico

10 **Ordina i seguenti eventi dal più vecchio al più giovane.**

- ☐ Compaiono i primi organismi pluricellulari
- ☐ Si formano le più antiche rocce terrestri conosciute
- ☐ Si verifica la più grande estinzione conosciuta
- ☐ Compaiono i primi rettili
- ☐ Compaiono i primi animali
- ☐ L'ossigeno inizia a diffondersi nell'atmosfera

COMPETENZE

1. Leggi il testo e rispondi.

Le foreste pietrificate sono resti fossili di alberi sotto forma di monconi, talvolta ancora in posizione verticale, più spesso distesi sul terreno.
Il processo di fossilizzazione più comune in questi casi è la silicizzazione, in cui i cristalli di silicio si sostituiscono alle parti dure dell'albero, conservando intatta la loro forma.
Le foreste pietrificate hanno avuto origine in diverse ere geologiche, ma sempre come conseguenza di eventi catastrofici improvvisi e di dimensioni tali da coinvolgere ampie zone di terreno.
È il caso della foresta pietrificata dell'Anglona, nella zona della Sardegna centro-meridionale che include il comune di Martis e che sta per diventare parco paleobotanico.
Nel Miocene inferiore, cioè circa venti milioni di anni fa, un'eruzione vulcanica fece inabissare le foreste nei laghi circostanti che, riempiti di cenere molto ricca di silicio, crearono il substrato ideale per il processo di fossilizzazione.

[www.focus.it]

a Quale potrebbe essere il titolo dell'articolo?
b Sottolinea i termini scientifici presenti nell'articolo.
c Come avviene la silicizzazione?
d Come si formò la foresta pietrificata di Anglona?

2. Calcola e ragiona.

Il tempo di dimezzamento dell'uranio 235 è di 700 milioni di anni.
Quanti anni potrebbe avere una roccia il cui contenuto in uranio-235 è $\frac{1}{4}$ di quello iniziale?

3. Ricerca e comunica.

Studia il "Calendario geologico" presente nelle pagine di questa unità e basandoti sui dati raccolti realizza una breve presentazione di almeno cinque slides.

4. Prova tu.

a Usando della plastilina, prova a costruire modelli di fossili (ammoniti, trilobiti ecc.) e prepara un'"esposizione" ai tuoi compagni.
b Utilizzando la scala geocronologica semplificata (vedi tabella pagine precedenti), calcola quanti anni è durato ciascuno dei seguenti periodi geologici:
- Neo-archeano
- Cambriano
- Permiano
- Cretaceo

In English — Verifica interattiva

5. Fill in the blanks.

portion • bones • size • bacterial • dinosaurs • preserved • marks • animals • coprolites

Fossils are the .... remains or traces of ...., plants, and other organisms from thousands hundreds of years ago.
Fossils vary in .... from microscopic, including even single .... cells, to gigantic such as .... and trees.
A fossil normally preserves only a .... of the deceased organism, usually that portion that was partially mineralized during life, such as the .... and teeth of vertebrates, or the exoskeletons of invertebrates.
Fossils may also consist of the .... left behind by the organism while it was alive, such as animal tracks or feces (............................).

CLIL: let's learn English

Objectives

- Explain what a fossil is
- Describe how fossils form
- Give examples showing what we can learn from the fossil record

Remember

- Conditions must be perfect for fossils to form.
- The fossil record tells us about the history of life on Earth.

Exercises

1. Explain why only very few plants and animals form fossils.
2. Choose an example of a fossil find, and describe what scientists have learnt as a result of it.

Fossils

Audio

Learning from fossils

The pictures show three different type of fossils. What can fossils tell us about our human past? The history of life on Earth? The origin of the Earth itself? Read on to find out.

What are fossils and how are they made?

Fossils are the remains or traces of a plant or animal that lived many years ago. They have been preserved by natural processes. Usually, only the hard parts of living things are fossilised.
Fossils form very rarely. Normally, a dead animal is eaten or it rots away. But occasionally one is buried quickly by sand or mud – perhaps on a riverbed or under the sea. Here like these, the dead body is safe from animals that might eat it. In these kinds of conditions, fossil may form. This can happen in several ways.

What do fossils tell us about the history of life on Earth?

Palaeontologists collect and study fossils. They use evidence from fossils to help piece together the history of life on Earth. Fossils tell us about the features of animals and plants that lived in different times periods, and about their changing environments. All the evidence from fossils, taken together, is the fossil record.

Oldest plants

In 2010 Claudia Rubinstein and her team found fossils from the earliest known land plants in Argentina. The plants lived more than 470 million years ago. The plants were a type of liverwort, which have no roots or stems. This new finding suggests that all land plants may have evolved from liverworts.

Oldest animals

In 2012, a team of palaeontologists discovered sponge-like fossils in Namibia. The fossils are the oldest record of animal life ever found. Scientists previously thought that animal life had begun between 600 and 650 million years ago. These fossils could be up to 760 million years old.

Dinosaurs

Without fossils, we would not know about dinosaurs.

Quanta acqua consumi?

Allegato scaricabile

L'acqua è una risorsa limitata ed è necessaria alla sopravvivenza di tutti gli esseri viventi. In particolare, l'**acqua potabile** è un bene comune e va severamente salvaguardato. L'uomo utilizza acqua potabile per molte delle sue attività giornaliere, spesso sprecandola.

Rifletti con i tuoi compagni sull'utilizzo che fai dell'acqua potabile e realizza una **mostra** aperta a studenti e insegnanti che suggerisca alcuni modi per poter **risparmiare** e **non sprecare** questo bene prezioso.

Tempo

8 ore

Materiale

- cartelloni, pennarelli, forbici e colla
- PC
- collegamento a Internet
- **1** secchio
- **1** caraffa
- **1** cronometro

1ª FASE Il consumo delle risorse idriche nel mondo

OSSERVAZIONE

L'acqua è un bene primario in quanto è alla base della sopravvivenza di tutta la biosfera. L'uomo utilizza l'acqua principalmente per le attività agricole, quelle industriali e per uso domestico.
Il consumo di acqua per abitante è rappresentato nel planisfero a fianco realizzato dalla FAO, l'Organizzazione delle Nazioni Unite per l'alimentazione e l'agricoltura (dati relativi al 2015).
In quale intervallo di consumi si posiziona l'Italia? ....
Osserva con attenzione la carta, in particolare nell'area del Nord America, dell'Europa e dell'Africa: puoi notare che la differenza nei consumi per persona è notevole. Annota i consumi delle aree osservate:

Nord America: .... m³/anno

Europa: .... m³/anno

Africa: .... m³/anno

Prova a ipotizzare assieme ai tuoi compagni quali attività potrebbero giustificare il maggiore o il minore consumo d'acqua nelle aree indicate.

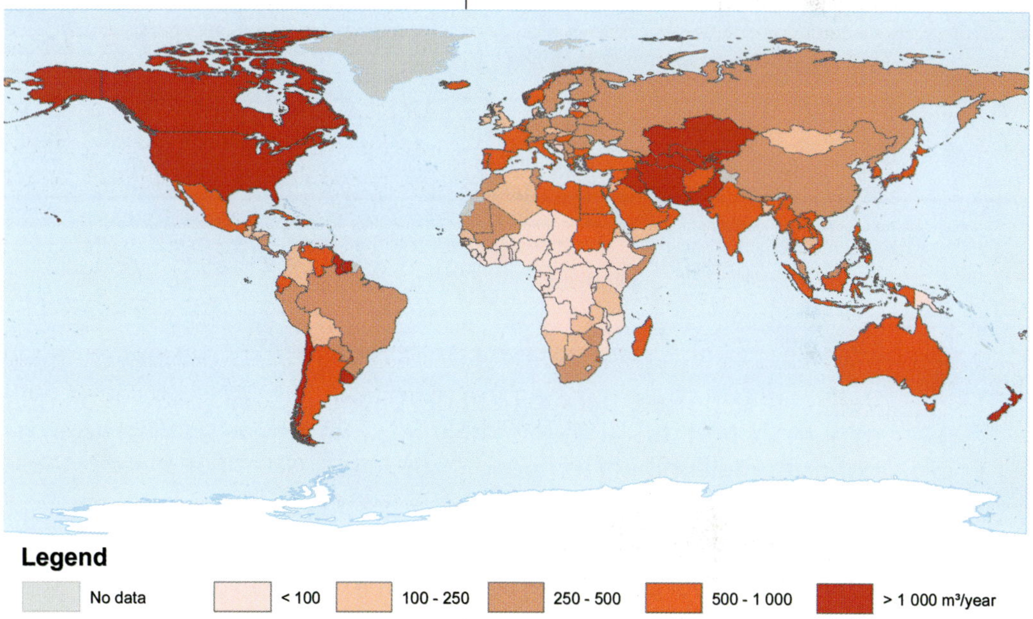

2ª FASE Le attività che comportano un consumo d'acqua

I dati elaborati dall'Istituto sulla Ricerca delle Acque (IRSA) relativi al prelievo d'acqua, mostrano che in Italia le risorse idriche vengono destinate:

- per il 19% all'uso potabile;
- per il 14% all'uso energetico;
- per il 19% all'uso industriale;
- per il 48% all'uso irriguo.

Con il computer realizza un diagramma circolare, o grafico a torta, con i dati dell'IRSA. Confronta poi il tuo grafico con quello dei tuoi compagni. Con l'aiuto dell'insegnante, elenca alcune attività che comportano l'uso di acqua per ciascun settore.

SPERIMENTAZIONE

1ª FASE Quanta acqua consuma la tua famiglia?

Prova a riflettere sul consumo di acqua nella tua famiglia.

IN GRUPPO

Dividetevi in gruppi e indicate qui sotto le attività che comportano il consumo di acqua.

bagno: ....
....

studio: ....
....

cameretta: ....
....

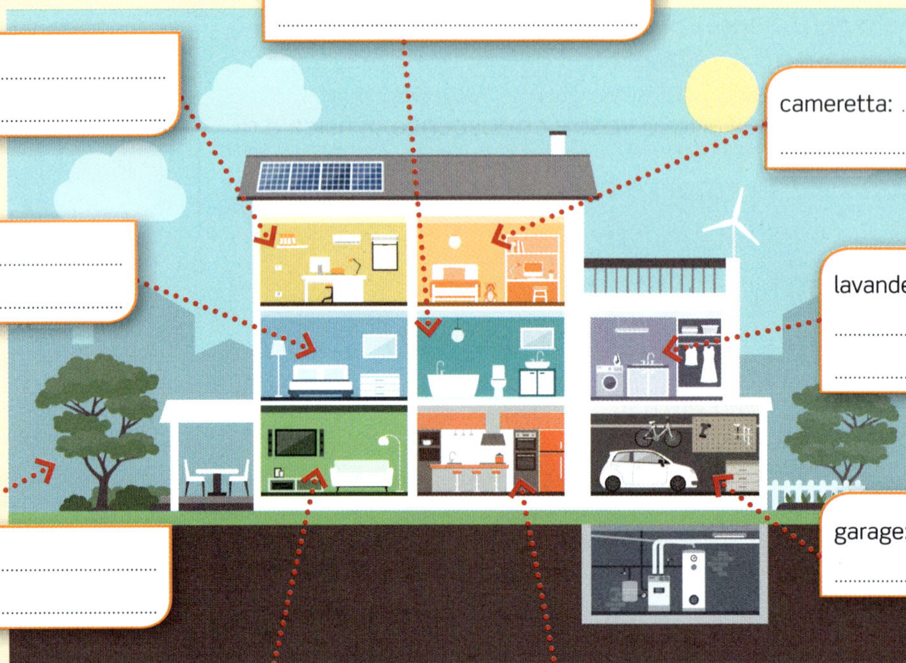

camera da letto: ....
....

lavanderia: ....
....
....

giardino: ....
....

garage: ....
....

salotto: ....
....

cucina: ....
....

Verificate la portata dei rubinetti del bagno di casa vostra, cioè quanti litri di acqua vengono erogati al minuto (la portata è il volume di acqua che attraversa la sezione di un corso d'acqua, di un canale o di un condotto nell'unità di tempo).

Quanta acqua consumereste per lavarvi i denti lasciando aperto il rubinetto? Provate a misurare il consumo d'acqua, conoscendo la portata del rubinetto e cronometrando il tempo necessario.
Trovate 10 modi per risparmiare acqua in casa, a scuola e in giardino. Confrontate poi il vostro elenco con quello degli altri gruppi.

2ª FASE Una mostra sul consumo dell'acqua

Con i tuoi compagni realizza una mostra aperta a studenti e insegnanti della tua scuola. Il tema della mostra è "Il consumo della risorsa più preziosa: l'acqua".
I cartelloni potranno illustrare:

1. i dati FAO sul consumo d'acqua nel mondo;
2. il consumo d'acqua in Italia;
3. il consumo d'acqua nelle case;
4. 10 modi per risparmiare acqua.

Ricordatevi di inserire immagini, grafici, tabelle e tutto ciò che pensate possa essere d'aiuto per rendere efficace il vostro cartellone.

Compito di realtà 2

Rock balancing

Allegato scaricabile

La scienza intorno a te

Fin dalle sue origini l'uomo ha utilizzato le rocce per soddisfare le proprie necessità abitative, strumentali e artistiche.
Questo compito di realtà consente di scoprire le particolarità delle rocce presenti nel territorio in cui viviamo attraverso un'originale sfida "artistica".
L'arte al centro di questo progetto è il *rock balancing*, una forma d'arte in cui le rocce sono poste in equilibrio una sopra l'altra, senza ricorrere ad altri materiali quali colle, cemento, corde ecc.
Organizza con i tuoi compagni una suggestiva gara di rock balancing, dove potrete mettere al servizio dell'arte le vostre conoscenze di fisica e di geologia.

Tempo

8 ore

Materiale

- carta e penna
- pietre
- accesso a Internet
- una stampante
- una macchina fotografica (o uno smartphone)
- lente d'ingrandimento

1ª FASE Uso delle rocce nella vita quotidiana

OSSERVAZIONE

Anche se non è sempre evidente, tutti i giorni utilizziamo oggetti costituiti totalmente o in parte da rocce o minerali.

IN GRUPPO

Impostate su un quaderno una tabella simile a quella proposta qui di seguito ed elencate tutti gli usi di rocce e minerali che conoscete.

Utilizzo di rocce e minerali				
Materiale da costruzione	Manufatti, attrezzi e macchine	Oggetti d'arte o decorativi	Gioielli	Altri usi

2ª FASE Le rocce ornamentali italiane

L'Italia ha una grande tradizione per l'estrazione di rocce ornamentali utilizzate per arricchire chiese, monasteri, mausolei ed edifici. In passato venivano impiegati principalmente materiali lapidei provenienti da cave presenti sul territorio nazionale, oggi, invece, provengono da tutto il mondo.
Con l'aiuto dell'insegnante e di Internet, completate la tabella e recuperate delle foto degli edifici elencati.

Monumento	Roccia/rocce di rivestimento esterno	Cava di provenienza	Distanza cava-edificio (km)
Duomo di Milano			
Duomo di Pisa			
Basilica di San Pietro in Vaticano A Roma			
Cattedrale di Noto (provincia di Siracusa)			
Duomo di Lecce			

Scheda materiale lapideo

foto del rivestimento

Identificazione ....

Roccia ☐ ignea ☐ sedimentaria ☐ metamorfica

Presenza di fossili ....

Provenienza geografica ....

Luogo di posa ....

Osservazioni ....

3ª FASE Rivestimenti lapidei della mia zona

Svolgete un'indagine sui materiali lapidei che trovate a scuola e negli edifici in cui abitate. Dovrete porre attenzione perché non è sempre facile distinguere le rocce da materiali di altra natura, come per esempio le ceramiche; spesso, infatti, nei manufatti vengono riprodotte le caratteristiche dei materiali naturali. Procuratevi una lente di ingrandimento e una macchina fotografica.
Osservate attentamente, prima a occhio nudo e poi con la lente, i rivestimenti in roccia che trovate. Annotate l'eventuale presenza di fossili o di minerali riconoscibili. Realizzate delle schede simili a quella proposta nell'immagine qui accanto e annotate la descrizione di ciascuna roccia. Per completare il lavoro incollate una o più foto del rivestimento che avete osservato.

4ª FASE Le cave della mia Regione

Le attività estrattive rivestono un ruolo importante nell'economia nazionale. In classe, con l'aiuto dell'insegnante, visualizzate i dati delle attività minerarie presenti nella vostra Regione. Noterete che le attività di estrazione sono di vario tipo, compresa l'estrazione di idrocarburi e materiali da fornace (argille).
Fate un confronto con le schede dei materiali lapidei che avete compilato nella fase precedente e stabilite se c'è corrispondenza con i tipi di roccia estratta nelle cave della vostra Regione.

SPERIMENTAZIONE

1ª FASE Un materiale rigido che esprime emozioni

Le rocce ornamentali, oltre che per decorare monumenti e palazzi, vengono impiegate per realizzare magnifiche sculture.
Bill Dan, John Félice Ceprano e Michael Grab sono tra i maggiori esponenti della corrente artistica *rock balancing* (o stone balancing).
Cercate in Internet i video del progetto Gravity Glue di Michael Grab.
Osservate le pietre utilizzate, le location scelte e riflettete sulle proprietà fisiche dei materiali che vengono "sfruttate" dagli artisti.

2ª FASE Una gara di rock balancing

IN GRUPPO

Realizza con i tuoi compagni una gara di *rock balancing* da svolgere nel giardino della vostra scuola. Vi serviranno molte pietre che potrete raccogliere nei siti che avete individuato nelle fasi precedenti. Osservate e scegliete con attenzione i sassi che utilizzerete: ricordate che dovrete sovrapporli uno all'altro per metterli in equilibrio, quindi verificate i loro possibili punti di appoggio. Le rocce non devono essere troppo piccole perché risentirebbero dei movimenti delle vostre mani e del vento. È possibile iniziare a fare delle prove di *rock balancing* con 5-10 pietre. Nelle prime prove è preferibile usare forme semplici e passare via via a forme più complesse. Nominate una commissione formata da insegnanti e alunni che giudichi le installazioni realizzate. La commissione potrà assegnare un punteggio in base ad alcuni parametri decisi in classe, per esempio:

- numero di pietre utilizzate;
- complessità dell'installazione;
- originalità dell'opera.

Al termine della gara realizzate un cartellone con le fotografie di tutte le opere realizzate ed esponetelo in classe.

Terremoti e rischio sismico

Allegato scaricabile

I terremoti sono tra i più potenti fenomeni naturali.
Seguite il percorso proposto e realizzate una rassegna stampa focalizzata agli eventi sismici che hanno segnato il territorio italiano negli ultimi decenni.

Tempo

8 ore

Materiale

- connessione a Internet
- carta muta dell'Italia

OSSERVAZIONE

1ª FASE I terremoti nei racconti dell'uomo

I terremoti, come anche i vulcani, sono spesso presenti in miti e leggende di diverse popolazioni del pianeta. La fantasia narrativa dell'uomo ha tentato di dare una spiegazione a questi fenomeni geologici proprio attraverso il racconto di storie. Fai una ricerca nel web di miti o leggende che fanno riferimento ai terremoti e discutine in classe con i tuoi compagni.

2ª FASE I centri di ricerca

Oggi le ricerche scientifiche hanno portato a una maggior comprensione di questi fenomeni. Ma quali sono gli organismi che si occupano di studiare i terremoti? In Italia i centri di ricerca sono:

- l'Istituto Nazionale di Geofisica e Vulcanologia (INGV);
- i Dipartimenti di Scienze della Terra e i Dipartimenti di Fisica delle Università.

Attualmente l'**INGV** è la più grande istituzione europea nel campo della **geofisica** e vulcanologia e una delle maggiori nel mondo. La missione principale dell'INGV è il **monitoraggio dei fenomeni geofisici** e la **sorveglianza della sismicità** dell'intero territorio nazionale e dell'attività dei vulcani attivi attraverso la Rete Sismica Italiana, una rete costituita da 350 stazioni dotate di sismografi e distribuite su tutto il territorio nazionale. In Italia esiste anche un altro interessante, ma poco conosciuto, centro di ricerca: la Fondazione Eucentre (*European Centre for Training and Research in Earthquake Engineering*). A livello internazionale, invece, uno dei centri di geologia e geofisica più importate è lo United States Geological Survey (USGS). I siti di queste istituzioni sono riportati a lato.

Parole di scienze

geofisica (o Fisica terrestre): scienza che studia i vari fenomeni fisici che hanno luogo nell'atmosfera, sulla superficie e nell'interno della Terra.

3ª FASE Il monitoraggio degli eventi sismici

Ogni giorno la crosta terrestre è interessata da centinaia di fenomeni sismici registrati dalla rete di sismografi sparsi per il mondo e studiati dai centri di geofisica e vulcanologia. Grazie ai dati raccolti e allo sviluppo di Internet, oggi è possibile visualizzare in tempo reale i terremoti che si manifestano sulla crosta terrestre.

IN GRUPPO

Dividetevi in gruppo, collegatevi a Internet e analizzate le enormi potenzialità degli strumenti messi a disposizione su questi siti:

1. http://terremoti.ingv.it/it/
2. http://www.eucentre.it/
3. http://earthquake.usgs.gov/earthquakes/map/
4. http://earthquake.usgs.gov/earthquakes/browse/
5. http://ds.iris.edu/seismon/
6. http://ds.iris.edu/ieb/

SPERIMENTAZIONE

1ª FASE Conoscere il territorio

I terremoti sono gli eventi naturali che rilasciano in pochi secondi un'energia molto elevata tale da spostare in pochi secondi volumi di roccia di centinaia di kilometri cubi.
Il movimento violento del terreno può causare la distruzione di edifici e infrastrutture e gravi perdite di vite umane.
Altri fenomeni possono poi accompagnare i terremoti e causare ulteriori danni e vittime. Quali sono? Prova a fare un elenco sul tuo quaderno.

IN GRUPPO

Dividetevi in gruppo e recatevi presso l'Ufficio Tecnico del Vostro Comune. Chiedete all'impiegato di concedervi un'intervista ponendo, per esempio, le seguenti domande.

1. A quale zona di pericolosità sismica è assegnato il nostro territorio?
2. Nel nostro Comune, da quale anno i nuovi edifici devono rispettare dei criteri di costruzione antisismici?
3. Quali sono i criteri antisismici principali?
4. La nostra scuola è stata costruita con criteri antisismici? E gli eventuali ampliamenti?
5. Nel nostro Comune esistono edifici storici?

In classe confrontate le risposte che avete raccolto.

Parole di scienze

rassegna stampa: documento che raccoglie gli articoli di giornale e le pubblicazioni in riferimento a un evento, un personaggio o altro argomento specifico.

Si parla a tal proposito di rischio sismico, cioè della stima del danno atteso come conseguenza dei terremoti che potrebbero verificarsi in una data area (consulta il tuo libro di testo per ripassare la differenza tra pericolosità e rischio sismico). Per ridurre gli effetti del terremoto in Italia, grazie agli studi condotti dai centri di ricerca è stata redatta una classificazione del territorio, in base all'intensità e alla frequenza dei terremoti del passato. Cerca in rete la Mappa della Classificazione Sismica più recente inserendo le seguenti parole chiave: **classificazione sismica-protezione civile**. Su una cartina muta dell'Italia poni un segno in corrispondenza del tuo Comune. Consulta i dati che hai raccolto e scopri quale zona di pericolosità gli è stata assegnata. Ripeti lo stesso lavoro per altre località di tuo interesse.

2ª FASE La storia sismica attorno a te

Ora, con l'ausilio del portale del Centro Nazionale Terremoti dell'INGV (chiave di ricerca: **centro nazionale terremoti**), verifica se si sono manifestati dei sismi sul tuo territorio o nelle immediate vicinanze dal 2005 a oggi. Ricorda che l'uomo può percepire terremoti di magnitudo anche molto bassa, intorno a 2,0, ma i terremoti che in genere provocano danni hanno magnitudo superiore a 5,5. Ci sono stati eventi importanti con magnitudo superiore a 2? Ne hai memoria? Ne hanno memoria i tuoi genitori oppure qualche altro membro della tua famiglia?

3ª FASE Sei preparato?

Un documento fondamentale per la sicurezza nelle scuole è il Piano di Emergenza ed Evacuazione che ha la finalità di prevenire e ridurre i rischi e di educare gli studenti e il personale scolastico. Chiedi alla segreteria della tua scuola una copia del Piano di Emergenza ed Evacuazione e leggi con attenzione il documento. Ora focalizzati sulle norme di comportamento in caso di terremoto e discutine in classe. Riporta sul quaderno le tue riflessioni. Se è possibile, con l'aiuto dell'insegnante, contatta l'ufficio della Protezione Civile del tuo territorio e organizza un incontro per discutere del Piano di Sicurezza ed Emergenza in caso di terremoto.

4ª FASE La cronaca italiana

L'Italia è un paese geologicamente attivo e interessato in modo continuo da attività sismica. Ma quali sono stati gli eventi più importanti degli ultimi anni? In classe con l'aiuto dell'insegnante e di Internet realizza una tabella in cui dovrai indicare i terremoti con magnitudo superiore a 5,5 che si sono manifestati sul nostro territorio; riporta la data, il luogo, la magnitudo, le vittime e i danni.

5ª FASE Rassegna stampa

Realizzate ora una **rassegna stampa** con gli eventi sismici che hai inserito nella tabella.

IN GRUPPO

Dividetevi in gruppi. A ciascun gruppo verrà assegnato un evento sismico su cui effettuare la rassegna stampa che dovrà comprendere almeno 15 articoli tratti da quotidiani o da riviste specializzate sia cartacee che digitali. Vincolate la vostra ricerca a un lasso di tempo specifico, dalla data in cui si è verificato l'evento ai mesi successivi. Scegli con attenzione gli articoli più significativi e dettagliati (danni, perdite di vite umane e primi progetti per la ricostruzione). Per la realizzazione del documento puoi utilizzare un qualsiasi programma di videoscrittura. Realizza il frontespizio e delle pagine in formato A4 in cui dovrai inserire gli articoli. Per ciascun articolo è necessario specificare la testata di provenienza e la data di pubblicazione. Il documento potrà essere realizzato o in formato cartaceo o in versione elettronica. Scegliete la soluzione che ritenete più opportuna.